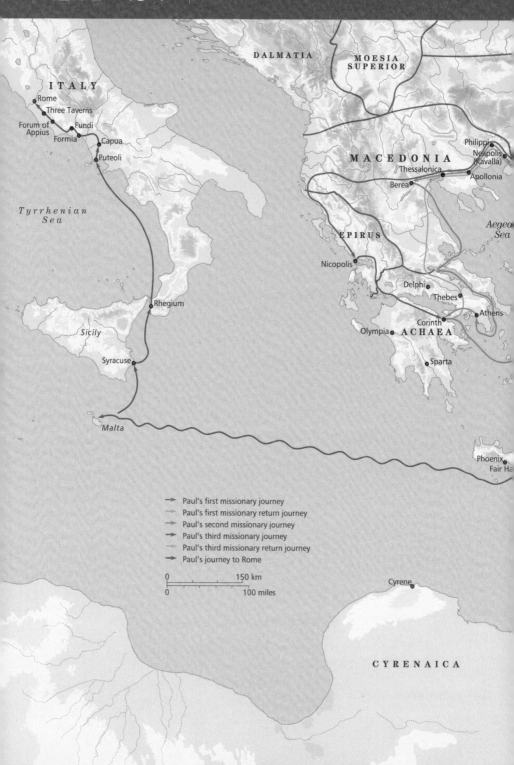

바울의 발자취를 따라서

In the Steps of Saint Paul

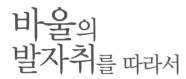

바울의 발자취를 따라서

In the Steps of Saint Paul

지은이	피터 워커
옮긴이	박세혁
펴낸이	김혜정
기획위원	김건주
교정교열	강민영
디자인	홍시 송민기
마케팅	윤여근, 정은희
출간일	초판 1쇄 인쇄 2023년 3월 8일
	초판 2쇄 발행 2024년 2월 20일
발행처	도서출판 CUP
출판신고	제2017-000056호(2001.06.21.)
주소	(04549) 서울특별시 중구 을지로 148, 803호 (을지로3가, 드림오피스타운)
전화	02) 745-7231
팩스	02) 6455-3114
이메일	cupmanse@gmail.com
홈페이지	www.cupbooks.com
블로그	www.cupbooks.com
페이스북	facebook.com/cupbooks
인스타그램	instagram.com/cupmanse/
ISBN	979-11-90564-52-6 03230

바울의 발자취를 따라서

In the Steps of Saint Paul

피터 워커 지음 | 박세혁 옮김

In the Steps of Saint Paul

Peter Walker

추천의 글

류호준 | 한국성서대학교 구약학 초빙교수

저자의 이름이 특이하다. '걷는 자'(Walker). 이름에 걸맞게 피터 워커는 예수의 발자취를 따라서 걸었고, 이제는 바울의 발자취를 따라 걷는다. 바울의 발품팔이 복음 전도 선교 여정은 소아시아 지방과 마케도냐, 아가야, 로마까지 그 반경이 상상을 초월할 정도이다. 그것도 오늘날처럼 GPS(Global Positioning System)를 통한 구글 지도와 같은 아무런 문명 이기의 혜택을 받지 못하는 2천 년 전 선교 여정이라니 더욱 그렇다. 모든 게 척박하기 그지없던 아득한 시절에 걸어서, 나귀 타고, 마차 타고, 배 타고 한 번도 가보지 않은 곳을 예수 그리스도의 복음을 들고 갔으니 그야말로 '걸어서 세계 속으로'이다.

그나저나 여러분은 바울서신의 수신 장소들을 기억할 수 있는가? 단순 기억이 아니라 그곳들의 위치와 인종과 제도와 종교와 문화 말이다. 고린도, 갈라디아, 에베소, 빌립보, 골로새, 데살로니가, 로마 등이 떠오를 것이다. 게다가 누가의 사도행전에 등재된 바울 선교 여정의 수많은 장소와 지역은 어떤가? 저자 워커는 여러분을 초청해 행전에 기록된 바울의 3차 선교 여행 및 마지막 로마 여정을 순서대로 따라 걸어가자고 한다. 바울의 회심 장소인 시리아의 다메섹에서 시작하여 그의 고향 다소, 오론테스강의 안디옥, 구브로, 밤빌리아, 갈라디아, 마게도냐, 아덴(아테네), 고린도, 에베소, 밀레도, 예루살렘, 가이사랴, 멜리데, 마침내 로마까지 이른다. 저자는 매우 친절하게 각 장소와 지역 안에 머물러 바울의 사역 이야기를 생생하게 풀어가며, 오늘날 그 유적지를 찾았을 때 어떤 모습일지를 자세히 설명한다. 장소에는 오래된 서사가 담겨 있기에 그냥 지나칠 수 없기 때문이다. 책 안에 Key Note 형태로 상자 안에 담긴 사진들과 도표들, 지도들과 거리 평면도 등은 저자가 독자들에게 드리는 황금 보너스다.

이 책을 꼭 읽고 보아야 하는 사람들이 있다. 바울서신과 사도행전을 생기 있게 설교하려는 목회자와 신학생, 교회학교 학생들에게 바울의 선교 여정 이야기를 진지하게 들려주려는 선생님들, 성경 공부 인도자들, 신실한 개별적 성경 연구자들에게는 더할 나위 없는 좋은 안내서가 될 것이다. 개인적으로 바울의 선교 여정을 따라 설교하고 성경 공부를 인도했던 나로서도 다시금 이 책을 통해 복음이 어떻게 확장되고 그 운동력이 어떻게 지금도 내 가슴을 뛰게 만드는지를 실감하게 한다. 재미있다. 바울의 여정을 따라가고픈 열정이 솟구친다.

헨리 톰슨 | 미국 트리니티 목회대학원 학장, 총장
《바울의 발자취를 따라서》는 모든 학자와 그리스도인이 성경 이야기를 고고학적 맥락과 통합할 수 있도록 돕는 예리하고도 창의적인 책이다. 신약성경 탐사를 위한 진정한 보물이다.

마이클 그린 | 노팅엄 세인트 존 대학 학장, 밴쿠버 리전트 대학 교수 역임.
정확한 학식과 실질적인 접근성 면에서 이 책과 비교할 만한 책은 만나지 못했다. 강력히 추천한다.

강석제 | 응암교회 담임목사

피터 워커는 우리 세대에서 가장 명석하면서도 성경에 충실한 신학자이며 목회자이자 성지 가이드이다.

"…의 발자취를 따라서" 시리즈(In the Steps of Series)는 피터 워커의 신학적 지식과 경험과 열정이 결합되어 탄생된 걸작이다. 누가는 예수로부터 시작하여 초대 교회로 이어지는 기독교 역사의 장소와 자료들을 조사하고 답사하여 누가복음과 사도행전을 저술했다. 피터 워커는 이것을 효과적인 방식으로 해설한다. 《바울의 발자취를 따라서》는 이 시리즈의 두 번째 책이다.

능숙한 외과의사가 끊어진 신경과 신경, 근육과 근육을 일일이 연결하는 수술처럼, 언어와 지리와 역사에 능통한 현지 가이드가 여행객들에게 자기 도시와 문화를 재미있게 해설하듯, 피터 워커는 다메섹을 시작으로 로마에 이르기까지 사도행전 중요 지명의 순서에 따라 바울과 관련된 방대한 자료들을 서로 연결하여 풀어낸다. 이때 지리적, 역사적, 고고학적, 성서학적 자료들이 다뤄지는데, 어느 것 하나 치우침과 소홀함이 없다.

이 책을 읽는 독자들은 2천 년 전 광활한 지역을 여행하며 복음을 전했던 바울이라는 인물과 그가 전한 복음을 더 세밀하고 사실적으로 이해할 수 있게 된다.

성경을 가르치고 설교해야 하는 목회자에게는 이중적인 과제가 있다. '그때 거기서 성경 말씀이 어떤 의미를 갖는가'를 파악하고 해석해야 하며, '지금 여기서 성경 말씀은 어떤 의의를 주는지'도 파악하여 적용하고 살아내야 한다. 《바울의 발자취를 따라서》는 이런 과제를 효과적으로 수행하고자 하는 목회자에게 절실한 책이다. 모든 목회자와 주일학교 교사들, 성경 연구가 필요한 분들에게 필독을 권한다.

김동문 | 목사, 선교의 땅 성경의 땅 연구자, 《중근동의 눈으로 읽는 성경》 저자

성경을 읽으면서, 구글 지도나 지중해 연안 지도, 이스라엘 지도 등을 곁에 두는 경우는 얼마나 될까? 성경 본문을 펼치면서, 그 본문 속 장소에 대해 어느만큼 찾아보고 확인할까? 그냥 장소 이름만 무심하게 읽고 있는 경우가 많을 것 같다. 교회 본당에 마련된 크고 작은 스크린에 설교 본문 속 공간을 소개하는 이미지가 담기는 경우는 또 얼마나 될까? 그저 설교자의 얼굴만 크게 담기는 경우가 더 많을 듯 싶다. 아쉽다.

다른 누군가가 쓴 여행기를 읽는 이는 아마도 관련 지도 하나 정도는 곁에 둘 것이다. 그런데 성경을 읽는 이 가운데, 지도를 펼쳐놓고 성경 이야기를 짚어보는 경우가 적은 것은 왜일까? 누가복음과 사도행전을 쓴 누가는 누가 뭐라고 해도, 여행가였다. 그가 쓴 두 편의 여행기는 두 인물에 초점을 맞추고 있다. 바로 예수와 바울이다. 누가의 안내를 따라 예수의 발자취를 따라가는 여행이 누가복음이라면, 사도행전은 누가와 함께 바울의 발자취를 따라가는 여행이다. 바울과 함께 여행에 참여한 누가는 실감나게 공간과 장소를 소개하고 있다.

이 책 피터 워커의 《바울의 발자취를 따라서》는 누가가 쓴 사도행전을 바탕에 깔고 있다. 누가의 여행기를 바탕으로 바울의 발자취를 따라가도록 안내한다. 이 책은 사도행전 속에 담긴 현장을 입체적으로 살려낸다. 이야

기에 담긴 그때의 시대상과 그곳의 현장감을 바탕으로 성경을 읽는 맛을 느끼도록 돕는다. 이야기 속 현장과 사건을 바울이 마주했을 때, 그가 느꼈을 어떤 '느낌'을 독자인 내가 떠올릴 수 있는 여유를 워커는 안겨준다. 무엇보다도 이 책에는 현지에서만 듣고 확인할 수 있는 기본적인 지식과 정보가 다 담겨있다. 그래서 성경 독자에게는 이야기 속 무대를 입체적으로 떠올려볼 수 있는 기회를 제공한다. 현장 방문자에게는, 그곳에서만 볼 수 있고, 들을 수 있고, 맛볼 수 있는 것에 집중할 수 있는 여유를 제공해 준다. 현지 안내자의 안내 내용을 급하게 메모하는 번거로움을 엄청나게 줄여 주고 있기 때문이다. 덕분에 독자가 사도행전 속 이야기의 한 사람이 되어보는 그런 여유를 안겨준다. 정말 고마운 책이다.

적지 않은 이들이 바울의 행적을 따라간다며, 이른바 성지순례를 한다. 그러나 아쉽다. 다녀온 뒤에도 사도행전이나 바울서신을 대하는 태도에 시선에 별다른 변화가 보이지 않는 경우가 적지 않기 때문이다. 이 책은 바울의 발자취를 따라가려는 여행자들에게, 그곳에서 어떤 시선으로 어디를 방문하고 무엇을 봐야할 것인지에 대해 구체적으로 돕고 있다. 다녀온 이들에게는, 관련 성경 본문을 입체적으로 다시 읽을 수 있도록 돕고 있다. 피터 워커가 소망하듯이, 나도 이 책이 "사도행전에 대한 유익한 참고 자료가 되고 바울의 세계뿐 아니라 누가의 세계를 이해하는 데 도움이 되는 창문 역할"을 하기를 기대한다. 이 책은 사도행전과 바울서신을 입체적으로 읽고 싶은 이들, 그 현장을 다녀온 이들, 바울의 발자취를 따라가는 여행을 준비하는 이들 모두에게 제 몫을 할 것이라 기대한다. 피터 워커의 안내를 따라 바울의 발자취를 따라가는 여정을 통해, 바울의 마음도 헤아려볼 수 있는 그런 여유를, 이 책을 읽는 독자들이 넉넉하게 누리기를 기대한다. 성경 읽기도, 성경의 땅 답사조차도 지식과 정보를 챙기는 것에 멈추는 경우가 많다. 바울의 발자취를 따라가는 성경 읽기나 여행이 지식에 대한 동의를 넘어 '공감'하기가 되면 좋겠다.

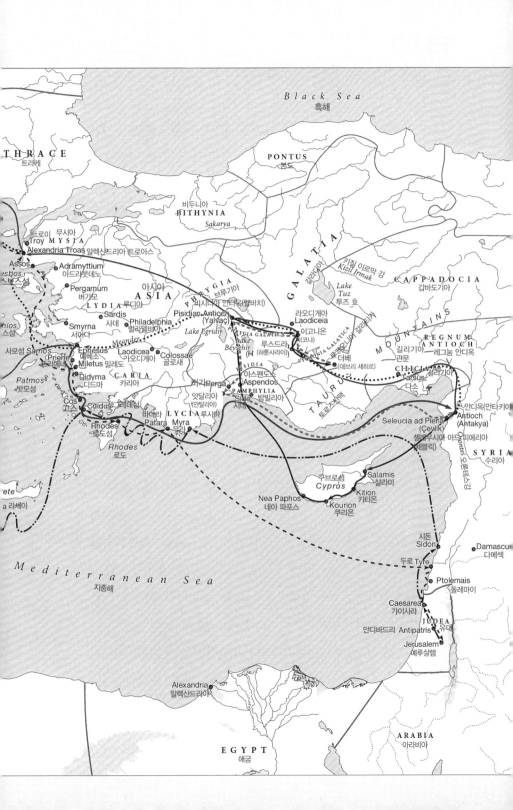

Black Sea
흑해

THRACE
트라케

PONTUS
본도

BITHYNIA
비두니아
Sakarya

GALATIA
갈라디아

CAPPADOCIA
갑바도기아

Troy MYSIA
트로이 무시아
Alexandria Troas 알렉산드리아 트로아스

Assos
아소스

Adramyttium
아드라뭇데노

Pergamum
버가모

ASIA
아시아

LYDIA 루디아

Kizil Irmak
키질 이르막 강

Lake
Tuz
투즈 호

Pisidian Antioch
(Yalvaç)
비시디아 안디옥(얄바치)

PHRYGIA
브루기아

Smyrna
서머나

Sardis
사데

Philadelphia
빌라델비아

Laodiceia
라오디게아
이고니온
(코나)

PHRYGIA GALATICA

REGNUM
ANTIOCH
레그눔 안디옥

길리기아
관문

Ephesus
에베소

Priene
프리에네

Laodicea
라오디게아

Colossae
골로새

Lake Egridir

Lake
Beyşehir

루스드라

더베
(데브리 세히르)

MOUNTAINS

Meander

Samos
사모섬

Miletus 밀레도

Didyma
디디마

CARIA
카리아

PISIDIA

PHRYGIA GALATICA
(H 하툰사라이)

CILICIA
길리기아
Tarsus
다소

TAURUS
토로스산맥

안디옥(안타키아)
Antioch
(Antakya)

Patmos
밧모섬

Cos
고스

Cnidus

Perga
버가

Aspendos
아스펜도스

PAMPHYLIA
밤빌리아

Seleucia ad Pieria
(Çevlik)
셀레우시아 아드 피에리아
(체블릭)

Orontes 오론테스강

SYRIA
수리아

Rhodes
로도섬

Patara Myra
무라

Side
시데

Nea Paphos
네아 파포스

Salamis
살라미

Cyprus
구브로섬

Kition
키티온

Kourion
쿠리온

Sidon
시돈

Damascus
다메섹

Tyre
두로

Ptolemais
돌레마이

Mediterranean Sea
지중해

Caesarea
가이사랴

Antipatris
안디바드리

JUDEA
유대

Jerusalem
예루살렘

Alexandria
알렉산드리아

ARABIA
아라비아

EGYPT
애굽

프롤로그

많은 이에게 성 바울로 알려진 다소의 사울은 거의 2천 년이 지난 지금까지도 계속해서 논쟁을 촉발하는 고대 역사 속의 인물이다. 그를 위대한 영웅으로 보는 사람도 있고, 악당으로 보는 사람도 있다. 어떤 이들에게 그는 예수에 관한 기독교의 메시지를 예수의 고향 팔레스타인을 넘어 세계로 전파하는 데 그 누구보다 크게 이바지한 사람이다. 하지만 다른 사람들에게 그는 자신의 개인적인 주장이나 치유되지 않은 성품 때문에 알아볼 수 없을 정도로 그 메시지를 왜곡한 ─ 단순한 사랑의 메시지를 복잡한 신학의 메시지로 전환함으로써, 혹은 모두에게 열려 있는 것처럼 보였던 예수의 왕국을 이제 교회로 알려지게 된 배타적인 조직으로 변형시킴으로써 ─ 사람이다.

이 책을 쓰면서 나도 글이나 개인적으로 나눈 대화를 통해서 두 종류의 사람들을 만났다. 곤혹스러움과 심지어 분노를 드러내지 않고서는 바울에 관해서 이야기할 수 없는 사람도 있었고, 이 비범한 사람에 대한 존경심으로 가득하여 감동의 눈물을 흘리지 않고서는 그에 관해 이야기할 수 없는 사람도 있었다. 바울은 자신의 시대에도 지금과 마찬가지로 양극화된 관점을 촉발했던 것으로 보인다. 그의 과감한 결단과 절대 포기하지 않는 끈기, 명민한 사고와 '반대자에 맞서 싸워 자신의 입장을 지켜내는' 능력은 사람들이 존경하는 능력일 수도 있고, 분노를 유발하는 능력일 수도 있다. 그러나 예루살렘에서 훈련받았던 이 탁월하며 학문적으로 유능한 랍비가 자신이 원래 품었던 신념과 반대되는, 예수가 이스라엘의 참된 메시아라는 확신으로 철저히 변화되었다는 사실은 그 누구도 의심할 수 없었다. 그의 주장에 따르면, 십자가에 달려 돌아가신 후 자신에게 친히 나타나신 예수와의 만남을 통해 그의 안에 깊이 스며들게 된 이 확신은 그의 여생에서 그를 움직이는 원동력이 되었고, 그가 다소와 예루살렘을 떠나 우리가 이 책에서 살펴볼 광범위한 지역으로 여행하게 했던 추동력이 되었다.

'바울의 발자취를 따라간다'는 것은 지중해 주위를 광범위하게 여행한다는 것을 뜻한다. 사실상 거리가 240㎞(150마일)에 불과한 지역 안에서만 공적 사역을 행했던 예수와 대조적으로, 바울은 예루살렘부터 로마까지 약 2,250㎞(약 1,400마일)에 이르는 넓은 지역과 그 안에 있는 수많은 장소에서 사역했다. 바울 자신도 지리를 잘 이해했음이 분명하다. 한번은 로마에 있는 교회에 보낸 편지(롬 15:19)에서 자신이 "예루살렘으로부터 두루 행하여 일루리곤(현대의 알바니아)까지" 복음을 전했다고 말한다. 따라서 이 책에서 우리는 사실상 예루살렘에서 일루리곤까지 이어지는 이 '호'(弧, arc: 활 모양)를 따라 지중해의 북쪽 해안으로 여행하면서 바울의 여정—예루살렘부터 로마까지—을 추적할 것이다.

세 번 태장으로 맞고 한 번 돌로 맞고 세 번 파선하고 일 주야를 깊은 바다에서 지냈으며 여러 번 여행하면서 강의 위험과 강도의 위험과…시내의 위험과 광야의 위험과 바다의 위험[을]…당하고….
—고린도후서 11장 25~26절

그리고 그러는 사이에, 고대에 살았던 이 특이한 인물에 대해 우리의 견해가 어떻든, 자신이 너무나도 열정적으로 믿었던 이 대의를 위해 그토록 멀리 — 걸어서든, 배로든, 나귀를 타고서든 — 여행했던 이 사람에 대해 적어도 존경하는 마음이 들지 않기는 어려울 것이다.

오늘날 튀르키예 남부의 험준한 '길리기아 관문'을 통과하거나, 황량하고 광활한 고대 갈라디아를 바라보거나, 고린도나 아덴, 에베소의 시장을 방문하거나, 세찬 바람이 부는 멜리데의 겨울 바닷가에 서 보는 것은 — 이 책을 쓰기 위해 내가 그랬듯이 — 대단히 감동적인 경험이 될 것이다. 이곳들은 이 남자가 오직 사람들에게 자신이 기쁜 소식이라고 믿었던 것, 즉 그들의 삶을 위한 하나님의 진리를 전하기 위해 현대의 여행자들에게 주어진 혜택을 전혀 누리지 못한 채, 많은 경우 사실상 혼자서 기꺼이 여행했던 장소들이다. 그는 자신이 선호하는 '편안한 공간'을 훨씬 넘어서는 곳까지 여행했다. 그가 틀렸고 심지어는 미쳤을지도 모른다고 생각할 수는 있지만, 그가 사람들을 사랑하지 않았거나 겁쟁이였다고 주장할 수는 없다.

개인적으로 내게 바울의 발자취를 따르는 것은 오래전부터 시작된 매우 즐거운 일이었다. 나는 (작은 두 유적지를 제외하고) 이 책에서 다루는 모든 곳에 가보았다. 나의 지중해 지역 여행은 1977년에 시작되었다. 5년이 지나서 아직 스무 살밖에 되지 않았을 때 나는 튀르키예의 목화밭에서 당시에는 찾기 어려웠던 고대 골로새의 유적지를 찾으려고 노력했다. 내가 플라스틱 가방을 들고 **"하라베?"**(튀르키예어로 '유적지'라는 뜻)라고 외치던 모습은 흥미진진한 광경이었을 것이다! 하지만 나는 성경에 나오는 이 고대 유적지에 가보았던 몇 안 되는 영어권 사람이 되겠다고 결심했다. 최근에는 도로가 포장되어 접근하기가 훨씬 쉬워졌다.

그후로 10년 이상 거의 매번 정교회의 부활절을 중동 어딘가에서 보냈다. 나는 머케이브 여행사(Mc Cabe Travel)와 함께 그리스와 튀르키예(1993년), 튀르키예(1995년), 요르단과 시리아(1997년), 로마(2002), 튀르키예(2006) 등 다양한 나라에서 여행을 안내하기도 했다. 1980년대에는 감사하게도 예루살렘의 성 조지 대학(St George's College)에서 여러 과목을 가르치기도 했다. 그리고 2006년과 2007년에는 이 책의 프로젝트에 주어진 연구 기금 덕분에 구브로와 멜리데, 로마로 연구 여행을 다녀왔다. 이런 여행을 가능하게 해준 분들, 정보를 얻는 여행일 뿐 아니라 재미있는 여행이 될 수 있게 해준 분들에게 진심으로 감사드린다. 나는 바울이 방문했던 곳에 갈 때마다 영적으로 위로를 받고 바울의 삶과 사역에 관한 신선한 통찰을 얻었다(옥스퍼드의 연구실에 앉아서는 결코 이런 유익을 얻을 수 없다!). 정기적으로 학생들에게 바울서신을 가르치고 주일마다 그의 글을 본문 삼아 설교해야 하는 책임 덕분에 그의 시대와 우리 시대 사이의 간격을 좁힐 수 있었고, 심오한 신학자이자 그리스도를 따르는 사람이었던 그에 대한 존경심이 새롭게 불타올랐다.

이 책은 이제 당신도 바울의 여행에 동참하고 그의 길을 따라 길

위에서 그로부터 배워보라는 초대다. 열린 마음으로 여행하면서 우리가 존경하는 마음으로 '그의 발자취를 따라' 이 여행을 다 마칠 때까지 — 우리의 마음의 눈을 통해서, 혹은 편안하게 안락의자에 앉아서 여행할 뿐이라고 하더라도 — 이 고대의 인물에 대한 최종적인 판단을 유보해보라는 초대이기도 하다.

누가의 예수 이야기, 바울 이야기

이 책은《예수의 발자취를 따라》(CUP)의 후속편이다. 그래서 예루살렘 — 예수와 바울 모두가 방문했던 중요한 장소 — 에 관한 장에서는 이전 책에서 다뤘던 예수의 삶과 연관된 예루살렘의 수많은 장소는 의도적으로 다루지 않았다. 또한 각 장이 같은 형식을 따른다. 첫 부분에는 그 장소 안에서 바울의 이야기를 하고, 마지막 부분에서는 오늘날 방문자들이 그 유적지를 찾았을 때 어떤 모습일지 설명한다(독자들에게 특별히 관심을 기울일 만한 지역을 안내하기 위해 중요한 유적은 본문에서 굵은 글자로 표기했다). 그리고 독자들이 그곳과 연관된 중요한 사건 — 바울 시대 이전과 이후의 — 을 한눈에 볼 수 있도록 '주요 연대'를 넣었다.

우리는 계속해서 누가의 안내를 받으면서 여행할 것이다. 이전 책에서 우리는 누가복음에 언급된 열네 곳을 살펴봄으로써 예수의 삶을 추적했다. 이 책에서는 누가복음의 속편인 사도행전에서 다루는 열네 곳을 살펴볼 것이다. 예수가 그러셨듯이 바울도 이 장소 중 일부는 두 차례 이상 방문했다. 따라서 불가피하게 이야기의 줄거리가 시간 순서와 다소 맞지 않을 수 있다. 예를 들어, 안디옥을 다룰 때는 예루살렘을 방문하기 **이전**과 **이후**에 바울이 그곳에서 했던 일을 살펴보아야 한다. 하지만 누가가 들려주는 이야기의 주된 궤적은 그대로 보존되어 있다. 우리는 다메섹에서 시작해 (다소를 살펴본 후) 바울의 1, 2차 '선교 여행'을 추적하고, 다시 팔레스타인으로 돌아와 그의 마지막 예루살렘과 가이사랴 방문을 살펴보고, 마침내 (멜리데로 우회한 후) 로마에 도착할 것이다.

누가는 사도행전을 쓸 때 매우 명확한 지리적 구조를 염두에 두고 있었던 것으로 보인다. 그는 예수가 자신을 따르는 이들에게 "예루살렘과 온 유대와 사마리아와 땅 끝까지 이르러" 그분의 증인 되라고 명령하신 것에 착안해(행 1:8) 확장하는 동심원 구조로 초대 교회의 이야기를 들려준다. 사도행전 1장부터 7장까지는 (예수에 관한 첫 번째 설교로부터 첫 번째 순교자인 스데반의 죽음까지) 예루살렘에만 초점을 맞춘다. 박해에 대한 대응으로 많은 신자가 "유대와 사마리아 모든 땅으로 흩어짐"에 따라(행 8:1) 8장부터는 초점이 북쪽의 사마리아로 옮겨진다. 이에 따라 예수의 메시지가 서쪽 ─ 가사로 내려가는 길을 따라(행 8:26), 해변의 도시인 가이사랴까지(행 10:1~11:18) ─ 으로도 확산한다. 그런 다음 12장에서 예루살렘과 관련된 이야기(베드로의 감옥 탈출)를 마지막으로 다루고, 누가는 아예 팔레스타인을 벗어나 (안디옥을 출발해 구브로와 밤빌리아, 갈라디아로 가는) 바울의 1차 '선교 여행'에 관해 서술하기 시작한다.

바울이 안디옥의 자신을 '파송한 교회'와 예루살렘에 있는 '어머니 교회'로 자주 돌아가지만, 그의 여정과 이에 관한 누가의 기록은 전반적인 방향에 있어서 꾸준하게 앞으로 나아간다고 — '땅 끝'으로 나아간다고 — 할 수 있다. 로마에 대한 첫 번째 명시적 언급도 매우 일찍 등장한다(행 19:21). 이후로 누가의 책의 마지막 3분의 1은 사실상 바울이 꽤 먼 길을 돌아서 결국에는 로마에 도착하는 과정에 관한 이야기를 다룬다. "그래서 우리는 이와 같이 로마로 가니라"(행 28:14)라는 이 짧은 문장을 누가의 이야기의 강력한 클라이맥스로 볼 수 있다. 사도행전의 전반적인 이야기는 초대 교회의 메시지가 예루살렘을 출발해 '땅 끝'에 이르는 과정에 관한 이야기이지만, 그 안에는 바울이라는 **한 사람**이 마침내 **로마**에 도달하는 과정에 관한 이야기라는 중요한 부차적 줄거리가 담겨 있다.

명백한 이유로 이 책에서는 바로 이 부차적 줄거리에 초점을 맞춘다. 그래서 사도행전에서 바울을 직접적으로 다루지 않는 부분에 대해서는 거의 관심을 기울이지 않을 것이다. 그럼에도 나는 이 책이 (일종의 예화적 주석을 제공하는) 사도행전에 대한 유익한 참고 자료가 되고 바울의 세계뿐 아니라 누가의 세계도 이해하는 데 도움이 되는 창문 역할을 하기 바란다.

누가의 두 세계

누가는 두 세계에서 살았던 사람이었다. 아마도 에게해 연안의 빌립보에서 태어났을 그의 태생적 세계는 그리스-로마에 기반을 둔 것이었다. 그러나 어느 시점엔가 그는 '하나님을 경외하는 사람'이 되어 유대교 회당의 가장자리에서 존경하는 태도로 유대교의 대안적인 세계를 들여다보고 있었던 것으로 보인다.

그런데 그가 유대인 메시아인 예수를 믿게 되었을 때 이상한 일이 일어났다. 어떤 의미에서 그는 바로 그 유대교 세계의 중심부로 들어가게 되었다. 그래서 그는 자신의 복음서에서 (아마도 원래는 자신처럼 이방인이었을) 독자들이 예수가 사셨던 유대교의 세계 안으로 들어갈 수 있도록, 즉 그들이 **예수의** 태생적 세계 안으로 들어가 그분을 더 잘 이해할 수 있도록 돕기 위해 심혈을 기울인다. 사도행전에서 누가는 마침내 반대 방향으로 여행할 기회를 얻어 다시 그리스-로마의 세계로 돌아간다. 그런데 이번에는 예수의 복음을 들고 돌아간다. 사도행전에 담긴 그의 이야기는, 예수 — 역설적으로 온 세상을 다스리시는 유대인 왕 — 에 관한 메시지가 예루살렘 밖으로 뻗어나가기 시작할 때 어떻게 이 두 세계가 부딪치고 서로 다투기 시작하는가에 관한 이야기다.

바울과 함께 여행하면서 그가 방문한 장소의 다양한 역사에 관해 배울 때, 우리는 이러한 문화의 충돌 — 그의 방문으로 인해 더욱더 첨예해졌던 충돌 — 에 관해서도 이해할 수 있다. 바울이 그토록 인기가 없었던 이유도 이해할 수 있다. 유대인으로서 '이교의' 세계 안으로 들어간 그는 유대인도 아니었고 이방인도 아니었다. 그는 둘 사이에 있는 무언가 — 이상한 방식으로 새로운 무언가 — 였다. 양쪽 사람들이 그에 대해 적대적 반응을 보인 것도 전혀 놀랍지 않다. 또한 그가 세운 공동체들이 확고하게 자리 잡고 있지만, 경쟁하는 이 두 세계 사이에서 길을 헤쳐나가려고 노력할 때, 그 길이 험난했다는 점 역시 전혀 놀랍지 않다.

바울의 마음을 찾아서

마지막으로 시간상으로 멀리 떨어져 있는 바울의 삶을 재구성하는 지금의 시도에 관해 한 마디 덧붙이고자 한다(이 책에서 제안하는 연대표는 28~33쪽, "바울서신: 연대와 장소", 34~36쪽, "주요 연대: 누가와 바울"을 보라). 역사가의 관점에서 보면 다행히 우리에게는 누가의 사도행전뿐 아니라 바울이 쓴 서신서도 있다. 우리는 바울이 — 예수와 달리! — 실제로 무언가를 기록했다는 사실에 감사해야 한다. 바울의 '서신서'는 바울의 세계를 엿볼 수 있는 가능성을 제공하며, 그의 내면적 성품과 다양한 상황에 반응하는 그의 자세에 대한 핵심적 통찰을 제공한다. 실제로 바울은 '자신의 감정을 솔직히 드러내며' 감동적이고도 개인적인 방식으로 글을 쓰기도 한다. 그 덕분에 우리는 고대사의 다른 어떤 인물보다 그에 관해 친밀하게 알 수 있다.

물론 일부 바울서신의 진정성에 관해, 또한 사도행전에 담긴 누가의 서술의 신빙성에 관해 학문적 논쟁이 계속되고 있다. 하지만 여기서는 이 모든 1세기의 증거가 매우 가치있고 존중할 만하다는 관점을 채택한다. 그뿐만 아니라 약간의 상식과 인간의 직관을 활용한다면 다양한 증거를 합리적으로 취합하여 꽤 신빙성 있는 삼차원적 초상화를 그려낼 수 있을 것이다.

나는 이 책에서 바울이 쓴 글에서 수집할 수 있는 자료를 근거로 당신을 바울의 정신과 마음 안으로 이끌고자 한다. 예수께 초점을 맞췄던 이전의 책에서는 그것이 — 온갖 종류의 이유로 — 불가능했다. 하지만 바울에 관해서는 그런 시도를 해볼 수 있다. 이 책의 제목에서는 바울의 **발자취**만 따르면 된다고 말하는 것처럼 들리지만, 이 여행에서 바울의 마음도 찾아내고 따를 수 있기를 바란다.

바울서신: 연대와 장소

바울서신의 연대는 크게 논쟁이 되는 주제다. 사실 그중 일부에 관해서는 정말로 바울이 쓴 것인지 의문을 제기하는 사람도 많다. 그중 일부는 바울의 추종자가 쓴 것 아닐까? 특히 이른바 '목회서신서'(디모데전후서, 디도서)에 관해, 그보다는 덜하지만 에베소서와 골로새서에 관해 이런 논란이 많다. 이 서신서들은 우리에게 알려진 바울서신과 모순되어 보이는 신학과 관심사, 문체를 지니고 있다고 주장하는 사람들이 있다. 이 서신서들이 사도행전과 어떻게 조화를 이룰 수 있는지에 대한 문제가 제기되기도 한다.

여기서 이 문제를 자세히 다룰 수는 없지만, 모두가 정말로 바울의 저작이라는 설득력 있는 주장을 전개할 수 있다. 이미 주후 100년경부터 바울의 저작에는 늘 열세 개의 서신서 전부가 포함되었다(즉 이 서신서들을 분리하는 기록은 전혀 없었다). 그뿐만 아니라 흔히 주장하는 것처럼 (특히 개인적이지 않은 신학 진술이나 묵시적 환상을 고대 작가의 것이라고 주장하는 것도 아니고 최근에 죽은 사람이 쓴 개인적인 편지라고 주장하는) '위서'(pseud-epigraphy, '거짓으로' 다른 누군가의 이름으로 글을 쓰는 행위)가 이 시기에 하나의 장르로 받아들여졌다고 보기도 어렵다.

언어적인 차이는 바울서신 전부 – 즉 역설적으로 이른바 '의심할 여지 없이 바울서신'인 글보다 더 정확히 바울의 개인적인 문체를 반영하는 목회서신서를 제외하고 — 가 아마누덴시스(필사자)에 의해 기록되었다는 사

28

실을 통해 설명할 수 있다. 확실히 바울서신이라고 하는 글의 내용을 시금석으로 삼아서 바울이 다른 편지에서 기록했을 법한 내용을 2천 년이나 지난 지금에 와서 판단하는 것은 순환 논리에 빠질 수밖에 없다. 그보다는 남아있는 모든 증거를 받아들이고 이를 근거로 무엇이 바울의 글이며, 무엇이 바울의 글이 아닌지 판단하는 편이 훨씬 더 낫다.

연대에 관해 한 가지 핵심 논점은 갈라디아서와 연관이 있다. 아우구스투스의 새로운 속주인 '갈라디아'는 소아시아 중앙부의 거대한 지역을 아우르기 때문에 (많은 지역적 경계를 가로지르기 때문에) 바울이 이고니온과 루스드라, 더베를 방문한 것(행 14장)을 엄밀히 말해서 갈라디아를 방문한 것으로 볼 수 있는지 의문이 제기되었다. 그렇게 볼 수 없다면 바울의 편지는 그때가 아니라 후대에 더 유명한 갈라디아 북부 지방을 방문한 후(아마도 주후 50년, 행 16:6을 보라) 기록된 것이 분명하다.

윌리엄 미첼 램지 경(Sir William Mitchell Ramsay)의 연구 이후(99쪽, "소아시아 방문자들"을 보라) 바울이 이고니온과 루스드라, 더베 같은 더 남쪽 지역에 있는 자신의 회심자들을 '갈라디아 사람들'(갈 3:1)이라고 불렀다고 보는 것이 타당하다는 충분한 증거가 제시되었다. 갈라디아서가 바울의 첫 편지라면, 이 책은 신약 전체를 시작하는 절―특별히 예수의 신성에 초점을 맞추고 있는―을 담고 있는 셈이다(갈 1:1).

바울이 고린도 교회에 보낸 편지 역시 꽤 복잡하다. 아마도 바울은 최대 다섯 통의 편지를 썼을 것이다. 에베소에서 보낸 편지로서 부도덕에 대해 경고하는 짧은 서한인 'A'(고전 5:9~11), 더 걱정스러운 소식을 들은 후 보낸 훨씬 더 긴 편지 'B'(우리가 고린도전서라고 알고 있는 편지), 고통스러운 짧은 방문 이후 디도 편에 보낸 더 짧고 강력한 편지 'C'(고후 2:1~3), 디도와 (빌립보에서?) 만나 그가 고린도인들한테서 긍정적으로 환영받았다는 소식을 듣고 보낸 또 다른 긴 편지 'D'(우리가 고린도후서 1~9장이라고 부르는 글), 그리고 마지막으로 그로부터 얼마 지나지 않아서 전혀 다른 어조를 띠는 ― 거짓 교사들이 일으킨 말썽에 관한 소식 때문에 ― 마지막 추신 'E'(우리가 고린도후서 10~13장으로 알고 있는 글)가 그것이다.

가장 큰 논쟁은 세 통의 목회서신서와 관련이 있다. 세 편지를 정말로 바울이 쓴 글로 받아들인다면 그 연대는 주후 60년대 중반으로 추정할 수 있으며, 이 경우에는 바울이 감옥에서 풀려나서 에게해 주변에서 사역을 계속했다고 전제해야 한다는 것이다. 그러나 이를 뒷받침할 만한 독립적인 증거는 없으며, 바울이 이 시기에 사역했다고 주장하는 이들(고대인들과 현대인들 모두)은 단지 서신서들의 배경을 증명하기 위해서 이렇게 주장할 뿐이다. 이 책에서 채택한 입장은 세 편지 모두가 바울의 초기 사역에 성공적으로 발견될 수 있다는 것이다.

사도행전 20장 1~3절에 기록된 누가의 말은 바울이 꽤 오랜 시간 동안(아마도 주후 55년 말과 주후 57년 초 사이에 15개월에서 18개월까지) 마게도냐에 머물렀음을 암시한다. 바울은 에베소를 출발해 "마게도냐로 가니라. 그 지방으로 다녀가며 … 헬라에 이르"렀다. 따라서 바울은 서쪽으로 여행해 (주후 57년 초 로마서 15장 19절을 쓸 무렵 방문한 적이 있었던) 일루리곤으로 들어갔을 것이다. 디모데전서와 디도서가 이 시기에 기록되었다고 볼 수 있으며, 이 두 편지는 이제 중대한 도전을 앞둔 자신의 핵심 조력자들을 위한 메모였을 것이다. 그는 이제 막 디모데에게 에베소를 맡겼고(딤전 1:3), (고린도를 방문한 후) 디도에게는 그레데를 맡겼다(딛 1:5). 그런 다음 그는 디도가 니고볼리에서 그와 합류해 겨울을 함께 날 수 있기를 바란다(딛 3:12). 이는 이렇게 재구성된 연대와 잘 들어맞는다. 니고볼리는 그리스 서쪽 해안에 있으며 바울이 고린도를 향해 여행할 때 들렀던 주요 도시였다.

이렇게 재구성된 연대가 옳다면 이 두 편지에 담긴 (과부의 명부를 정하는 것과 같은) 바울의 실천적 관심은, 바울이 전도의 열정을 잃어버렸다는 증거가 아니라 그가 신생 교회들에는 강력하고 실천적인 관리가 필요함을 알고 있는 노련한 교회 개척 사역자라는 증거로 보아야 한다. 그리고 (먼 곳에서 여행하는 동안) 그가 사용하는 언어는, 신뢰하는 동료에게 사적인 '업무 메모'를 하는 더 사무적이며 간결한 언어였다.

바울이 디모데에게 보낸 두 번째 편지는 전혀 다른 분위기를 풍기며, 감옥에서 디모데전서를 썼던 때로부터 오랜 시간이 지난 후에 쓴 글이다. 로마에서 쓴 이 편지(딤후 1:17)는 일반적으로 바울의 마지막 편지로 간주한다. 그의 어조를 통해 그가 죽음을 앞두고 있음을 알 수 있기 때문이다. 그러나 뒤에서 주장하는 것처럼(503쪽, "바울의 반응"을 보라) 이 편지는 바울이 로마에 도착한 후 **처음으로** 썼던 편지일 수도 있다. 디모데가 에베소에서 도착한 후 그는 활력을 되찾고, 디모데와 함께 골로새서와 빌레몬서, 또한 아시아에 있는 교회들에 보내는 더 일반적인 편지(에베소서)를 쓴다. 그렇다면 지금까지 남아 있는 바울의 마지막 편지는 빌립보서가 될 것이다.

비록 일부에서는 이들 '옥중 서신' 중 일부가 바울이 (에베소에서, 혹은 특히 가이사랴에서) 수감되었던 더 이른 시기에 기록되었을 수도 있다고 주장해왔지만, 대다수는 로마를 이 편지들의 작성 장소로 보는 견해를 지지한다. 그렇다면 바울이 로마에서 적었던 마지막 말은 매우 시의적절하다. "주 안에서 항상 기뻐하라. … 나의 하나님이 … 너희 모든 쓸 것을 채우시리라. … 주 예수 그리스도의 은혜가 너희 심령에 있을지어다"(빌 4:4, 19, 23).

로마 석관에 새겨져 있는
바울의 순교(4세기)

	사도행전의 관련 구절	서신서	장소	연대
A. 1차 선교 여행 이후	(행 13~14장)	갈라디아서	안디옥	주후 48년 말
사도적 공의회	(행 15:1~35)			주후 49년
B. 2차 선교 여행 중	(행 15:36~18:22)	데살로니가전서	고린도	주후 51년
		데살로니가후서	고린도	주후 52년
C. 3차 선교 여행 중	(행 19:1~21:17)	고린도전서	에베소	주후 53/54년
		고린도후서(1~9장)	빌립보?	주후 55년
		고린도후서(10~13장)	서부 마게도냐	주후 56년
		디모데전서	일루리곤	주후 56년
		디도서	일루리곤	주후 56년
		로마서	고린도	주후 57년
예루살렘 도착				주후 57년 5월
가이사랴 수감				주후 57~59년
로마로 마지막 여행	(행 21:17~28:29)			주후 59년
D. 로마 수감 중	(행 28:30~31)			주후 60~?64년
		디모데후서	로마	주후 60년 초
		골로새서	로마	주후 61/62년
		빌레몬서	로마	주후 61/62년
		에베소서	로마	주후 62/63년
		빌립보서	로마	주후 61/62년

주요 연대: 누가와 바울

이 연대 중 다수는 증거 부족으로 여전히 추측에 불과하다. 다행히도 독립적인 로마의 기록 덕분에 우리는 두 개의 '확실한 시점'을 설정할 수 있다. 베스도 총독은 주후 59년에 유대에 도착했다. 갈리오는 클라우디우스 황제가 즉위한 지 26년 차가 되었을 때(주후 52년) 아가야에서 총독으로 재직했다. 따라서 그의 재직 시기는 주후 51년 7월 1일에 시작되었을 것이다.

그리스도인이 된 바울의 초기 활동에 관해 우리는 사도행전에 기록된 누가의 설명과 바울의 편지인 갈라디아서에 있는 증거를 결합해서 해석할 필요가 있다. 갈라디아서에서 바울은 자신이 회심 후 예루살렘에 두 차례 — 한 번은 "그 후 삼 년 만에," 다른 한 번은 "십사 년 후에"(갈 1:18, 2:1) — 방문했다고 언급한다. 두 구절은 **기점이 같은 것으로**(즉 두 방문 사이에 11**년**의 시간적 간격이 존재하는 것으로) 해석해야 한다. 두 번째 방문을 사도행전 11장 30절에 기록된 것과 같은 사건으로 가정할 때, 바울은 예수의 십자가 죽음 이후 첫 2년 안에 회심했다고 추정할 수 있다.

누가와 바울이 로마에 도착한 후 정확히 무슨 일이 일어났는지 분명하지 않다. 그래서 많은 이들은 바울과 (특히) 누가가 더 후대에 사망했다고 주장하기도 한다(더 자세한 논의로는 499~500쪽, "바울의 마지막 날에 대한 재구성" 등을 보라).

주후 5년경?	바울(다소에서)과 누가(빌립보로 추정)의 탄생
주후 20년경	바울이 가말리엘 2세 문하에서 교육을 받기 위해 (아마도 친척들이 살고 있는) 예루살렘으로 유학한다.
주후 30년	예수가 십자가에 달려 돌아가신 것으로 추정되는 시점(4월 7일 금요일). 가능성이 있는 또 다른 날짜는 주후 33년 4월 5일 금요일이다.
주후 31/32년	바울이 다메섹 도상에서 회심한다(행 9:1~19).
주후 34/35년	바울이 예루살렘으로 돌아간 후 다소의 집을 방문한다(행 9:26~30, 갈 1:18~20).
주후 40년경	바나바가 바울을 불러 안디옥에서 사역하게 한다(행 11:25~26).
주후 45년	바울과 바나바가 예루살렘을 방문해 기근을 위한 부조를 전달한다(행 11:27~30, 갈 2:1).
주후 46년	바울과 바나바가 구브로와 밤빌리아, 갈라디아로 첫 번째 '선교 여행'을 떠난다(행 13~14장).
주후 49년	예루살렘에서 사도들의 공의회가 긴급하게 열린다(행 15장).
주후 50년	마게도냐와 아덴으로 바울이 2차 '선교 여행'을 떠난다(행 15:41~17:33). 누가가 드로아에서 바울을 처음으로 만나고(행 16:8~10) 빌립보에서 머문다.
주후 50~52년	바울이 고린도에서 18개월 동안 머물며 (아가야의 총독인) 갈리오 앞에 선다.

주후 52~55년	바울이 3년 동안 에베소를 본거지로 삼는다(행 19:1~20:1).
주후 55~56년	바울이 마게도냐와 일루리곤, 그리스 서부로 최장 18개월까지 여행한다(행 20:1~2).
주후 57년	바울이 고린도에서 석 달(1~3월)을 지낸 다음 누가와 함께 빌립보를 답사하고, 그와 다른 이방인 회심자들과 더불어 오순절을 지키기 위해 예루살렘으로 여행한다(5월 말).
주후 57~59년	바울이 벨릭스 총독 재직 기간 중 가이사랴에서 2년 동안 수감 생활을 한다(행 23:34~24:27). 누가는 팔레스타인 전역을 여행한다. 베스도가 총독으로 부임했을 때 바울은 가이사에게 항소한다(행 25:11).
주후 59년(가을)	바울과 누가는 배를 타고 팔레스타인을 떠난 후 난파를 당해 결국 멜리데에 표류한다(행 27장).
주후 60년(봄)	바울과 누가가 로마에 도착한다(행 28:14).
주후 62/63년?	로마에서 누가가 사망했을 것으로 추정되는 가장 이른 시점.
주후 63/64년	바울이 아마도 로마의 대화재(주후 64년 7월 14일) 이전인 어느 시점에 네로 치하의 로마에서 순교한다(오스티아 길 근거에서 참수당함).

다
메
섹

¹[사울이] 대제사장에게 가서 ²다메섹 여러 회당에 가져갈 공문을 청하니 이는 만일 그 도를 따르는 사람을 만나면 남녀를 막론하고 결박하여 예루살렘으로 잡아오려 함이라. ³사울이 길을 가다가 다메섹에 가까이 이르더니 홀연히 하늘로부터 빛이 그를 둘러 비추는지라. ⁴땅에 엎드러져 들으매 소리가 있어 이르시되, "사울아, 사울아, 네가 어찌하여 나를 박해하느냐?" 하시거늘, ⁵대답하되 "주여, 누구시니이까?" 이르시되 "나는 네가 박해하는 예수라. ⁶너는 일어나 시내로 들어가라 네가 행할 것을 네게 이를 자가 있느니라" 하시니, ⁷같이 가던 사람들은 소리만 듣고 아무도 보지 못하여 말을 못하고 서 있더라.

⁸사울이 땅에서 일어나 눈은 떴으나 아무 것도 보지 못하고 사람의 손에 끌려 다메섹으로 들어가서 ⁹사흘 동안 보지 못하고 먹지도 마시지도 아니하니라. ¹⁰그 때에 다메섹에 아

나니아라 하는 제자가 있더니 주께서 환상 중에 불러 이르시되,
"아나니아야! 하시거늘 대답하되 주여 내가 여기 있나이다 하니
11주께서 이르시되 일어나 직가라 하는 거리로 가서 유다의 집에
서 다소 사람 사울이라 하는 사람을 찾으라.

— 사도행전 9장 2~6, 8~11절

길 위의 드라마

이십대 후반으로 보이는 턱수염을 기른 젊은 남자가 외국의 도시를 향해 가고 있다. 그에게는 분명한 목적이 있었다 — 도성 문 안으로 들어가자마자 무슨 일을 할지 계획하고 있었다. 그곳에 있는 사람 중 일부는 그가 도착한 날을 유감스럽게 생각할 테지만 그건 중요하지 않았다. 그의 생각에 그들은 이 새로운 '메시아' 종파 — 이른바 이 한심한 '도' — 에 참여하기 전에 신중하게 생각했어야 했다!

이 열정적인 율법 학자는 은밀히 전략을 세우며 거의 일주일 전 예루살렘에서 시작된 240㎞에 이르는 힘겨운 여정의 종착지에 접어들고 있다. 그는 몇 사람의 일행과 함께 출발했고, 그들은 낮에는 나귀를 타고 밤에는 별 아래에서 야영했다. 그들 중에는 그가 죄수를 체포하는 일을 도울 병사들도 있었다. 그는 그들 중 한 명에게 제일 중요한 '본국 송환 영장'을 맡아달라고 부탁해두었다.

그저께 그들은 갈릴리 호수 근처에 있었고, 해변 길(Via Maris)을 따라 가버나움이라고 부르는 작은 마을을 통과하고 있었다. 하지만 이제 가울라니티스(Gaulanitis)의 황량한 화산 지형을 지나 마침내 내리막길로 내려가고 있다. 그들의 왼쪽 뒤로는 헐몬산 단층 지괴가 있었고, 북동쪽 약 15㎞ 앞에는 그들의 목적지인 낮은 산지 안에 자리 잡은 평원 — 이스라엘의 오랜 원수인 수리아의 수도 무역 도시 다메섹 — 이 있었다.

이 오아시스 도시는 한낮의 작열하는 햇볕 속에서 확실히 매력적으로 보인다. 그는 한 번도 이 '이교도'의 상업 도시에 가본 적이 없었지만, 나사렛 예수에 관한 이 사악한 가르침이 더 퍼지기 전에 싹을 잘라내야만 했다. 이상하며 불길한 방식으로 그는 이 임무를 기대하고 있다. 어쩌면 오늘 밤에는 이 위험한 '도'의 추종자들을 현행범으로 체포할 수 있을 것이다. 이곳에서 성공을 거둔다면 틀림없이 고향의 상관들에게 주목을 받게 될 것이다.

하지만, 전혀 예상하지 않았고 원하지도 않았던 일이 일어났고, 이로 인해 그의 작은 세계가 완전히 뒤집히고 말았다. 그가 체포하려는 추종자들이 따르던 바로 그 사람이 나타나 그의 이름을 부르며 직접 그에게 말했다. 자신이 그토록 미워했던 이름, 의로운 분노와 열심의 대상이었으며 사기꾼이라 생각했던 예수 앞에서 두려움에 말을 할 수 없을 지경이 된 그는 그 사람 앞에서 땅에 엎드러졌다.

여기서 우리는 다소 출신 유대인 사울 — 후대의 역사에, 또한 우리에게 '사도 바울'로 알려진 — 의 '회심'을 목격한다(이제 우리는 그를 그의 헬라어 이름을 사용해 '바울'이라고 부를 것이다).

길 위에서 만난 그리스도

이것은 강력한 이야기다. '다메섹 도상 경험'은 한 사람의 신념이나 방향이 갑자기 바뀌는 것을 묘사하기 위해 다양한 맥락 — 정치적 혹은 종교적 — 에서 사용되는 표현이다. 그러나 (사도행전에서 이 사건을 서술하는) 누가는 이것이 당사자가 원하지도 않았고 스스로 초래하지도 않았던 변화였다고 이해했다. 이 변화는 그에게 이루어진, 외부로부터 온 변화였다.

누가는 이 사건이 수도 외곽의 어떤 '길'에서 이상한 일이 일어난 또 하나의 사례라고 생각했다. 누가의 첫 책(그의 복음서)의 절정은 부활하신 예수가 예루살렘 외곽 엠마오로 가는 길에서 그분의 제자들에게 나타나셨던 이야기다. 이제 누가는 그의 두 번째 책의 주요한 초점이 될 이야기(바울의 모험과 선교)를 시작하면서 같은 방식으로 이 이야기를 시작하고자 했다. **부활하신 그리스도께서 바울에게 나타나셨다.** 이 놀라운 관념 — 예수가 죽은 자 가운데서 다시 살아나심 — 을 진지하게 받아들이지 않는다면 바울을 이해할 수 없을 것이라고 누가는 말한다. 부활하신 그리스도 없이는 바울도 없다. 더 심층적인 차원에서 바울의 이야기는 그의 종을 통해 일하시는 부활하신 예수의 이야기다. '바울의 발자취'를 따라갈 때 우리는 다시 한번 '예수의 발자취'를 따라가게 될 것이다 — 하지만 다른 방식으로 따라가게 될 것이다.

우리 역시 다메섹 외곽의 이 길에서 **성 바울의 발자취를 따라** 걷기 시작해야 한다. 바울은 어렸을 때 다소에서 예루살렘으로 이주했다(79~81쪽, "다소: 바울의 고향"을 보라). 하지만 바울은 이 초기의 삶을 전혀 참된 삶으로 여기지 않았다. 여러 해가 지나서 그는 "무엇이든지 내게 유익하던 것을 내가 그리스도를 위하여 다 해로 여길 뿐"이라고 말했다(빌 3:7). 무엇이 그를 변화시켰는지 이해하고자 한다면 바로 여기 다메섹 인근의 교역로에서 — 다른 곳이 아니라 — 시작해야 한다. 정말 이상한 곳이지만, 그 누구보다 먼저 바울이 그렇게 하는 데 동의했을 것이다!

다메섹의 성서적 배경

다메섹은 거의 2천 년을 거슬러 올라가는 오랜 역사를 지닌 도시였다. '안티 레바논'(anti-Lebanon)산맥에서 내려온 물을 북서쪽으로 흘려보내는 두 개의 큰 강(아바나와 바르발) 가까이에 있는 이도시는 반가운 오아시스였다. 비옥한 초승달(메소포타미아부터 지중해 연안까지 이어지는 초승달 모양의 비옥한 토지로 고대 문명의 발상지이기도 함—역주)의 동쪽에서 지중해를 향해 여행할 때는 거의 필수적으로 다메섹을 지나야 했다. 교역물을 연안이나 남쪽의 이집트로 운반하는 사람들에게 자연적인 관문이 되는 도시였다. 한편 이스라엘 땅에서 출발한 사람들에게 다메섹은 해변 길(Via Maris)의 당연한 목적지 — 우리가 지금 '골란고원'이라고 알고 있는 곳을 통과해서 여행할 때 마주치는 첫 번째 도시 — 이기도 했다.

우리가 방문할 모든 장소 중에서 다메섹은 이전의 성경 역사 안에서 중요한 의미를 지닌 유일한 도시다. 아브라함과 다윗, 솔로몬, 아합과 아하스 같은 북 이스라엘 왕국의 왕들과 연관된 일화에 이 도시가 언급되기 때문이다(67~69쪽, "주요 연대: 다메섹"을 보라). 하지만 우리의 목적을 고려할 때 다메섹과 연관된 가장 흥미로운 성경 이야기는 예언자 엘리사 시대의 시리아 군대 장관인 나아만 이야기다. 나병에 걸린 그는 병을 치료할 수 있으리라는 희망을 품고 이스라엘로 왔다가 엘리사에게 (직접도 아니고 심부름꾼을 통해서) 요단강에서 일곱 번 몸을 씻으리라는 말을 듣고 그는 모욕감을 느꼈다. 다메섹에 있는, 요단강보다 훨씬 더 좋은 강 아바나와 바르발에서 목욕했다면 굳이 이곳까지 여행하지 않아도 되었을 것이라고 생각했다. 하지만 (자신의 주인이 교만한 태도로 반응하고 있다고 판단한) 그의 종이 그를 설득하자 나아만은 엘리사가 지시한 대로 요단강에서 몸을 씻고 병 고침을 받았다. 성경에서는 그의 피부가 "어린 아이의 살 같이 회복되어 깨끗하게 되었다"라고 말한다(왕하 5:14).

> 또한 모든 것을 해로 여김은 내 주 그리스도 예수를 아는 지식이 가장 고상하기 때문이라 내가 그를 위하여 모든 것을 잃어버리고 배설물로 여김은 그리스도를 얻고 ….
>
> — 빌립보서 3장 8절

이 이야기는 바울의 이야기와 비슷한 점이 있다. 한 교만한 사람이 자신의 바람과 달리 이스라엘의 하나님의 은혜로운 행동에 의해 겸손해지고, 그런 다음 신체적인 치유를 받는다. 창피하게도 '종들'이 자신들의 지도자가 무슨 일을 겪는지를 목격하는 가운데 이 모든 일이 일어난다. 그러나 바울의 경우, 이방인이 이스라엘을 향해 여행하는 게 아니라 이스라엘 사람이 이방 나라로 가는 것이었다.

이방 땅 안의 식민지

주후 1세기 무렵 다메섹은 수리아 배경을 지닌 사람들뿐 아니라 많은 헬라인과 유대인의 거주지가 되었다. 주후 1세기에 이곳에는 꽤 큰 규모의 유대인 거주지가 존재했다 — 역사적 '이스라엘'의 경계 밖에 있는 거주지 중 가장 가까운 곳에 있는 거주지였다. 이곳은 자연스럽게도 (자신들의 메시지를 전파하기 원했던) 예수의 첫 제자들과 (이 전염성이 강한 새로운 종파를 제어하기 바랐던) 바울 모두가 처음으로 선택했던 곳이다.

어떤 이들은 (누가가 사도행전 9장에서 서술하는) 바울의 다메섹 여행이 예수가 (아마도 주후 30년에) 부활하시고 나서 7년이 지났을 때 일어났을 것으로 주장한다. 이 사건은 첫 두 해가 지난 후(주후 32년경)에 일어났을 가능성이 더 높다. 누가가 이전 장(행 5~8장)에서 언급한 사건들이 교회의 첫해나 둘째 해에 일어나지 않았을 실질적 이유가 존재하지 않는다. 하지만 정확한 연대와 상관없이 놀라운 점은, 예수에 관한 메시지가 이미 다메섹까지 전해졌다는 사실 (또한 그 소식이 다시 예루살렘에 알려졌다는 사실)이다. 예수에 관한 메시지가 이렇게 급속도로 (이스라엘의 역사적 경계 외부에까지) 퍼졌다는 것은 예수의 부활에 대한 추가적인 증거가 된다. 그저 십자가에 달려 죽은 (따라서 실패한) 메시아에 관한 메시지였다면 다메섹의 유대인 거주지에 정착해 행복하게 사는 사람들이 이를 열정적으로 받아들이지 않았을 것이다. 예수가 단지 거룩한 사람이었으며 위대한 선생이었다면, 그래서 어떻단 말인가? 예수가 메시아라는 메시지가 갑자기 완전히 새로운 차원을 갖게 된 — 그리하여 예루살렘에서 멀리 떨어진 곳에서 사는 사람들에게 의미가 있게 된 — 이유는 오직 부활 때문이었다.

동기 확인: 바울과 대제사장

당시 바울이 예루살렘에서 정확히 무엇을 하고 있었으며(82쪽, "예루살렘을 향해 떠나는 로마 시민"을 보라), 대제사장들이 왜 이 까다로운 일을 그에게 맡겼는지 우리는 추측할 수밖에 없다. 그는 그성에서 가장 유능한 토라 학자였거나 가장 민족주의적인 학자였을까? 바울은 동료들 사이에서 가장 뛰어난 학자였을지도 모르지만, 나중에 자신이 이전에 '행한 일'에 관해 묘사할 때 그는 '열심'을 두 차례나 강조한다. 그는 몇 년 내로 '열심당원'이라는 명칭이 만들어져 스스로 하나님의 율법을 책임지고 이스라엘을 향한 하나님의 예언된 목적을 성취하기 위해 로마의 지배자들에 맞서 무기를 들기 원했던 열성적인 유대교 민족주의자들을 묘사한다. 그렇다면 바울의 바리새주의는 이러한 민족주의적인 성향에 깊이 영향을 받았을지도 모른다.

> 히브리인 중의 히브리인이요, 율법으로는 바리새인이요, 열심으로는 교회를 박해하고 율법의 의로는 흠이 없는 자라.
>
> — 빌립보서 3장 5~6절

> 내가 이전에 유대교에 있을 때에 행한 일을 너희가 들었거니와 하나님의 교회를 심히 박해하여 멸하고 내가 내 동족 중 여러 연갑자보다 유대교를 지나치게 믿어 내 조상의 전통에 대하여 더욱 열심이 있었으나 ….
>
> — 갈라디아서 1장 14절

바리새주의에는 두 주요 학파가 존재했다. 엄격한 샴마이 학파와 온건한 힐렐 학파였다. 그렇다면 열성적인 젊은 바울이 샴마이 학파를 따랐던 것은 아닐까? 바리새파의 이 분파가 맹렬히 민족주의적이었던 — 정치적 독립에 대해 열정적이었던 — 것은 아닐까? 이는 나중에 바울이 했던 말과 잘 들어맞는다. 그는 "우리 종교의 가장 엄한 파를 따라 바리새인의 생활을 하였다"라고 진술한다(행 26:5). 바울이 속한 바리새파 분파의 영향력 때문에 그는 일종의 열성분자 — 종교적인 관점에서, 또한 더 노골적으로 '정치적인' 관점에서 — 가 되었을지도 모른다.

또한 이런 이유로 그는 이 새로운 메시아 운동에 대해 더 격렬하게 분노했을지 모른다. 예수의 첫 추종자들은 예수를 '메시아'로 떠받듦으로써 거의 신성 모독의 죄를 범하고 있을 뿐 아니라, 너무나도 중요한 이 민족주의적인 대의를 사실상 무너뜨리고 있었다. 실제로 그들은 이스라엘은 하나님이 그들에게 비정치적인 메시아를 보내신 것에 대해 감사해야 한다고 말하고 있었다. 또한 그들은 이미 이방인들을 자신들의 새로운 메시아 운동 안으로 받아들이기 시작했으며, 이로써 이스라엘의 정치적 경계선을 약화시키고 있었다. 바울 자신도 이방인 '개종' — 즉, 사람들을 이스라엘 민족에 참여하게 하는 것 — 에 열심이었을지도 모른다. 하지만 이를 위해서는 그들이 할례를 받아야만 했다. 그가 절대로 용인할 수 없었던 것은 할례받지 않은 이방인들을 끌어들이는 운동이었다. 누가의 유명한 구절처럼 그가 "주의 제자들에 대하여 여전히 위협과 살기가 등등"했던 것도 당연하다(행 9:1).

대제사장은 왜 이 일에 관여했을까? 그가 가야바(몇 년 전 예수를 재판했던 대제사장)였다면 모든 것이 분명해진다. 개인적인 분노 ─ 예수의 추종자들이 가야바가 이스라엘의 메시아의 처형에 관여했다고 말하고 다닌다는 ─ 때문에 이 예수 '이단'을 뿌리 뽑겠다고 결심한 것으로 볼 수 있다. 어떤 경우든 이렇게 바울을 파견한 것은 매우 필사적인 전략이었고, 이 새로운 종파가 그들에게 명백한 위협이 되었음을 알 수 있다. 이는 그의 특권을 지나치게 확대하여 해석하는 행위였다. 다메섹은 아레다 4세의 관할 아래 있는 외국 도시였고, 그 왕의 시민들을 자기네 나라로 끌고 오는 것은 대단히 이례적인 ─ 심지어는 매우 위험한 ─ 일이었다.

계시의 순간

누가는 바울이 다메섹 가까이에 이르렀을 때 무슨 일이 일어났는지 세 차례나 흥미진진하게 서술한다(사도행전 9장, 22:5~11, 26:11~18). 이 이야기는 이후 바울의 삶과 사역을 이해하는 데 중요한 열쇠가 된다. 그리고 각각의 이야기 안에는 이 사건의 핵심을 이루는 동일한 대화가 포함되어 있다. 그 목소리는 "사울아, 사울아, 네가 어찌하여 나를 박해하느냐?"라고 말한다. 바울은 "주여, 누구시니이까?"라고 묻는다. 그리고 예수가 "나는 네가 박해하는 예수라"라고 답하신다.

이 대화는 남은 평생 바울의 기억 속에 깊이 새겨졌다. 모세가 불붙은 떨기나무에서 자신의 이름을 '나는 나다'라고 알려주신 이스라엘의 하나님을 만났던 것처럼(출 3장), 바울은 정오의 태양 아래에서 ─ 하지만 이번에는 예수를 통해("나는 … 예수라") ─ 그분을 만났다. 모세가 이 만남을 통해 (박해받는 하나님의 백성을 구해내고 그들을 해방시키라는) 새로운 사명을 부여받은 것처럼, 바울도 며칠 후 다메섹에서 아나니아를 통해 새로운 책무를 부여받는다. 바울은 자신이 이방인에게 하나님의 이름을 전하기 위해 선택받은 그분의 도구("그릇")임을 알게 된다(행 9:15).

이를 통해 바울은 자신이 (과거 바로처럼) 제일의 박해자 역할을 하는 것을 중단해야 하고, 예수의 백성이 참으로 하나님의 백성이며, 모든 곳에서 사람들이 참된 자유를 경험하고자 한다면 그가 예수에 관한 이 메시지를 선포함을 통해서 가능하다는 것을 알게 되었다.

> 내 어머니의 태로부터 나를 택정하시고 그의 은혜로 나를 부르신 이가 그의 아들을 이방에 전하기 위하여 그를 내 속에 나타내시기를 기뻐하셨을 때에 ….
>
> — 갈라디아서 1장 15~16절

바울이 배운 교훈

이 사건은 바울의 삶에서 분기점이 되었다. 그후로 얼마 지나지 않아 바울이 아라비아 사막으로 가서 이 일의 전모를 이해하려고 노력하기 시작한 것도 놀랍지 않다(갈 1:17) — 그는 다소에 있는 집으로 돌아간 후에도 이런 노력을 계속했다(85~90쪽, "개인적 성장과 성찰"을 보라). 이제 이 사건이 바울 자신에게 무엇을 의미했는지 살펴보자.

다메섹 도상에서의 만남 때문에 바울은 하나님의 놀라운 목적이 개인으로서 자신의 독특한 역할을 포함한다고 확신하게 되었다. 사도행전의 모든 이야기는 이방인의 사도라는 바울의 역할에 있어서 이 만남이 필수 요소가 되었음을 말해준다. "히브리인 중의 히브리인"이었던 이 사람은 이 급진적인 새 메시지를 이방인들에게 전하는 데 역설적인 역할을 하게 될 것이다 — 유대교 신앙에 깊이 몰두해 있던 사람만이 신학적인 민첩성과 필수적인 권위를 가지고 이방인들을 아우를 수 있도록 하나님이 정하신 때가 왔다고 선언할 수 있었다.

> 나는 사도 중에 가장 작은 자라. 나는 하나님의 교회를 박해하였으므로 사도라 칭함 받기를 감당하지 못할 자니라. 그러나 내가 나 된 것은 하나님의 은혜로 된 것이니 ….
>
> — 고린도전서 15장 9~10절

더 개인적인 차원에서 바울은 자신이 대단히 잘못 이해하고 있었을지도 모른다는 것을 알게 되었다. 그의 종교적인 "열심"이 잘못된 것이었고, 율법에 대한 그의 헌신이 그를 잘못된 방향으로 이끌었으며, 그는 자신이 알고 있는 것보다 더 심각한 죄인이었고, 이제 예수를 따르는 것이 그에게 최고의 목표가 되었음을 알게 되었다. 그는 깨어진 다음 개조되었다. 그는 겸손해진 다음 높이 들림을 받았다. 그는 받을 자격이 없으며 기대하지 않았던 '은총'에 관해 말했다. 나중에 이 사건을 설명하는 바울의 말 역시 이 점을 분명히 보여준다.

내가 전에는 비방자요, 박해자요, 폭행자였으나 도리어 긍휼을 입은 것은 내가 믿지 아니할 때에 알지 못하고 행하였음이라. 우리 주의 은혜가 그리스도 예수 안에 있는 믿음과 사랑과 함께 넘치도록 풍성하였도다. … 그리스도 예수께서 죄인을 구원하시려고 세상에 임하셨다 하였도다. 죄인 중에 내가 괴수니라.

— 디모데전서 1장 13~15절

다메섹을 떠나

순식간에 바울의 삶이 완전히 뒤집혔다. 한 방향을 향해 '전속력으로' 달리고 있던 그는 다음 순간 벽돌로 만든 벽에 부딪쳤고 정반대 방향으로 달리게 되었다. 우리는 이튿날 일시적으로 눈이 먼 바울이 다메섹에서 침대에 누워 이 모든 것을 이해하려고 노력하는 모습을 상상해볼 수 있다. 놀랍지 않게도 우리는 그가 "기도하고" 있었다는 말을 듣는다(행 9:11). 그는 이 모든 것을 소화하려고 노력하고 있었다.

며칠이 지나 아나니아는 용감하게 '직가'(로마화된 성벽도시 안에는 중심 대로가 있었다. 통상 카르도(대로)라고 부르는데, 다메섹 성의 지명을 표기하면서는 '직가'로 적고 있다) 어딘가에 머무르고 있는 바울을 찾아갔다. 바울의 시력이 회복되었으며, 그는 성령을 받고 곧 회당에서 설교했다(행 9:18~22). 예상할 수 있듯이 이는 격렬한 반응 — 몇 주 전만 해도 그 자신이 보였을 반응 — 을 불러일으켰고, 일부에서는 심지어 그를 죽이려고 했다. "그의 제자들이 밤에 사울을 광주리에 담아 성벽에서 달아 내리니라"(행 9:25).

결국 그의 구명줄이 된 이 사건은, 그가 하나님이 자신을 겸손하게 하시는 과정의 일부로 이해한 사건이기도 했다. 후에 이 일에 관해 쓰면서 그는 자신이 그리스도를 섬기는 과정에서 당했던 많은 모욕 중 일부를 열거한다. 로마 군대 안에는 적의 성벽을 향해 가장 먼저 돌진한 병사를 위한 특별한 찬가가 있었다. 하지만 바울의 자랑은 정반대였다.

> 다메섹에서 아레다 왕의 고관이 나를 잡으려고 다메섹 성을 지켰으나, 나는 광주리를 타고 들창문으로 성벽을 내려가 그 손에서 벗어났노라.
>
> — 고린도후서 11장 32~33절

"3년" 후 바울은 예루살렘으로 돌아가는 길에 다메섹을 다시 방문한다(갈 1:18). 그 후로 다시는 그곳에 갈 수 없었지만, 바울은 틀림없이 다메섹 — 부활하신 그리스도의 힘에 의해 가던 길을 갑자기 멈춰야 했던 예상치 못했던 장소 — 에 관해 자주 생각했을 것이다.

오늘날의 다메섹

　　다메섹은 세계에서 거주민이 있는 가장 오래된 도시라고 할 수 있다. '안티 레바논' 산맥에서 발원한 강이 흐르고 사막의 가장자리에 자리 잡은 비옥한 오아시스인 이 도시의 입지 덕분에 일찍부터 사람들은 이곳에 정착했다. 그래서 20세기까지 다메섹에 접근할 때 거의 모든 방향에서 환영하는 풍경 ─ 사막의 단조로운 갈색을 대체하는 초록색 ─ 을 만날 수 있었다.

　　하지만 이제는 전반적으로 콘크리트 블록으로 만든 수많은 건물과 고층 아파트로 가득한 도시라는 느낌을 받는다. 나무가 늘어선 초원은 건물과 도로로 대체되었다. 악취를 풍기며 오염된 바라다강(Barada River, 예전의 아마나강)이 구시가의 북쪽을 따라 흐르고 있다. 다메섹의 예전 모습을 보고 싶다면 까시윤산(mount Qasioun) 위로 올라가야 한다. 그곳에서 보면 무질서하게 퍼져나간 도시 사이로 여전히 한두 곳의 과수원과 공원을 볼 수 있다.

　　하지만 이 도시는 여전히 매력적이다. 화창한 봄날에도 헐몬산의 눈이 멀리 느껴지지 않는다. 구시가는 향신료 시장, 좁은 골목, 역사적 예배 장소, (여덟 개의 성문이 있는) 오래된 성벽이 있는 참으로 인상적인 도시다. 19세기에 몇몇 곳에서 구시가의 성벽이 무너져 내렸고, 이로 인해 자동차가 제한적으로 내부로 접근할 수 있게 되었다. 구시가의 중심가는 여전히 '직가' ─ 바울이 "직가라 하는 거리로 가서 유다의 집"에서 머물렀을 때처럼(행 9:11) ─ 라고 불린다.

물론 많은 방문자가 다메섹에 도착하자마자 이곳으로 간다 ― 하지만 1세기의 거리의 고도는 현재 도시보다 약 5m 낮았다는 것을 기억해야 한다.

> 이 '거룩한' 다메섹은 … 숨겨진 왕궁들, 숲과 정원, 샘과 작은 시내의 도시다. 이 도시에 생명을 주는 물은 안티 레바논의 눈 덮인 산기슭에서 세차게 흘러내리는 얼음처럼 차가운 물이다. 도시는 짙은 초록색 나무 사이로 11km를 흘러가는 이 강을 따라 뻗어있다.
>
> ― 알렉산더 킹레이크, 《이오텐》(Eothen)

다메섹의 **직가**(Via Recta)는 (주전 400년대에 아텐의 항구 도시인 피레아스를 재설계했던 사람의 이름을 딴) 히포다무스 계획을 따라 건설된 많은 고대 도시에서 볼 수 있는, 동서로 뻗은 전형적인 거리다. 당시 다메섹의 직가는 폭이 25m에 달하는 화려한 주랑[柱廊, portico. 기둥만 나란히 서 있고 벽이 없는 여러 개의 복도를 가리키는 말로 현관이나 입구로 볼 수도 있다(왕상 6:3, 7:6). 개역한글판에서는 '낭실'로 표현했다.- 편집자주]이 늘어선 대로로 개조된 상태였다 ― 지금 이 거리의 서쪽 끝을 따라 만들어진 비좁고 천장이 덮인 **쑤크**(아랍 지역의 시장 – 역주)를 통과해 걸어가 보면 그때의 모습을 상상하기가 어렵다.

이 거리를 따라 약 365m를 걸어가면 마침내 **로마 아치**를 통과하게 된다. 20세기 초에 이르러서야 건물을 철거하는 과정에서 발굴되어 지상 높이에 복원된 이 아치는 고대에는 거리의 북쪽 주랑 위에 설치되어 있었을 것이다. 이 아치는 거대한 **테트라필론**

현대 다메섹의 평면도

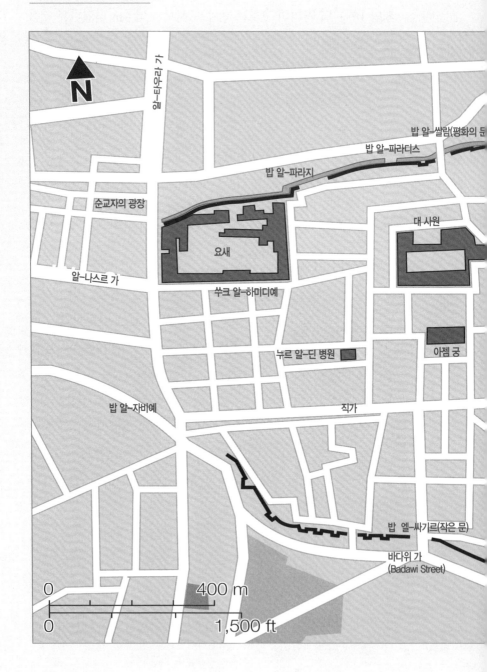

알-타안라리 가

밥 알-쌀람(평화의 문

밥 알-파라디스

밥 알-파라지

순교자의 광장

대 사원

요새

알-나스르 가

쑤크 알-하미디예

누르 알-딘 병원

아젬 궁

밥 알-자비예

직가

밥 엘-싸기르(작은 문)

바다위 가
(Badawi Street)

0

400 m

0

1,500 ft

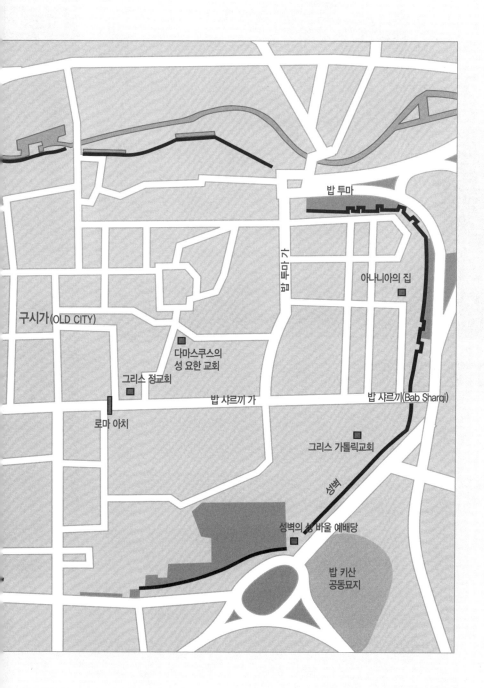

밥 투마

아나니아의 집

구시가(OLD CITY)

다마쿠스의
성 요한 교회

그리스 정교회

밥 샤르끼 가

밥 샤르끼(Bab Sharqi)

로마 아치

그리스 가톨릭교회

성벽

성벽의 성 바울 예배당

밥 키산
공동묘지

다메섹(다마스쿠스)의 밥 투마문이다.
고대 성벽 안에 있는 7개의 문 중 하나이다.

다메섹의 구시가에 있는 움마이야 사원의 탁 트인 전망이다.
이슬람의 건축과 예술을 보여주고 있다.

크락 데 쉬발리에(Crak des Chevaliers)는 십자군 요새로, 잘 보존된 중세
성 중 하나이다.

— 도시 중앙의 교차로에 건설된 '네 개의 문으로 이뤄진' 건축물 — 의 일부
였을 것이다. 아치의 남쪽에는 유대인 구역이 있고, 동쪽에는 기
독교인 구역이 있다. 아치의 동쪽 방향 바로 옆에는 동정녀 마리
아에게 헌정된 **그리스 정교회** 예배당이 있다. 이곳에는 비잔티움
교회가 있었을 것이다. 하지만 현재의 건물은 비교적 최근에 세운
것으로 1860년에 기독교에 대한 끔찍한 살육이 벌어졌을 때 방화
공격으로 파괴된 것을 다시 세운 것이다(1860년 5월 23~7월 11일 사이
에 당시 다마스커스의 주민 12,000여 명이 드루즈파 무장세력 등에 의해 인종

살육을 당한 사건이다. 이때 희생자 대부분이 기독교인이었다. − 편집자주)

(이제 밥 샤르끼 거리가 된) 고대의 직가를 따라 내려가면 같은 이름의 문에 이르게 된다. 이 로마 시대의 '태양의 문'(시리아에서는 다메섹 동문이라는 뜻으로 '밥 샤르끼' Bab Sharqi로 부른다)은 주후 3세기 혹은 그보다 이전에 건설된, 다메섹에 남아있는 가장 오래된 기념물이며 이곳이 직가가 끝나는 곳임을 알려준다 − 길이는 총 1,300m에 달한다. 거기서 뒤를 돌아보면서 (밥 샤르끼 옆에 양방향의 아치를 따라) 주랑이 늘어선 이 포장된 도로가 얼마나 화려했을지 상상해볼 수 있다. 주랑의 일부는 오늘날에도 여전히 남아있다. 또한 바울이 눈이 먼 상태로 누워 회복되기를 기다렸던 **유다의 집**이 정확히 어디였을지 상상해볼 수도 있다.

> 조용한 정원들은 강의 안개로 흐릿한 초록색으로 보였으며, 이를 배경으로 이 도시는 아침 햇빛에 빛나는 진주처럼 그 어느 때보다 아름답게 아른거렸다.
>
> — 토머스 에드워드 로렌스("아라비아의 로렌스")

구시가 쪽을 향한 상태에서 오른쪽에 있는 첫 번째 샛길을 180m 정도 따라 가게들을 지나면 전통적으로 **아나니아의 집**으로 알려진 곳에 이르게 된다. 지상에서 약 5m를 내려가면 '주전 1세기의 주거지'라는 표지판이 있는 작은 예배당으로 들어가게 된다. 여기가 정확한 장소이든 아니든 우리는 고대 다메섹의 거리와 같은 높이에 서 있게 된다. 아나니아는 여기에서 매우 가까운 곳에서 어려운 임무를 부여받았을 것이다.

다시 밥 샤르끼로 오면 근처의 지하 통로에서 **로마 성벽**이 드러난 부분을 볼 수 있다. 또한 바울이 광주리에 담겨 성벽을 내려간 곳도 여기에서 멀지 않다. 이 야반도주의 정확한 장소를 알아내는 것은 불가능하지만, 전통적으로 '밥 키산'이라고 불리는 시계 방향(남쪽 방향) 다음 문 근처에서 일어났다고 전해진다. 이것은 고대의 공동묘지 가까이에 있는 로마의 '사투르누스 문' 터에 세워진 맘루크 문이다. 12세기에 이 맘루크 문 안에 작은 **성 바울 교회**가 세워졌다. (종종 빨래가 걸려 있곤 하는) 근처 평범한 집들의 창문들은 바울의 초라한 퇴장을 상기시켜 준다. 여기 벽을 따라 로마 시대로 거슬러 올라가 본다. 그 중 일부는 바울이 성벽을 타고 내려갈 때 그의 발이 닿았을지도 모른다.

호기심 많은 방문자를 붙잡아둘 만한 곳들 — 특히 중동의 물품을 파는 가게와 매력적인 시장 — 이 많다. 물론 구시가 안에는 **움마이야 혹은 '대' 사원**이 있다. 이 웅장한 건물은 흥미롭게도 (바울이 회심하던 시기에 건설 중이었던) 유피테르를 모셨던 거대한 신전과 세례 요한을 기리는 비잔티움 성당과 같은 구역에 있다. 성벽의 북동쪽과 인근의 거리를 둘러보면 로마 성벽과 주랑, 아치를 지금도 만날 수 있다. 한편 구시가 밖에 있는 (라스 샤므라, 팔미라, 두라-유로포스 등) **국립 박물관**을 방문함으로써 로마 시대의 삶에 대한 중요한 통찰을 얻을 수도 있다.

그러나 바울에게 관심이 있는 사람들은 그의 회심을 기념하는 장소에 가보기 원할 것이다. 다른 후보지(밥 샤르끼 인근 성 바울 수녀원의 아름다운 마당에 있는 석굴)가 있지만, 전통적으로 알려진 곳은 구시가 서쪽으로 약 16㎞ 떨어진 곳의 약간 경사진 언덕인 **카우**

캅 언덕이다. 이곳이 선택된 까닭은 매우 분명하다. 여기에서 구시가 성벽을 볼 수 있는데, 오랜 여정 끝에 다 왔다는 생각이 들 정도로 가깝다. 그뿐 아니라 이 언덕은 골란 사막의 가장자리에 있어서 마침내 (**구타**로 알려진) 다메섹의 비옥한 정원들이 보이는 곳이다.

> 오 그리스도시여, 주의 나라는 영원한 나라이며 주의 통치는 대대에 이릅니다.
>
> ― 움마이야 사원의 남쪽 벽 중앙 현관 위에 걸려 있는
> 시편 145편 13절에 기초한 테오도시우스의 비문

현재 이곳에는 최근 개축되었으며 지역의 성직자들이 파송된 정교회가 있다. 방문자들은 이곳의 정원이나 근처의 산책로를 거닐 수도 있고, 풍경을 둘러보며 사도행전에 기록된 바울의 회심 이야기를 읽어볼 수도 있다. 남서쪽 기슭에는 골란고원이, 북서쪽에는 멋있는 헐몬산의 낮은 비탈이, 동쪽으로는 분주한 다메섹 시내가 보인다.

이곳 근처 어딘가에서, 바울의 주장처럼 그가 부활하신 그리스도를 만나 가던 길을 멈출 수밖에 없었을 때, 이 모든 것이 시작되었다.

후대 기독교 사상에서 바울의 회심

다메섹 도상에서 바울이 했던 경험은 거의 언제나 그의 '회심' — 누가나 바울은 이 용어를 사용하지 않지만 — 으로 간주되어 왔고, 흔히 참된 '회심'의 결정적인 예로 제시되었다. 이런 극적인 '회심'이 실제로 일어나기도 하지만, 많은 사람은 훨씬 덜 극적이거나 갑작스러운 과정을 거친다.

신약의 저자들은 신앙과 불신앙 사이에 본질적 차이가 존재한다고 분명히 말하지만, 한 개인이 그 선을 어떻게 넘을 수 있는지는 훨씬 덜 규정적이다. 신약 저자들이 바울의 경험을 필수적인 전범으로 사용하기를 거부했다는 사실은, 스스로 이런 식의 '다메섹 도상 경험'을 한 적이 없다고 고민하는 많은 사람을 안심시킬 수 있다. '눈을 멀게 하는 빛'을 보는 것은, 사람들이 믿음으로 그리스도와 만나는 유일한 방식이 아니다.

독특한 사건

신약에서는 바울의 회심이 독특한 사건이었기에 그의 회심을 이런 식으로 활용하지 않는다. 바울은 이 사건이 부활하신 예수가 그분의 사도들에게 허락하셨던, 절대 반복되지 않을 부활하신 주의 나타나심 중 마지막 사건이었다고 주장한다(고전 15:8). 비록 이 사건은 부활하신 주께서 나타나셨던 다른 사건들과 다른 시간과 공간에서 일어났지만, 다른 사도들도 이를 그런 사건으로 인정했다는 증거가 존재한다(행 9:27, 고전 9:1). 그뿐 아니라 이 사건에서 바울은 독특한 소명 — "이방인의 사도"가 되라는 — 을 받았다(롬 15:16).

다른 점에서도 바울의 회심은 매우 특이했다. 바울 자신이 대단히 독특한 개인 — 극단적인 입장을 취할 정도로 열성적이었지만 갑자기 무릎을 꿇게 된 박식한 바리새인 — 이었다는 사실과 관련 있다. 유대인 박해자가 기독교 사도가 되었다. 이는 다른 주요한 주제들, 즉 하나님의 은총의 승리, 인간의 의지를 굴복시키시며 인간의 교만을 정복하시는 하나님의 이야기다.

회심 이전 바울에 관한 문제?

최근 바울 학자들은 바울의 회심을, 괴로워하며 의심을 품고 있던 그의 영혼이 절망적으로 보였던 문제에 대해 갑작스러운 해법을 발견한 것으로 해석할 수 있는지 질문을 던져왔다. 교회의 위대한 두 신학자인 아우구스티누스(주후 354~430)와 루터(1483~1546)는 모두 그리스도에 관한 진리와 마주함으로써 삶이 변화되기 전, 오랫동안 자신에 대해 의심하는 시간을 보냈다. 바울도 그런 경험을 했던 것일까?

많은 사람이 바울 또한 남모르게 자신의 영적 상태를 불안해했으며, 자신의 죄에 대해 절망하며 이런 내적 갈등을 해결하는 수단으로서의 율법(토라)에 환멸을 갖게 되었다고 주장하곤 했다. 그들은 바울이 '곤궁'에 빠져 있다가 그리스도 안에서 영광스러운 '해법'을 발견했다고 — 그가 하나님의 용서에 관한 메시지를 듣고 기뻐했으며 율법을 (때로는 강하게) 비판하게 되었다고(롬 3:20) — 생각한다. 바울은 자신이 전에 겪었던 내적 갈등 때문에, 즉 율법이 자신을 의롭게 만들 수 없고 그의 죄를 드러낼 뿐이라고 생각해서 율법을 비판하게 된 것일까?

하지만 흥미롭게도 그의 이전 삶에 관한 언급은 이런 식의 재구성을 강력히 반박한다. 그는 자신이 "율법의 의로는 흠이 없는 자"였다고 말한다(빌 3:6). "내가 전에는 비방자요 박해자요 폭행자였으나"(딤전 1:13)와 같은 말씀은 그가 양심에 거리낌이 없다고 느꼈으며 무언가가 잘못되었다는 것을 거의 자각하지 못했음을 암시한다. 그렇다면 바울의 내적 삶이 비밀스럽게 해체되고 있던 것은 아니었다. 그는 내적 불안감이나 절망감 때문에 그리스도께 달려갔거나 그분 안에서 해결책을 발견했다고 볼 수 없다. 그는 그 반대 방향을 향해 '전속력으로' 움직이고 있었다.

그는 그리스도께서 제시하신 '해법'에 마주했을 때 비로소 자신이 어떤 '곤경'에 처해 있는지 깨달았다. 이 '곤경'은 자신의 전적인 무지나 불신앙(딤전 1:13)일 뿐 아니라 (메시아를 놓치고, 율법을 잘못 사용하고, 이방인을 향한 하나님의 목적을 보지 못할 위험에 빠져 있는) 이스라엘 민족의 곤경이기도 했다. 하나님의 언약적 목적이 이스라엘의 메시아의 십자가 죽음을 뜻한다면 분명히 뭔가가 근본적으로 잘못된 셈이다. 그는 엄청난 학식에도 불구하고 히브리 성경 안에 계시된 '계획'을 전적으로 '놓친' 셈이다. 바울은 그리스도께 이끌려 백지상태에서 모든 것을 재평가하게 되었다.

하지만 그렇다고 모든 것이 기각되는 것은 아니다. '회심'이라는 단어가 오해를 불러일으킬 수 있는 또 다른 이유는, 이 말이 바울이 전에 믿었던 **모든 것**을 버렸음을 암시할 수도 있기 때문이다. 사실 그의 근본적인 틀은 절대로 바뀌지 않았다. 그는 언제나 이스라엘의 언약의 하나님을 열렬히 믿었고 우상 숭배에 철저히 반대했다. 새로운 것은 이 틀 안에 담긴 **내용** — 하나님의 성령과 부활하신 예수라는 실체로 채워졌다. 그런 의미에서 바울의 '회심'은 '변화'라고 부르는 편이 낫다.

장기적 관점

놀랍게도 아우구스티누스와 루터 모두 바울의 회심을 자신의 회심을 거울처럼 비춰주는 사건으로 보려고 하지 않았다. 그들은 바울의 회심을 지나치게 자아 성찰적인 그의 양심을 진정시킨 사건으로 보는 대신 교회사 전체에서 교만한 인간의 의지를 극복하는 하나님의 능력과 은총이 드러난 사건으로 보았다. 사실 이런 주제를 옹호하는 이들은 (개인이 어떻게 하나님의 은총을 만날 '준비를 하는지'를 지적하는) 청교도들과 (덜 '초자연적이며' 더 심리적인 설명을 제시하려고 노력하는) 계몽주의 이후의 학자들뿐이다.

이런 후대의 시도는 몇몇 비현실적 공상으로 귀결되는 경우가 많았다. 간질환자였던 바울이 발작을 일으킨 것은 아닐까? 열이 나는

것을 헐몬산에 친 번개로 착각한 것이 아닐까? 그러나 사도행전에서
는 바울이 정말로 부활하신 그리스도를 만났다고 세 번씩이나 주장
한다. 정확한 세부 사항에 관해서는 의문점이 존재할 수도 있지만,
많은 사람은 바울이 급진적으로 새로운 방향의 삶을 사는 것을 보면
서 다메섹 도상에서 정말로 그가 주장했던 일 — 그리스도와의 극적인
만남 — 이 일어났다고 확신했다.

주요 연대: 다메섹

주전 2400~2250년	에블라의 점토판에 "디마쉬키"라는 도시가 언급된다.
주전 2000~1800년	아브라함이 다메섹 근처에서 벌어진 전투에서 롯을 구출하고(창 14:15~16) "다메섹 사람 엘리에셀"이 자신의 상속자가 될 것이라고 걱정한다(창 15:2).
주전 1400년대	애굽 왕 투트모세 3세가 만들었다고 알려진 비문에서 애굽의 지배하에 있던 "티마스쿠"를 언급한다.
주전 1300년대	아마르나 서한에서 "티마스기"를 언급한다. 다메섹은 히타이트의 지배를 받곤 했다.
주전 1250년경~1000년경	다메섹은 아람의 지배를 받는다.
주전 1000년경~960년경	다윗과 솔로몬이 이 도시를 지배한다(삼하 8:5~6, 10:6~19).
주전 850~750	다메섹의 왕들(벤하닷 1세와 2세, 하사엘 등)이 이스라엘의 왕들과 자주 갈등을 일으켰다(왕상 15, 20, 22장, 왕하 6~13장).
주전 727년과 720년	앗수르에 대항하는 다메섹의 반란이 실패한다.
주전 612년	다메섹이 차례로 바벨론과 페르시아(주전 539년부터), 그리스(주전 333년부터)의 지배를 받는다.
주전 274년	다메섹이 짧은 기간 동안의 애굽의 지배에서 해방되어 셀레우코스 제국에 합병된다.

주전 85년	나바테아의 아레다 3세가 셀레우코스로부터 다메섹에 대한 통치권을 넘겨받는다.
주전 64년	로마의 장군 폼페이우스가 이 성을 함락시킨 후 로마의 속주인 시리아에 병합시킨다. 후에는 안토니우스가 이 도시를 클레오파트라에게 주었고, 클레오파트라는 다시 이 도시를 옥타비아누스에게 준다.
주전 40년	파르티아가 짧은 기간 동안 다메섹과 갈릴리를 공격하여 약탈한다.
주전 9년	나바테아 왕 아레다 4세가 다메섹을 통치한다.
주후 20년경	하닷-림몬(폭풍 신)의 신전이 제국의 유피테르 신전으로 개축된다.
주후 31/32년	바울이 다메섹에 있는 유대인 거주지를 찾아가던 중 '회심'한다. 3년이 지나서 그는 광주리 안에 숨어 도성에서 탈출한다(행 9:1~25).
주후 34/35년	(얼마간 아라비아에서 머문 후) 바울은 다메섹으로 돌아가고, 그런 다음 예루살렘을 향해 떠난다(갈 1:17~18).
주후 40년	다메섹을 다스리던 나바테아의 아레다 4세가 죽는다.
주후 67년	제1차 유대 전쟁 중 다메섹에서 1만8천 명의 유대인이 학살당한다(요세푸스, 《유대 전쟁사》 2.20.2).
주후 105년	다메섹과 나바테아가 로마의 속주 시리아(수도는 안디옥)로 병합된다.
주후 325년	다메섹에서 온 대표들이 니케아 공의회에 참석한다.

주후 379년	테오도시우스 황제가 유피테르 신전을 파괴하고 이를 세례 요한에게 헌정된 예배당으로 대체한다.
주후 635~636년	다메섹이 이슬람 군대에 함락되며, 야르묵 전투에 앞서 소개된다. 이 도시는 무아위야 칼리프국(Caliphate)의 수도가 된다.
주후 690년경	기독교 신학자이자 찬송가 작가인 다마스쿠스의 요한이 유대 광야를 향해 떠난다.
주후 708년	성 세례 요한 교회가 칼리프 왈리드 1세에 의해 파괴되고 움마이야 왕조의 사원으로 대체된다.
주후 750년	바그다드가 수도로 확립되며, 이제 지역의 중심지가 된 다메섹은 다음 4백 년 동안 여러 차례 주인이 바뀐다.
1174년	다메섹은 잠시 살라흐 알-딘(일반적으로 살라딘으로 기억되는 인물)의 지배를 받고, 그다음에는 (칭기즈칸 치하의) 몽골 제국과 맘루크 왕조에 의해 지배를 받는다.
1516년	오스만 튀르크 제국의 지배를 받게 된다.
1918년	다메섹은 제1차 세계대전 후 프랑스 '위임통치령'이 된다.
1946년	다메섹은 해방된 시리아의 수도가 된다.

현대 시리아 방문하기

시리아에는 다메섹 외에도 둘러볼 유적지가 많다. 다메섹 동쪽에 (약 240㎞ 떨어진 곳에) 있는 사막에는 주후 첫 3세기 동안 번성했던 거대한 유적지인 **팔미라**(Palmyra, '종려나무가 있는 곳')가 있다. 훨씬 더 동쪽으로 가면 세계에서 가장 오래된 '가정 교회' 유적지인 **두라—유로포스**(Dura-Europos)가 있다.

북쪽으로는 세 개의 현대 도시, **홈스**(고대의 에메사), 독특한 목조 물레방아가 있는 **하마**(성경 속 하맛 왕국의 수도), 거대한 요새 아래에 분위기 있는 시장(souk)이 자리한 **알레포**가 있다. 알레포 근처에는 아름다운 **깔라아트 싸마안** — 주후 459년에 사망할 때까지 38년 동안 이곳의 기둥 위에서 지냈던 주상 성자 시므온(Simeon Stylites)을 기리기 위해 주후 480년경에 지은 웅장한 바실리카(대성전) — 유적이 있다. 이 기도의 사람을 보기 위해, 또한 가능하다면 그가 하는 지혜의 말을 듣기 위해 제국 전역에서 사람들이 모여들었다.

지중해 가까이에는 **아파메아**(셀레우코스의 주요 도시), (우가리트 문서가 발견된) **라스 샤므라**, (토머스 에드워드 로렌스가 "세상에서 가장 아름다운 성"이라고 말했던) 십자군이 건설한 성인 **크락 데 쉬발리에** [Krak des Chevaliers, 현지 아랍어로는 깔라아트 알-히슨(Qal'at al-Hisn) 으로 부른다. – 편집자주]가 있다.

이 나라의 최남단에는 반짝이는 현무암 유적지인 **보스라**(로마의 아

깔라아트 싸마안(Qalaat Samaan) 유적 –
주상 성자 시므온과 그의 기둥을 기념하는 바실리카.

라비아 속주의 수도)가 있다.

기독교인 방문자라면 주후 800년경 올리브 교역이 끝났을 때 비잔티움 기독교인들이 떠난 후 버려진 홈스–알레포 도로 서쪽의 마을과 교회들에 흥미가 있을 것이다. 많은 이들은 **마알룰라**로 가 그곳의 수도원과 성 세르기우스 교회, **세이드나야** 인근의 수녀원을 방문하고, 예수가 사용하셨던 언어인 고대 아람어를 여전히 사용하는 그 지역의 시리아 기독교인을 만나기도 한다. 방문자들은 주의 기도를 예수의 모국어로 암송하는 것을 들을 수 있다.

고대 도시 팔미라 유적들 – 시리아 (내전 전).

시리아 다마스커스의 기독교 마을 마알룰라(Maaloula).
지금은 많이 파괴되었지만, 수도원과 성 세르기우스 교회 등을 만날 수 있다.

다소

02

> ²⁶사울이 예루살렘에 가서 … ²⁹헬라파 유대인들과 함께 말하며 변론하니 그 사람들이 죽이려고 힘쓰거늘 ³⁰형제들이 알고 가이사랴로 데리고 내려가서 다소로 보내니라.
>
> — 사도행전 9장 26, 29~30절

> ²⁵바나바가 사울을 찾으러 다소에 가서 ²⁶만나매 안디옥에 데리고 와서 ….
>
> — 사도행전 11장 25~26절

> ³⁹나는 유대인이라. 소읍이 아닌 길리기아 다소 시의 시민이니 … ³나는 유대인으로 길리기아 다소에서 났고 이 성에서 자라 가말리엘의 문하에서 우리 조상들의 율법의 엄한 교훈을 받았고 오늘 너희 모든 사람처럼 하나님께 대하여 열심이 있는 자라.
>
> — 사도행전 21장 39절, 22장 3절

고향에서의 성찰

바울은 회심 후 약 3년이 지났을 때 다메섹에서 예루살렘으로 돌아갔다. 이제 그는 단호한 박해자가 아니라 불안하게 의심하는 변절자처럼 보이는 모습으로 여행했다. 우리는 그가 꼬리에 꼬리를 무는 질문을 마음에 품고 유대교가 발원한 도시로 여행하는 모습을 상상해볼 수 있다. "대제사장은 내가 변절했다는 소식에 어떤 반응을 보였을까? 나의 옛 스승인 가말리엘은 나를 만나려고 할까? 예수를 따르는 이들은 나에 관한 소식을 들었을까? 내가 도착할 때 그들은 어떤 반응을 보일까? 부활하신 예수는 이 어려운 도시 예루살렘에서 내가 그분을 증언하기를 얼마나 많이 원하실까?"

짧은 예루살렘 방문

누가는 사도행전 9장에서 우리에게 몇 가지 대답을 준다. 당연히 기독교 신자들은 바나바라는 사람이 바울을 옹호하고 나서며 그를 사도들에게 소개할 때까지는 신중한 태도를 보였다. 하지만 바울이 헬라어를 사용하는 회당에서 설교하기 시작했을 때 이는 유대인들 사이에서 소동을 일으켰고, 그 때문에 그는 서둘러 떠나야만 했다.

가야바나 가말리엘이 어떤 반응을 보였는지는 알 수 없다. 가야바의 반응은 예측할 수 있지만, 가말리엘의 반응은 더 긍정적이었을 수도 있다. 여러 해 전에 그는 사도 베드로와 요한에 대해 매우 개방적인 태도를 보인 바 있다. 그러니 자신의 뛰어난 학생이었던 사람이 이 새로운 종파에 가담했을 때 그가 어떻게 반응했는지 누가 알 수 있겠는가?

> 이 사람들을 상관하지 말고 버려두라! 이 사상과 이 소행이 사람으로부터 났으면 무너질 것이요, 만일 하나님으로부터 났으면 너희가 그들을 무너뜨릴 수 없겠고 ….
>
> — 사도행전 5장 38~39절에 기록된, 바울의 스승이었던 가말리엘의 말

바울 자신도 후에 이 짧은 예루살렘 방문에 관해 언급한다(갈 1:18~21, 행 22:17~21). 바울은 이 방문이 정말 짧았으며(불과 2주), 자신이 베드로와 야고보만 만났고(아마도 다른 사도들은 이미 예루살렘을 떠나 다른 선교지로 갔을지도 모른다), 예수께 필수적인 지침을 전해 받았다고 분명히 말한다. 성전에서 기도하며 자신의 독특한 배경 덕분에 예루살렘에서 특별한 역할을 할 수 있을지 고민하는 사이에 그는 대답을 얻었다. "속히 예루살렘에서 나가라. 그들은 네가 내게 대하여 증언하는 말을 듣지 아니하리라"(행 22:18). 바울이 예루살렘에서 예수를 위해 고통을 당하도록 부르심을 받을 때까지는 때를 더 기다려야 했다. 그래서 서둘러 가이사랴(Caesarea Maritima)로 내려가 거기에서 고향인 다소에 가기 위해 (아마도 안디옥을 경유했을 것이다) 배를 탄다.

다소: 바울의 고향

다소는 소아시아의 남부 해안에서 중요한 항구였다. 이 도시는 바다에서 시드누스(Cydnus)강을 따라 몇 km 들어간 내륙에 있다. 구약의 '다시스'가 다른 어딘가를 지칭한다면(93쪽, "주요 연대: 다소"를 보라), 바울의 고향인 다소는 이전 성경 이야기에서 전혀 등장하지 않은 셈이다. 그러나 이 도시는 그 나름대로 중요한 역사가 있었다. 셀레우코스 제국의 중요한 도시였고, 로마의 길리기아 속주 내에서 지역 수도가 되었으며, 알렉산드로스 대왕, 율리우스 카이사르, 마르쿠스 안토니우스, 클레오파트라와 같은 인물들이 이곳을 방문하기도 했다.

길리기아 속주는 북쪽의 위압적인 토로스 산맥(Taurus Mountains) 때문에 군데군데 매우 좁아지는 해안 평야 지역으로 이뤄져 있다. 동부 길리기아[길리기아 페디아(Cilicia Pedia), 즉 '평평한 길리기아']는 비옥한 평야지만, 서부 길리기아[길리기아 트라카이아(Cilicia Trachaea), 즉 '험준한 길리기아']는 숲이 우거진 산지였다. 이 산맥을 관통하는 몇 안 되는 길 중 하나가 다소 북쪽에 있었으며 고대에는 '길리기아 관문'으로 알려졌다. 이처럼 다소는 내륙으로 들어가는 상인들과 여행자들에게 중요한 관문 도시였다.

이는 해안을 따라 바다로 여행하는 이들에게도 마찬가지였다. 날씨가 좋을 때는 위험을 무릅쓰고 먼 바다로 여행하여 구브로에 입항하는 배들도 있었다. 하지만 많은 배가 길리기아 해안의 항구를 따라 항해했다. 따라서 놀라울 것도 없이 (주전 51년 로마의 길리기아 총독이었던 키케로를 비롯해) 로마인들이 문제를 해결할 때까지

길리기아 페디아의 풍경.
여기 세이한강(Ceyhan river)은 아다나(Adana) 근
처의 가파른 토로스(Taurus) 산맥의 낮은 경사면에서
지중해로 천천히 굽이쳐 흐른다.

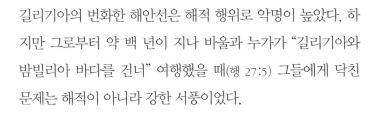

길리기아의 번화한 해안선은 해적 행위로 악명이 높았다. 하지만 그로부터 약 백 년이 지나 바울과 누가가 "길리기아와 밤빌리아 바다를 건너" 여행했을 때(행 27:5) 그들에게 닥친 문제는 해적이 아니라 강한 서풍이었다.

> 다소는 아덴이나 알렉산드리아나 학교와 철학자들의 강연이 존재하는 다른 어떤 곳보다 더 뛰어나다.
>
> — 스트라본, 그리스의 역사가이자 철학자

고향에 대한 자부심을 느끼며 바울은 다소를 '소읍이 아닌' 곳으로 묘사한다(행 21:39). 실제로 이 도시는 제국 전역에서 교양 있는 문화와 대학 교육으로 유명했다. 도시의 크기에 비해 명성도 높았다. 아마도 바울은 젊었을 때 이곳에서 교육을 받았을 것이다 — 여기서 배웠던 고전 문헌을 나중에 효과적으로 인용했을 것이다(예를 들어, 사도행전 17:28과 디도서 1:12을 보라). 하지만 그의 유대인 부모는 아들이 세속 도시와 그 문화에 접근하는 것을 어느 정도 제한했을 것이다. 우리는 젊은 바울이 전혀 다른 이 두 세계 안에서 정확히 어떻게 살았는지 추측할 수밖에 없다.

예루살렘을 향해 떠나는 로마 시민

바울이 다소에서 보낸 시간은 우리에게 몇 가지 의문을 남긴다. 첫째, 바울의 로마 시민권 문제가 있다. 누가에 따르면 바울은 자신이 "나면서부터" 로마 시민이었다고 분명히 주장한다 (행 22:28). 하지만 그의 가족은 처음에 어떻게 모두가 원하는 이 신분을 얻었을까? 그의 부모는 **노예 해방**(manumission)이라고 알려진 것을 받았을 가능성이 크다. 이는 로마인 주인이 노예에게 자유를 줄 때 노예가 자동으로 로마 시민권을 받는 관행이었다. 이 때문에 다소의 사울이 나중에 로마식 이름인 '바울'을 채택한 것일 수도 있다. 해방된 노예는 보통 전 주인의 이름에서 유래한 새로운 가명(cognomen, 즉 '셋째 이름')을 취했다. 아마도 바울의 부모는 '파울루스'(Paulus)라는 남자를 주인으로 섬겼을 것이다.

또 다른 흥미로운 가능성은, 바울의 부모가 노예 해방 이전에 단순히 노예였을 뿐 아니라 전쟁 포로 — 아마도 로마가 유대와 갈릴리에서 벌였던 전쟁에서 사로잡힌 — 였을 수도 있다는 것이다. 예를 들어, 바루스(Varus) 장군은 헤롯 대왕이 죽은 후 발생한 봉기를 진압하면서 수많은 사람을 포로로 붙잡았다. 바울의 부모도 그들 중에 있지 않았을까?

만약 그랬다면 이는 퍼즐의 다른 두 조각을 설명해줄 수 있다. 첫째, 만약 (45쪽, "동기 확인: 바울과 대제사장"에서 주장했듯이) 바울이 바리새파의 더 민족주의적인 분파에 속했다면, 봉기에 참여하여 싸웠으며 치욕적 패배를 경험했던 부모를 둔 사람에게 이는 너무나도 자연스러운 일이었다. 그들의 아들은 당연히 '상황을 바로잡겠다'고 결심했을 것이다.

둘째, 이는 또한 바울의 부모가 그를 예루살렘으로 보냈던 이유를 설명해준다. 그저 똑똑한 아들이 최고의 유대 교육을 경험하기를 원했을 뿐일까? 아니면 망명 중인 유대 민족주의자였던 그들이 이를 통해 자신들의 아들을 유대인의 주류로 다시 돌아가게 하려고 생각했기 때문일까? 바울은 '자유의 투사'로 훈련을 받게 될 수도 있다. 게다가 흥미롭게도 바울에게는 예루살렘에 살고 있던 조카('바울의 생질', 행 23:16)가 있었다. 이 조카는 교육을 받기 위해 혼자 예루살렘에 왔을 수도 있지만, **그의** 부모가 예루살렘 주민이었기에 그곳에 있었을 가능성도 있다. 그렇다면 바울의 결혼한 **누이**가 예루살렘에서 살고 있었던 이유에 관해 물어야 한다. 열성적인 부모가 그녀도 일차적으로는 (소녀였던 그녀의) 교육의 기회를 위해서가 아니라 이스라엘 땅에 속한 가족의 역사적 뿌리 때문에 다소에서 예루살렘으로 보낸 것은 아닐까?

우리는 결코 답을 알 수 없다. 하지만 전반적으로 바울이 매우 젊은 나이에 다소를 떠나 예루살렘으로 갔을 것이라는 인상을 받는다. 사도행전 22장 3절에서 바울은 '길리기아 다소에서' 태어났지만, "이 성[예루살렘]에서 **자랐다**"고 말한다. 이는 예루살렘의 유대인들이 그를 '일찍부터' 알고 있었다는 그의 말과도 일치한다(행 26:5).

다소로 돌아온 바울: 자비량 사역의 시작?

바울은 어렸을 때 다소에서 오랜 시간을 보내지 않았을 것이다. 다메섹 도상 체험 후 그곳으로 돌아갔을 때도 안디옥으로 소환되기 전에 거기서 5년밖에 머무르지 않았을 것이다.

바울은 이 '숨겨진' 시기 동안 무엇을 했을까? 아마도 이때 — 특히 그가 부모한테서 도제 교육을 받기 전에 어린 나이에 예루살렘으로 떠났다면 — 그는 장막 만드는 일을 시작했을 것이다. 그는 엄격히 실용적인 이유로 돌아오자마자 이 직업을 택했을지도 모른다. 그가 새로운 메시아 종파의 추종자로 고향에 돌아왔을 때 그의 부모가 그에게서 상속권을 빼앗았을 가능성이 있다. 그렇다면 바울은 곧 독립적인 수입원을 마련해야 했을 것이다.

바울이 새로운 직업을 가졌다는 생각은 절박한 선교사에 대한 우리의 관념과 조화를 이루지 못한다. 하지만 엄연히 현실적인 필요가 존재했을 것이다. 그리고 나중에 바울은 신자들이 열심히 일해야 한다고 강조하고, 자신의 육체노동을 본보기로 제시하면서 자신이 사람들에게 재정적인 부담을 주지 않으려고 한다고 말했다(살전 2:9, 살후 3:6~11). 따라서 바울은 이렇게 새로운 직업을 가졌던 것이 전혀 모순적이지 않다고 생각했을 것이다. 오히려 다른 상황에서도 쉽게 다시 시작할 수 있는 이 직업은 이후 그의 사역에서 핵심적인 '진입점'이 될 것이다.

이방인들에 대한 초기 선교?

바울이 다소에 있는 동안 예수의 메시지를 **이방인들**에게 전하는 자신의 책무를 시험 삼아 해보기 시작했는지에 대해서는 아직 해결되지 않은 물음이 있다. (자료를 깔끔하게 정리해놓은) 사도행전에서는 안디옥에서 이방인들에게 처음으로 복음을 전하기 시작했던 것은 다른 사람들이었다는 인상을 갖게 한다(행 11:20). 하지만 그 전에 이미 예수에 관한 메시지가 이방인들에게 전해지고 있었을까? 어떤 학자들은 이미 주후 30년대 초에 신자들이 이방인들에게 메시지를 전하고 있었을 것으로 — 그래서 바울의 바리새적인 분노를 촉발했을 것으로 — 주장하고, 다른 이들은 바울 자신이 몇 년 동안 아라비아에 머물면서 유대인이 아닌 사람들에게 예수에 관해 전했을 수도 있다고 본다(갈 1:17). 아마도 대다수는 바울이 다소에 머문 이 시간 동안 이방인 선교를 했을 가능성이 있다고 생각한다. 그랬다면 바나바는 바울이 고향인 다소에서 이미 그런 일을 '시작했음'을 알았기 때문에 바울을 불러오기로 했을지도 모른다.

이를 뒷받침하는 작은 증거가 사도행전 15장에 등장한다. 예루살렘의 사도들은 "안디옥과 수리아와 **길리기아**에 있는 이방인 형제들"에 대한 이방인 선교를 승인하는 편지를 보낸다(행 15:23). 길리기아에 있는 이 이방인들은 예수에 관한 메시지를 언제 들었을까? 바울이 그의 첫 번째 '선교 여행'에서 돌아온 후에 이런 일이 일어났을 수도 있지만, — 그가 안디옥에서 "오래" 머물렀다고 누가가 말했던 그때(행 14:28) — 그들은 그보다 먼저 바울이 다소에 머물던 시기에 바울한테서 예수에 관해 들었을 가능성이 더 높아 보인다. 어느 쪽이든 우리는 바울이 예루살렘의 편지를 "수리아와 길리기아"에 있는 "교회들"에 **직접** 전달하기로 했다는 점에 주목한다(행 15:41). 이곳은 그의 고향이었으며, 그는 그들에게 자신이 이미 이방인들 사이에서 해오고 있던 일에 대해 '파란불'을 켜주는 이 기쁜 소식을 알리기 원했다.

개인적 성장과 성찰

하지만 잘 알려지지 않은 시기에 바울의 일차적인 목표는 그저 더 깊이 생각하고 기도하며 앞으로 자신 앞에 놓인 중요한 여정을 위해 자신에게 필요한 개인적, 영적 자원을 개발하는 것이었다. (모세와 예수 등) 몇몇 성경 인물이 처음 부르심을 받은 후 이렇게 기다림의 시간을 경험한 적이 있었다. 바울도 이 시간을 소중한 준비 기간으로 보았을 것이다.

우리는 이 기간에 다소에서 일어난 한 가지 사건 — 바울이 나중에 고린도후서에서 묘사했던 신비 체험 — 만을 확실히 알고 있을 뿐이다. 그는 이 경험을 익명의 한 사람이 체험한 것처럼 묘사하지만, 그 익명은 바울 자신을 가리킴이 분명하며 이를 통해 이 기간에 그의 기도 생활이 어떠했는지를 엿볼 수 있다.

> 내가 그리스도 안에 있는 한 사람을 아노니 그는 십사 년 전에 셋째 하늘에 이끌려 간 자라. 그가 몸 안에 있었는지 몸 밖에 있었는지 나는 모르거니와 하나님은 아시느니라. … 그가 낙원으로 이끌려 가서 말로 표현할 수 없는 말을 들었으니 사람이 가히 이르지 못할 말이로다.
>
> — 고린도후서 12장 2~4절

이런 경험은 미래에 대한 바울의 결심을 강화해주었을 것이다. 또한, 다메섹 도상에서 정확히 어떤 가르침을 받았는지도 점점 더 분명히 깨닫게 되었을 것이다. 그것은 갑작스럽게 순간적으로 일어난 사건으로서 새로운 그리스도 중심적 세계관의 중요한 구성 요소 모두를 집약적으로 담고 있었다. 하지만 그 사건을 제대로 이해하는 데는 시간이 걸렸을 것이다. 바나바가 그를 안디옥으로 불렀을 무렵 바울의 생각과 마음을 사로잡고 있던 핵심 사상은 무엇이었을까? 바울이 다소에서 지내는 동안 그의 머릿속에서 명확하게 정리된 네 가지 핵심 진리는 다음과 같다.

1. 하나님의 메시아

다메섹으로 가는 길 위에서 바울은 부활하신 예수를 만났다. 그는 예수가 실패한 메시아—왕이 아니라 하나님이 세우신 세상의 통치자이심을 깨달았다. 그전에 그는 예수가 로마의 십자가에 달려 죽으셨다는 사실이 그분이 하나님이 보시기에 '저주를 받았다' 라는 확실한 증거라고 생각했을 것이다(신 21:23). 이제 그는 이스라엘의 하나님이 이 이상한 사건 속에서 일하셨으며, 예수는 죄인인 인간들을 해방시키기 위해 그들이 마땅히 받아야 할 '저주'를 스스로 취하셨음을 믿게 되었다(갈 3:13). 바울은 자신이 구약을 잘못 해석해왔고, '고난당하는 종'이 올 것이라는 이사야의 예언의 더 깊은 의미를 놓치고 있었음을 알게 되었다(예를 들어, 이사야 53장을 보라).

또한 그는 죽은 자 가운데서 다시 살아나신 이 예수가 강력하게, 활동적으로 살아계심을 잊을 수 없는 방식으로 깨닫게 되었다. 그러므로 그는 고린도전서 15장에서 부활 후에 예수가 나타나신 경우를 열거하면서 자신의 다메섹 도상 경험이 이상하게도 예루살렘과 갈릴리에서 다른 이들이 했던 경험과 필적한다고 말한다. 바울은 자신이 정말로 "예수 우리 주를 보았다"라고 주장했다(고전 9:1). 이를 통해 그는 예수의 육체적 부활이 복음의 필수 불가결한 요소이며(고전 15:4) 예수가 부활하신 "주"이시며 하나님의 "아들"이라고(행 9:20) 확신하게 된다.

> 내가 자유인이 아니냐? 사도가 아니냐? 예수 우리 주를 보지 못
> 하였느냐?
>
> — 고린도전서 9장 1절

> 시드누스강에서 마르쿠스 안토니우스를 만났을 때 그녀는 그의
> 마음을 사로잡았다. … 그녀가 탄 배는 반짝이는 왕좌처럼 물에
> 비쳐 빛났다. 선미는 금박을 입혔고, 보랏빛 돛은 어찌나 향기로
> 운지 바람은 돛과 사랑해 상사병에 걸린 듯했다. 노는 은이었으
> 며, 피리 소리에 맞춰 계속 노를 젓자 물은 반한 듯 더 빨리 뒤따
> 라오는 듯했다. 그녀의 자태는 형언할 수 없었다. 그녀는 금색 얇
> 은 천으로 만든 옷을 입은 채 차양 아래에 누워 있었으며, 우리가
> 그림에서 보는 비너스보다 더 아름다웠다. …
>
> — 클레오파트라가 배를 타고 다소에 도착하는 모습을 묘사하는
> 셰익스피어의 《안토니우스와 클레오파트라》 3막 3장

2. 하나님의 목적

예수가 정말로 하나님의 메시아시라면 이는 오랫동안 기다려온
메시아 시대('내세' 혹은 '말세')가 시작되었음을 뜻했다. 성취의 때
가 시작되었다면 이는 이스라엘 밖에 있는 이들(이방인들)이 하나
님의 나라에 들어올 때가 되었음을 뜻하기도 한다. 하나님이 아브
라함을 부르신 목적은 '모든 민족'이 그를 통해 복을 얻게 하시려
는 것이었지만, 지금까지는 이러한 하나님의 보편적인 목적이 어

떻게 실현될 것인지 분명하지 않았다. 그러나 예수가 세상의 주로 계시되었기 때문에 이 전망이 이제 실현될 수 있게 되었다. 따라서 이전에 바울이 (하나님의 주요한 목적이 이스라엘을 정치적으로 신원하는 것이라고 믿으면서) 옹호했던 편협한 민족주의가 막다른 골목이라는 것을 깨닫게 되었다. 하나님의 목적은 왕이신 예수의 메시지를 통해 온 세상이 복을 받게 하는 것임을 알게 되었다.

3. 하나님의 율법

바울은 유대교 율법(토라)의 신봉자였다. 하지만 이제 그는 자신의 율법 해석이 틀렸음을 깨달았다. 하나님의 기준이나 율법이 바뀌었다는 뜻이 아니라 **율법 자체가 하나님이 세상을 구하는 방식일 수 없다**는 뜻이다. 그 자신의 경우에 율법에 대한 순종이 어떤 결과를 낳았는지 보라. 하나님의 아들에 대한 신성모독으로 귀결되었다! 또한 예수의 죽음은 인간의 죄가 율법이 제공할 수 있는 것보다 훨씬 더 급진적인 무언가를 요구한다는 것을 분명히 보여준다. 이로부터 바울은 율법이 아니라 그리스도께서 하나님의 새로운 목적의 핵심이시며, 하나님의 백성에게 요구되는 것의 핵심은 율법에 대한 순종이 아니라 믿음 — 십자가에 못 박히신 메시아에 대한 믿음 — 임을 깨닫기 시작했다.

4. 하나님의 백성

이 모든 것이 정확히 누가 하나님의 참된 백성인지에 대한 바울의 이해에 영향을 미쳤다. 부활하신 예수는 철저히 자신을 믿는 이들과 자신을 동일시하셨다. 예수는 바울에게 그가 **그들**을 박해함으로써 **예수**를 박해하고 있다고 말씀하셨다(행 9:5). 여기서 우리는 이후에 교회를 그리스도의 "몸"으로 보는 바울의 관점(고전 12:12~27)으로 발전되는 사상의 첫 번째 실마리를 볼 수 있다. 예수와 그분의 백성 사이에는 이처럼 강력한 연관성이 존재했다. 하지만 이는 바울이 인종적인 '이스라엘'을 바라보는 완전히 새로운 관점을 발전시켜야 한다는 뜻이기도 했다. 예수가 자신의 주위에 새로운 백성을 형성하고 계시다면 — 이를테면 이스라엘을 '재구성'하고 계시다면 — 이제 참된 '하나님의 이스라엘'은 믿음을 통해 이스라엘의 참 메시아이신 예수와 연합된 사람들일 것이다(롬 2:28~29, 9:6).

이 네 주요한 통찰이 그의 머리와 마음에 깊이 뿌리내린 상태에서 — 이에 관해 계속해서 묵상하고 기도하면서 — 바울은 기꺼이 고향을 떠나 예수의 명령에 순종해 알지 못하는 세상으로 떠나고자 했다. 세상은 이제 곧 예수가 유대인 랍비를 불러 '이방인의 사도'로 삼으셨다는 것이 무엇을 뜻하는지를 보게 될 것이다.

오늘날의 다소

　　아이러니하게도 바울의 고향인 다소는 방문자들에게 바울의 시대에 그곳이 어떤 모습이었을지 상상하는 데 거의 도움을 주지 못한다. (인구가 35만 명 이상인) 현대의 다소 시는 고대 도시의 이름을 보존하고 있지만, 그 모습은 잃어버리고 말았다. 그 모습은 지금 6m 이상의 퇴적물 아래에 묻혀있다.

　좁은 해안 평지에 자리 잡은 다소의 배후에는 5월까지 눈으로 덮여있는 경우가 많은 험준한 토로스 산맥이 있다. 이런 환경 덕분에 이 도시에서는 한 산업이 고대부터 명맥을 유지하고 있다. 털이 긴 산양이 지역의 장인들에게 독특한 천막 천을 짜는 데 필요한 재료를 제공한다. 바울이 천막을 만들던 시절에 이 질긴 천은 '**실리시움**'(cilicium)으로 불렸다. 오늘날에도 똑같은 천을 만들고 있고, 동물의 털로 만든 이런 천을 뜻하는 프랑스어는 여전히 **실리스**(cilice)다.

　최근까지 바울에게 관심이 있어서 다소에 오는 사람들이 방문하는 주된 장소는 메르신으로 향하는 길에 있는 로터리 중앙에 있는 **성 바울의 문**이었다. 사실 (전에는 '클레오파트라의 문'이라고 알려졌던) 이 문은 바울의 시대에는 그곳에 없었을 것이다. 이 아치형 기념비는 주후 300년경에 세워진 것이다. 아마도 이곳은 바울이 알았던 세 개의 큰 문이 있던 자리였을 것이다. 북쪽 방향으로 가까운 곳에는 **성 바울의 우물**도 있다. 이 지역에서는 그 자리에 바울이 살았던 집이 있었다고 전해진다. 역사적으로는 그럴 가능성이 희박하다. 이 깊은 우물은 연대가 로마 시대로 거슬러 올라가며, 움직일 수 없는 물체이므로 우리에게 바울 시대의 다소와의 연결 고리를 제공한다.

> 다소 — 그 다리는 큰 내륙 항구에 닿으며 그 머리는 산지까지 이르는 곳.
>
> — 윌리엄 미첼 램지 경, 《소아시아 역사 지리》

1993년에 이 우물로부터 남서쪽으로 160m 떨어진 지역에 대한 집중적인 고고학 탐사가 이뤄졌고, 이때 **고대의 거리**가 발굴되었다. 연대가 주전 2세기로 추정되는 이 거리는 큰 현무암으로 인해 독특한 모습을 가지고 있다. 그 아래는 배수 시설이 갖춰져 있고, 바울 시대로부터 얼마가 지난 후에는 길을 따라 건설된 주랑에 상점들이 자리 잡고 있었다. 그 후로도 가옥과 정원, 모자이크가 발굴되고 있다 — 이를 통해 우리는 바울이 어렸을 때 보았을 다소의 모습을 엿볼 수 있다.

이슬람의 전설 때문에 이곳에는 구약의 인물(특히 다니엘)과 연관된 몇몇 사원이 존재한다. 그것 말고는 방문자를 더 머물게 할 만한 것이 거의 없다. 다소 박물관에는 이 지역의 수많은 고고학 유물이 있으며, 주후 2세기의 (지역에서는 **도눅타스**로 알려진) 로마 신전 유적이 존재한다. 다소 아메리칸 칼리지(Tarsus American College) 캠퍼스에서는 **고대 전차경기장**의 일부를 볼 수 있으며, 길 건너편 초등학교 안에서는 **극장**의 일부를 볼 수 있다.

이 도시를 떠나면서 (지금은 석호가 된 다소의 항구가 있던 자리) **레그마호수**나 아다나–앙카라 도로에 있는 지금은 사용되지 않는 (유스티니아누스가 건설한) **삼중 아치 다리**를 둘러보고 싶어 할 수도 있다. 가장 관심이 많이 갈 만한 곳은 도시에서 북쪽으로 약 6㎞ 떨어진 곳에서 볼 수 있는 긴 **고대 도로**일 것이다. 로마인들이 건설한 폭 3m의 이 도로는 북쪽으로 약 32㎞ 떨어져 있는 길리기아 관문으로 가는 간선 도로였을 것이다.

길리기아 관문은 토로스 산맥을 관통하는 자연적 통로다. 고대에는 (크세르크세스나 알렉산드로스 같은) 위대한 정복자들뿐 아니라 중앙 아나톨리아로 여행하는 사람은 누구든지 육로를 사용했다. 바울은 육로를 통해 안디옥에서 에베소로 여행할 때 이 길로 왔을 것이다(행 18:23, 19:1). 그는 어렸을 때, 혹은 주후 30년대 말 그의 '숨겨진 시기' 동안 이 길로 여행했을 것이다(83쪽, "다소로 돌아온 바울"을 보라). 1886년에 건설된 철도와 현대에 건설한 도로 덕분에 여행이 훨씬 더 쉬워지기는 했지만, 고대의 여행자들에게는 이 길이 얼마나 힘들고 위험했을지 쉽게 짐작할 수 있다. 바울은 여행하면서 경험한 위험, 즉 "강의 위험과 강도의 위험"에 관해 언급한 바 있다(고후 11:26). 어쩌면 그는 편지에 이렇게 적으면서 어렸을 때 살던 고향 근처에 있는 이 좁은 산길을 떠올리고, 자신이 그리스도를 위해 이 위험한 길로 여행했다고 말했을지도 모른다.

'클레오파트라의 문' 또는 '성 바울의 문'으로 알려진 이
고대 문은 다소에 남아있는 몇 안 되는 유적 중 하나이
다. 그러나 바울 시대보다 훨씬 늦은 300년 경에 지어
졌다.

성 바울의 우물(St Paul's Well)이다.
바울과 관련된 집 안뜰에 있는 고대 우물이다.

주요 연대: 다소

주전 2000년	요새화된 마을이 다소의 위치에 있었음. 후대의 히타이트 기록에서는 '키주와트나'(후대의 길리기아?) 지역의 주요 도시인 '타르사'에 관해 언급한다.
주전 1200년경	해양 민족들에 의해 다소가 파괴됨(이후 그리스인들에 의해 재건됨).
주전 970년경	솔로몬의 '왕의 상인들'이 '애굽과 구에'로부터 말을 수입한다('구에'는 후대의 길리기아를 가리킬 수도 있음, 왕상 10:28).
주전 832년	아나톨리아가 앗수르의 지배를 받게 되었지만, 다소는 독립적인 지위를 유지한다.
주전 698년	앗수르 왕 산헤립이 이 도시를 약탈한다.
주전 500년대	이 지역이 페르시아의 지배를 받게 된다. 성경에 언급된 '다시스'(욘 1:3, 렘 10:9, 겔 27:12)는 아마도 다소가 아니라 에스파냐나 북아프리카를 지칭할 것이다.
주전 333년	알렉산드로스 대왕이 다소를 방문하지만, 시드누스 강의 차가운 물에서 목욕한 후 심하게 앓는다.
주전 323년	다소는 셀레우코스인들의 지배를 받게 되고, 이들은 '시드누스의 안디옥'으로 이곳의 이름을 바꾼다.
주전 170년경	다소와 인근의 마을이 안티오코스 에피파네스 4세에

맞서 반란을 일으킨다(마카베오2서 4:30).

주전 67년	다소는 로마의 속주 길리기아의 주도가 된다.
주전 51~50년	키케로가 로마의 길리기아 총독으로 재직하며 다소에 거주하고 해안의 해적 행위를 근절한다.
주전 50년경	다소의 유서 깊고 유명한 대학 출신인 아테노도로스가 가정교사로서 (후에 아우구스투스가 된) 젊은 옥타비아누스를 가르친다.
주전 47년	율리우스 카이사르가 이곳을 방문한 것을 기념해 이 도시의 이름이 '율리오폴리스'로 바뀐다.
주전 41년	마르쿠스 안토니우스는 자신의 경쟁자 카시우스에게 맞서 충성을 지킨 이 도시에 상을 내린다. 또한 나룻배를 타고 온 클레오파트라를 이곳에서 만난다.
주후 5년?	바울이 다소에서 로마 시민권을 지닌 부모의 슬하에 태어남.
주후 20년	바울이 예루살렘에서 계속해서 교육을 받기 위해 다소를 떠나며, 결국 유명한 가말리엘의 문하에서 수학한다(행 22:3, 26:4~5).
주후 35년	바울이 다메섹에서 예루살렘과 아마도 안디옥을 경유해 다소로 돌아온다(행 9:30, 갈 1:21).
주후 40년	바나바가 다소에 있는 안디옥으로 데려가 거기서 가르치게 한다(행 11:25~26).
주후 44년	길리기아가 (안디옥을 수도로 하는) 시리아 속주로 편

입된다.

주후 47년	바울이 1차 '선교 여행'을 마치고 다소를 짧게 방문했을 수도 있다(행 14:28).
주후 49/50년	바울이 예루살렘 공의회에서 작성된 ("수리아와 길리기아의 교회들"을 위한) '사도들의 규례'를 들고 갈라디아로 가는 길에 길리기아를 통과한다. 그는 '길리기아 관문'을 통해 여행했을 가능성이 높다(행 15:23, 40~41).
주후 260년	다소가 파르티아인들에게 함락되지만, 로마인들이 이 지역을 다시 되찾는다.
주후 363년경	이교도 황제 배교자 율리아누스가 다소에 묻힌다.
주후 1300년대	다소가 오스만 튀르크 제국에 편입된다.

소아시아 방문자들: 과거와 현재

아나톨리아 혹은 (로마인들이 부른 명칭대로) '소아시아'의 광활한 땅
에는 언제나 호기심 많은 방문자가 찾아왔다. 이들 중에는 개인도 있
고 민족도 있었다. 동쪽에서는 히타이트 족속(헷 족속, 주전 1750년경)
이 찾아왔다. 중앙 평원의 민족들은 주전 3세기 트라케로부터 이주
했다. 셀주크 튀르크는 주후 11세기에 동쪽으로부터 이주했으며, 두
세기 지나서는 오스만 튀르크가 이곳으로 왔다. 한편 서부 해안에서
는 이오니아의 헬라어 사용 민족들이 고전 시대 초기에 식민지를 건
설했다.

이 땅을 통과해 행진한 수많은 통치자와 군대 외에도 유명한 방문
자가 많았다. 주전 51년 로마가 길리기아의 총독으로 파견한 키케로
는 이 속주를 설명한 편지를 로마의 친구들에게 보내기도 했다. 지리
학자인 스트라본은 주전 25년경에 이 지역을 방문하고, 이곳이 "아
덴이나 알렉산드리아나 학교와 철학자들의 강연이 존재하는 다른 어
떤 곳보다 더 뛰어나다"라고 설명했다. 주후 112년경 비두니아의 총
독이었던 소 플리니우스가 쓴 편지가 남아있으며, 주후 135년경 에
베소 근처 바닷가에서 한 늙은이와 이야기를 나누던 중에 기독교로
회심한 팔레스타인 출신의 순교자 유스티누스에 관한 흥미로운 이야
기도 전해진다(《트리폰과 나눈 대화》 3). 시간이 흐른 뒤 이곳은 세계에
서 가장 기독교화된 지역이 된다. 아름다운 갑바도기아 중부 지역에

고대 갑바도기아(현대 괴레메 근처) 풍경. 갑바도기아는 고대에 기독교화되어 있었다. 이 곳은 4세기 후반 세 명의 위대한 신학자(갑바도기아 교부)의 고향이었다. 그리고 수 세기에 걸쳐 수많은 작은 교회들이 이와 같은 암석에 세워졌다.

살았던 니사의 그레고리오스는 주후 380년대에 팔레스타인을 방문하고 돌아왔으며, 솔직히 자신이 고향에서 보는 것이 더 인상적이라고 말했다. 그는 성령께서 예루살렘에 제한되어 있지 않으시다고 주장했다. "그분은 다른 어떤 곳보다 갑바도기아에 거하신다고 생각하는 것이 마땅하다. 이곳에 얼마나 많은 제단이 있는가? 세계 곳곳에 헤아릴 수 없을 정도로 많은 제단이 있다"(《서한집》2).

서양의 방문자들은 사실상 19세기에 새로운 철도망이 개발된 후

에야 튀르키예에 올 수 있게 되었다. 고고학자들은 아나톨리아 땅 아래에 묻힌 보물들을 알아차리기 시작했다. 이런 유적이 자신들의 역사의 일부가 아니었던 그 지역 사람들은 대체로 이를 무시해왔다. 하인리히 슐리만이 트로이(1871~1890)에서, 존 터틀 우드(John Turtle Wood)가 에베소(1863~1874)에서 발굴 작업을 벌였다. 신약학과 관련해 핵심적인 인물은 1886년부터 1911년까지 애버딘대학교(Aberdeen University)의 인문학 교수였던 윌리엄 미첼 램지 경이었다.

그가 쓴 책으로는 《의사 누가》(*Luke the Physician*, 1908), 《여행자 로마 시민 바울》(*St Paul the Traveller and the Roman Citizen*, 1898), 《프리기아 주교좌》(*Bishoprics of Phrygia*, 1895) 등이 있다. 이를 통해 그가 폭넓은 역사적 관심을 지니고 있었으며, 누가와 바울을 고대사의 틀 안에서 바라보고자 했음을 알 수 있다. 그는 (당시에 점점 더 세력을 얻고 있던) 누가의 역사적 신빙성을 부인하는 급진적인 관점에 도전했다. 1세기의 정치적 경계에 관한 그의 연구 덕분에 바울이 쓴 갈라디아서에 관한 논쟁에서 쟁점이 분명해졌다(29쪽, "바울서신: 연대와 장소"를 보라). 고대의 도로와 영토를 보여주는 그의 지도에 필적할 만한 자료는 아직 나오지 않았다. 많은 독자가 (인내심이 많은 그의 아내와 딸이 찍은 것으로 보이는) 그의 사진을 통해 성경에 등장하는 이 지역을 처음으로 보게 될 것이다.

한 세대가 지나서 비슷하지만 조금 더 대중적인 책인 모튼(H.V. Morton)의 《성 바울의 발자취를 따라》(*In the Steps of Saint Paul*, 1935)가 출간되었다. 이 책과 마찬가지로 모튼의 책 역시 예수에 관한 비슷한 책[《주의 발자취를 따라》(*In the Steps of the Master*, 1933)]의 속편이었다. 그러나 두 책 모두 현대 문화와 대담한 방문자가 만날 수 있는 것에 더 초점을 맞췄다. 그의 여행기는 지역의 튀르키예 문화와 무서운 택시 탑승 경험, 우연한 만남, 잊히지 않는 대화로 가득 차 있다. 하지만 곳곳에서 바울의 여행에 대한 중요한 통찰 — 유서 깊고 영감을 불러일으키는 이 땅을 직접 여행한 사람들만 얻을 수 있는 통찰 — 을 발견할 수 있다.

바울이 처한 상황을 현실적이지만 직관적으로 파악하기 위해서는 고대의 소아시아를 방문해 보는 것 — 산지에 둘러싸인 그곳에 가서 유적지를 살펴보고, 어쩌면 한 곳에서 다른 곳으로 가는 최선의 경로를 찾기 위해 노력해보는 것 — 이 가장 효과적이다. 개인적으로는 튀르키예를 방문할 때마다 놀라운 영감을 얻게 되었다. 만약 이 책에 바울에 관한 참신한 생각이 들어있다면, 이는 많은 부분에서 이 장소들 자체가 제공한 자극 덕분이다.

19그 때에 … 환난으로 말미암아 흩어진 자들이 베니게와 구브로와 안디옥까지 이르러 유대인에게만 말씀을 전하는데, 20그 중에 구브로와 구레네 몇 사람이 안디옥에 이르러 헬라인에게도 말하여 주 예수를 전파하니 …
22예루살렘 교회가 이 사람들의 소문을 듣고 바나바를 안디옥까지 보내니 23그가 이르러 하나님의 은혜를 보고 기뻐하여 … 25바나바가 사울을 찾으러 다소에 가서 26만나매 안디옥에 데리고 와서 둘이 교회에 일 년간 모여 있어 큰 무리를 가르쳤고 제자들이 안디옥에서 비로소 그리스도인이라 일컬음을 받게 되었더라. 27그 때에 선지자들이 예루살렘에서 안디옥에 이르니 … 28말하되 천하에 큰 흉년이 들리라. … 29제자들이 … 유대에 사는 형제들에게 부조를 보내기로 작정하고 30이를 실행하여 바나바와 사울의 손으로 장로들에게 보내니라.

— 사도행전 11장 19~20, 22~23, 25~30절

파송의 도시

바울의 기다림은 끝났다. 바나바는 다소에 와서 그를 큰 국제도시인 안디옥으로 데려갔다. 천막 제작자는 이제 새로운 직업을 갖게 되었다. 안디옥에서 교회를 세우고 특히 이방인들 사이에서 교회의 선교와 사역을 행하는 책무를 맡게 되었다.

다음 여러 해 동안 안디옥은 바울의 '본교회'가 되었다. 그리고 시간이 흐르면서 이곳은 그를 '파송한 교회' — 그가 (예루살렘과 구브로, '수리아와 길리기아,' 마지막으로 '에베소'로) 선교 여행을 떠날 때 그를 위해 기도하고 그를 지원하는 교회 — 가 되기도 할 것이다. 오늘날 우리가 그의 '선교 여행'에 관해 이야기할 때 바울이 안디옥에 있는 이 파송 교회로 정기적으로 돌아왔다는 사실을 반영한다. 그는 여기에서 '1차,' '2차,' '3차' 여행을 출발했다.

안디옥은 로마 제국 안에서 (로마와 알렉산드리아 다음으로) 세 번째로 큰 도시로서, 일부의 추정에 따르면 인구가 50만 명이 넘었다. 셀레우코스 1세가 실피우스 산기슭 오론테스 강둑에 세운 (셀레우코스가 자신의 아버지를 기려 세웠던 같은 이름의 열다섯 개 도시 중 하나인) 이 안디옥은 곧 '오론테스강의 안디옥' 혹은 그저 '대 안디옥'으로 알려지게 된다.

원래 마게도냐의 퇴역 군인들을 위해 세운 이 도시는 시리아인과 헬라인의 거주지이기도 했다. 셀레우코스 제국 아래 헬라의 영향을 많이 받았지만, 이제는 확실히 로마의 지배를 받는 곳이 되었다 ― 율리우스 카이사르와 아우구스투스, 티베리우스, 가장 최근에는 클라우디우스가 이 도시에 많은 관심을 기울였다. 도시 중심부에는 (길이가 거의 3㎞에 이르며 기둥이 3천2백 개 이상인) 주랑 현관을 갖춘 거리가 있었다.

안디옥, 유대교, 예루살렘

이곳에는 유대인 정착민들도 있었다. 그들은 로마 시대에 이르면 도시 인구의 10분 1 이상을 차지하게 된다. 대개는 '시민'이 아니었지만 도시 안과 주변의 다양한 지역에서 독특한 집단으로 살아갔다. 이따금 어려움을 겪기도 했지만(예를 들어, 안티오코스 4세가 주전 160년대에 예루살렘의 유대인들을 '헬라화'하려고 했을 때처럼), 안디옥의 유대인들은 비교적 안정된 지위를 가지고 있었다. 요세푸스는 안디옥에 사는 많은 유대인의 부에 관해 언급하기도 했다(《유대전쟁사》7.1.3).

하지만 주후 39/40년경 평화와 조화가 사라지고 말았다. 칼리굴라가 예루살렘 성전 안에 자신의 조각상을 세우려고 시도한 것이 계기가 되어 안디옥의 회당들이 폭력적인 군중의 공격을 받게 되었다. 반유대주의 감정이 고조되었으며 이런 상황은 주후 48년과 제1차 유대-로마 전쟁(주후 66~70년)에도 주기적으로 반복되었다. 유대-로마 전쟁 중에는 유대인 지도자들이 로마의 신들에게 제사를 드리기를 거부한다는 이유로 극장에서 화형을 당하기도 했다.

주후 40년부터 70년까지는 안디옥의 상황이 대단히 불안정한 시기였다. 이때 바울의 사역은 (그보다 앞서 예수의 사역과 마찬가지로) 세력이 점점 더 커지고 있던 — 유대 민족주의자들과 로마 사이의 긴장으로 인해 — 폭풍의 구름 아래에서 이뤄졌다. 로마에서 동방으로 나아가는 (또한 로마의 군대가 출발하는) 관문이었던 안디옥은 예루살렘에서 전해져오는 점증하는 긴장에 영향을 받을 수밖에 없었다.

이러한 두 도시 사이의 연관성을 고려하면 교회의 삶 초기에 일어나는 일들을 더 잘 이해할 수 있다. 사도행전과 갈라디아서를 읽어보면 두 도시 사이에 빈번한 소통이 이뤄졌음을 알 수 있다. 바나바와 베드로, 아가보 같은 인물들은 예루살렘 교회의 대표들과 더불어 이 시기에 안디옥을 직접 찾아왔다(행 11:20~28, 15:1, 갈 2:1~11). 한편 바나바와 바울도 안디옥을 대표해 예루살렘을 방문하기도 했다(행 11:25~26, 15:2). 분명히 다른 도시에서 일어나고 있는 일이 각자의 도시에 정말로 중요했다. 안디옥의 로마 관리들이 (유대인의 수도인) 예루살렘에서 일어나는 모든 일에 주의를 기울였듯이, 예루살렘 교회 지도자들은 (사실상 동방을 관할하는 로마의 수도였던) 안디옥을 주시하고 있었다. 특히 그들은 안디옥의 신자들이 그들이 승인할 수 없거나 유대교의 어머니 도시에서 예수에 대해 증언하는 것을 어렵게 만들 수도 있는 방식으로 이방인들과 관계를 맺고 있는 것은 아닌지 촉각을 곤두세우고 있었다.

안디옥이 거의 필연적으로 (어떻게 이방인들을 교회 안으로 받아들여야 하는가에 관한) 이런 논쟁적인 문제가 발발하는 장소가 될 수밖에 없었던 원인이 있었다. 전에도 이 복잡한 문제와 관련해 논란이 있기는 했지만, 논란이 절정에 이르렀던 곳은 상당한 규모의 유대인 공동체가 거대한 국제도시 안에 자리 잡은 안디옥이었다.

요세푸스는 안디옥에 유대교에 끌렸던 다수의 헬라어권 이방인들이 존재했다고 명시적으로 말한다(《유대 전쟁사》 7.45). 흔히 '하나님을 경외하는 이들'(210쪽, "유대인들과 하나님을 경외하는 사람들"을 보라)이라고 알려진 이런 사람들은 자연스럽게 예수에 관한 메시지를 전할 대상이 되었을 것이다. 따라서 안디옥에서는 이 문제를 피하는 것이 불가능했을 것이다. 이방인들은 그저 **이방인**으로서 이 새로운 유대교 종파 안으로 받아들여질 수 있는가? 아니면 사실상 그들은 먼저 **유대인**이 됨으로써 이 종파 안에 받아들여질 수 있는가?

바울과 바나바: 예루살렘 방문

"이방인의 사도"로 부르심을 받은 사람에게 안디옥에서 보낸 시간은, 유대인과 이방인 모두를 아우르는 새로운 신자들의 공동체를 세우는 방법을 배우는 것뿐만 아니라 예루살렘으로 돌아가 해야만 했던 논쟁에서 이기는 법을 배우는 데에도 대단히 중요했을 것이다.

처음에 바울은 그곳에 꼬박 1년을 머무르며 바나바와 함께 신자들을 가르쳤다. 그들에게 이 시간은 이 두 교사로부터 배울 수 있는 매력적인 시간이었을 것이다. 두 사람은 기도하는 자세로 구약 성경을 인용하며 가르치고, 더 자세한 예수의 가르침으로 서로를 풍성하게 하고, 신자들과 소통하며 그리스도를 따르는 삶의 의미에 관한 새로운 이해를 만들어갔다. 하지만 얼마 후 (주후 40~42년 사이의 어느 시점에) 예루살렘의 신자들이 기근을 당하게 될 것이라는 예언을 받았다(주후 45년에는 최악의 상황에 이르게 된다). 이로 인해 바울과 바나바는 안디옥의 신자들이 마련한 사랑의 선물을 들고 예루살렘으로 떠난다.

이 방문이 갈라디아서 2장 1~10절에서 바울이 설명했던 바로 그 여행일 것이다(28~33쪽, "바울서신: 연대와 장소"를 보라). 그렇다면 그들은 디도라는 이방인들을 데리고 갔을 것이며, 예루살렘에 도착하여 개인적으로 (바울의 교회의 "기둥"이라고 불렀던) 베드로와 야고보, 요한을 만나 자신들의 사역에 관해 이야기를 나눴을 것이다. 이들 주요 지도자들은 바울이 이방인에 대한 사역을 해왔음을 인정하면서 그의 이방인 선교에 대한 지지를 선언했다. "다만 우리에게 가난한 자들을 기억하도록 부탁하였으니 이것은 나도 본래부터 힘써 행하여 왔노라"(갈 2:10). 바울은 10년이 지나서야 이 약속을 지킬 것이다.

> 십사 년 후에 내가 바나바와 함께 디도를 데리고 다시 예루살렘에 올라갔나니 계시를 따라 올라가 내가 이방 가운데서 전파하는 복음을 그들에게 제시하되 유력한 자들에게 사사로이 한 것은 ….
> — 갈라디아서 2장 1~2절

확장에 대한 승인?

바울은 예루살렘이 자신의 이방인 선교를 전적으로 지지한다고 믿으며 안디옥으로 돌아왔다. 그러나 현실은 약간 달랐다 — 특히 예루살렘에서 이 '사적인' 모임에 참석하지 **않았던** 이들이 그의 선교를 승인하지 않았다. 하지만 바울은 '파란불'이 켜졌다고 믿었기에 열정적으로 선교를 시작하고자 했다. 그리고 그는 예루살렘에서 보통 마가라고 부르는 요한 마가(히브리식 이름은 요한, 로마식 이름은 마가이다. 마가 요한이라 불리기도 하며, 마가복음의 저자이다 – 편집자 주)라는 젊은이를 데리고 왔다(행 12:25). 바울은 선교 여행에서 이 젊은 동료의 도움을 받을 수 있을 것으로 기대했다. 마가의 가족이 예루살렘에서 살고 있으며(행 12:12) 그가 예수의 전승에 관해 잘 알고 있었기에 큰 도움을 받을 수 있을 것이다. 다시 안디옥으로 돌아온 다음에는 무슨 일이 일어났을까?

> 안디옥 교회에 선지자들과 교사들이 있으니 곧 바나바와 니게르라 하는 시므온과 구레네 사람 루기오와 분봉 왕 헤롯의 젖동생 마나엔과 및 사울이라. 주를 섬겨 금식할 때에 성령이 이르시되, "내가 불러 시키는 일을 위하여 바나바와 사울을 따로 세우라" 하시니, 이에 금식하며 기도하고 두 사람에게 안수하여 보내니라.
>
> — 사도행전 13장 1~3절

이 명단은 놀라울 정도로 국제적이다. 갈릴리에서 (아마도 세포리스에서) 헤롯 안티파스와 함께 지냈던 유복한 궁정 관리와 아마도 북아프리카 출신이었을 두 남자가 포함되어 있다. 그들은 기도하면서 하나님의 뜻을 분명히 깨닫는다. 바울과 바나바는 아마도 이미 그런 가능성에 관해 이야기해왔을 테지만 이제 그들이 원하던 지지를 받은 상태였다. 그들은 작은 팀을 이루어 예수에 관한 소식을 들고 서쪽으로 출발할 때가 왔다고 결론 내렸다. 1차 '선교 여행'이 개시된 것이다.

고향에서 발생한 문제

역사적인 이 여정에서 일어난 일에 관해서는 이 책의 4~6장에서 다룰 것이다. 그들이 안디옥으로 돌아왔을 때 무슨 일이 일어났는지는 사도행전 14장의 마지막에 기록되어 있다.

> [바울과 바나바가] 이르러 교회를 모아 하나님이 함께 행하신 모든 일과 이방인들에게 믿음의 문을 여신 것을 보고하고 제자들과 함께 오래 있으니라. 어떤 사람들이 유대로부터 내려와서 형제들을 가르치되, "너희가 모세의 법대로 할례를 받지 아니하면 능히 구원을 받지 못하리라" 하니, 바울 및 바나바와 그들 사이에 적지 아니한 다툼과 변론이 일어난지라. 형제들이 이 문제에 대하여 바울과 바나바와 및 그 중의 몇 사람을 예루살렘에 있는 사도와 장로들에게 보내기로 작정하니라.
>
> — 사도행전 14장 27절~15장 2절

기쁨과 환영은 오래가지 못했다. 이방인들을 어떻게 교회 안으로 받아들여야 하는가에 관한 문제가 다시 한번 그들의 면전에서 불타올랐다. 갈라디아서 2장 11~21절에 기록된 바울의 설명을 통해 우리는 사건을 다음과 같이 개략적으로 재구성해볼 수 있다.

첫째, 베드로가 안디옥에 도착했고, 처음에는 이방인 신자들과 함께 (따라서 엄격한 유대교의 음식 법을 지키지 않으며) 기쁘게 식사를 했던 것 같다. 하지만 어떤 사람들이 예루살렘에서 내려와서 (예수의 동생으로서 예루살렘 교회의 주요 지도자였던) 야고보가 자신들을 보냈다고 주장했다. 그들은 베드로가 이방인들과 함께 식사하는 것에 찬성하지 않았으며, 따라서 베드로는 (아마도 그들이 정말로 야고보의 지지를 받고 있는지, 아니면 자신들의 주장을 뒷받침하려고 그의 이름을 이용하고 있을 뿐인지 확신할 수 없어서) 자신의 정책을 변경했다. 바울이 보기에 놀랍게도 바나바조차 그들의 유혹에 넘어가 한동안 이방인 신자들을 멀리했다.

바울의 대응

이에 대해 바울은 자신의 견해를 명확히 밝혔다(갈 2:15~21). 하나님의 백성의 일원이라는 참된 표지는 할례나 음식에 관한 법이 아니라 예수에 대한 믿음이라고 그는 주장했다. 따라서 예수를 믿는 사람은 **누구든지**, 심지어 이방인 죄인이라도 반갑게 맞이하고 식탁에 함께 앉아 식사할 수 있게 해야 한다 ― 그 자체가 율법의 이러한 양상들이 이제 예수 안에 계시된 하나님의 '은총'에 의해 효력을 잃어버렸음을 말해준다. 바울은 이 모든 것을 궁극적인 제일의 원리의 문제로 보았다. 또한 그는 이방인들을 믿음으로 이끌기 위해 자신이 했던 모든 일이 곧 무너지게 될 것이라고 두려워했을 것이다. 그뿐 아니라 예수의 십자가 죽음도 동시에 폐기되고 있다고 두려워했을 것이다. 회개하는 믿음을 지닌 이들에게 구원을 주고, 이로써 전에 유대인과 이방인 사이에 존재하던 장벽을 무너뜨리기 위함이 아니라면 예수가 왜 죽으셨단 말인가?

내가 그리스도와 함께 십자가에 못 박혔나니 그런즉 이제는 내가 사는 것이 아니요 오직 내 안에 그리스도께서 사시는 것이라. … 내가 하나님의 은혜를 폐하지 아니하노니 만일 의롭게 되는 것이 율법으로 말미암으면 그리스도께서 헛되이 죽으셨느니라!

— 갈라디아서 2장 20~21절

이 문제는 단번에 영원히 해결되어야 했다. 사람들이 지중해 전역을 돌면서 야고보(혹은 다른 어떤 지도자)의 지지를 받고 있다고 주장하며 사실상 다른 이들이 하는 일을 파괴하도록 내버려두어서는 안 되었다. 이 문제를 예루살렘으로 다시 가져가 해결해야만 했다. 그러나 상황은 훨씬 나빠졌다. 바울은 갈라디아에 있는 그의 회심자들이 할례를 받아야 한다는 (아마도 예루살렘에서 온) 몇몇 방문자들의 말에 설득당했다는 소식을 전해 들었다(218쪽, "갈라디아를 다시 방문하는 바울"을 보라). 그런 다음 또 다른 무리가 예루살렘에서 와서 다시 한번 할례의 절대적 필요성을 주장했다(행 15:1). 이는 역사적으로 이해할 만한 일이었다. 주후 48년에 (앞서 언급한) 충돌이 임박한 바로 그 유대 민족주의로 인해 예루살렘의 신자들이 압박을 받았을 것이다 — 이 때문에 그들은 유대교의 경계를 약화하는 운동과 관계를 끊으려고 했을 것이다.

그러나 바나바조차도 이 모든 것이 너무 지나치다고 여겼다. 이제 그는 입장을 선회해 자신의 이방인 선교를 방어하고 나섰다(행 15:2). 그리고 바울은 갈라디아서에서 매우 열정적으로 이 문제를 다룬다. 다른 이들에 의해 그의 사역이 무너지고 있었다. 그는 다시 한번 자신의 견해를 변호하기 위해 예루살렘으로 돌아가야 했다. 그가 평생 해온 일이 무너질 수도 있는 위기의 순간이었다. 그는 바나바와 함께 다시 한번 예루살렘으로 올라갔다. 절망과 단호한 결단이 뜨거운 열정과 뒤섞인 심정으로 여정에 올랐다. 양단간에 결판을 내야 했다.

> 그러므로 내 의견에는 이방인 중에서 하나님께로 돌아오는 자들을 괴롭게 하지 말고.
>
> — 사도적 공의회에서 했던 야고보의 결정적이고도 담대한 말(행 15:19).

사도들의 판결: 안디옥과 그 너머를 위한 좋은 소식

누가는 사도행전 15장에서 주후 49년에 열린 것이 거의 확실한 이른바 '사도적 공의회'를 묘사한다. 바울로서는 그 결과가 대단히 만족스러웠다. 바울과 바나바가 이미 "주 예수 그리스도의 이름을 위하여 생명을 아끼지 않고" 일하고 있음(행 15:26)을 새롭게 알게 된 것으로 보이는 야고보는 결정적으로 바울에게 유리한 판결을 내렸다. 또한 사도들은 우상 숭배와 성적 부도덕을 피해야 함을 강조하는 동시에 이방인 회심자들에게 할례가 의무 사항이 **아니라고** 명확히 밝히는 편지를 발표했다. 그는 흐뭇한 마음으로 (예루살렘 교회의 두 지도자인 유다, 실라와 함께) 안디옥으로 돌아왔을 것이다. 안디옥에 있는 신자들은 이 편지를 읽고 "그 위로한 말을 기뻐했다"(행 15:31).

사실 이것은 과소평가처럼 들린다. 이것은 이방인 신자들이 기다려온 매우 중요한 소식이었다! 이 기쁜 소식을 안디옥에 있는 사람들만 알고 있을 수는 없었다. 곧 바울은 다시 떠나고 싶어 했다. 특히 갈라디아에 있는 신자들에게 이 기쁜 소식을 전하고 싶었다. 바나바는 다시 마가를 데려가기 원했지만 바울은 단호히 반대했다(전에 마가가 밤빌리아에서 그들을 버렸기 때문이다. – 178쪽, "요한 마가가 떠남"을 보라). 그래서 그들은 갈라져서 여행길에 올랐다 — 바나바는 마가와 함께 고향인 구브로로 돌아갔고, 바울은 실라를 데리고 '수리아와 길리기아'를 경유해 갈라디아로 갔다(행 15:36~41).

바울은 단 한 차례 안디옥으로 돌아왔으며, '2차'와 '3차' 선교 여행 사이에 얼마 동안 그곳에 머물렀다(행 18:23). 여러 차례 여행하는 동안 그곳에 머문 시간이 그에게 많은 영향을 미쳤으며 중요했다. 이때 그는 여러 교사로 이뤄진 팀의 일원으로서, 유대인과 이방인이 그리스도를 믿는 믿음을 통해 연합하여 함께 예배하는 법을 회중에게 가르칠 수 있었다. 그곳에서는 넉넉한 지원도 — 기도로, 격려로, 실제적인 자원으로 — 받을 수 있었다. 그곳은 이방인 선교에 대한 그의 전망이 더 광범위한 사도적 공동체에 의해 평가를 받고 지지를 받는 과정에서 (어떤 의미에서는 예루살렘에서 가깝지만, 또 다른 의미에서는 멀리 떨어져 있는) 꼭 필요한 '지지 기반'이었다. 이제 마침내 그는 훨씬 더 멀리 떨어진 곳에서 마음껏 새로운 선교지를 개척할 수 있게 되었다.

안디옥: '그리스도인들'을 위한 집

제자들이 처음으로 '그리스도인'이라 일컬음을 받게 된 곳이 바로 안디옥이었다(행 11:26). 이것은 처음에 **다른 이들이** 예수를 따르는 이들에게 부여한 명칭이었음이 거의 확실하다(형식상 이 명칭은 다른 '별칭'과 비슷하다). 사람들은 (이르면 반유대주의적 폭동이 있었던 주후 40년에?) 이내 안디옥의 유대인 공동체 안에 나타난 이 새로운 모임을 알아차렸을 것이다. 그리고 폭력적인 반유대주의와 열성적인 유대 민족주의라는 맥락을 감안할 때 예수를 따르는 이들은 기꺼이 자신들을 유대교 전반과 구별하려고 노력했을 것이다.

(현재의 위기를 촉발한) 동료 유대인들의 민족주의적 열망은 그들이 보기에 잘못된 방향에 초점을 맞추고 있었다. 유대의 메시아 – 왕이 예수 안에 오셨으므로 하나님의 나라는 칼로 이루는 정치적인 왕국이 아닐 것이다. (메시아, 즉 '기름 부음을 받으신 분'이신 예수에 대한) 이 독특한 믿음 때문에 그들은 '메시아주의자들,' 즉 (헬라어로) '크리스티아노이'라고 불렸다. 아마도 로마인들은 이 별칭을 거의 이해하지 못했을 것이다. 그들은 뜨거운 물로 목욕한 후에 기름 바르기를 특별히 즐기는 사람들에게도 비슷한 별칭을 붙였을 것이다! 하지만 예수를 따르는 이들에게 이것은 그들이 기꺼이 받아들일 수 있는 별칭이었다 — 또한 역사가 보여주듯이 지금까지 남아있는 명칭이 되었다.

오늘날의 안디옥

로마 제국 안에서 (로마와 알렉산드리아에 이이서) 세 번째로 큰 도시였던 고대 안디옥은 초기 기독교 역사에서 중요한 역할을 했다. 남아있는 유적이 거의 없다는 점은 정말 애석하다. 현대의 안타키아(인구 약 17만5천 명)가 그 터를 덮고 있다. 오늘날 주요 도로(쿠르툴루스 카데시)가 정확히 3㎞ 길이의 고대 주랑 거리만큼 뻗어있지만, 볼 만한 유적은 전혀 남아있지 않다. 고대 안디옥은 현재 거리의 10m 아래 있었을 것이다. 유일한 유적인 광범위한 요새가 실피우스산 근처의 고지(해발 600m)까지 뻗어있다.

그렇다고 해도 이 도시를 방문할 이유는 충분하다. 현대의 방문자는 (지금은 아시강이라고 부르는) 넓은 오론테스강 다리 위에 서서 이곳이 중요한 도시가 되기에 이상적인 입지를 갖추었던 이유를 쉽게 짐작할 수 있다. 유베날리스(Juvenal)가 (동방이 로마에 과도한 영향력을 행사하는 것에 반대하면서) 했던 유명한 말을 생각해보면 오론테스강을 바라봄으로써 안디옥이 로마 세계 전체에 미쳤던 영향력을 지리적으로 떠올려볼 수 있다. 이 도시는 입지 덕분에 비옥한 초승달로부터 오는 모든 것을 위한 통로가 되었다. 오론테스강을 따라 이국적인 동방이 탐욕스러우며 주술에 걸린 듯 매혹된 지중해 세계로 흘러들어왔다. 그뿐 아니라 실피우스산을 올려다보면서 안디옥을 거쳐 간 고대의 인물들, 즉 (안티오코스 에피파네스에서 하드리아누스까지) 강력한 통치자들과 (이그나티우스 주교에서 요한네

오론테스강 건너 안디옥(현대의 안타키야)과 실피우스산이 보인다.

하타이 고고학 박물관 전시실에는 많은 모자이크가 있다.

▲ 실피우스산 옆에 세워진 성 베드로 교회. 스타
　우린산의 동굴을 깎아서 만든 예배당으로 건물
　전면부는 십자군이 만들었다.
▶ 내부에는 초기 기독교 예배와 관련된 큰 동굴
　이 있다. 사진은 동굴교회의 성 베드로 상

스 크리소스토무스까지) 그리스도인들을 떠올려볼 수도 있다. 이 산지가 내려다보는 이 도시가 그들의 삶에 너무나도 중대한 영향을 미쳤다.

> 시리아의 오론테스강이 오래전에 티베르강으로 흘러들어와 시리아의 언어와 관습, 피리 부는 사람과 비스듬히 기운 현, 그곳의 탬버린과 원형 극장에서 몸을 팔라고 강요당한 소녀들을 함께 데리고 왔다.
>
> — 유베날리스, 《풍자시집》 3,60~65

안디옥에서 바울과의 연관성을 찾기는 어렵다. 바울이 '싱곤'이나 '시아곤'(후자는 '턱뼈'를 뜻함)으로 알려진 거리에 있는 만신전 근처에서 설교했다는 (그다지 신빙성이 없는) 전승이 존재한다. 하지만 그 만신전이 어디에 있었을까? 요한네스 크리소스토무스 주교는 한 산악 동굴이 바울의 설교와 연관되어 있다고 지적했다. 하지만 그곳은 정확히 어디였을까?

베드로와의 연관성을 찾기는 조금 더 쉬워 보인다. 놀라울 것도 없이 안디옥교회는 이내 (갈라디아서 2장 11절을 근거로) 베드로가 이 교회의 사도적 설립자라고 주장했다. 따라서 이곳에는 **성 베드로 교회**라는 역사적 교회가 있다. 이곳은 도시의 북동쪽으로 3㎞ 떨어진 (실피우스산과 이어진) 스타우린산의 기슭에 있다. 산기슭의 자연적 동굴을 깎아서 만든 예배당으로서 주후 4, 5세기 이후 기독교 예배를 위해 사용되고 있다. 건물 전면부는 십자군에 의해 추가되었지만 (그런 다음 19세기 중엽에 많은 부분이 복원되었지만), 바닥의 모자이크 중 일부는 초기 비잔티움 시대로 연대가 거슬러 올라간다. 여기가 사도 베드로가 방문했던 곳일까?

불가능하지는 않다. 그러나 성지와 마찬가지로 여기서도 비잔티움 사람들은 믿을 만한 전승 때문이 아니라 단지 초기 그리스도인들이 예배를 위해 이런 '안전한' 장소를 사용했을 것으로 생각했기에, 자연적인 동굴을 예배당으로 많이 사용했을 것이다. 또한, 이런 동굴들은 자연적으로 고정된 지점으로서 이제는 멀어진 사도 시대와의 물리적인 연결고리를 제공했기에 중요했다. 따라서 전승의 연대를 3, 4세기 이전으로 추정하기는 어렵다.

그렇다고 해도 이 예배당은 기독교의 역사에서 역사적인 장소가 되었다. 시대마다 아르메니아인들과 그리스 정교회 교인들, 이제는 가톨릭의 카푸친 수도회로 주인이 바뀐 이 예배당은 현대의 안타키야에 이 도시가 사도 시대에 핵심적인 역할을 했음을 일깨워주고 있다. 계속해서 안타키야에서 살고 있는 작은 기독교 공동체들은 이곳을 매우 소중히 여기고 있다. 이들은 스타우린산이라는 이름이 십자가를 뜻하는 헬라어 단어(스타우로스)에서 유래했음을 지적한다. 주후 526~528년, 파괴적인 지진이 발생했을 때 이 산 위로 하늘에 십자가가 나타났기 때문이라고 전해진다.

스타우린산에 가면 북쪽으로 180m 정도 걸어 **카로니온** 부조를 보는 것도 좋다. 아마도 그리스 신화에서 죽은 자의 영혼을 배에 태워 스틱스강 건너편으로 데려다주었던 카론의 이름을 따서 명명했을 것이다. 고대의 자료에 따르면 이 조각의 연대는 주전 170년경으로 추정되며, 지독한 역병을 피하기 위한 부적으로 만든 것이라고 한다. 이 작은 조각상이 (주요 인물의 오른쪽 어깨 부분에서) 미완성이라는 사실을 역병이 멈추었다는 증거로 보기도 한다.

도심으로 돌아오면 **하타이 고고학 박물관**이 있다. 이곳에는 주후 첫 6세기로 연대가 추정되는, 화려한 색에 생기가 넘치는 매우 정교한 바닥 모자이크가 소장되어 있다. 술 취한 디오니소스, 아기 헤라클레스, 디오니소스 제전의 무희, 어두운 피부색의 어부들, 생동감 넘치는 사계절 풍경을 볼 수 있다. 이를 통해 안디옥의 부와 활력을 조금은 느껴볼 수 있다.

다프네와 실루기아

근처의 다른 곳들도 방문해볼 가치가 있다. 8㎞ 떨어진 **다프네**에는 아름다운 사이프러스 숲인 아폴론의 신탁 사원이 있다. (극장과 경기장까지 갖춘) 이교와 연관된 곳이기는 하지만 안디옥에 사는 유대인들에게 인기 있는 교외 주거지였다 — 아마도 한 대제사장(오니아스 3세)이 이곳에 피신한 적이 있기 때문일 것이다(마카베오 2서 4:33). 사람들은 이곳의 회당들에서 예수에 관한 메시지를 처음 들었을 것이다. 남아있는 유적은 거의 없지만, 주요 도로를 따라 교외인 하르비예를 향해 가보면 이 지역의 전반적인 분위기를 파악할 수 있다.

사도행전 13장 4절에서는 (근처에 있는 피에리아 산맥의 이름을 따서 셀레우시아 아드 피에리아라고도 알려진) 안디옥의 항구인 **실루기아**를 명시적으로 언급한다. 하지만 침적토로 인해 지금은 내항과 외항 모두 해변으로부터 1.5㎞ 안쪽으로 들어가 있다. 하지만 전성기에는 하부 도시와 상부 도시를 합하면 인구가 3만 명에 육박했다.

오론테스강의 첫 40㎞ 구간에서는 배를 운항할 수 있고, 안디옥까지 배를 타고 들어가는 것이 가능하다. 하지만 많은 이들이 오론테스강 어귀에서 북쪽으로 약 10㎞ 떨어진 곳에 있는 실루기아에서 하선한 다음 육로로 이동했다. 바울도 안디옥으로 갈 때 그렇게 여행했을 것이다(행 14:26, 15:30, 18:22). 그랬다면 바울에게도 이 해안선이 — 안디옥으로 귀향한 것을 환영하는 전조로서 — 익숙했을 것이다.

현대의 방문자들에게 중요한 볼거리는 바울의 시대 **직후에** 만들어진 것이다. 실루기아는 (이 지역에서는 '원숭이를 익사시키는 홍수'로 알려진) 파괴적인 돌발 홍수로 큰 피해를 당했다. 항구에 침적된 토사가 쌓이는 것도 문제였다. 두 가지 문제를 해결하기 위해 베스파시아누스와 티투스는 (1차 유대 전쟁 기간 포로로 잡은 사람들을 동원해) 야심 찬 기획을 명령했다. 강물이 항구를 우회해 바다로 직접 흘러들어가게 하는 우회 터널을 만드는 공사였다. 이 수로의 총 길이는 1,400m였지만 마지막 130m 구간을 위해서는 딱딱한 돌을 잘라내야만 했다. 완공하는 데 70년 가까이 소요된 경이로운 공사였다. 이 공사를 처음 계획한 황제들을 기리는 (주후 132년 경으로 연대가 추정되는) 비문이 지금도 남아있다. 이 터널을 (조심스럽게) 걸어보면 이 공사를 책임진 사람들의 창의성과 결단력에 대해 깊은 인상을 받는다. 하지만 이들의 노력에도 불구하고 항구에는 침적된 토사 때문에 사용할 수 없게 되었고, 실루기아는 종말을 맞았다.

주요 연대: 안디옥

주전 333년	알렉산드로스 대왕이 이소스 평원에서 벌어진 대전투에서 페르시아를 격퇴한다. 몇 년 후 셀레우코스 1세 니카토르가 실리기아(셀레우시아)와 안디옥 두 도시를 세운다(후자는 자신의 아버지 안티오코스의 이름을 딴 도시다).
주전 281년	셀레우코스 1세가 암살당한 후 그의 아들 안티오코스 1세가 실루기아에서 안디옥으로 수도를 옮긴다.
주전 167년	안티오코스 에피파네스 4세가 예루살렘을 이교도의 지배 아래에 두려고 하자 팔레스타인에서 마카베오 반란이 일어난다.
주전 64년	폼페이우스가 (안디옥을 지배하던) 아르메니아의 트그라네스를 격퇴하고 안디옥을 로마의 새로운 시리아 속주의 수도로 삼는다.
주전 47년	율리우스 카이사르가 방문하여 수많은 새 건물을 세우도록 지시한다.
주전 36년경	마르쿠스 안토니우스와 클레오파트라의 결혼식이 아마도 근처인 다프네의 아폴론 사원에서 거행된다.
주후 37년경	심각한 지진이 발생한 후 칼리굴라 황제가 도시의 재건을 위해 돈을 보낸다.
주후 39/40년	아마도 칼리굴라가 예루살렘을 모욕하려 한 사건에 의

해 촉발된 것으로 보이는 유대인에 대한 군중 폭력이 발생한다(필론, 《가이우스에게 보낸 특사》 185~190).

주후 43년경 | 클라우디우스 황제가 5년 주기로 열리는 도시의 '올림피아' 제전을 재확립한다. 알렉산드리아 유대인들의 손을 들어주는 그의 판결이 시리아 당국자들에게도 전달되었다.

주후 45년경 | 유대에 심한 기근이 들었고 이때 신자들은 바울과 바나바 편에 구제 헌금을 보낸다(행 11:27~30). 요세푸스, 《유대 고대사》 20.2.5를 보라.

주후 48년경 | (요안네스 말라라스, 247:5~10에 따르면) "클라우디우스 제8년에" 군중 폭동이 있었다.

주후 66~70년 | 베스파시아누스가 시리아에 도착한 직후(요세푸스 《유대 전쟁사》 3.2.2.) 폭력적인 소요 사태가 발생했고 얼마 후 큰 화재가 일어났으며, 이를 유대인 주민의 탓으로 돌렸다.

주후 107년경 | 안디옥의 주교인 이그나티우스가 체포되어 재판을 위해 로마로 압송되었고, 거기서 순교당한다.

주후 115년 | 큰 지진으로 인해 당시 이 도시에 있던 트라야누스 황제와 하드리아누스가 다칠 뻔 한다.

주후 231~233년 | 세베루스 알렉산데르 황제의 어머니 율리아 마마이아가 가이사랴에 있던 기독교 학자인 오리게네스를 안디옥으로 초대한다.

주후 268년	안디옥의 주교인 사모사타의 바울이 (후대의 아리우스주의와 비슷한) 이단적인 가르침으로 정죄를 당한다.
주후 303년경	디오클레티아누스 황제 치하에 그리스도인들이 심한 박해를 받았으며, 이때 성경학자인 루시아누스가 죽음을 당한다.
주후 325년	안디옥이 (로마, 알렉산드리아와 더불어) 비잔티움 교회의 세 주요 '총대주교구' 중 하나로 선정된다(나중에 예루살렘과 콘스탄티노폴리스가 추가된다).
주후 330년	주교 에우스타티오스가 폐위된다.
주후 341년	콘스탄티누스의 명령으로 시작된 '대 교회' 혹은 '황금 교회'가 그의 아들인 콘스탄티누스의 통치 기간에 완성되었으며, 헌당 축제에 90명의 주교가 참석했다.
주후 373년	히에로니무스가 안디옥에 있는 동안 환상을 체험함으로써 그리스도를 믿는 신앙으로 회심한다.
주후 386~397년	나중에 콘스탄티노폴리스의 주교가 된 요한네스 크리소스토무스('황금 입을 지닌' 설교자)의 사역.
주후 458년	다시 한번 안디옥에 큰 지진이 발생한다.
주후 459년	안디옥 동쪽 50㎞에 있는 기둥에서 38년 동안을 지냈던 주상 성자 시므온(Simeon Stylites)이 안디옥에 묻힌다.
주후 526~528	파괴적인 지진과 여진으로 25만 명이 사망하고 도시의 건물 대부분이 무너진다(유스티니아누스 황제 시대에 제한

적인 재건만 이뤄졌을 뿐이다).

주후 540년	다시 한번 페르시아가 이 도시를 약탈한다.
주후 600년대	이후 줄곧 아랍의 지배를 받는다. 주후 600년대부터는 맘루크에 의해, 주후 1200년대부터는 오스만 튀르크에 의해 지배를 받는다.
1098~1268년	이 지역이 십자군의 영향을 받는다.
1919년	안디옥 지역이 (프랑스의 지배를 받고 있던) 시리아에 양도된다.
1939년	이 지역이 튀르키예로 편입된다.

신약 이후의 안디옥

로마 제국의 동쪽 절반에는 두 개의 중요한 도시, 즉 안디옥과 알 렉산드리아가 있었다. 바울은 알렉산드리아를 한 번도 방문한 적이 없었지만, 그의 동역자였던 요한 마가가 이곳에 처음으로 복음을 전 했다는 전승이 있다(에우세비우스, 《교회사》 2.16). 하지만 복음이 예루 살렘에서 온 유대인 신자들을 통해 알렉산드리아에 전해졌을 가능성 이 더 높다—그 결과 아볼로는 주후 52년경 알렉산드리아를 떠날 때 이미 기독교 신자였다(행 18:24). 알렉산드리아와 안디옥 모두 발전 하고 있던 기독교 세계의 중심지가 될 것이었으며, 주후 325년에는 (로마, 콘스탄티노폴리스와 더불어) '총대주교구'로 지정되었다.

바울 시대 이후로 교회사에서 안디옥의 역할은 매우 흥미롭다. 일 부 학자들은 마태복음이 안디옥에 있는 교회 안에서, 이 교회를 위 해 기록되었다고 주장한다. 분명히 이 복음서가 농촌이 아니라 도시 에서 기록되었음을 암시하는 많은 특징이 존재한다(따라서 10~13장 에서는 마을보다는 "성"을 언급한다). 그뿐 아니라 사복음서 중에서 유일 하게 마태복음만이 예수에 관한 "소문이 온 수리아에 퍼진지라"라고 기록한다(마 4:24). 이는 갈릴리 북부와 골란고원에서 다메섹에 이르 는 지역(모두 로마의 시리아-팔레스티나 속주에 속함)의 성과 마을을 지 칭할 수도 있지만, 분명히 수리아에 대한 관심을 드러낸다 — 이는 이 복음서가 속주의 수도인 수리아 안디옥으로부터 전파되었을 가능 성과도 부합한다.

주후 107년경 로마에서 순교한 초기 그리스도인인 이그나티우스와의 연관성은 더 확실하다. 이그나티우스는 한동안 안디옥교회의 주교였지만 체포되어 로마로 압송되었다. 이 여정에서 그는 바울이나 계시록의 저자도 알고 있었을 몇몇 공동체를 비롯해 여러 교회 공동체에 대단히 흥미로운 짧은 편지들을 써서 보냈다(에베소, 서머나, 빌라델비아, 빌립보, 로마, 마그네시아와 트랄레스 – 402~405쪽, "에베소와 두 명의 요한"을 보라). 이 편지를 통해 우리는 기꺼이 순교하고자 하는 이그나티우스의 각오와 예수 그리스도에 대한 그의 열정을 느낄 수 있을 뿐 아니라 발전하고 있던 교회 질서의 구조, '불멸의 약'인 성만찬의 중요성, 거짓 가르침이나 분열에 대해 경계해야 할 필요성 등 초기 교회의 삶을 엿볼 수도 있다. 이 책의 목적과 가장 잘 들어맞는 그의 인용문은 "복된 기억을 남긴 거룩하며 유명한 바울"과 관련이 있다. "하나님 앞에 섰을 때 내가 그의 발자취를 따라 걸었다고 인정받을 수 있기를"이라고 그는 덧붙인다(《에베소에 보낸 편지》 12).

이후 안디옥의 주교 중에서 다채로운 인물들이 나타난다. 3세기 말에는 이곳의 주교였던 사모사타의 바울의 가르침 때문에 논쟁이 불붙었다. 그는 나중에 아리우스가 주장했던 것과 비슷한 관점을 옹호했으며 이단으로 정죄되었다. 경쟁하는 분파들이 열띤 논쟁이 벌어지는 가운데 안디옥에서 무려 네 명의 주교가 동시에 이 직을 유지하는 시점도 있었다!

당연하게도 안디옥은 4세기 전반 본격적인 아리우스 논쟁에 휘말리게 되었고, 이곳에서 수많은 논쟁과 교회 회의가 열리기도 했다.

그중 하나는 콘스탄티누스의 명령으로 설립된 안디옥의 장엄한 '황금 교회'의 헌당 축제 기간에 벌어졌다. 같은 세기말에는 요한네스 크리소스토무스가 짧은 기간 안디옥의 주교로 봉직했다. 그의 설교는 엄청난 군중을 끌어모았으며, 그가 콘스탄티노폴리스의 주교가 되기 전에 강력한 반응을 불러일으키기도 했다.

구브로

04

⁴두 사람이 … 실루기아에 내려가 거기서 배 타고 구브로에 가서 ⁵살라미에 이르러 하나님의 말씀을 유대인의 여러 회당에서 전할새 요한을 수행원으로 두었더라 ⁶온 섬 가운데로 지나서 바보에 이르러 바예수라 하는 유대인 거짓 선지자인 마술사를 만나니 ⁷그가 총독 서기오 바울과 함께 있으니 서기오 바울은 지혜 있는 사람이라 바나바와 사울을 불러 하나님의 말씀을 듣고자 하더라. ⁸이 마술사 엘루마는 … 그들을 대적하여 총독으로 믿지 못하게 힘쓰니 ⁹바울이라고 하는 사울이 성령이 충만하여 그를 주목하고 ¹⁰이르되, "모든 거짓과 악행이 가득한 자요. 마귀의 자식이요, 모든 의의 원수여, 주의 바른 길을 굽게 하기를 그치지 아니하겠느냐? ¹¹보라. 이제 주의 손이 네 위에 있으니 네가 맹인이 되어 얼마 동안 해를 보지 못하리라." 하니, 즉시 안개와 어둠이 그를 덮어 … ¹²이에 총독이 그렇게 된 것을 보고 믿으며 ….

— 사도행전 13장 4~12절

첫 번째 모험

안디옥을 떠난 바울의 첫 번째 '선교 여행'의 행선지는 경치가 좋은 구브로섬이었다 — 이때는 아마도 주후 46년이었을 것이다. 우리는 3장에서 기도와 예언적인 말로 이 첫 번째 여행이 시작되었음을 살펴보았다(행 13:1~3). 이제 우리는 바울과 바나바가 젊은 마가와 함께 남서쪽을 향해 출발했을 때 무슨 일이 일어났는지를 살펴볼 것이다. 지중해에 있는 안디옥의 항구(약 15㎞ 떨어져 있는 실루기아)로 내려간 그들은 구브로 행 화물선을 발견하고 승선했다.

한배에 탄 세 사람

미지의 곳을 향해 모험을 떠난 그들이 실루기아에서 약 145㎞ 떨어져 있는 구브로의 산지를 마침내 우현 방향 수평선에서 마주했을 때 어떤 기분이었을지 상상해보자.

바나바에게 이 여행은 전혀 새로운 것이 없었다. 그는 구브로에서 태어났으며(165쪽, "바나바와 비잔티움"을 보라) 구브로와 예루살렘, 안디옥을 오가는 여행에 꽤 익숙했다. 따라서 이번 여행은 그에게 '미지로의 도약'이 아니었다 — 사실 구브로 방문으로 여행을 시작하는 것은 그의 생각이었을지도 모른다. 몇 년 후 그는 다시 한번 이런 경로를 택할 것이다(행 15:39). 이곳이 그의 고향이기 때문이다.

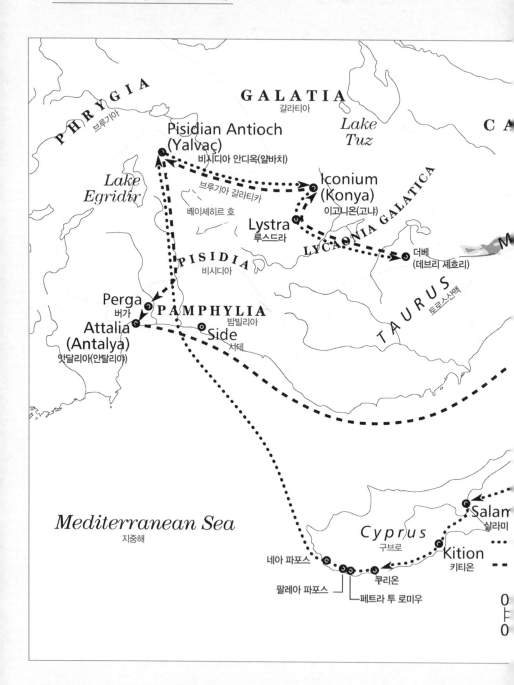

PHRYGIA
브루기아

GALATIA
갈라디아

Lake
Tuz

C A

Pisidian Antioch
(Yalvaç)
비시디아 안디옥(얄바치)

Lake
Egridir
베이셰히르 호

브루기아 갈라티카

Iconium
(Konya)
이고니온(고냐)

Lystra
루스드라

LYCAONIA GALATICA

더베
(데브리 셰흐리)

M

PISIDIA
비시디아

TAURUS
토로스산맥

Perga
버가

PAMPHYLIA
밤빌리아

Attalia
(Antalya)
앗달리아(안탈리야)

Side
시데

Mediterranean Sea
지중해

Cyprus
구브로

Salam
살라미

네아 파포스

Kition
키티온

팔레아 파포스

쿠리온

페트라 투 로미우

0

0

바울의 1차 선교 여행

안디옥(안타키야) – 살라미 – 키티온
– 쿠리온 – 페트라 투 로미우 – 팔레
아 파포스 – 네아 파포스 – 비시디아
안디옥(얄바치) – 이고니온(고냐) –
루스드라(하툰사라이: 루스드라교회)
– 더베(데브리 셰흐리)

바울의 복귀 경로

더베(데브리 셰흐리) – 이고니온(고
냐) – 비시디아 안디옥(얄바치) – 버
가 – 앗달리아(안탈리야) – 안디옥(안
타키야)

구브로(Cyprus) 인근에 자리한 고대 살라미의 체육관 유적.

마가는 전혀 다른 기분이었을 것이다. 예루살렘에서 자랐고 최근에야 안디옥의 국제적인 분위기를 맛보게 된 그에게 이것은 그야말로 새로운 발견의 여행이었다. 그는 자신이 믿는 친척인 바나바와 함께 그가 잘 아는 지역으로 여행을 떠났다(165~166쪽, "바나바와 비잔티움"을 보라). 하지만 예루살렘에서 멀리 떨어진 곳에서 회당이 어떤 기능을 하는지 전혀 알지 못했다. 그들은 메시아에 관한 이 메시지에 어떤 반응을 보일까? 더 걱정스러운 문제는 이 모든 것에 어떻게 대처할까 하는 것이었다. 같이 가는 나이 많은 동료들에게 도움이 될까? 아니면 방해가 될까? 향수병에 걸리지는 않을까?

바울에게도 역시 몇 가지 질문이 있었다. 그는 처음으로 망망대해 위에서 밤을 보냈을 것이다(전에 지중해 연안을 따라 안전하게 항해한 적은 있지만). 그는 새로운 경험을 하고 있었다. 항해를 시작하면서 그는 '이방인의 사도'가 되라는 부르심이 마침내 결실을 보게 되리라 생각했을지도 모른다. 그는 전에도 이방인들에게 복음을 전한 적이 있지만, 구브로에서 새로운 땅을 개척할 기회를 얻었다. 하지만 구브로의 해안선이 더 가까이 눈에 들어오는 중에도 바울은 더 멀리 있는 해안에 관해 생각하고 있었을 것이다. 그는 장기적으로 **자신**의 고향인 소아시아의 넓은 땅과 다른 바다 — 서쪽 방향의 에게해 — 에 있는 해안을 바라보고 있었을 것이다. 바울에게 구브로는 훨씬 더 넓은 곳을 향해 내딛는 첫 번째 발걸음일 뿐이었다.

각자 조금씩 다른 희망과 두려움이 있었지만, 하나의 공통된 목표를 위해 헌신하겠다는 마음으로 연합된 이 세 사람은 몇 가지

소지품을 챙겨 배에 올랐다. 그리고 다른 승객들과 함께 분주한 살라미 항구로 하선했다. 이제 그들에게 무슨 일이 일어날까?

살라미 도착

우거진 숲과 두 개의 독특한 산맥이 있는 아름다운 섬인 구브로는 지중해 동부의 전략적 요충지에 있다. 소아시아에서 남쪽으로 불과 64㎞, 수리아에서 서쪽으로 90㎞, 알렉산드리아에서 북쪽으로 약 400㎞ 떨어진 곳이다. 이런 이유로, 또한 풍부한 구리(헬라어로 **퀴프로스**) 매장량 때문에 이 섬은 고대 세계의 교역로에서 핵심적인 역할을 했다. 원래 이곳에는 페니키아인들과 그리스인들이 정착했다. 그 독특한 입지 때문에 '강대국들' — 페르시아인들, 프롤레마이오스 왕조, 주전 58년 이후로는 로마인들 — 이 이곳을 내버려두지 않았다.

이 섬의 남쪽 해안에 있는 주요 정착지 중 하나는 키티온이었다. 히브리인들은 이 섬을 '깃딤'이라고 불렀다. 구약에서 '깃딤'을 언급하는 다양한 구절을 통해서 성경 저자들이 이곳을 항해 능력을 갖추고 있으며 두로와 앗수르의 상인들과 연결된 섬으로 보았음을 알 수 있다. 하지만 무엇보다도 이곳은 멀리 변덕스러운 바다 건너편에 있는 땅이었다.

동쪽 해안에 있는 주요 도시인 살라미는 주전 8세기경 그리스인들이 정착한 곳이었고, 이내 이 섬에서 중요한 도시가 되었다. 주후 1세기 무렵에는 구브로에 있는 대부분의 도시처럼 이곳에는 작지만 눈에 띌 만한 유대인 공동체가 존재했다 — 누가가 복수로

"여러 회당"을 언급하고 있다는 점에 주목하라(행 13:5). 부두에 정박한 세 여행자는 자연스럽게 회당으로 향했다.

이를 통해 바울의 여행을 추적할 때 발견하는 공통 주제의 첫 번째 분명한 예를 볼 수 있다. 어느 곳을 가든지 그가 처음 들르는 곳은 언제나 그 지역의 회당이었다. 여기에는 명백하고 실용적인 이유가 있었다. 스스로 유대인이었던 그들에게 회당은 자연스러운 접촉점이었다. 그곳에 가면 토요일 아침마다 열심히 히브리어 성경을 공부하는 일군의 사람들을 만날 수 있었다. 또한 그곳을 방문한 랍비로서 바울은 — 예수가 나사렛의 회당에 방문하셨을 때 그런 초대를 받으셨듯이(눅 4:14~28) — 예배자들에게 연설하도록 초대를 받곤 했다.

하지만 바울의 신학과 연관된 더 심층적인 이유가 있었다. 그는 "이방인의 사도"였지만 예수가 **이스라엘의** 메시아라고 확신했다. 이 기쁜 소식은 이스라엘에 관한 것이자 이스라엘을 위한 것이었다. 하나님이 그분의 약속을 성취하기 위해 행동하실 것이라는 이스라엘의 오랜 기대가 **마침내 실현되었다.** 그분이 그분의 백성을 구원하기 위해 메시아-왕을 보내셨다. 따라서 예수에 관한 기쁜 소식은 먼저 회당 안에서 선포되어야 했다 — 왜냐하면 그것은 궁극적으로 세상을 위한 **이스라엘의** 복음이기 때문이다. 그러므로 복음은 "먼저는 유대인"을 위한 것이고, 그다음으로 "헬라인"을 위한 것이었다(롬 1:16). 바울은 이에 대해 확신이 있었기에 — 예외 없이 회당에서 거부를 당했음에도 — 결연한 자세로 이 정책을 계속 이어갔다(210~211쪽, "유대인들과 하나님을 경외하는 사람들"을 보라). 구브로의 도시 살라미에서 그는 자신이 계속해나갈 일을 시작했다.

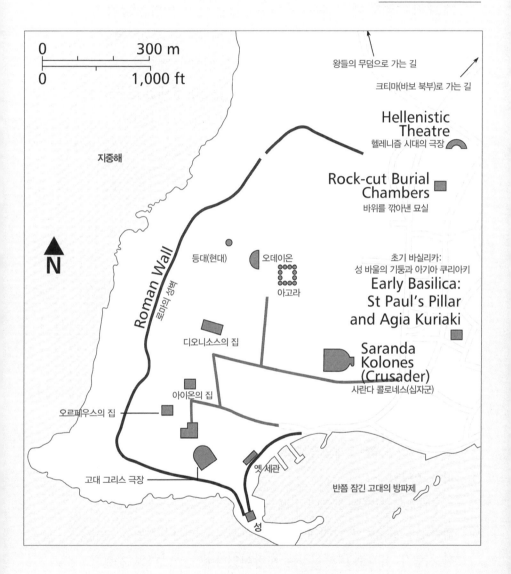

0 300 m
0 1,000 ft

지중해

왕들의 무덤으로 가는 길

크티마(바보 북부)로 가는 길

Hellenistic
Theatre
헬레니즘 시대의 극장

Rock-cut Burial
Chambers
바위를 깎아낸 묘실

N

Roman Wall
로마의 성벽

등대(현대)

오데이온

아고라

초기 바실리카:
성 바울의 기둥과 아기아 쿠리아키
Early Basilica:
St Paul's Pillar
and Agia Kuriaki

디오니소스의 집

Saranda
Kolones
(Crusader)
사란다 콜로네스(십자군)

아이온의 집

오르페우스의 집

옛 세관

고대 그리스 극장

반쯤 잠긴 고대의 방파제

성

바울은 서너 주 동안 토요일마다 "하나님의 말씀을 유대인의 여러 회당에서 전했다"(행 13:5). 이에 관해 누가는 회당이 이 설교에 대해 어떻게 반응했는지 말해주지 않는다. 또 이런 회당에 참석하는 이들 중 얼마나 많은 이들이 이미 예수를 믿는 신자였는지도 알 수 없다. 아마 소수의 신자가 있었을 것이다. 처음으로 안디옥에 와서 복음을 전한 사람들은 구브로 출신의 **유대인 신자들**이었다(행 11:20). 그런 의미에서 살라미는 '처녀지'가 아니었다.

바보(Paphos)를 향해

때가 되어 세 여행자는 계속 이동하기로 했다. 아마도 걸어서, 혹은 노새나 당나귀를 타고 그들은 '온 섬 가운데로 지나서' 약 160km를 이동했다. 그들은 섬 안쪽을 관통해서가 아니라 섬 남쪽 가장자리를 따라 나 있는 길로 여행했을 것이다.

그들의 목적지는 새로운 로마 속주였던 구브로의 수도 — 바보 근처 — 였다. 이 '신 바보'는 '구 바보'(혹은 '팔레아' 바보)에서 약 11km 떨어진 섬의 남서쪽 모서리에 있었다. 원래 그리스인의 정착지였던 이곳은 애굽의 프톨레마이오스 왕조가 (유용한 교역항이자 배를 만드는 데 필요한 좋은 목재 공급원으로서) 점령했고, 당시에는 로마가 점령하고 있었다.

구브로는 원로원 속주였기 때문에 총독은 (누가가 지적하듯이) '집정관'(proconsul)으로 알려져 있었다. 주후 46년에 이 직위를 보유한 사람은 서기오 바울이라는 사람이었다(행 13:7). 다른 자료를 통해서는 이 사람에 관해 아무것도 알 수 없다. 그는 자신의 궁정에 유대인 마술사를 두고 있었으므로 유대교를 어느 정도 알고 있었던 것으로 볼 수 있다 — 요세푸스에 따르면 베스도 총독 역시 가이사랴에 있는 자신의 궁정에 마술사를 두고 있었다(《유대 고대사》 20.142).

> 사도의 표가 된 것은 내가 너희 가운데서 모든 참음과 표적과 기사와 능력을 행한 것이라.
>
> — 고린도후서 12장 12절

바울 일행은 지역의 회당을 방문했을 것이다. 이 시점엔가 총독이 (어쩌면 마술사인 바예수를 통해) 이 소식을 듣고 그들을 자신의 관저로 초대해 설교하게 했다. 마술사가 설교를 방해하자 바울은 사실상 그에게 저주의 말을 해 그가 일시적으로 앞을 보지 못하게 만들었다. 사도행전에서 바울과 연관된 몇 가지 기적 사건 중 첫 번째였던 이 사건은 총독에게 강한 인상을 남겼다. 이 기적이 그가 이미 들었던 바와 결합되었을 때 이는 그가 "믿음"에 이르게 하기에 충분했다고 누가는 주장한다(행 13:8~12).

예수와 로마 당국

누가의 말에 담긴 당연한 암시는 서기오 바울이 세례를 받고 온전한 '신자'가 되었다는 것일 테다. 하지만 바울은 명확히 그렇게 말하지 않으며, 이 문제를 열린 결말로 내버려둔 것으로 이해할 수 있다. 그러나 누가에게 총독의 반응은 바울의 구브로 방문에

주랑(Stoa)

김나지움 정원

3 수영장

2 라트리네스

4 보일러실
(프라이푸르니아)

1 냉탕(프리기다리아)

주랑(Stoa)

주랑(Stoa)

5 온탕(수다토리아 /
칼다리아)

5 온탕

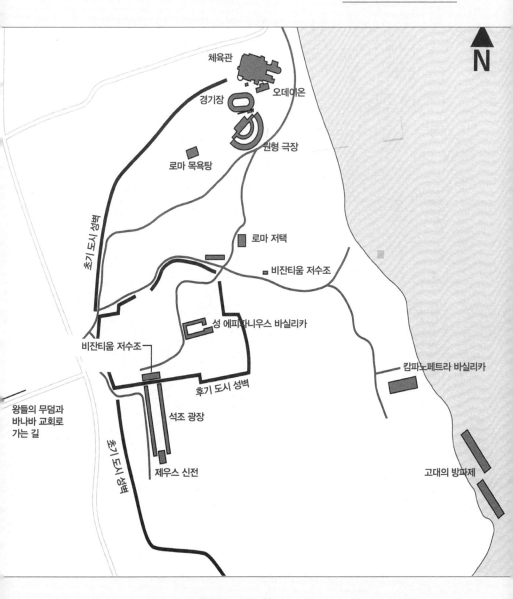

체육관

경기장

오데이온

원형 극장

로마 목욕탕

로마 저택

비잔티움 저수조

성 에피파니우스 바실리카

비잔티움 저수조

캄파노페트라 바실리카

초기 도시 성벽

후기 도시 성벽

왕들의 무덤과
바나바 교회로
가는 길

석조 광장

초기 도시 성벽

제우스 신전

고대의 방파제

N

관한 이야기의 절정이 되기에 충분했다 — 로마가 임명한 이 섬의 총독이 '주의 가르침'에 대한 믿음을 표현했기 때문이다. 최고위직 이방인 권력자가 바울의 메시지를 받아들였다.

누가에게 이것은 대단히 중요했다. 예수가 예루살렘에서 로마 총독 아래에서 사형 선고를 받으신 지 불과 15년도 지나지 않아서 또 다른 로마 총독이 바울을 통해 전해진 그분에 관한 메시지에 긍정적으로 반응한 것이다. 로마 제국이 유대교 안에서 기원한 새롭고 독특한 가르침에 주목하기 시작했다. 예수와 가이사 사이에 충돌 — 20년 이내로 로마에서 너무나도 첨예해지고 거의 3세기 동안 고통스러운 상처를 남기게 될 — 가능성이 이곳 바보에서 처음 표현되었다. 첫 번째 징조들은 희망적이었다.

오늘날의 구브로

      구브로는 비극적으로 분단된 아름다운 섬이다. 1974년 이후 북쪽 절반은 앙카라의 튀르키예 정부의 통제를 받고 있으며, 남쪽 절반은 그리스어를 사용하는 독립 국가다. 바울을 연구하는 이들에게는 보아야 할 두 곳이 있지만, 이 두 곳은 '초록선'의 반대쪽에 있다. 고대의 살라미는 튀르키예의 영역인 동쪽 해안에 있으며, 바보는 그리스의 키프로스의 남서쪽 해안에 있다. 현재 관광객들은 니코시아의 검문소를 통과할 수 있으며, 한번 방문해서 두 곳을 다 볼 수 있다.

살라미

      살라미를 방문하는 것은 멋진 경험이 될 것이다. 튀르키예의 키프로스는 지형적으로 (지금은 꽤 척박한) 평평한 중앙 평원과 섬의 북쪽 모서리와 동쪽으로는 이른바 '프라이팬 손잡이'를 따라 뻗어 있는 키레니아산맥의 뾰족한 능선이 강한 대조를 이루고 있다. 살라미는 평원에 있지만, 북쪽으로는 장관을 이룬 산지를 볼 수 있다.

      이 지역에는 현대에 지은 건물이 거의 없다. 대신 사구 아래 발굴되지 않은 많은 유적이 묻혀 있다. 이 구역은 전체 규모가 13 km^2 이상이며, 따라서 방문자들은 이곳을 독점한다고 느낄 수도 있다. 그뿐만 아니라 입구는 북동쪽 모서리에 있지만, 모래가 많은 해변을 통해서 접근할 수 있다. 해변을 따라 걸으면 지금은 고대에 항구가 있었다는 증거가 거의 없지만 바다 쪽으로 돌출한 땅 근처에서 수면 바로 아래에 있는 방파제의 기초를 볼 수 있다.

첫 번째 유적지는 **체육관**(gymnasium)이다. 아름다운 기둥으로 둘러싸인 넓은 정원은 **팔라이스트라**(운동장) 역할을 했을 것이다. 남서쪽 모서리에는 반원 형태의 잘 보존된 공중화장실이 있다. 정원의 동쪽 주랑에는 벽감에 자리 잡은 대리석 조각상으로 둘러싸인 두 개의 작은 수영장이 있다. 이 주랑에서 목욕탕으로 들어가는 입구가 두 곳 있다. 하나는 팔각형의 냉탕으로 들어가는 입구이며, 다른 하나는 한증탕과 온탕으로 들어가는 입구다. 몇몇 방에는 정교한 모자이크 조각이 잘 보존되어 있기도 하다.

팔라이스트라의 남쪽으로 약간 떨어진 곳에는 **원형 극장**이 있지만, 지금은 덤불 때문에 거의 알아볼 수 없다. 대신 바로 너머에 있는 거대한 **극장**이 금세 눈에 띌 것이다. 원래 아우구스투스 황제 통치기에 건설된 이 시설은 50열의 좌석을 갖추고 있으며 만5천 명까지 관객을 수용할 수 있었으나, 주후 4세기에 큰 지진으로 파괴되고 말았다. 이곳의 돌을 떼어내 다른 목적으로 사용했기 때문에 좌석이 20열 미만으로 줄었다.

극장의 남서쪽으로는 최근 고고학 발굴 작업이 이뤄진 곳이 있다. 다양한 주거지와 남북으로 뻗은 주랑이 세워진 거리가 발굴되었다. 이 거리를 따라 남쪽으로 가면 작은 교차로에서 흙길을 다시 만나게 된다. 동쪽으로 가면 '**캄파노페트라**' **교회**와 해변에 이르게 된다. 계속 남쪽으로 내려가면 넓은 **시장**(아고라)에 도착한다. 후대의 많은 **아고라**와 달리, 양쪽 주랑에 상점이 늘어서 있던 헬레니즘 시대의 이 시장은 정방형이 아니라 매우 긴 직사각형 모양이었다. 이 시장의 남쪽 끝에 (원래는 거대한 헬레니즘 구조물이었지만 바울이 방문하기 직전 로마인들이 개축한) **제우스 신전**이 우뚝 솟아 있었다. 바울과 그의 일행이 **아고라**를 통과하면서 상인들이 거래하는 모습을 관찰하고, 어쩌면 조심스럽게 유대인의 회당이 있는 곳을 묻고, 이 모든 것을 제우스의 이교 신전의 우뚝 솟은 전면부가 감시하고 있는 모습을 상상해볼 수 있다.

> 우리는 비블리아라고 부르는 곳 근처의 회당으로 들어갔다. 그리고 바나바는 그가 마태한테서 받은 복음서를 펼친 후 유대인들을 가르치기 시작했다. … 하지만 그들은 … 밤에 그를 붙잡아 밧줄로 그의 목을 묶었다. … 그리고 그들은 도시 밖으로 나가 그를 화형에 처했고, 그의 뼈조차 가루가 되었다. 그리고 그날 밤 즉시 그의 유골을 모아 천에 쌌다. … 우리는 어떤 곳에 이르렀고, 동굴을 발견한 후 그것을 거기에 두었다. 우리는 그 안에서 은밀한 곳을 찾아 그가 마가한테서 받은 문서들과 함께 그것을 두었다.
>
> — 《바나바 행전》(주후 5세기)

아고라를 벗어나 다시 북쪽으로 발길을 돌리면 수 ㎞에 이르는 수로로 끌어온 물을 담아두는 이 도시의 거대한 저수조를 지나게 된다. 그런 다음 100m 정도를 더 가면 **비잔티움 교회**의 인상적인 유적이 나온다. 이것은 이 도시의 유명한 주교 에피파니우스와 관련이 있는 살라미 최대의 교회였으며, 그가 주교직을 맡고 있을 때(주후 368~403년) 건축되었을 것이다. 그의 무덤은 남쪽 후진(後陣, chevet. 고딕 양식의 건축에 있어서 내진, 애프스, 회랑과 함께 흔히 방사형 예배당을 갖고 있는 성당의 돌출한 동쪽 끝 부분을 말한다. - 편집자주) 앞에 있는 대리석 안에 안치되어 있다.

이 유명한 주교는 정통의 열성적인 수호자로서 평판을 얻었으며, (주후 381년에) 콘스탄티노폴리스 공의회가 열릴 무렵이었던 중요한 시기에 예루살렘과 다른 곳으로 여행했다. 그의 주요 저작은 '모든 이단에 대한 치료약'을 뜻하는 《파나리온》이다. 에피파니우스는 다른 이들의 정치적인 책략으로 어려움을 겪기는 했지만, 구브로 교회를 확실히 세상에 알렸다. 이 바실리카의 후진에서 성찬대 동쪽에 서면 에피파네스가 바로 그 지점에 서서 측랑(側廊, aisle. 바실리카식 교회당에서 신랑과 평행을 이루는 복도로 아케이드나 열주에 의해 구분되는 좁고 긴 공간. 지역에 따라 차이가 있으나, 초기 기독교 성당에서는 좌우의 측랑을 각각 남녀 전용석으로 두었다. - 편집자주)에 있는 교인들을 바라보는 모습을 쉽게 상상해볼 수 있다.

(역시 4세기에 세워진) 흔히 '캄파노페트라' 바실리카라고 부르는 해변 가까이의 또 다른 거대한 비잔티움 교회에서도 비슷한 생각이 떠오를 것이다. 세 개의 후진과 서쪽으로 넓은 정원을 갖춘 이 예배당의 동쪽 벽은 목욕 시설과 한증탕이 포함된 또 다른 정원을 등지고 있다. 이 방들 중 하나에는 정교한 원형 모자이크와 빨간색, 검은색, 흰색, 옅은 갈색의 삼각형 타일이 장식되어 있다.

이런 바실리카는 후대의 그리스도인 방문자들에게 대단히 강력한 영향을 미칠 것이다. 교육적 관점에서 보면 이런 건물은 교회 건축이 처음에 어떻게 발전했는지를 보여준다. 동쪽을 바라보는 구조와 (전에는 공공건물이나 '왕의' 건물에 사용되었던) 바실리카 양식의 채택, 세 개의 후진을 점점 더 선호하는 설계 방식, 성직자를 위한 반원형 좌석 등을 볼 수 있다. 특히 흥미로운 것은 성찬대를 둘러싸고 있는 (아마도 무릎보다 약간 더 높이 올라올 정도로) 낮은 성단소(chancel) 난간이다. 따라서 '제단'(sanctuary)과 신랑(身廊, nave. '배'라는 의미의 라틴어 '나비스(navis)'에서 유래한 건축 용어. 초기 기독교의 바실리카식 교회당의 내부 중앙 부분으로 측랑이 양쪽에 붙어 있는데, 열주에 의해 구분된다. 정면, 현관 복도에서 내진에 이르는 중앙의 긴 부분으로 사람들이 모이는 장소로 사용된다. – 편집자주)이 구별되더라도 여전히 — 성직자와 회중을 멀리 띄어 놓는 후대의 예배당들과 달리 — 매우 개방되어 있다고 느껴진다.

영적인 관점에서 이런 유적이 우리와 우리의 선조를 갈라놓는 오랜 시간을 무너뜨린다. 성찬대의 유적을 보면서 수 세기가 지나도 변하지 않는 하나의 공통된 행동이 선명하게 떠오른다. 전 세계의 그리스도인들은 지금도 정기적으로 만나 함께 빵과 포도주를 먹으며 예수의 죽음을 기억하기 때문이다.

바울이 이것을 봤다면, 즉 자신이 처음 구브로에 하선했던 곳 가까이에 세워진 큰 예배당들과 특별히 주의 만찬을 행하기 위해 설계된 건물을 봤다면, 어떻게 생각했을까? 그는 깊은 감동을 하며 기뻐했을까? 나중에 그는 신자들이 "이 떡을 먹으며 이 잔을 마실 때마다 주의 죽으심을 그가 오실 때까지 전한다"라고 적었다(고전 11:26). 그리고 이제 300년이 지나서 신자들은 정확히 그대로 하고 있다 — 이런 독특한 방식으로 예수의 죽음의 중요성을 선포하고 있다. 이곳 살라미에서 시간이라는 모래가 불어 그 자리

디오니소스의 집에서 발견된 히폴리투스와 파이드라의 유명한 모자이크

를 덮어버렸을지도 모르지만, 더 깊은 곳 어딘가에는 굳건한 반석의 확실한 증거가 존재한다.

또 다른 감동적인 유적지는 고대 살라미에서 남서쪽으로 불과 3km 떨어진, 전통적으로 **바나바의 무덤**으로 알려진 곳이다. 구브로에서 태어난 바나바는 이 섬 어딘가에 묻혔을 가능성이 높다. 하지만 이 유적지는 수백 년이 지나서야 ― 또한 정치적인 동기에 조성된 다소 특이한 상황에서 ― 확인되었기에 의문이 제기될 수밖에 없다(168쪽, "바나바와 후대의 교회"를 보라).

무덤 위에 세워진 작은 정사각형 모양의 교회당은 오늘날까지도 구주콩나무로 둘러싸인 아름답고 조용한 곳에 남아있다. 근처에는 성 바나바를 기리는 수도원이 있다. 계단을 내려가면 무덤 자체에 접근할 수 있다. 벽감에는 방문자들이 많은 양초를 놓아두었고, 구브로섬에 기독교를 전함에 있어서 바나바가 했던 독특한 역할을 강조하는 긴 비문이 있다. 한편 (지금은 사용되지 않는) 수도원에는 최근에 만든 성상으로 가득 차 있는 교회와 연대가 신석기 시대와 청동기 시대를 거쳐 로마 시대까지 이르는 도자기와 유물을 전시하고 있는 작은 박물관이 있다.

바보(Paphos)

바울과 관련된 구브로의 다른 유적지는 섬의 반대쪽 끝에 있다. 1980년대 초까지 바보는 상대적으로 벽지 — 식당도 거의 없는 외딴 곳에 있는 작은 어업항 — 였다. 하지만 새로운 국제공항과 수많은 호텔이 건설되고 (주로 영국 출신의) 이민자들이 유입됨에 따라 이제 이 지역은 알아볼 수 없을 정도로 변했다. 그러나 **고대 바보**의 주요 유적지는 개발되지 않고 그대로 남아있다. 고고학 유적지로 격리된 이 넓은 지역은 현대에 건설한 등대가 눈에 띄는 바닷가의 곳에 있다.

이 지역 안에는 **디오니소스의 집**(2세기부터 모자이크로 장식된 주택) 이라고 부르는 작은 **극장**과 로마의 귀족을 위해 지은 주택들이 있다. 또한, 크기와 정교한 모자이크 때문에 언젠가 **총독의 관저**로 사용되었을 수도 있는 건물이 있다. 이 건물은 바울 시대 이후에 세워진 것일 수 있지만, 서기오 바울 앞에 출두했을 때 바울 자신이 알게 된 바로 그곳일지도 모른다(행 13:7).

성 바울의 기둥 — 바울이 매질을 당한 곳이라고 하는 — 은 더 불확실하다. 이것은 (현재는 로마 가톨릭 교인들과 성공회 교인들이 사용하는) 17세기의 아기아 쿠리아키(Agia Kuriaki) 그리스 교회 근처에 있는 고고학 유적지의 동쪽 편에 있는 고고학 유적지 안에 있다. 그러나 방문자들은 이 기둥이 후대에 건설된 교회 건물 복합체의 일부임을 금세 알 수 있다. 이 지역은 주후 5세기에 지어진 것으로 추정되는 다섯 개의 측랑과 서쪽 끝에 넓은 배랑(拜廊, narthex. 초기 기독교 혹은 비잔틴 건축에서 교회의 본당으로 연결되기 전에 위치한 단층의 큰 방이나 현관. 바실리카 건축에서는 신랑의 전면에 횡단으로 설치된 길고 가느다란 현관홀을, 성당 건축에서는 개방식의 둥근 방의 일부를 가리키며 안뜰과 이어지는 부분을 말하기도 한다.– 편집자주)을 갖춘 바실리카에 의해 덮여 있다. 측랑 중 하나는 **아기아 쿠리아키**에 의해 덮여 있고, 북쪽 측면 중 일부는 십자군에 의해 개축되었다. 이른바 '성 바울의 기둥'은 이 두 교회 건물 중 하나와 연대가 같을 것이며, 따라서 (어떤 경우든 이 지역이 도시에서 멀리 떨어진 외곽에 해당했던) 바울 시대에는 이곳에 없었을 것이다. 그러나 이 지역은 1985년에 이르러서야 발굴되었고 — 이 유적지 건너편에는 포장도로가 나 있었다 — 따라서 이 기둥은 얼마 되지 않는 눈에 보이는 고대 유적 중 하나였다. 그러므로 하나밖에 없는 이 유물을 고대의 바울과 연결하는 지역의 전승이 생겨난 것은 충분히 이해할 만한 일이다.

오늘날 바보를 방문한다면 바울 시대에 그곳이 어떠했는지를 조금 알 수 있을 뿐이다. 그러나 구브로의 오랜 명성을 여전히 유

'성 바울의 기둥' 근처에 있는 아기아 쿠리아키의 작은 교회는
훨씬 더 큰 교회의 유적으로 둘러싸여 있다(5세기로 거슬러 올라감).

구브로에 있는 성 바울의 기둥. 바울은 기독교를 전파한 혐의로
이 기둥에 묶인 채 곤장 39대를 맞았다.

지하는 중요한 요소가 있다. 그것은 이 섬과 여신 아프로디테와
의 신화적 연관성이다. 폴리스의 서쪽으로 북쪽 해안에는 아프로
디테가 목욕했던 곳이라고 전해지는 곳이 있으며, 남쪽 해안에는
지중해의 파도로부터 떠올랐던 그가 태어난 곳이라고 전해지는
곳이 있다(바보에서 동쪽으로 18㎞ 떨어져 있는 **페트라 투 로미우**: Petra
tou Romiou, **아프로디테 탄생 바위**). 구브로를 여전히 아프로디테의
섬, '사랑의 섬'으로 홍보한다. 바울 시대에도 그랬다면 그는 자신

구브로 남쪽 해안에 있는, 그리스 신화에 나오는
페트라 투 로미우(아프로디테 탄생 바위).

의 메시지 역시 사랑 — 하지만 전혀 다른 차원의 신적인 사랑 — 에 관
한 것이라고 말했을 것이다.

주요 연대: 구브로

주전 6500년경	육지에서 사람들이 뗏목을 타고 와 처음으로 도착한다.
주전 2400년	에블라 토판에서 이 섬의 구리 수출에 관해 언급하며, 후대의 마리 토판(주전 1800년)과 아마르나 문서(주전 1400년)에서도 이를 언급한다.
주전 1300년	페니키아인들이 '구 바보'(Palea Paphos)를 세운다(후에 아프로디테 제의의 중심지가 됨).
주전 1000년	키티온(현대의 라르나카)과 같은 페니키아인 정착지가 건설된다.
주전 800년대경	그리스인들이 살라미를 세운다('살라미'는 주전 480년에 페르시아와의 유명한 해전이 벌어졌던 아덴 근처의 섬이기도 함).
주전 700~500년	구약에서 '깃딤'을 여러 차례 언급한다(민 24:24, 사 23:12, 단 11:30).
주전 333년	알렉산드로스 대왕의 해군이 이곳을 점령하고 (후에는) (애굽의) 프톨레마이오스 왕조가 이곳을 지배한다.
주전 320년경	니코클레스 왕이 바보에 '새로운 도시'(Nea Paphos)를 세운다.
주전 200년대	신 바보 근처에 있는 '왕들의 무덤'이 사용된다.
주전 100년경	구브로의 유대인이 최초로 언급된다(마카베오 1서

15:23).

주전 58년	로마가 구브로를 병합한다(처음에는 길리기아 속주에 편입된다).
주전 22년	구브로가 원로원 속주가 되어 집정관(proconsul)의 통치를 받는다. 아우구스투스가 살라미의 제우스 신전을 피난처 성소로 인정한다.
주전 15년	살라미가 지진으로 심한 타격을 받는다.
주전 12년	아우구스투스가 헤롯 대왕에게 이 섬의 모든 구리 광산을 빌려주고 그 대가로 수입 절반을 받는다.
주후 46년	바울과 바나바, 마가가 이 섬에 도착한다. 서기오 바울은 (로마의 티베르 강 관리자였던) 루키우스 세르기우스 파울루스나 (그 이름이 구브로 북부의 퀴트라이나이 있는 비문에 등장하는) 퀸투스 세르기우스 파울루스와 관련이 있을 것이다.
주후 50년	바나바는 마가와 함께 구브로로 돌아온다(행 15:39). 훨씬 후대의 전승에 따르면 나사로는 키티온의 첫 번째 '감독'이 된다.
주후 75년?	전통적으로 바나바가 순교를 당했다고 알려진 연대이다 (주후 5세기로 연대가 추정되는 《바나바 행전》을 보라).
주후 115~117년	(애굽에서 시작되어) 광범위하게 확산된 유대인의 반란이 "이 섬에 유대인이 한 명도 존재해서는 안 된다"라고 명령한 트라야누스에 의해 진압된다.

주후 368~403년 (수많은 이단을 논박하는 논문인)《파나리온》으로 유명한 에피파니우스가 살라미의 주교로 섬긴다.

주후 478년경 살라미의 감독인 안테미우스가 성 바나바의 시신을 발견한다. 안디옥 총대주교구와의 관계에 있어서 구브로는 자치를 인정받는다.

주후 647년 살라미가 아랍인들의 침략을 받고, 이로 인해 그리스도인들은 파마구스타로 피신한다.

1100년대 트로도스 산지에 많은 수도원이 세워진다.

1192~1489년 기 드 뤼지냥(Guy de Lusignan)의 후손이 이 섬을 지배한다.

1489~1571년 베네치아가 이 섬을 점령한다(니코시아와 파마구스타 성벽을 건설한다).

1878년 튀르키예의 술탄이 영국에게 구브로에 군사 기지를 세울 수 있도록 허락한다.

1960년 마카리오스 대주교가 이끄는 키프로스 공화국 건국.

1974년 그리스의 키프로스와 튀르키예의 키프로스가 분리됨.

바나바와 비잔티움

누가는 바울의 초기 여행에서 중요한 동료였던 바나바가 구브로 출신이었다고 분명히 설명한다. "구브로에서 난 레위족 사람이 있으니 이름은 요셉이라. 사도들이 일컬어 바나바라(번역하면 위로의 아들이라) 하니, 그가 밭이 있으매 팔아 그 값을 가지고 사도들의 발 앞에 두니라"(행 4:36~37).

예루살렘과 구브로의 바나바

우리는 바나바가 예루살렘으로 간 이유를 알 수 없다. (다소 출신의 젊은 바울처럼) 공부하러 거기에 갔을까? (제사장 지파 레위의 일원이었으므로) 예루살렘의 성전 예배를 경험하기 위해 거기에 갔을까? 그는 예루살렘 지역에 (조상으로부터 물려받은) 부동산이 있었는데 그중 일부를 팔아 사도들에게 주었다. 그뿐 아니라 (골로새서 4장 10절을 통해 알 수 있듯이) 요한 마가는 마가의 '생질'이었다. 이는 바나바의 친척들이 예루살렘에 살고 있었음을 뜻한다. 그는 처음 예루살렘에 도착했을 때 어머니 마리아와 함께 요한 마가의 집에 머물렀을 가능성이 높다(행 12:25). 그런 다음 마가의 온 가족이 새로운 메시아 운동에 참여할 때 그도 동참했다. 오순절 전날 120명의 신자들이 예루살렘에서 모였을 때 그와 마리아, 마가도 그중에 있었을까(행 1:15)? 어떤 경우든 그와 마가는 구브로로 가기 전 오랫동안 서로를 알고 지냈다.

물론 그사이에 바나바가 구브로를 몇 차례나 방문했을지 알지 못한다. 흥미롭게도 누가는 스데반이 순교한 후 신자들이 "베니게와 **구브로와 안디옥**"으로 흩어졌다고 기록했다(행 11:19). 따라서 바나바는 이때 고향으로 돌아가 이 섬에 사는 유대인들에게 예수의 메시지를 전했을 가능성이 크다. 계속해서 누가는 안디옥으로 가서 헬라인들에게 예수를 전한 사람들이 "**구브로와 구레네**" 출신 유대인 신자들이었다고 말한다(행 11:20). 바나바는 이 무리에 속해 있지 않았다. 우리는 이때 그가 다시 예루살렘에 돌아와 있었다는 것을 알고 있다. 하지만 그가 구브로와 연결되어 있다는 사실 때문에 예루살렘 사도들은 그가 안디옥에서 무슨 일이 일어나고 있는지를 알아보기 위해 파견하기에 이상적인 인물이라고 여겼을 것이다 — 그리고 그는 즉시 이 일을 실행했다(행 11:22~23).

바나바는 구브로와 연관이 있었기에 첫 번째 '선교 여행'에 적합한 사람으로 선정되었을 것이다. 구브로는 나중에 그가 바울과 갈라져서 여행하기로 결정한 후 돌아간 곳이기도 했다. "바나바는 마가를 데리고 배 타고 구브로로 가고"(행 15:39). 이것이 사도행전 본문에서 바나바가 언급된 마지막 경우다. 우리는 그의 두 번째 '선교 여행'에서 무슨 일이 일어났는지, 혹은 정확히 그가 여생을 어떻게 보냈는지 확실히 알지 못한다.

초기 기독교 전승에 따르면, 바나바는 주후 75년경에 사망할 때까지 이 섬에 교회를 세운 지도자로서 (살라미를 근거로 삼아서?) 구브로에 머물렀으며, 이곳의 유대인 공동체에 의해 처형되었다고 한다. 이 시기에 나사로 — 예수가 예루살렘 외곽의 베다니에 가셨을 때 무덤에서 다시 살리셨던(요 11:38~43) — 도 구브로에 머물렀다고 전해진다. 그는 (오늘날의 라르나카인) 키티온의 첫 '감독'이었다고 한다.

바나바와 후대의 교회

이후 몇 세기 동안 구브로의 교회는 바나바와 이러한 역사적 연관성을 중시했다. 4세기 말에 이르면 기독교 신앙이 이 섬 전역에 널리 퍼지게 된다. 이 시기 살라미의 주교 중 하나였던 에피파니우스는 지

살라미에서 남서쪽으로 3km 떨어진 성 바나바의 무덤 근처에 있는 작은 교회.

중해 동부에서 왕성하게 활동한 것으로 유명했으며, '모든 이단에 대한 치료약'으로서 《파나리온》을 써서 교회의 다양한 이단을 설명하고 색출했다.

한 세기가 지나서 구브로의 주교들과 시리아 안디옥의 주교(혹은 대주교)가 논쟁을 벌였다. 후자는 (자신의 교회가 사도 베드로가 세운 '사도적' 교회이기에) 구브로가 **자신의** 관할권 아래로 들어와야 한다고 주장했다. 구브로 교회는 역시 (바나바 때문에) '사도적'이라고 주장했다. 그들이 논쟁에서 패배하는 것처럼 보일 때 불가사의한 일이 일어났다.

살라미의 주교인 안테미우스가 꿈을 꾸었는데 꿈속에서 바나바가 그에게 나타나 자신의 시체가 묻힌 곳 — 약간 내륙에 있는 구주콩나무 아래 — 을 알려주었다(이 장소는 156쪽을 보라). 이튿날 땅을 파자 정말로 마태복음의 히브리어 번역본을 움켜쥔 시체가 발견되었다. 구브로인들은 즉시 유골을 콘스탄티노폴리스로 보냈으며, 그곳의 황제 제논(주후 474~491년)은 이 일에 깊은 인상을 받고 이 섬에 몇 가지 특권을 부여했다.

그중 하나는 구브로 교회가 스스로 대주교를 임명할 수 있는 '자치독립'(autocephalous) 교회로 인정받은 것이다. 대주교는 통상적으로는 황제만 할 수 있는 것들[즉 자색 옷을 입는 것, 사목장(司牧杖) 대신 홀을 드는 것, 편지에 붉은 잉크로 서명하는 것!]을 할 수 있게 되었다. 종교적 영역과 정치적 영역의 경계가 모호했기에 구브로의 대주교들은 자연스럽게 그곳 주민들에게 (훨씬 후대인 오스만 튀르크 제국 하에서, 더 나아가 20세기까지도) 시민적, 정치적 지도자로 인정받게 되었다[따라

구브로에 위치한 많은 정
교회 수도원 중 가장 큰
키코(Kykko) 수도원의 풍
부한 모자이크의 예.

서 마카리오스 대주교는 1960년대에 '지배자'(ethnarch)의 칭호를 사용하기도 했다].

　(북부에 있는 튀르키예의 키프로스와 달리) 그리스의 키프로스는 수세기에 걸쳐 그리스 정교회의 보루로 남아있다. 트로도스 산지에는 수많은 교회와 수도원이 존재하며, 다수는 중세 이전에 세워진 것이고, 그중 몇몇은 정교한 프레스코화를 보유하고 있다.

밤빌리아

05

¹³바울과 및 동행하는 사람들이 바보에서 배 타고 밤빌리아에 있는 버가에 이르니 요한은 그들에게서 떠나 예루살렘으로 돌아가고 ¹⁴그들은 버가에서 더 나아가 비시디아 안디옥에 이르러 안식일에 회당에 들어가 앉으니라.

— 사도행전 13장 13∼14절

²⁴비시디아 가운데로 지나서 밤빌리아에 이르러 ²⁵말씀을 버가에서 전하고 앗달리아로 내려가서 ²⁶거기서 배 타고 안디옥에 이르니 이곳은 두 사도가 이룬 그 일을 위하여 전에 하나님의 은혜에 부탁하던 곳이라.

— 사도행전 14장 24∼26절

갈라진 길

주후 46년 늦은 여름 바울과 바나바, 마가는 배를 타고 바보를 떠나 소아시아 해안으로 향했다. 가을에는 더 이상 항해를 할 수 없는 때가 오기 때문에 여름이 끝날 무렵 그 섬을 떠나는 것이 원래 그들의 계획이었을 것이다. 하지만 바보가 있는 서쪽으로 향하면서 그들은 이미 바울의 고향인 길리기아의 훨씬 더 서쪽으로 가겠다고 마음을 먹고 밤빌리아로 갔다.

밤빌리아는 소아시아 남쪽 해안에 있는 로마의 속주로서 토로스 산맥 남쪽 매우 협소한 해안 평원에 있었다. 동쪽으로는 길리기아 속주가, 남서쪽으로는 산이 많고 접근하기 어려운 루기아 지역이 있었다. 이 시기 로마의 행정 구역상으로 루기아와 밤빌비아가 합쳐져서 통합된 로마의 속주가 되었으며, 세스트루스강에 있는 큰 항구 도시인 버가가 이 지역의 수도 역할을 했다.

바다로부터 접근함

바울과 그의 동료들이 기상 조건에 따라 이용했을 가능성이 있는 항구는 최소한 세 곳이다. 버가에서 동쪽으로 약 50km 떨어진 시데는 작은 곳에 자리 잡은 분주한 도시였으며, 해안을 따라 항해하는 선박을 위한 천혜의 항구였다. 버가에서 남서쪽으로 약 15km 떨어진 곳에는 매력적인 항구 앗달리아가 있었다. 이 지역의 주요 항구였던 이곳은 매우 가파른 절벽으로 둘러싸여 자연적으로 울타리가 쳐진 항구로서, 루기아산맥을 등지고 있는 아름다운 만의 동쪽 가장자리에 있었다. 구브로에서 북쪽으로 항해하는 이들이 목적지로 삼았을 가능성이 가장 큰 항구이며, 그들이 실제로 이곳에서 하선했을 수도 있다. 하지만 누가는 그들이 "버가에 이르렀다"라고 기록하며(행 13:13), 이는 (처음에 앗달리아에 도착했다는 뜻일 수도 있지만) 그들이 곧장 버가로 갔음을 의미할 것이다.

어떤 경우든 이 세 여행자에게 수평선 위로 거대한 토로스 산맥이 가까워지는 것이 보였던 이 여정의 마지막 순간을 상상해볼 수 있다. 전날 이들은 바보를 출발해 구브로섬 북서쪽에 있는 바위가 많고 버려진 반도 주위로 북서쪽을 항해했다. 우현 쪽 수평선 너머로 구브로의 산들이 물러나고 토로스의 산들이 나타났다. 그때는 8월 말이었을 것이며, 늦봄까지 눈에 덮여 있을 이 산들은 황량하고 메말라 있었을 것이다 — 하지만 길고 뜨거운 여름의 끝자락에 피어난 아지랑이 때문에 조금은 부드럽게 보였을 것이다.

다시 한번 세 사람은 이 새로운 풍광에 가까이 다가가면서 다른 감정을 느꼈을 것이다. 6개월 전 처음 구브로를 찾아갈 때는 바나바가 가장 열성적이었을 것이고, 바울은 궁극적으로 다른 곳을 바라보고 있었을 것이다. 하지만 이번에는 상황이 전혀 달랐을 것이다. 이제 고향을 두고 떠나 한 번도 방문한 적이 없었을 곳에 도착하는 사람은 바나바였다.

바울에게는 이 여정이 일종의 귀환 — 다소로 돌아오는 것은 아니었지만, 적어도 다소에서 그다지 멀지 않은 어딘가로 돌아오는 — 이었다. 그는 소아시아 땅으로 돌아오고 있었다. 그뿐 아니라 이곳의 새로운 목회지를 향한 모험은 바울이 오랫동안 기다려온 최첨단의 개척지 선교 사역이었다. 마침내 그는 진정한 '처녀지'에 도착하게 되었다. 구브로와 달리 이곳 밤빌리아의 회당에는 예수에 관한 복음이 아직 전해지지 않았다.

하지만 "한 사람의 고기가 다른 사람에게는 독이다." 젊은 요한 마가를 생각해보라. 바울을 들뜨게 했던 것이 마가를 내적으로 죽이고 있었을 것이다. 안디옥, 다음으로는 구브로 — 이것이 예루살렘에서 온 젊은이에게는 큰 도전이었다. 이제 밤빌리아에 도착하면 그는 고향과 가족으로부터 엄청나게 많이는 아니더라도 꽤많이 떨어져 있는 셈이다. 어느 시점엔가 이 모든 것이 버겁게 느껴졌고, 그래서 그는 그만두겠다고 결심했다.

고대 밤빌리아의 남부 해안

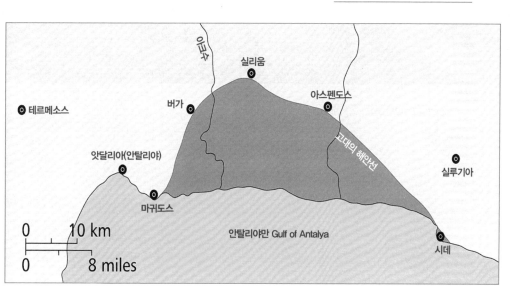

고대 밤빌리아의 아고라 기둥과 버가의 그리스 관문.

튀르키예 안탈리야 버가에 있는 기둥들과
밤빌리아 고대 도시의 식민지 시대 거리 유적이다.

요한 마가가 떠남

누가의 설명을 통해서는 밤빌리아에서 — 그들이 처음 도착했을 때 든지, 갈라디아를 방문한 한 후 돌아왔을 때든지 — 선교 사역이 어떻게 진행되었는지 알 수 있는 바가 없다. 대신 밤빌리아는 사도행전에서 요한 마가가 떠난 곳으로 기억된다(행 13:13, 15:37~38). 이때 마가는 예루살렘으로 돌아가고, 바울과 바나바는 고통스럽게 헤어져 각자 다른 길로 가게 된다.

오랜 시간이 지난 지금 마가가 왜 이런 결정을 내렸는지 확실히 알 수는 없다. 다양한 가능성 — 바울과 바나바가 마지못해 '정당하다'고 인정했을 만한 이유로부터 그들이 거의 배신이라고 여겼을 만한 이유까지 — 이 존재한다. 마가가 신체적으로 아팠을까? 바다 여행이 그의 체질에 맞지 않았을까? 1년 이상 집을 떠나 지내리라고 상상하지 못했던 그가 향수병에 걸린 것일까?

마가가 바다에 있는 동안 이런 상황이 모두 나타났을지도 모른다. 그들이 항해를 시작하기도 전에 그가 용기를 내어 이 문제에 관해 이야기했을 수도 있다. 하지만 얼마 지나지 않아 — 바울이 밤빌리아에 오래 머물지 않고 내륙인 갈라디아까지 가겠다고 분명히 밝혔을 때 — 마가가 마침내 동료들을 버리겠다고 결심하는 계기가 되는 일이 발생했을 수도 있다. 왜냐하면 사도행전 13장을 통해 거의 즉시 바울은 밤빌리아가 디딤돌 — 내륙의 알려지지 않은 더 큰 곳으로 들어가기 위한 출발지 — 에 불과하다고 판단했다는 인상을 받기 때문이다. **이곳**은 마가에게 마지막 지푸라기였을지도 모른다. 바울을 멈추는 것은 불가능했을까?

바울의 동기

바울이 이런 중대한 결정을 내린 이유를 재구성해낼 수는 없다. 어떤 이들은 (불합리하지 않게) 몇 가지 실용적인 고려를 했을 것으로 주장해왔다. 8월 말에 밤빌리아 평원은 견딜 수 없을 정도로 뜨겁다. 내륙의 갈라디아로 간다면 해발 900m 이상인 덜 덥고 습한 지역으로 이동할 수 있다. 그들 중 한 사람이 (의학적 원인을 알지 못한 채) 말라리아 — 해발 고도가 낮은 이 지역에서 흔히 발생했던 문제 — 에 걸렸을 가능성도 생각해볼 수 있다. 사실 이런 의학적인 문제가 있었을 가능성이 매우 크다. 바울이 나중에 갈라디아인들에게 보낸 편지에서는 그가 거기에 도착했을 때 심한 눈병을 앓고 있었다고 암시한다(갈 4:13~15).

> 내가 처음에 육체의 약함으로 말미암아 너희에게 복음을 전한 것을 너희가 아는 바라. 너희를 시험하는 것이 내 육체에 있으되 이것을 너희가 업신여기지도 아니하며 … 너희가 할 수만 있었더라면 너희의 눈이라도 빼어 나에게 주었으리라.
>
> — 갈라디아서 4장 13~15절

그랬다면 이 중대한 국면에 마가는 겨울이 되기 전에 모두 고향으로 돌아가야 한다고 제안했을지도 모른다. 그러나 바울은 늘 그렇듯이 계속해서 앞으로, 위로 여행하기로 했다. 질병에도 불구하고 지금은 물러날 때가 아니었다. 그는 이렇게 멀리 왔는데 이제 와서 돌아가는 것은 부끄러운 일이라고 말했을 것이다.

그리고 이 모든 것의 배후에는 바울의 더 전략적인 동기가 있었을 것이다. 그가 다소에 사는 동안 갈라디아 남부의 내륙 지역을 방문했다는 증거는 없지만, 그곳은 그의 고향에서 그다지 멀지 않았다. 상황이 나빠진다면 그들은 언제든지 내륙의 남동쪽 길을 통해 고향으로 돌아갈 수 있었다. 바울이 보기에 이 모든 것이 자연스러운 수순 — 아마도 그가 오랫동안 꿈꾸고 계획했던 것 — 이었다. 마침내 그에게 기회가 찾아왔다.

그뿐만 아니라 토로스 산맥을 통해 갈라디아로 갈 또 하나의 잠재적인 명분이 존재했다. 바울은 예루살렘 교회 지도자들한테서 이방인 선교를 하도록 허락을 받았지만(111~112쪽, "확장에 대한 승인"을 보라), 여전히 논란이 되는 요소가 존재한다는 것을 알고 있었다. 자신들이 경계심을 가지고 바라보던 이 선교 사역을 통제하려고 했던 (이른바) '유대주의적' 신자들이 여전히 존재했다. 어쩌면 구브로에서조차 이방인에 대한 그의 사역 때문에 눈살을 찌푸리는 사람들이 있었을 것이다.

이런 상황에서 바울에게 필요했던 것은 **철회할 수 없는 전진** — '모든 민족'에게 다가가는 하나님의 능력에 대한 부인할 수 없는 증거를 제공하는 무언가, 그의 사도적 사역에 대한 분명한 보증이 될 만한 무언가 — 이었다. 혹은 더 정치적인 용어를 사용하자면 그에게는 현장의 상황을 바꿀 필요가 있었다 — 예루살렘의 비판자들에게 기정사실(fait accompli)을 제시해야 했다. **요한 마가**에게는 토로스 산맥 너머에 있는 춥고 외딴 지역에서 겨울 동안 장기 선교를 하는 것이 전혀 매력적이지 않았지만, **바울**은 꼭 필요한 일이라고 여겼을 것이다! 왜냐하면 몇 달이 지나야 예루살렘에 있는 사람들이 이에 관한 소식을 들을 것이며 그때는 너무 늦을 것이기 때문이다.

나중에 치유된 고통스러운 결별

바울은 한동안 그렇게 생각하고 있었을 것이다. 그랬다면 언제 그가 그런 생각을 하게 되었는지, 언제 바나바에게 처음으로 그 이야기를 꺼냈는지 우리는 알지 못한다. 그게 언제였든지 바나바는 분명히 사촌인 마가가 아니라 바울의 편을 들었다. 물론 바울이 자신의 마음과 야심에 관해 마가와 얼마나 많은 이야기를 나눴는지도 알 수 없다. 하지만 바울이 이런 계획을 마가와도 나눴음을 암시하는 증거가 존재한다. 몇 년 후에 일어난 일에서 그 증거를 찾을 수 있다.

사도행전 15장에는 예루살렘 공의회 후에 바나바와 바울의 협력 관계가 어떻게 끝나게 되었는지에 대한 누가의 솔직한 설명이 기록되어 있다. 바울은 밤빌리아에서 있었던 일 때문에 다음 선교 여행에 마가를 데려가기를 딱 잘라서 거부했다. "서로 심히 다투어 피차 갈라서니 바나바는 마가를 데리고 배 타고 구브로로 가고, 바울은 실라를 택했다"(행 15:39~40). 바나바는 마가에게 한 번 더 기회를 주고 싶었지만, 바울은 전혀 그럴 생각이 없었다. 바울은 자신과 보조를 맞출 수 없는 사람은 (아무리 정당한 이유가 있어도) 믿을 수 없는 동료라고 생각했을 것이다. 더 근원적인 이유가 있었을 수도 있다. 그는 마가를 신뢰했는데 마가가 그 신뢰를 저버렸다고 생각했다.

그 사이에 몇몇 '선동자들'이 갈라디아인들이 할례를 받아야 한다고 주장하면서 그들을 혼란스럽게 했음을 지적할 때 우리는 이렇게 물어야 한다. 어떻게 이 유대주의자들이 (예루살렘에 있으면서) 멀리 떨어진 갈라디아에서 바울이 무엇을 하고 있는지를 그렇게 빨리 알게 되었을까? 가장 명백한 답은, **바로 요한 마가를 통해서 이를 알게 되었다**는 것이다. 마가가 적극적으로 밀고했는지, 마지못해 그렇게 했는지 우리는 알 수 없다. 하지만 마가가 고향인 예루살렘 도착했을 때 바울이 아나톨리아 중부에서 광범위하게 활동하고 있다는 소식이 전해졌다. 유대주의자들은 곧 갈라디아와 안디옥에 사절을 파견함으로써 이에 대응했다. 폭풍이 서서히 일기 시작했고 그것은 결국 예루살렘 공의회로 귀결되었다. 바울의 작은 선교팀을 이탈한 젊은 요한 마가가 이 모든 사태의 원인을 제공한 사람이었거나 적어도 '사슬의 약한 고리'였을 것이다.

이렇게 본다면 바울이 마가를 다시 받아들이는 것을 생각조차 하지 않으려 했던 이유를 이해할 수 있다. 그는 바울을 배신할 가능성이 있음을 이미 보여주었다. 바울의 신뢰를 잔인하게 저버렸고, 그로 인해 바울은 고통스러운 몇 달을 보내야 했다. 그는 그런 위험을 다시 무릅쓰고 싶지 않았다.

> 바나바는 마가라 하는 요한도 데리고 가고자 하나 바울은 밤빌리아에서 자기들을 떠나 함께 일하러 가지 아니한 자를 데리고 가는 것이 옳지 않다 하여 ….
>
> — 사도행전 15장 37~38절

다행히도 이 사건은 행복한 결말을 맞게 된다. 10여 년이 지나서 바울은 마가가 "나의 일에 유익하니라"라고 말하면서 그를 데려오라고 명확히 당부한다(딤후 4:11). 로마에 투옥되어 있던 바울은 새로운 '선교 여행'을 떠날 수 없음을 알고 있었다. 유대교 배경을 지니고 있으며 예수의 가르침을 잘 알고 있던 마가는 주후 60년대 초 로마의 그리스도인들이 직면한 복잡한 문제를 다루는 데 매우 유익했을 것이다. 다른 맥락에서 바울은 마가의 장점을 너그럽게 인정하며, 마가 역시 바나바와 함께, 그다음에는 사도 베드로와 함께 오랫동안 일한 후(벧전 5:13) 훨씬 더 잘 대응할 수 있는 상태가 되었다. 우리는 조금 지나서 "바나바의 생질 마가"가 바울과 함께 로마에 있다는 것을 알게 된다(골 4:10). 바울과 마가는 다시 연합하여 동역한다. 밤빌리아에서 시작된 심각한 균열이 약 15년 지나 로마에서 치유되었다.

다시 버가로

마가는 해안을 따라 (안디옥과 가이사랴를 경유해?) 가족이 있는 예루살렘으로 향하는 배를 발견했다. 예상대로라면 9월 말 항해하기가 어려워지기 전에 필수적인 바다 여행을 마무리할 수 있었을 것이다. 바울과 바나바는 토로스 산맥을 관통하는 두 길 중 하나를 따라 (아마도 열흘 정도 지나) 갈라디아의 로마 식민지인 비시디아 안디옥에 도착했을 것이다(205쪽, "내륙으로"를 보라).

그런 다음 이듬해(주후 47년) 늦여름에 밤빌리아 평원으로 돌아왔을 것이다. 그들 역시 항해 시기가 끝나기 전에 동쪽으로 향하는 배에 올라야 했다. 결국 그들은 앗달리아의 아름다운 항구를 떠나야 할 것이다. 하지만 그들은 먼저 버가에서 사역할 시간이 있을 것으로 생각했다.

버가는 이 해안선의 다른 도시들과 마찬가지로 최근에 로마인들이 도착할 때까지 수 세기 동안 그리스의 지배를 받고 있던 고대 도시였다. 1세기 동안 이곳은 꽤 중요한 도시 — 목욕탕과 주랑이 세워진 거리, 정원과 같은 도시의 시설을 갖춘 분주한 항구 — 였을 것이다.

바울이 나중에 다시 이곳을 찾기는 할 테지만, 이 번성하는 그리스의 도시를 처음 방문했을 때 그와 그의 동역자들은 이 지역에서 하나님이 최근에 이 그리스 도시들이 세워진 근거에 도전하는 일을 저 멀리 예루살렘에서 행하셨다고 믿는 유일한 사람들이었을 것이다. 시한폭탄이 터지기를 기다리고 있었으며, 바울은 그곳에서 — 아마도 (회당이 있었다면) 회당이나 거리에서(듣는 사람이 있는 곳이라면 어디에서든) — 뇌관에 불을 붙였다. 누가는 그저 그들이 "말씀을 버가에서 전했다"고만 서술하며 어떤 반향이 있었는지 아무런 실마리도 제공하지 않는다(행 14:25). 하지만 그 "말씀"은 다이너마이트 같은 효과를 발휘할 수도 있었으며, 그렇게 외로운 환경에서 말씀을 전하는 것은 언제나 큰 용기가 필요한 행동이었다.

오늘날의 밤빌리아

밤빌리아는 현재 튀르키예에서 대략 '안탈리야' 지역으로 알려진 곳 — 북쪽과 서쪽이 산맥으로 막힌 남쪽 해안의 좁은 해안 평야 — 에 해당한다. 맑은 봄날에는 눈 덮인 산들이 '청록색 바다'로 불리는 바닷물을 향해 내달리는 장관을 볼 수 있다. 하지만 (주후 46년에 바울이 이곳을 처음 방문했을 때였을) 늦여름에는 해안 평야가 아른거리는 아지랑이 때문에 흐릿하게 보일 수도 있다.

바울을 공부하는 이들이 관심을 가질 만한 곳은 해안과 해안 가까이에 있다. 시데로부터 서쪽으로 버가, 안탈리야(고대의 앗달리아)가 있다. 바울의 시대에 ('석류'를 뜻하는 고대의 단어인) **시데**는 이미 수 세기에 걸쳐 중요한 항구였다. 바울이 1차 선교 여행 때 어디로 도착했는지 확실히 알 수 없다(173~175쪽, "바다로부터 접근함"을 보라). 그때 시데를 방문하지 않았다면 나중에는 방문했을 것이다(사도행전 18장 21절을 보라). 배후의 비옥한 토지와 노예무역으로 축적한 부로 인해 이 도시는 헬레니즘 시대 이후 번성해왔다. 앗달리아와 달리 페르가몬의 통치를 받지 않았고 언제나 로마에 우호적이었다. 전성기는 주후 2, 3세기였으며, 이후 비잔티움 시대에는 성벽의 규모가 상당히 축소된다.

고대 도시는 곳에 있으며 삼면이 바다로 둘러싸여 있다. 방문자들에게는 주차장에서 헬레니즘 시대의 성벽을 거쳐 주랑이 세워진 거리를 따라 남쪽으로 걸어가 볼 것을 권한다. **광장**(agora)을 지나자마자 (주후 2세기에 건설된 약 1만3천 석 규모의) 거대한 **극장**이 있다. 자연적인 언덕 사면이 없기에 건물 전면부 전체를 바닥부터 기둥을 세워 만들었다. (침적된 토사가 쌓인 항구의 터 위에 자리 잡은) 현대의 가게 몇 군데를 지나고 나서 왼쪽으로 돌면 **아테나와 아폴론의 두 신전**의 웅장한 유적에 이르게 된다 — 다시 세워진 몇 개의 기둥이 바다를 배경으로 장관을 이룬다. 나중에 비잔티움 사람들은 이 신전의 토대를 사용해 거대한 교회당을 건설했다(더 나중에 세운 훨씬 더 작은 교회당은 여전히 잘 보존되어 있다). 바울의 시대에는 바닷가에 자리 잡은 이 이교 신전들이 배를 타고 예루살렘으로 돌아가는 그의 눈을 사로잡았을 것이다(사도행전 27장 5절을 보라).

서쪽으로 16km 떨어져 있는 **버가**는 당시에는 배가 다닐 수 있었지만, 지금은 침적 토사가 쌓여 있는 강(세스트루스강)에 있다. 이곳은 주전 2세기에 번성하기 시작했으며 이후 5, 6세기 동안 계속 주요 항구의 기능을 했다. 유적의 입구는 남쪽에 있지만, 먼저 (북쪽에 있는) **아크로폴리스**를 방문한 다음 유적으로 돌아가 걸으면서 자세히 살펴보는 것이 이 도시를 이해하는 최선의 방법이다.

아직 아무 유적도 발견되지 않았지만, 이 아크로폴리스는 버가의 ('이 도시의 공주'로 숭배되었던) 아르테미스 신전이 있던 곳이었을 것이다. 이곳에서 유적 전체를 조망하면서 바울이 이곳 거리를 걸어 다닐 때 이 도시가 어떤 모습이었을지 상상해볼 수 있다. 동쪽으로는 항구의 윤곽선이 보이고, 남쪽으로는 도시의 관문이 있는 곳까지 주랑이 세워진 거리가 있으며, 서쪽으로 곳곳에 탑이 솟아 있는 거대한 헬레니즘 시대의 성벽이 보인다. 전경에는 동서로 나 있는 더 짧은 주랑이 세워진 거리가 하나 더 보인다. 이 길에 의해

시데(Side)에 있는 고대 원형극장.

고대 버가의 평면도

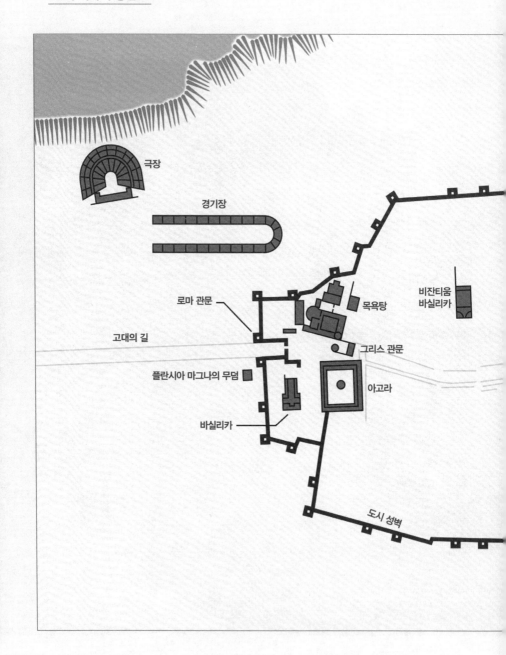

극장

경기장

로마 관문

고대의 길

플란시아 마그나의 무덤

바실리카

목욕탕

비잔티움
바실리카

그리스 관문

아고라

도시 성벽

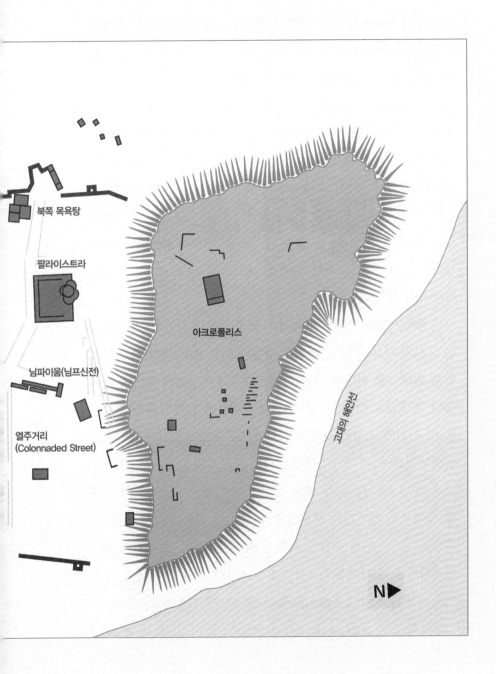

북쪽 목욕탕

팔라이스트라

아크로폴리스

님파이움(님프신전)

열주거리
(Colonnaded Street)

고대의 해안선

N▶

버가는 네 구역으로 나뉜다.

(폭이 약 20m에 이르는) 주랑이 세워진 큰길을 따라 아크로폴리스 아래에 있는 (후에 하드리아누스가 건설한) **님파이움(님프신전) 샘**(Nymphaeum Fountain)에서 물을 끌어오는 수로가 흐른다. 주랑이 세워진 거리들이 교차하는 곳에는 (주후 95년경 도미티아누스를 기려 데메트리우스와 아폴로니우스 두 형제가 건설한) 아치가 복원되어 있다. 남쪽으로 계속 내려가면 (약간 오른쪽으로 떨어진 잡초가 무성한 곳에 있는) 5세기의 비잔티움 교회(버가의 주교좌 성당?)를 지나고 (왼쪽으로) 4세기의 **비잔티움 아고라**에 도달한다. 고린도식 기둥과 가게들의 모자이크를 아직도 볼 수 있는 이 광장은 매우 인상적이다. 가운데에는 둥근 건물 — 아마도 허메(헤르메스)나 티케를 모신 신전이었을 것이다 — 이 서 있다.

근처에는 잘 보존된 버거에서 가장 중요한 유적이라고 할 수 있는 **도시의 관문**이 있다. 타원형 정원과 더불어 두 개의 크고 둥근 탑은 헬레니즘 시대에 세워졌지만, 주후 120년경에 장식이 더해졌다. 북쪽으로 삼중 아치가 있는 2층 대문과 남쪽의 확장된 정원은 이 시기에 조성된 것으로 보인다. 이 시기에 도시가 남쪽으로 확장되었으며, 주후 4세기에는 새로운 도시의 관문을 건설했다. (주후 200년경에 개발된) 두 관문 사이의 지역에는 대규모 **로마 목욕탕 구역**으로 들어가는 **프로필론**(즉, 입구)이 있다. 방문자들은 서쪽으로 걸어가면서 주랑이 세워진 **팔라이스트라, 프리기다리움, 테피다리움, 칼다리움**(각각 냉탕, 온탕, 열탕)을 차례로 지내게 된다. 이곳의 탕과 로마식 온돌(hypocaust) 장치는 대단히 인상적이다.

주목할 만한 곳이 (도시의 입구 바깥에) 두 곳 더 있다. (현재는 복원을 위해 폐쇄되었지만) 1만5천 석 규모로 추정되며 언덕을 배경으로 세워진 거대한 **극장**과 소아시아에서 보존 상태가 가장 좋은 경기장 중 하나인 주후 2세기에 건설된 큰 **경기장**이 있다. 동쪽에 있는 높이 올려둔 좌석 아래에는 무려 30개의 큰 방이 있다. 이 중에서 20개는 가게였으며, 나머지 10개는 1만2천 명의 관중이 경기장을 출입할 때 사용하는 복도였다.

마지막으로 크게 확장된 대도시인 **안탈리야**가 있다. 잘 갖춰진 고고학 박물관에는 무라의 주교 성 니콜라스의 유골이 담긴 작은 성물함을 비롯해 고대 루기아와 브루기아, 밤빌리아 지역에서 발견된 수많은 유물이 (또한 지중해 해저에서 발굴한 일부 유물이) 소장되어 있다. 버가에서 발견된 (주로 주후 2세기로 연대가 추정되는) 수많은 조각상과 석관(石棺)은 매우 인상적이며 이 도시의 부와 이 시기 장인들의 탁월한 솜씨를 보여준다.

안탈리야의 **고대 항구**는 얕은 절벽으로 둘러싸인 요트 선착장으로 여전히 보존되어 있다. 이 항구는 고대의 성벽과 탑으로 둘러싸여 있으며 헬레니즘 시대에 처음으로 건설되었다. 로마인들은 이 성벽을 다시 사용했으며, 주후 130년에는 하드리아누스 황제를 기념하여 대리석과 화강암으로 정교하게 장식된 **삼중 아치문**을 세웠다. 항구를 둘러보면 이곳이 바로 바울과 바나바가 시리아의 안디옥으로 돌아가는 항해를 시작한 곳이었음을 알 수 있다 (행 14:25~26). 바로 이 항구 성벽으로 둘러싸여 아름다운 안탈리야만과 서쪽으로 거대한 루기아산맥을 바라보면서 그들은 고향을 향해 — 밤빌리아 지역에서 보낸 시간에 관한 여러 가지 긍정적인 기억을 가지고 — 배를 타고 떠났다.

푸른빛 안탈리야만에 자리한 항구
여기에서 바울과 바나바는 배를 타고 안디옥으로 돌아간다.

주요 연대: 밤빌리아

주전 1000년경	전통적으로 트로이 전쟁 후 (칼카스와 모프소스에 의해) 버가가 세워진 때로 알려져 있다. 하지만 이곳 언덕에는 훨씬 전부터 (청동기 시대에?) 사람이 살고 있었을 것이다.
주전 466년	(아스펜도스 근처) 에우리메돈강에서 페르시아와 아덴 사이에 유명한 전투가 벌어짐.
주전 333/334년	알렉산드로스 대왕이 밤빌리아를 지배한다. 아스펜도스에서 그는 '세계 최고'로 묘사된 4천 필의 말을 구입한다.
주전 200년대	칼리마코스의 시에서 아르테미스는 버가가 다른 모든 시보다 뛰어나다고 칭송하는 것으로 묘사된다(《찬가》 3).
주전 201년경	버가 출신의 수학자인 아폴로니오스가 천문학과 기하학에 중요한 공헌을 한다(원뿔 곡선의 성격을 최초로 밝혔다).
주전 189년	로마가 (마그네시아 전투에서) 셀레우코스 제국을 격퇴하고, 그 결과 버가는 페르가몬 왕국의 일부가 된다.
주전 140년	페르가몬의 아탈로스 2세가 앗달리아를 세우고 자신의 이름을 따서 이 도시를 명명한다.
주전 133년	페르가몬의 아탈로스 2세가 버가를 로마인들에게 양도하지만 앗달리아는 한동안 자유 도시가 된다.
주전 77년	앗달리아가 로마의 지배하에 들어간다.

주후 42년경	밤빌리아가 클라우디우스 황제 치하에서 정식으로 로마의 '속주'로 지배를 받기 시작한다.
주후 46년	바울과 바나바가 밤빌리아에 도착하지만 요한 마가는 이곳에서 예루살렘으로 돌아간다. 이듬해 여름 바울과 바나바는 버가와 앗달리아를 경유해 안디옥으로 돌아간다(행 13:13~14, 14:24~25).
주후 130년	하드리아누스 황제가 앗달리아를 방문해 이곳을 로마 식민지로 삼는다. 이를 기념해 삼중 아치문이 세워진다.
주후 160~170년경	아스펜도스에 부유한 두 형제의 기부로 로마의 극장이 세워짐.
주후 120년대?	(전 비두니아 총독의 딸인) 플란시아 마그나로 알려진 여사제이자 행정관의 기부를 통해 버가에서 확장 공사가 이뤄짐.
주후 250년대?	버가가 인근의 (그 당시 전성기를 누리던) 시데와 함께 '대도시'(metropolis)로 불리게 됨. 버가 출신의 두 그리스도인 네스토르와 트리비미우스가 데키우스 박해(주후 251년) 중 순교당한다.
주후 325년	버가 출신 주교들이 니케아 공의회에 참가한다.
주후 431년	버가 출신 주교들이 에베소 공의회에 참가한다.
주후 600년대	아랍의 침공으로 이후 수 세기에 걸쳐 버가는 점점 버려지게 된다.

1207년	셀주크 튀르크가 십자군이 항구로 사용했던 아달리아(이전의 앗달리아)를 정복한다.
1390년대경	오스만 튀르크가 아달리아(현재는 안탈리야)를 차지한다.
1919년	안탈리야는 제1차 세계대전 이후 이탈리아에 양도되지만, 곧 튀르키예군에 의해 해방된다(1921년).

현대 튀르키예 방문하기

튀르키예는 매력적인 방문지다. 가파른 토로스 산맥 아래에 있는 아름다운 남쪽 해안으로 둘러싸인 튀르키예는 동쪽 멀리의 반 호수 근처의 혹독하고 황량한 풍경부터, 중앙부에 자리 잡은 앙카라에서 더 가까운 갑바도기아(현대의 괴레메)의 독특하고 기이한 모양의 바위 지형에 이르기까지 아름다운 색과 매우 다양한 풍광을 보여주는 땅이다.

이 나라는 1920년대에 (이 나라의 독특한 언어를 표기하기 위해 서양의 글자를 채택한 것을 비롯해) 몇몇 급진적인 개혁을 추진한 케말 아타튀르크의 개척자적인 업적에 큰 빚을 지고 있다. 튀르키예는 11세기 셀주크 튀르크가 도착한 이래로 이슬람 국가였다. 하지만 튀르키예에는 헥토르의 트로이나 크로이소스의 사데(사르디스)처럼 후대의 서양 문명사에서 중요한 역할을 하여 세계적으로 유명한 유적지들이 존재한다.

고전기를 연구하는 사람들은 익숙한 보물 — 특히 고대 세계의 7대 불가사의에 속하는 두 유적(에베소의 아데미 신전과 할리카르나소스의 마우솔레움)이나 아프로디시아스의 놀라울 정도로 아름다운 유적 — 을 계속 만나게 될 것이다. 이곳은 맹렬한 헷 족속 전사들, 고대의 루기아인들, 창의적인 이오니아인들(또한 탈레스 같은 철학자와 천문학자, 히포크라테스와 같은 의학자)의 고향이었다. 버가모(Pergamum)에서 양피지라는 영어 단어(parchment)가 유래했으며, 구불구불한 메안데르강(현재는 멘데레스강으로 불림 - 역주)에서 '굽이굽이 흐르다'(meander)라는 영어 단어가 유래했다. 또한 현대의 이스탄불은 기독교 문화의 수호자로서 천 년 이상 패권을 누렸던 고대 비잔티움 혹은 콘스탄티노폴리스의 터에 있다.

안디옥(안타키야)과 다소를 제외하면 신약에 등장하는 곳들은 모두 이 나라의 서쪽, 특히 알라냐에서 쿠사다시로 이어지는 사분면에 집중적으로 자리 잡고 있다. 여기에는 이른바 '청록색 해안'(이곳의 얕은 바닷물이 아름다운 청록색이어서 그렇게 불린다)도 포함된다. 갈색 흙의 언덕이 지중해, 에게해의 물과 만나 장관을 이룬다.

남부 해안 근처의 중요한 곳들로는 (인상적인 아크로폴리스가 바다 위로 우뚝 솟아 있는) 알라냐와 고대의 시데, 아스펜도스의 극장, 산꼭대기에 있는 폐허가 된 도시인 테르메소스가 있다. 남서쪽으로 더 가면 수중으로 가라앉은 도시인 케코바와 카스의 아름다운 항구, 올루 데니스의 멋진 석호, (고대의 카우노스 근처에 있는) 달럍의 거북이가 많이 찾아오는 만, 보드룸(고대의 할리카르나소스)의 십자군 성곽, 디드마에 있는 거대한 신탁 신전 유적을 볼 수 있다. 여름철에는 멀리 떨어진 아름다운 해협을 오가는 인기 있는 굴렛 배를 타면 (고대 크니도스처럼) 훨씬 더 외진 곳까지 가볼 수도 있다.

최근까지도 해안선에 있는 이들 유적지 중 일부는 도로로 접근할 수 없었다. (안탈리야와 달라만, 이즈미르에 있는) 공항 덕분에 이 지역으로 여행하기가 훨씬 쉬워졌다. 바울의 발자취를 따르는 사람들은 코냐 공항을 사용해 고대 갈라디아의 내륙 유적지와 (골로새와 라오디게아처럼 성경에 언급된 지역이 있는) 리쿠스 계곡의 북부 지역을 방문할 수도 있다.

근처의 히에라볼리 역시 성경에 언급되어 있으며(골 4:13) 현재는 파묵칼레('목화 성')로 알려져 있다. 온천이 흘러 석회암 '온천 침전물'(travertines)을 이룬 곳으로 유명하다.

방문자들은 아름다운 곳이나 역사적으로 중요한 곳들에 감탄하며, 이곳 주민들의 따뜻한 환대에 감동하여 **"축 귀젤!"**(튀르키예어로 "아주 좋아!")이라는 말을 자주 쓰게 될 것이다.

7천5백 명의 관객을 수용할 수 있는 170년
경에 지어진 아스펜도스의 원형극장은 여
전히 훌륭한 음향 효과를 가지고 있다.

카스의 조용한 항구.

타우루스 산맥에서 아스펜
도스까지 물을 끌어온 높은
수위의 수로.

갈라디아

06

¹⁴그들은 버가에서 더 나아가 비시디아 안디옥에 이르러 안식일에 회당에 들어가 앉으니라 ¹⁵율법과 선지자의 글을 읽은 후에 회당장들이 사람을 보내어 물어 이르되 형제들아 만일 백성을 권할 말이 있거든 말하라 하니 ¹⁶바울이 일어나 손짓하며 말하되 …

⁴⁴그 다음 안식일에는 온 시민이 거의 다 하나님의 말씀을 듣고자 하여 모이니 …

⁴⁹주의 말씀이 그 지방에 두루 퍼지니라. ⁵⁰이에 유대인들이 … 선동하여 바울과 바나바를 박해하게 하여 그 지역에서 쫓아내니 ⁵¹두 사람이 그들을 향하여 발의 티끌을 떨어 버리고 이고니온으로 가거늘 …

⁶그들이 알고 도망하여 루가오니아의 두 성 루스드라와 더베와 그 근방으로 가서 ⁷거기서 복음을 전하니라.

— 사도행전 13장 14~16, 44, 49~51절, 14장 6~7절

내륙으로

주후 46년 9월 초 바울과 바나바는 토로스 산맥을 넘어갔다. 산길은 이내 눈으로 막힐 것이며 이 여정은 — 그들이 최근에 건설된 세바스테 길(Via Sebaste)을 이용했든지, 곧장 버가 북부로 연결되는 약간 더 짧은 (하지만 더 위험한) 길을 이용했든지 — 적어도 일주일이 걸렸을 것이다. 마침내 그들은 갈라디아로 알려진 거대한 로마의 속주 남쪽에 이르렀고, 일곱 개의 작은 언덕에 있으며 건강에 좋은 온천으로 유명한 도시인 비시디아 안디옥으로 들어갔다.

애초에 이 외진 곳으로 온 이유가 무엇이었든지 바울과 바나바는 이듬해 가을까지 갈라디아에 머물 것이며, 이 시간은 그들의 목회에서 대단히 중요한 한 해가 될 것이다. 누가는 갈라디아의 네 도시에서 그들이 이룬 업적을 길게 서술하며(행 13:13~14:21), 바울이 선교 여행 중에 실제로 무엇을 말하고 무엇을 했는지를 사도행전에서 처음으로 비교적 자세히 설명한다.

비시디아 안디옥: 회당 안에서, 회당 주변에서

이 안디옥은 '비시디아 **인근**의 안디옥'으로 알려져 있다(스트라본, 《지리지》 12.8.14). 엄밀히 말하면 비시디아가 아니라 브루기아의 경계 안에 있었다. 하지만 (동쪽 더 멀리까지) 이전의 비시디아 지역 감시에 있어서 중요한 역할을 했기 때문에 로마인들에게 이 식민지는 '비시디아 안디옥'으로 알려지게 되었다. 해발 고도 1,100m 이상의 산지를 배경으로 자리 잡은 이곳은 남쪽과 동쪽의 평원을 내려다보기에 유리한 입지를 갖추고 있으며, 이 지점에서 고원을 가로지르는 주요한 동서 '간선' 도로를 장악하는 위치에 있었다.

이곳에는 한동안 상당한 규모의 유대인 공동체가 정착해 있었다. 바울과 바나바는 첫 번째 토요일에 회당을 방문했고, 바울은 '권할 말'이 있다면 해달라고 요청을 받았다. 누가는 이 설교를 매우 짧게 요약할 뿐이지만(행 13:16~41) 이를 통해 우리는 바울이 회당의 회중에게 예수에 관한 소식을 설명할 때 무슨 말을 했는지 알 수 있다.

- 그는 이스라엘의 역사를 서술한 다음 이야기의 절정에서 예수를 하나님이 '조상들에게 주신 약속'을 성취하신 분으로 제시한다.
- 그는 세례 요한의 사역을 (메시아를 맞이할 준비를 하기 위해 회개하라는 그의 요청과 더불어) 언급한다.
- 그는 예수를 '구주'로 소개하며 그분이 아무 죄가 없으심에도 '예루살렘에 사는 자들과 그들 관리들'의 요청으로 '빌라도'에 의해 처형당하셨다고 — 하지만 이 사건이 역설적으로 '안식일마다 외우는 바 선지자들의 말'을 성취했다고 — 설명한다.
- 그는 모세의 율법과 달리 '죄 사함'을 가능하게 한(다시 한번 성경을 성취하는) 예수의 부활에 관한 소식을 선포했다.

이 설교는 분명히 파장을 불러일으켰다(행 13:44~52). 예배 후 회당의 교인들은 바울과 바나바에게 다음 안식일에 다시 와서 말씀을 전해달라고 부탁했다. 그리고 그 소식이 곳곳에 전해졌다. 다음 토요일에는 "온 시민이 거의 다 하나님의 말씀을 듣고자 하여 모였다." 그들은 아마도 야외에서 모였을 것이다. 이는 회당의 교인들에게 '시기'하는 마음을 불러일으켰다. 하지만 바울은 예수에 관한 이 메시지가 **모든** 사람을 위한 것이라고 — (이사야 49장 6절을 인용하면서) 하나님이 이것을 '이방의 빛'으로 삼으셨다고 — 반박했다. 몇몇 이방인들은 예수에 관한 바울의 메시지를 믿었지만, 유대인들은 탐탁지 않게 여겼다. 결국 도시의 지도자들과 관계를 맺고 있는 이들의 선동 때문에 바울과 바나바는 이 지역에서 쫓겨나게 된다. 두 사도는 '발의 티끌을 떨어 버리고', 예수가 첫 제자들에게 거부를 당할 때 그렇게 하라고 알려주신 그대로(눅 9:5) 그곳을 떠났다.

> 내가 너희에게 알게 하노니 내가 전한 복음은 사람의 뜻을 따라 된 것이 아니니라. 이는 … 오직 예수 그리스도의 계시로 말미암은 것이라.
>
> — 갈라디아서 1장 11~12절

서쪽으로 데쿠마누스를 내려다본 비시디아 안디옥의 모습.

로마 식민지인 비시디아 안디옥에서 발견된
많은 라틴어 비문 중 하나.

유대인들과 하나님을 경외하는 사람들

이렇게 회당의 거부를 당하는 일이 사도행전에서 자주 발생했다. 바울은 자신의 메시지를 이스라엘의 성경의 성취이자 이스라엘이 고대해온 '기쁜 소식'으로 제시했지만, 그렇게 받아들여지지 않는 경우가 많았다. 대신 — 이스라엘의 통치자들에 의해 거부당하셔서 십자가에 달리신 메시아에 초점을 맞추면서 — 거의 스캔들로 취급되었다. 또한 그의 메시지는 이스라엘의 율법의 지위에 대해서도 도전했다. 하지만 이렇게 강한 부정적 반응을 불러일으키는 또 다른 이유가 존재했다.

제국 전역에서 어디든 회당이 존재하는 곳에서는 항상 자신이 유대교의 '주변'에 있다고 생각하는 사람들이 있었다. 유대교의 유일신론과 특히 윤리적인 가르침에 매력을 느꼈던 이른바 '하나님을 경외하는 사람들'은 회당의 모임에 정기적으로 참석했을 수도 있지만, 실제로 '개종자'(proselyte, 유대교로 온전히 개종한 사람)가 되는 사람들은 많지 않았다 — 남자의 경우 개종자가 되기 위해서는 할례를 받아야만 했다.

비시디아 안디옥에서 했던 두 차례의 설교에서 바울은 명시적으로 '하나님을 두려워하는 이방인들'을 향해 말했다(행 13:16, 26). 그들이 어떤 반응을 보였을지 쉽게 상상해볼 수 있다. 왜냐하면 바울은 그들이 이제 유대인과 똑같은 자격으로 하나님의 백성의 일원이 될 수 있다고 — 또한 그렇게 하기 위해 더 이상 할례를 받을 필요가 없다고 — 선언했기 때문이다! 누가의 말처럼 당연히 이방인들은 기뻐했다(행 13:48)! 하지만 회당의 유대인 회원들은 전혀 다른 반응을 보였다. 이것은 자신들이 전에 가지고 있던 지위와 특권에 대한 공격이었으며, 따라서 그들은 "시기가 가득했다"(행 13:45). 그뿐 아니라 그들은 바울이 '신앙'을 너무 쉬운 것으로 만들어 회당의 주변적인 회원들을 사실상 '훔치고' 있다고 분노했다. 성경 주석가인 브루스(F. F. Bruce)의 말처럼, "하나님을 두려워하는 이 방인들이 당연히 이렇게 제시된 복음의 복을 받아들였듯이 유대인들은 당연히 이를 거부했다." 그리고 이는 바울의 사역에 역설적인 결과를 초래했다. "바울은 회당을 방문함으로써만 하나님을 두려워하는 사람들과 접촉할 수 있었지만, 그의 정책은 거의 불가피하게 회당과 갈등을 초래했다."

이런 어려운 상황 때문에 바울은 평생 어려움을 겪었다. 그는 이스라엘이 메시아 예수의 오심을 스스로 영광의 순간으로 보기를 고대했으며(롬 9:1~5), 자신의 사역이 불러일으킨 '시기' 때문에 자신의 동료 유대인들 일부가 믿음에 이르기를 간절히 바랐다(롬 11:14). 하지만 자신의 책무는 '이방인의 사도'가 되는 것이며, 회당에 속한 이들이 자신에 대해 적대적인 반응을 보인다고 해서 이 일에 차질이 빚어져서는 안 되었다. 예수가 참으로 '이방을 비추는 빛'이셨듯이(눅 2:32), 바울은 이사야서의 이 구절이 **자신과 바나바**가 사도로서 하고자 했던 바를 간결하게 설명한다고 이해했다(행 13:47). 이 예언은 그들에게 이방인들에게 예수의 빛을 전하라는 특별한 사명을 부여했다. 이것은 그들이 피할 수 없는 책무였다.

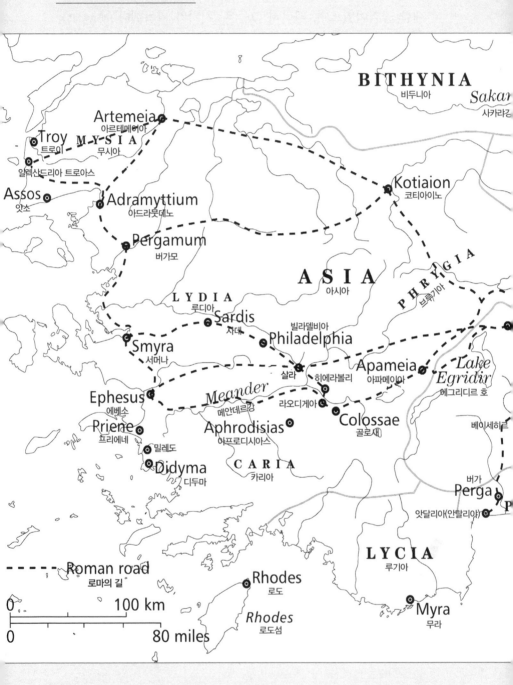

BITHYNIA
비두니아
Sakar
사카랴강

Artemeia
아르테메이아
Troy MYSIA
트로이 무시아

알렉산드리아 트로아스

Kotiaion
코티아이노

Assos
앗소

Adramyttium
아드라뭇데노

Pergamum
버가모

ASIA
아시아

PHRYGIA
브루기아

LYDIA
로디아
Sardis
사대
Philadelphia
빌라델비아

Smyra
서머나

살라
히에라볼리
Apameia
아파메이아
Lake
Egridir
에그리디르 호

Ephesus
에베소

Meander
메안데르강
라오디게아
Colossae
골로새

베이세히르

Priene
프리에네

밀레도

Aphrodisias
아프로디시아스

CARIA
카리아

Perga
버가

Didyma
디두마

앗달리아(안탈리아)

P

LYCIA
루기아

─ ─ ─ Roman road
로마의 길

Rhodes
로도

Myra
무라

0   100 km

0   80 miles

Rhodes
로도섬

GALATIA
갈라디아

Kizil Irmak
키질 이르막

CAPPADOCIA
갑바도기아

Lake
Tuz
투즈 호

an Antioch
비시디아 안디옥
(얄바치)

라오디세이아
Laodiceia

이고니온(코냐)

브루기아 갈라티카

Lystra
(Hatunsaray)
루스드라(하툰사라이)

LYCAONIA GALATICA
루가오니아 갈라티카

키비시라

더베(데브리 제히르)

Laranda
라란다

MOUNTAINS

REGNUM
ANTIOCH
레그눔 안디옥

길리기아 관문

TAURUS
토로스산맥

CILICIA
길리기아

Tarsus
다소

DIA
시디아

endos 아스펜도스

HYLIA 밤빌리아

시데

안디옥(안타키아)

Seleucia ad Pieria
(Çevlik)
셀레우시아 아드 피에리아라(체블릭)

Orontes
오론테스강

이고니온에서 일어난 비슷한 사건

바울과 바나바는 **세바스테 길**을 따라 여행했다. 미스티아 (Misthia)에서 왼쪽으로 돌아 그들은 안디옥에서 동쪽으로 약 150 km 떨어진 이고니온에 도착했다. 사나흘 걸리는 여정이었다. 이 무렵 클라우디우스 황제는 이 도시가 자신의 이름을 채택하도록 허락했다. 그래서 이곳은 한동안 '클라우디코니움'(Claudiconium) 이라고 불리기도 했다. 이곳은 넓은 평원에 있는 중요한 교차로 에 있었고, 이 교차로에서 사방으로 주요 도로가 뻗어 나가고 있 었다.

그들은 지체 없이 회당으로 갔다(행 14:1~6). 이번에는 이 지역 에서 '오래' 머물 수 있었고, 덕분에 '유대와 헬라의 허다한 무리가 믿게' 되었다. 하지만 결국에는 여기서도 상황이 나빠지고 말았 다. 바울과 바나바는 자신들을 돌로 치려는 음모를 알아차리고 이 도시에서 도망쳐 나왔다.

루스드라: 이교와의 조우

그들은 남서쪽으로 약 30km 떨어진 로마의 식민지 루스드라로 도망쳤다. (비시디아 안디옥처럼) 로마의 식민지인 이곳에는 일부 유 대인 주민들과 함께 로마 군대의 퇴역 군인들이 살고 있었을 것이 다. 또한 주변 지역에서 — 이 경우에는 루가오니아에서 — 온 [로마인들 에게는 인콜라이(incolae)로 알려진] 원주민도 많았을 것이다. 그들의 모국어는 헬라어가 아니라 루가오니아 방언이었을 것이고, 그래서 사도들은 이곳에서 혼란을 경험했을 것이다(행 14:6~20).

> 브루기아의 언덕에는 참나무와 라임나무가 낮은 벽에 둘러싸여 나란히 서 있다. 제우스는 인간으로 변장한 채 그곳으로 갔다.
>
> — 오비디우스, 《변신 이야기》(8.611~724).
> 제우스가 나무로 변신하게 했던 가난한 노부부를 찾아가는 장면

어느 시점엔가 바울은 날 때부터 발을 쓰지 못하는 한 사람에게 치유의 말을 선포했다. 그 사람이 즉시 일어나자 무리가 깜짝 놀랐다. 하지만 그 결과는 사도들이 바랐던 것이 전혀 아니었다. 루가오니아 사람들은 그들이 인간의 모습을 한 신들이라고 생각했다[바울을 허메(헤르메스)와, 바나바를 제우스와 동일시했다]. 이윽고 이교도 사제가 소를 가져와 그들에게 제물로 바칠 준비를 했다. 바울과 바나바는 이런 신성 모독적인 제사를 드리려는 그들의 모습에 경악하며 서둘러 무리 속으로 들어가 그들을 설득하려고 했다. "우리도 여러분과 같은 성정을 가진 사람이라!" 언어의 장벽(아마도 사도들은 헬라어로 말하고, 무리는 루가오니아 방언으로 말했을 것이다)에도 불구하고 메시지가 전해졌고 제사가 중단되었다.

이 흥미진진한 이야기는 바울이 유대교 회당이라는 범위를 완전히 벗어나 순전히 이교도인 사람들에게 복음을 전하기 시작했을 때 무슨 일이 일어났는지를 사도행전에서 처음으로 보여준다. 이런 경우에 그는 자신이 참된 유대인으로서 이스라엘의 창조주 하나님을 믿는 유일신론을 주창하며 모든 형태의 우상 숭배에 격렬히 반대함을 드러낸다. 나중에 쓴 편지에서 그는 세상의 참된

주이신 예수가 사람들에게 "우상을 버리고 하나님께로 돌아와서 살아 계시고 참되신 하나님을 섬기라"라고 촉구하셨다고 가르친다(살전 1:9).

또 다른 흥미로운 점은, 바울이 둘 중에서 '말하는 자이므로' 허메(헤르메스)와 비교되었다는 사실이다. 이 지역의 비문을 통해 이곳에서는 제우스와 허메 모두를 대단히 중요하게 여겼음을 알 수 있다. 허메는 신들 중에서 특별한 전령 역할을 한다고 보았으며, 제우스는 그리스 만신전의 주신으로 간주되었다. 그래서 바나바는 둘 중에서 더 '선임자'라는 암시를 준 반면, 바울은 연설을 주로 받는 역할을 하게 되었을 것이다. 바나바는 필요하면 바울 — 말을 잘하는 사람이자 논쟁의 대가 — 에 비해 더 보조적인 역할을 기꺼이 맡으려 했다는 인상을 받게 된다.

하지만 '유대인들이 안디옥과 이고니온에서 와서 무리를 충동했을' 때 사도들이 루스드라에서 얻은 인기 — 비록 잘못된 종류의 인기였지만 — 는 이내 사라지고 말았다. 그들은 '돌로 바울을 쳐서 죽은 줄로 알고 시외로 끌어냈다'. 사실 바울은 의식을 잃고 쓰러졌을 뿐이다. 그가 '일어나 그 성에 들어갔기' 때문이다(행 14:19~20). 하지만 이 경험은 평생 그의 기억에 남게 된다. 나중에 그는 사도로서 당한 고난을 열거하면서 이 사건을 꼽기도 했다("한 번 돌로 맞고," 고후 11:25). 그리고 더 문자적인 의미에서 그의 몸에는 앞으로 여러 해 동안 상처가 남게 될 것이다 — 그래서 아마도 그는 갈라디아서의 마지막 부분에서 "누구든지 나를 괴롭게 하지 말라. 내가 내 몸에 예수의 흔적을 지니고 있노라"라고 당부했을 것이다(갈 6:17). 갈라디아의 신자들은 바울이 예수의 복음을 그들에게 전하기 위해 정확히 어떤 고난을 당했는지를 매우 잘 알고 있었을 것이다.

다시 더베로

바울과 바나바는 쓰러졌지만 포기하지 않고 남동쪽으로 약 100㎞ 떨어져 있는 더베라는 다른 도시를 향해 출발한다. 이 도시 역시 클라우디우스 황제의 이름을 기려 한동안 클라우디오-더베라고 불렸다. 어떤 이들은 이 명칭이 '향나무'(juniper)를 뜻하는 루가오니아 말과 연관이 있다고 주장한다. 다시 한번 사도들은 "복음을 그 성에서 전하여 많은 사람을 제자로 삼았다"(행 14:21).

하지만 시간이 얼마 남지 않았다. 그들은 다소 방향으로 남동쪽 육로로 가는 대신 갈라디아를 거쳐 왔던 길을 돌아가기로 했다. (최근에 그들이 인기가 없었기 때문에) 위험하기는 했지만, 그들은 새로운 신자들을 격려하기를 원했다. 하지만 남은 시간도 잘 계산해야만 했다. 가을에는 지중해를 따라 항해하는 것이 위험해지기 때문이다. 겨울 무렵에 시리아의 안디옥에 닿고자 한다면 늦어도 10월 초에는 밤빌리아의 해안에 도착해야 했다.

그래서 그들은 도시들을 역순으로 거쳐 가면서 '루스드라와 이고니온과 안디옥'을 방문하며 '각 교회에서 장로들'을 세웠다(행 14:21~23). 바울은 현실주의자였으며 인정받는 지도자들이 존재할 때 회중이 가장 효과적으로 기능할 수 있음을 알고 있었다. 이 작은 교회들은 앞으로 매우 취약한 상태에 놓일 것이며, 따라서 적합한 지도자를 세우고 공동체의 번성을 위한 토대를 합의 하에 마련해놓는 것이 필수적이었다. 그들은 서둘러 떠났고, 따라서 그들이 다시 돌아와 시작한 일을 마무리해야 할 것이다. 특히 그들 자신도 이 길로 언제 돌아올 수 있을지 전혀 알 수 없었기 때문이다.

갈라디아를 다시 방문하는 바울: 디모데와 예루살렘에서 전해진 소식

실제로 바울은 약 3년이 지난 후에야 돌아올 수 있었다. "떨어져 있을 때 그리워하는 마음이 더 커진다." 그 사이에 바울이 갈라디아인들에게 쓴 편지를 보면 그들을 향한 바울의 간절한 그리움을 느낄 수 있다. 그는 예루살렘에서 온 방문자들이 이방인 신자들도 할례를 받아야 한다고 주장하면서 그들을 혼란스럽게 했음을 알게 되었다. 그의 편지는 열정적이면서도 단호하다.

어리석도다, 갈라디아 사람들아! 예수 그리스도께서 십자가에 못박히신 것이 너희 눈 앞에 밝히 보이거늘 … 너희가 이같이 많은 괴로움을 헛되이 받았느냐? … 너희가 다 믿음으로 말미암아 그리스도 예수 안에서 하나님의 아들이 되었으니 … 너희는 유대인이나 헬라인이나 종이나 자유인이나 남자나 여자나 다 그리스도 예수 안에서 하나이니라. 너희가 그리스도의 것이면 … 네가 이후로는 종이 아니요 … 유업을 받을 자니라. 나의 자녀들아, 너희 속에 그리스도의 형상을 이루기까지 다시 너희를 위하여 해산하는 수고를 하노니, 내가 이제라도 너희와 함께 있어 내 언성을 높이려 함은 너희에 대하여 의혹이 있음이라! 그리스도께서 우리를

자유롭게 하려고 자유를 주셨으니 그러므로 굳건하게 서서 다시
는 종의 멍에를 메지 말라.

— 갈라디아서 3장 1, 4, 26~29절, 4장 7, 19~20절, 5장 1~2절

바울은 똑같은 취지로 (갈라디아인들 사이에서 이뤄지던 그의 사역을
지지했던) 예루살렘 공의회가 끝난 후 바나바에게 말한다. "우리가
주의 말씀을 전한 각 성으로 다시 가서 형제들이 어떠한가 방문하
자"(행 15:36). 바울은 그들이 어떻게 지내는지 몹시 궁금했다. 그
들은 경주에서 탈락하고 말았을까(갈 5:7)? 박해의 무게를 견디지
못하고 굴복하고 말았을까? 그래서 바나바가 마가와 함께 구브로
로 가기로 했을 때 바울은 실라와 짝을 이뤄 수리아와 길리기아를
거쳐 육로로 길리기아 관문을 통해 더베에 이르렀고, 그다음에는
루스드라에 도착했다(행 16:1~5).

이는 네 속에 거짓이 없는 믿음이 있음을 생각함이라. 이 믿음은
먼저 네 외조모 로이스와 네 어머니 유니게 속에 있더니 네 속에
도 있는 줄을 확신하노라.

— 디모데후서 1장 5절

이 시점에 바울은 평생 바울의 '오른팔'이 될 (아마도 20대 초반이
었던) 젊은이를 소개받는다. 바로 헬라인 아버지와 유대인 어머니
사이에서 태어난 루스드라 출신의 디모데였다. 루스드라와 이고
니온의 신자들이 그를 바울에게 추천했다. 그는 아마도 이미 이
두 마을에서 가르치는 사역을 시작한 상태였을 것이며, 바울은 금

세 그의 잠재력을 알아볼 수 있었을 것이다.

무슨 이유에서인지 (그 지역 사람들의 감수성을 고려해서, 혹은 미래를 대비해서?) 그는 디모데가 할례를 받아야 한다고 판단했다. 예루살렘 공의회에서 신학적인 근거로 이방인 신자들은 할례를 받을 필요가 없음을 분명히 했기에, 바울은 그렇게 하는 편이 유익하다고 볼 만한 실용적인 이유가 존재한다면 이에 관해 유연한 입장을 취했다. 사실 바울이 그토록 서둘러 갈라디아로 돌아온 주된 이유 중 하나는 그와 실라가 예루살렘에서 가지고 온 사도들의 판결을 손에 들고 있었기 때문이다. 그는 그의 복음이 인간적으로 최고의 차원에서 지지를 받았다는 기쁜 소식을 그들에게 전했다. 할례를 받지 않고도 하나님의 백성의 일원이 될 수 있게 된 갈라디아의 이방인 신자들은 안도의 한숨을 쉬면서 다시 기뻐할 수 있었다.

> … 우리가 하나님의 나라에 들어가려면 많은 환난을 겪어야 할 것이라.
>
> — 사도행전 14장 22절

갈라디아에 대한 회고: 고통, 그러나 부활

바울은 주후 55년에 안디옥에서 에베소로 가는 길에 세 번째이자 마지막으로 이 길로 여행한다. 3차 선교 여행을 시작하면서 그는 이곳을 지나며 "모든 제자를 굳건하게 했다"(행 18:23). 하지만 갈라디아가 마지막으로 언급된 곳은 바울이 디모데에게 보낸 편지에서였다. 10년 이상 지난 후에 바울은 자신의 젊은 조력자를 격려하기 위해 보낸 편지에 이렇게 적었다.

> 나의 교훈과 행실과 의향과 믿음과 오래 참음과 사랑과 인내와
> 박해를 받음과 고난과 또한 안디옥과 이고니온과 루스드라에서
> 당한 일과 어떠한 박해를 받은 것을 네가 과연 보고 알았거니와
> 주께서 이 모든 것 가운데서 나를 건지셨느니라. 무릇 그리스도
> 예수 안에서 경건하게 살고자 하는 자는 박해를 받으리라.
>
> — 디모데후서 3장 10~12절

디모데는 지금까지 이런 박해의 위협에 굴복하지 않았다. 그는
기꺼이 루스드라의 작은 마을에 가족을 남겨두고 바울과 함께 알
지 못하는 곳으로 떠났으며, 아마도 결코 돌아가지 못했을 것이
다. 디모데는 바울과 그의 메시지의 본질적인 진리에 깊은 인상
을 받았다. 어떻게 디모데가 이처럼 어떤 대가를 치르더라도 예수
를 따르겠다고 결단하게 되었는지는 추측해볼 수밖에 없다. 그와
다른 새 제자들이 루스드라의 성벽 밖에 있는 거친 땅에 누워 있
는, 죽은 것처럼 보이는 이 남자 주위에 모였던 그 날이었을까(행
14:20)? 이 이상한 남자는 왜 예루살렘에서 여기까지 찾아왔을까?
이 기독교의 메시지가 얼마나 중요한 것이기에 이 유대교 랍비는
이렇게 먼 루가오니아의 외딴 평원에 사는 사람들을 위해 기꺼이
자신을 목숨을 바치려 했을까?

하지만 그때 이 남자는 기적적으로 의식을 되찾고 똑바로 일어
났다. 이것은 부활이 아니었지만, 부활의 능력을 지니신 하나님에
관한 강력한 증언이었다. 디모데는 그곳이 어디이든 이 하나님을

따르겠다고 결심했다. 3년이 지나 바울이 다시 왔을 때 디모데는
그를 따라갈 준비가 되어 있었다.

오늘날의 갈라디아

바울이 갈라디아 남부로 알고 있었던 곳은 토로스 산맥에 의해 지중해로부터 분리된 넓은 내륙 지역이다. 이곳의 많은 부분은 해발 고도 900m 이상이기 때문에 겨울이 길다. 이 지역의 두 주요 도시는 코냐와 이스파르타이며, 후자는 (세 개의 큰 호수, 즉 에그리디르 호, 베이세히르 호, 아크세히르 호) 튀르키예의 호수 지구로 알려져 있다.

> 카이사르 아우구스투스, 신의 아들, 폰티펙스 막시무스(pontifex maximus) … 조국의 아버지.
> — 아우구스투스 신전의 헌정 비문으로서 주전 2년 그에게 부여된 '국부'(Pater Patriae) 호칭이 포함되어 있음

비시디아 안디옥

바울과 바나바는 갈라디아에서 네 도시(안디옥, 이고니온, 루스드라, 더베)를 방문했다. 이 중에서 오늘날 고고학적으로 흥미로운 주요 유적지는 **비시디아 안디옥**이다. 작은 현대의 마을인 **얄바치**에서 가까운 곳에 있는 이 버려진 고대 유적은 해발 고도가 1,000m 이상으로, 해안이나 인구 밀집 지역에서 멀리 떨어져 있어서 현대의 방문자들에게는 벽지라는 느낌이 든다. 하지만 세바

고대 비시디아 안디옥의 평면도

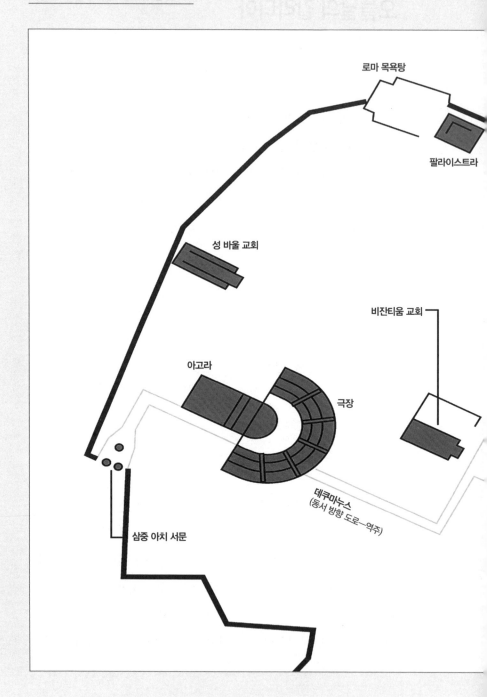

로마 목욕탕

팔라이스트라

성 바울 교회

비잔티움 교회

아고라

극장

데쿠마누스
(동서 방향 도로—역주)

삼중 아치 서문

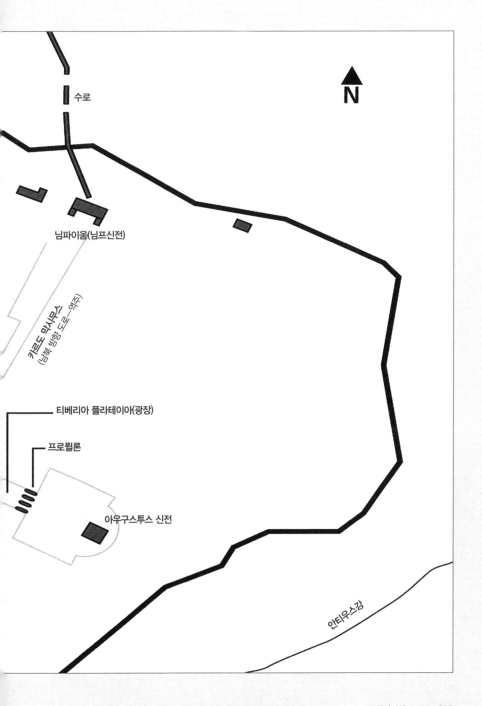

수로

N

님파이움(님프신전)

카르도 막시무스
(남북 방향 도로 — 열주)

티베리아 플라테이아(광장)

프로필론

아우구스투스 신전

안티우스강

세심하게 건설된 안디옥 수로의 아름다운 유적.

스테 길의 중요한 교차 지점이 내려다보이는 안디옥은 바울 시대에 대단히 중요한 로마의 식민지였다.

　로마의 식민지는 로마군의 주둔지를 본떠 건설되었다 ─ 남북 방향의 주요 도로인 **카르도 막시무스**와 교차하는 **데쿠마누스**를 갖추고 있었다. 안디옥에서 이런 구조를 명확히 확인할 수 있다. (바울 시대 이후에 건설된) 큰 **삼중 아치문**을 통과하면 곧 전차 바퀴 자국이 있는 약간 경사진 **데쿠마누스**로 들어서서 주요 도로와의 교차 지점을 향해 걷게 된다. **데쿠마누스**의 왼쪽에는 **고대의 극장**이 있다. 원래는 바울 시대보다 훨씬 이전에 세워졌지만, 한참이 지나서 (주후 310년경에) 개축되었다. 그때 좌석 중 일부는 **데쿠마누스** 위를 지나는 아치 위에 세워졌다.

　카르도 막시무스 건너편에는 **아우구스투스 신전**이 있다. 아우구스투스 치하에 건설이 시작되었지만, 그가 죽은 후에 비로소 완공된 이 신전은 바울이 방문하기 약 30년 전 이 도시에서 가장 높은 곳에 세워졌다. 이 신전은 바울 시대의 황제 숭배가 엄청나게 확대되었음을 증언한다. 바울은 주랑이 세워진 넓은 **티베리우스 광장**을 지나면서 사람들이 열두 계단을 오른 다음 거대한 삼중 아치 출입문(혹은 **프로필론**)을 통해 신전의 정원으로 들어가는 것을 보았을 것이다. 아우구스투스의 승리를 기념하는 이 신전 전체가 황제의 권위를 전시하는 데 이바지했을 것이다. 특히 **프로필론**에는 《업적록》(*Res Gestae*, 아우구스투스가 통치 기간 중 이룩한 업적에 관한 서술)이 (라틴어로) 새겨져 있었다.

　프로필론을 통과하면 주랑으로 둘러싸인 거대한 반원형 정원이 있었다. 정원의 동쪽 부분은 언덕의 바위를 잘라내 만들었다.

중앙에는 아우구스투스 신전의 사원이 있었다. 매우 작지만 — 약 40.5m² — 이것은 자연적인 바위로 된 높은 기초 위에 세워져 있으며 다시 열두 계단을 올라가야 접근할 수 있었다. 안디옥의 주민들은 그의 통치 아래에서 이 도시의 명성이 높아진 것에 대해 인상적인 방식으로 황제에게 감사를 표했다. 하지만 바울에게 이것은 대단히 어려운 도전이 기다리고 있음을 뜻했다. 경쟁적인 세상의 지배자에게 초점을 맞추고 있으며 황제 숭배가 빠른 속도로 퍼지고 있는 도시에서 그의 메시지를 위한 여지가 얼마나 남아있었을까?

티베리우스 광장을 통과해 돌아오면 폐허가 된 (때로는 성 바수스로 알려진) 비잔티움 교회가 있다. 고고학자인 윌리엄 램지 경은 (바수스를 비롯해 디오클레티아누스 박해에 숨진 몇몇 기독교 순교자들의 이름을 포함해) 이 교회 건물 아래에 초기의 후진이 있다는 증거를 찾았다고 주장했다. 그렇다면 이 초기의 교회당은 고대의 회당 위에 세워진 것이었을까? 그랬다면 바울이 이곳에서 설교했을까? 아우구스투스 신전에서 매우 가까운 이곳에서 그의 청중은 하나님이 죽은 자 가운데서 다시 살리신 유대교의 메시아에 관한 메시지를 처음으로 들었을까?

현재 램지가 제시한 증거에 대해서는 논란이 있다. 그래서 회당의 정확한 위치는 확실하지 않지만 멀리 떨어져 있지는 않았을 것이다. 거의 도시 전체가 나와서 바울의 설교를 들었다는 사실은, 이 모든 것이 중앙에 있는 어떤 곳에서 이뤄졌음을 강하게 암시한다. 그뿐 아니라 기독교 공동체가 나중에 여기에 교회당을 세웠다는 사실이 더 심층적인 역사적 현실 — 즉, 제국 이데올로기에 대해 근

코냐시에 있는 메블라나 무덤과 사원 위에서 바라본 메블라나 박물관의 전망. 메블라나 셀랄레딘 루미는 수피 철학자이자 이슬람의 영적인 시인이다.

본적으로 도전하는, 이상해 보이는 바울의 메시지가 궁극적으로는 승리했다는 사실 — 을 드러낸다. 따라서 이 교회의 폐허가 된 후진은, 방문자들이 바울의 설교를 듣고 주후 46년 늦은 여름 이곳에서 시작된 것이 결국 어떤 영향을 미쳤는지를 생각해보기에 이상적인 환경을 제공한다.

카르도의 북쪽 끝에는 기념비적인 유적이 있다. 9m 높이의 수조 탑인 **샘**[님파이움(님프신전)]이다. 이 샘은 산에서 북쪽으로 이어지는 수로를 통해 운반한 물을 도시에 제공했다. 이곳은 **수로**를 조망하기에 좋다. 주후 1세기에 뛰어난 공학 기술을 적용하여 건설한 이 수로는 경사도가 평균 2.6%이며 길이는 약 11㎞에 이르렀다. 하지만 **님파이움(님프신전)**에 이르면 경사도가 0.02%로 낮아졌다. 따라서 도시 주민에게 매일 3,000㎥(66만 갤런)의 물을 안전하게 공급할 수 있다.

서쪽으로 약 69m 떨어진 곳에는 이 도시의 **체육관 시설**이 있다. **팔라이스트라**의 바닥 돌판과 지붕까지 그대로 남아있는 목욕탕을 지금도 볼 수 있다. 여기서 더 서쪽으로 가면 **경기장**의 명확한 윤곽선을 볼 수 있다. 하지만 (입구 방향으로 돌아가면서 볼 수 있는) 이 지역의 핵심 유적은 **성 바울 교회**로 알려진 또 다른 기독교 바실리카다.

주후 500년 무렵에 확장되고 개조된 이 예배당은 소아시아에 남아있는 가장 큰 바실리카 중 하나로서 비잔티움 건축을 이해하는 데 큰 도움을 준다. 이 바실리카는 세 개의 측랑과 중앙 후진, (서쪽 끝에 있는) 안쪽과 바깥쪽 **배랑**(narthex)을 갖추고 있다. 남아있는 바닥의 모자이크에 새겨진 비문 — 지금은 일부러 30㎝ 땅속에 보존된 — 에 의하면 원래의 더 작은 바실리카는 옵티무스 주교 시대에 이 자리에 건축된 것으로 보인다.

비잔티움 사람들은 바울을 기념하여 이 교회를 세웠을 가능성이 높다. 근처의 **얄바치**에서 발견된, 바울의 이름(**하기오스 파울로스**)이 새겨진 커다란 세례반은 이 교회에 설치되어 있던 것으로 보인다. 이 교회의 터는 바울과 연관성이 없지만, 성경의 분명한 증언 덕분에 안디옥 전체가 다른 많은 도시들과 달리 중요한 사도였던 바울이 이곳을 방문했다고 주장할 수 있었다.

유적지 전체를 둘러보면 살펴볼 것들이 아주 많지만, **얄바치 박물관**을 방문해보는 것도 좋다. 고대 안디옥과 주변 지역에서 발굴된 중요한 유물이 전시되어 있다 — 조각상과 동전, 석관, 비석 등을 볼 수 있으며, 성 바울 교회에서 나온 세례반과 아우구스투스의《업적록》단편도 잊지 말라.

이고니온(코냐)

바울과 바나바가 방문한 나머지 세 곳 중에서 가장 접근하기가 쉬운 곳은 지금은 코냐(인구 1백3십만 명)라고 부르는 **이고니온**이다. 두 여행자는 주후 46/47년에 여러 달 동안 넓은 평원의 서쪽 끝에 있는 이곳에서 겨울을 보냈을 것이다. 하지만 코냐는 이제 크고 현대적인 도시이며 이 작은 고대 마을의 흔적은 사실상 전부 지워지고 말았다. 분주한 원형 도로로 둘러싸인 중심부에는 **고대 아크로폴리스**의 언덕이 있다. 하지만 현재 이곳에는 도시의 공원과 알라-엣-틴 사원이 세워져 있다.

방문자들은 이 도시가 이슬람 술탄의 영토를 위한 중심지가 되었던 시기에 세워진 다양한 건물에 관심을 갖게 될 것이다. 1925년에 아타튀르크에 의해 금지될 때까지 수 세기 동안 신비로운 수피 문화의 중심지였던, 빙빙 돌며 춤추는 데르비시의 수도원(혹은 테케)과 13세기에 이 수도원을 설립한 메블라나의 무덤이 있다. **메블라나 묘** 외에 방문해볼 곳으로는 **인제 미나레트**(Ince Minaret)와 **카라타이 박물관**이 있다. 하지만 바울의 발자취를 추적하는 이들에게는 (묘에서 걸어서 15분 걸리는) 코냐의 작은 **고고학 박물관**을 방문해보는 것이 가장 유익할 것이다. 몇 개의 화려한 석관 외에도 신약학계에서 큰 관심을 기울이는 비문들이 소장되어 있다. 그중 하나는 높이가 1m 이상으로 인근의 루스드라에서 이곳으로 옮겨온 것이며, **율리아 펠릭스 게미나 루스트라** 식민지를 명시적으로 언급하고 있다.

루스드라와 더베

루스드라는 바울과 바나바가 이고니온에서 도망쳐간 로마의 식민지다. 오늘날 (코냐에서 남서쪽으로 약 34㎞ 떨어져 있으며 하툰사라이라는 마을에서 북쪽으로 약 1.6㎞ 떨어져 있는) 이 자리에는 사실상 볼 것이 전혀 없다. 하지만 1880년대 중엽에 (코냐의 박물관으로 옮겨진) 비문이 발견되어 이곳이 루스드라라는 도시였음이 밝혀졌다. 이곳은 큰 언덕 위에 자리 잡은 천혜의 군사적인 거점이지만, 아직 제대로 발굴 작업이 이뤄지지 않았다. (역시 코냐 박물관에 보관된) 라틴어로 된 비문에 의해 이곳이 로마의 식민지였음이 확인되었다.

흥미롭게도 후대의 비문 일부에서는 '제우스의 사제들'과 '허메(헤르메스)와 기도를 듣는 사람'을 언급한다 — 놀랍게도 바울과 바나바가 제우스와 허메(헤르메스)와 비교되었다는 누가의 이야기를 확증해준다.

이 언덕을 바라보면 왜 누군가가 예루살렘에서 이곳까지 찾아와서 불과 17년 전에 로마인들에 의해 십자가형을 당한 사람에 관한 소식을 전하려고 했을지 궁금한 생각이 든다. 이 외진 곳에서 지내야 한다는 생각이 들자 마가가 고향인 예루살렘으로 돌아가고 말았다는 것도 당연하다. 하지만 루스드라는 바울이 다음번 방문에서 마가를 대신할 디모데를 평생의 동역자로 선택하는 곳이 될 것이다. 지금 루스드라는 그저 언덕에 불과하지만, 이곳에서 신약 교회의 '숨은 공로자들' 중 한 사람이 태어났다.

고대의 **더베**에는 볼 만한 것이 훨씬 더 적다. 사실 정확한 위치마저 논란이 되고 있다 — 하지만 이곳이 케리 휴윅이라는 언덕이었을 것으로 생각하는 사람들이 점점 더 많아지고 있다. 이곳은 코냐에서 남동쪽으로 약 130㎞, 카라만(고대의 라란다)에서 북동쪽으로 24㎞, 에키노주라는 마을에서 5㎞ 떨어진 곳에 있다. 라카만의 박물관에는 "더베의 주교 하나님을 사랑하는 미카엘"이라고 적힌 비석이 보관되어 있다. 이 유물은 케리 휴윅에서 나온 것으로 보인다. 1950년에 이곳에서 발견된 ("클라우디오 …"라고 적힌) 비문은 이곳이 더베임을 강력히 확증해준다(바울의 시대에 더베는 클라우디오-더베라고도 알려졌기 때문이다. — 217쪽, "다시 더베로"를 보라).

이 핵심적 증거 역시 이곳이 아니라 **코냐 박물관**에 보관되어 있다. 그래서 여전히 전면적인 발굴 조사가 이뤄지지 않은 이곳을 방문해봐야 얻을 수 있는 통찰이 거의 없다. 더베는 바울의 또 다른 동역자인 가이오(행 19:29, 20:4)의 고향이었다. 바울의 고향인 다소와도 그다지 멀지 않았다. 바울은 처음에 길리기아 관문을 거쳐 돌아갈 계획이었을까(79쪽, "다소: 바울의 고향"을 보라)? 그렇게 하면 며칠이 더 걸렸기 때문에 그들은 신자들을 격려하기 위해 왔던 길을 돌아가기로 했다. 그것은 대담한 결정 — 갈라디아 남주의 이 외딴 지역에 사는 이들을 위한 — 이었다.

바울과 테클라

오네시보로라는 이름의 남자가 바울이 이고니온으로 오고 있다
는 소식을 듣고 급히 나가서 … 그를 만나고 그들의 집으로 초대
했다. … 그들은 루스드라로 가는 왕의 대로로 가 그를 기다리며
서 있었다. 그들은 지나가는 모든 사람을 디도가 그들에게 알려
준 모습과 비교했다.

마침내 그들은 키가 작고 두 눈썹이 연결되어 있으며 대머리에
다리가 휘어 있고 몸매가 다부지며 눈이 움푹 들어가 있고 코가
크고 구부러진 한 남자가 다가오는 것을 보았다. 그는 은혜가 충
만했다. 때로는 사람처럼 보였고, 때로는 천사의 얼굴을 가진 것
처럼 보였기 때문이다. 바울은 오네시보로를 보고 기뻐했다. …

《바울과 테클라의 행전》이라는 제목으로 알려진 주후 2세기의 문
서는 이렇게 시작된다. 이 문서는 향수에 젖어 사도 시대를 회고하는
2세기의 위경 중 하나다. 이 책은 테클라라는 18세의 젊은 귀족 여성
이 이고니온에서 바울의 설교를 듣고 가족을 버린 채 그를 따라가는
이야기를 담고 있다.

이 책에서 가장 흥미로운 내용은 바울의 겉모습을 묘사하는 부분
일 것이다 — 이에 관해서 남아있는 유일한 기록이다. 이에 관해 신
약의 정경 안에는 우리에게 도움이 될 만한 자료가 전혀 없다. 루스

드라에서 바나바가 제우스에 비교되었다는 사실(위를 보라)은 바울이 자신의 동료보다 키가 더 작았음을 암시할지도 모른다(하지만 그가 약간 더 젊었기 때문이었을지도 모른다). 또한, 일부 고린도인들은 바울의 연설이 전체적으로 세련된 아볼로의 연설보다 약간 덜 매력적이라고 생각했다는 것도 알고 있다. 하지만 그의 얼굴에 관해서는 아무런 실마리도 얻을 수 없다.

그러나 2세기의 이야기는 실제 회고를 활용하고 있을지도 모른다. 후대에 만들어진 바울의 성상은 이 책의 묘사와 일치한다—물론 후대의 성상들이 이 묘사에 영향을 받았을 수도 있다! 이 초기의 성상들을 살펴보면 흥미롭게도 공통적인 특징을 확인할 수 있다. 바울은 예외 없이 대머리이며 턱수염을 기르고 있다. 그 결과 성서학자들은 바울의 외모에 관한 실마리가 전혀 없다고 주장하지만, 정교회에서는 전혀 다른 결론을 내리고 있다.

《바울과 테클라의 행전》의 줄거리는 간단하다. 테클라는 결혼을 약속한 사람이 있지만 옆집 창문에 앉아 바울의 설교를 엿듣는다. 그의 약혼자는 분노하여 바울을 총독 앞으로 끌고 가 결혼에 반대하는 가르침을 전했다고 고발한다. 테클라는 감옥에 갇힌 바울을 찾아가고, 자신 역시 화형 선고를 받는다. 하지만 기적적으로 불이 꺼진다. 테클라는 다시 (동굴 안에서 기도하고 있던) 바울과 만나 그를 따르겠다고 맹세하고, 이에 그는 그녀를 데리고 비시디아 안디옥으로 간다.

그들이 그곳에 도착하자마자 이 시의 유력자가 그녀와 사랑에 빠진다. 하지만 그녀에게 퇴짜를 맞자 그의 사랑은 증오로 변하고, 그녀는 다시 그 지역 총독 앞에로 끌려간다. 총독은 즉시 그녀를 사자들에게 던져주라고 판결한다. 이 지역에 사는 여인인 트리피나가 한동안 그녀를 입양하고, 자신도 테클라와 함께 사자들에게 던져진다. 하지만 짐승들은 그들을 건드리지 않는다. 더 사나운 짐승을 사용하고 더 잔혹한 고문을 행했지만 아무 소용이 없었다. 공포에 사로잡힌 총독은 그녀의 증언을 들은 후 그녀가 '하나님의 종'이라고 선언하면서 그녀를 석방한다.

그 사이에 테클라는 세례를 받는다. 이제 그녀는 (무라에서 복음을 전하고 있던) 바울을 찾아 나선다. 그는 그녀를 이고니온에 있는 그녀의 집으로 돌려보내지만, 그녀는 곧 셀루기아로 이주해 도시가 내려다보이는 언덕에 작은 수녀원을 세우고, 많은 방문자가 이곳을 찾게된다. 오랜 세월이 지나 (90세가 된) 그녀를 어떤 남자들이 성폭행하려고 했지만 그녀는 기적적으로 바위 속으로 사라져 더 이상 보이지 않게 된다.

이 이야기는 비현실적인 사건으로 가득 차 있고, 아도니스와 아스타르테에 관한 신화처럼 이교 신화의 기독교화된 판본처럼 보이기도한다. 바울은 결혼을 금지하는 이들에 대해 명시적으로 반대했다(딤전 4:1~3). 따라서 바울의 설교에 나타난 성에 관한 가르침은 분명히 과장되어 있다. 그럼에도 이 책은 갈라디아 남부에서 바울의 사역이 기억할 만한 영향력을 남겼음을 보여준다. 또한 안디옥과 같은 외딴 도시들의 삶과 관련해 매우 흥미로운 역사적 증거를 반영하고 있다.

주요 연대: 갈라디아

주전 300~250년   셀레오코스의 통치자들이 '비시디아 근처'에 안디옥을 세움.

주전 195년경   안티오코스 3세가 유대인 2천 가정을 바벨론에서 '브루기아의 요세와 가장 중요한 요지'로 이주하도록 명령한다(요세푸스, 《유대 고대사》 12.149).

주전 188년   로마인들이 안디옥을 '자유 도시'로 선포한다.

주전 100년대   안디옥에서 남동쪽으로 5㎞ 떨어진 곳에 ('멘 아스카이노스'로 알려진) 지역의 남신을 위한 신전을 건설함.

주전 36년   로마인들이 안디옥과 루스드라를 갈라디아 지역의 분봉왕 아민타스의 통치 아래 둔다.

주전 25년   아우구스투스가 브루기아와 루카오니아, 갈라디아 같은 영토를 로마의 직할 영토로 묶어 새로운 갈라디아 속주를 만든다. 여덟 부대의 퇴역 군인들이 이곳에 자리를 잡지만, 안디옥에는 '유스 이탈리쿰'(ius Italicum, 로마의 법적 지위)이 부여된다. 이곳은 '콜로니아 가이사레아 안티오키아'로 알려진다.

주전 6년   아우구스투스가 세바스테 길(Via Sebaste)을 건설하고 안디옥을 동쪽과 남쪽, 서쪽으로 가는 도로의 교차 지점으로 삼는다. 또한 (남쪽에 있는) 토로스 산맥에 자리 잡은 도적으로부터 이곳을 보호하기 위해 루스드라에 퇴역 군인들을 배치한다.

주후 46년	바울과 바나바가 (늦은 여름에) 안디옥에 도착하고, 그런 다음 이고이온과 루스드라, 더베로 이동한다.
주후 47년	바울과 바나바가 갈라디아를 떠나 시리아의 안디옥으로 가기 위해 남쪽의 밤빌리아로 들어간다.
주후 129년	하드리아누스 황제가 소아시아 내륙을 방문함.
주후 157년	클라우디오-더베에 세워진 비문에 안토니우스 피우스 황제가 언급된다.
주후 160년경	몬타누스와 두 명의 여자 예언자들이 권위 있는 새로운 계시를 받았다고 주장하면서 새 예루살렘(계 3:12, 21:2을 보라)이 브루기아에 있는 페푸자라는 작은 마을에 임했다고 가르친다. 테르툴리아누스와 다른 이들로부터 격렬한 비판을 받는다.
주후 295년	디오클레티아누스 황제가 안디옥을 수도로 새로운 비시디아 속주를 세운다.
주후 325년	(안디옥과 이고니온, 루스드라 출신인) 갈라디아의 주교들이 (주후 381년과 451년에 열린) 니케아 공의회와 이후의 공의회에 참석한다.
주후 375~381년	안디옥의 주교 옵티무스가 새로운 바실리카를 건설하고 (더베의 다프누스 주교와 더불어) 콘스탄티노폴리스 공의회에 참석한다.

주후 718년	안디옥이 (칼리프 왈리드의 아들인) 압바스가 이끄는 아랍인들에게 침공을 받는다.
1176년	안디옥 근처 어딘가에서 벌어진 미리오케팔론 (Myriokephalon) 전투에서 비잔티움의 황제 마누엘 콤네노스가 튀르크 술탄 클르츠 아르슬란에게 패배한다. 이후에 (바울을 가리키는?) '예언자'를 뜻하는 얄바치라는 새로운 마을이 생겨난다.
1228~1273년	(메블라나로 더 잘 알려진) 젤랄레딘 루미가 콘야에 살며 메블레비 데르비시(이슬람의 탁발 수도자—역주) 수도원을 세운다.
1828년	(이즈미르에서 있던 영국의 군목) 프랜시스 아런델(Francis Arundell)이 안디옥의 유적을 최초로 확인한다.
1907년	윌리엄 램지 경이 (1880년에 시작된 자신의 연구를 기초로)《성 바울의 도시들》(The Cities of Satin Paul)을 출간한다.
1912~1914년	[1914년에 아우구스투스의《업적록》(Res Gestae)을 발견한 것을 포함해] 램지와 다른 이들의 노력으로 멘 아스카이노스 신전과 안디옥 발굴 작업이 이뤄진다.
1924년	램지와의 의견 차이로 미시간 대학교(미국) 연구팀의 발굴 작업이 중단된다.

⁹밤에 환상이 바울에게 보이니 마게도냐 사람 하나가 서서 그에게 청하여 이르되, "마게도냐로 건너와서 우리를 도우라" 하거늘 ¹⁰바울이 그 환상을 보았을 때 우리가 곧 마게도냐로 떠나기를 힘쓰니 … ¹¹우리가 드로아에서 배로 떠나 사모드라게로 직행하여 이튿날 네압볼리로 가고 ¹²거기서 빌립보에 이르니 이는 마게도냐 지방의 첫 성이요 또 로마의 식민지라. …

— 사도행전 16장 9~12절

¹그들이 암비볼리와 아볼로니아로 다녀가 데살로니가에 이르니 … ¹⁰밤에 형제들이 곧 바울과 실라를 베뢰아로 보내니 … .

— 사도행전 17장 1, 10절

유럽으로 들어가는 첫걸음

안디옥에서 보낸 시간 동안 원기를 회복하고 예루살렘 공의회의 결정에 고무된 바울은 그리스도를 전하기 위해 훨씬 더 서쪽으로 진출하기로 했다. 그는 갈라디아 남부를 통과해(218~220쪽, "갈라디아를 다시 방문하는 바울"을 보라) 소아시아의 서쪽 해안에 당도했고, 여기서 에게해를 건너 마게도냐로 가라는 강력한 환상을 경험했다.

이로써 기독교 메시지가 역사상 처음으로 유럽의 해안에 도착했다. 하지만 바울 자신은 이 일을 그렇게 바라보지 않았을지도 모른다. 그는 소아시아 땅을 떠나면서 자신이 '편안하게 여기는 공간' 너머에 있는 곳으로 가고 있었다. 마게도냐는 로마의 가장 넓고 (주전 167년에 세워진) 가장 오래된 속주 중 하나였다. 그래서 바울은 이곳에서 라틴의 영향력을 강하게 느끼고 일종의 문화 충격을 경험할 수밖에 없었다.

바울은 이곳에 도착한 것이 하나님의 분명한 인도하심의 결과였다고 주장할 것이다. 그는 아시아 속주(와 그곳의 수도인 에베소)로 들어가기 원했지만, "성령이 아시아에서 말씀을 전하지 못하게 하셨다"(행 16:6). 이것은 (아마도 루스드라에 있는) 갈라디아의 신자들이 바울을 파송하면서 그와 그의 동역자들을 안수할 때(딤후 1:6) 받았던 예언적 메시지였을까? 우리는 알 수 없다. 하지만 그들은 순종하여 아시아로, 또한 비두니아로 들어가지 않았다 ― "예수의

로마 광장을 가로질러 바라보는 고대 빌립보의 중앙 유적
빌립보 전투는 도시 너머(서쪽) 먼 산 아래 평야에서 벌어졌다.

영"이 이를 허락하지 않으셨다. 결국, 그들은 드로아 해안에 도착했고, 마침내 이곳에서 분명한 인도하심을 받았다. 바울은 꿈에 한 사람이 "마게도냐로 건너와서 우리를 도우라"라고 말하는 모습을 보았다.

바울과 함께 여행하는 이들은 끊임없이 기도하며 매 순간 하나님의 뜻을 분별하려고 노력했을 것이다. 많은 경우 그들은 하루하루 무엇을 하게 될지 **알지 못했다.** 그들은 예상치 못한 것에 대비해야 했다. 바울이 빌립보에 갔을 때도 이처럼 융통성이 필요한 접근 방식을 보게 된다.

빌립보의 강가에서

빌립보는 '로마의 식민지'이며 '마게도냐 지방의 첫 성'이었다 (행 16:12). 마게도냐의 필리포스 2세가 세운 이 도시는 주전 42년의 끔찍한 빌립보 전투 이후 퇴역 군인들이 정착한 로마 식민지가 되어 이 지역의 주요 도시로 자리 잡고 있었다. 이곳의 동전은 압도적으로 로마의 것이었다. 외국의 영토가 아니라 사실상 로마의 변경 거류지라는 지위를 자랑스럽게 여기는 곳이다. 빌립보와 아드리아 해안의 디라키움(Dyrrachium)을 연결하는 **에그나티아 대로** (Via Egnatia)를 활용해, 또는 디라키움과 이달리야 사이를 항해하는 배를 통해 로마와 긴밀한 소통을 유지했다. 실질적이며 특별한 의미에서 빌립보에서는 "모든 길이 로마로 통했다."

바울과 그의 일행은 주중에 도착해 다음 토요일에 예배를 드릴 수 있는 (법적으로는 열 명의 유대인 남성만 모일 수 있는) '회당'이 어디 있는지 사람들에게 물었으나, 한 곳에 — 도시 밖 어딘가, 시냇가 근처에서 — 모여 기도한다는 소수의 유대인 여성들의 모임을 소개받았다. 이 유대인 남성들이 자신들의 모임에 찾아왔을 때 이 여성들이 얼마나 놀랐을지 상상해보라!

그들은 그곳에서 설교를 해달라는 부탁을 받았고, 루디아라는 이름의 한 여성이 곧바로 강에서 세례를 받고 싶다고 말했다. 버가모 남쪽에 있는 도시인 '두아디라 시에 있는 자색 옷감 장사'로 소개된 이 여성은 상당한 재산을 보유하고 있었음이 분명하다. 그의 집은 바울 일행을 수용할 만큼 컸으며, 그의 가족이 모두 세례를 받았다. 또한 누가는 그를 '하나님을 섬기는' 사람이었다고 설명한다 — 다시 말해서 출생은 유대인이 아니었지만, 유대교 주변에 머물던 '하나님을 경외하는 사람'이었다. 앞서 살펴보았듯이 특히 이런 사람들이 바울의 메시지에 매력을 느꼈다(210~211쪽, "유대인들과 하나님을 경외하는 사람들"을 보라).

지금까지는 상황이 좋았다. 바울 일행은 토요일마다 이 작은 기도처를 방문했지만, 그들은 이후에는 상황이 어떻게 전개될지 궁금했을 것이다. 그들은 다양한 방법으로 몇몇 사람들을 믿음으로 이끄는 데 성공했지만(행 16:40), 어떻게 이 로마 식민지 안으로 들어갈 수 있을까? 그들은 생각하지도 못한 곳에서 답을 찾았다.

운명의 변화

점치는 재능을 지닌 (이로써 "그 주인들에게 큰 이익을 주던") 노예 소녀가 바울 일행을 따라다니기 시작했다. 그는 모든 사람에게 그들이 "지극히 높은 하나님의 종으로서 구원의 길을 너희에게 전하는 자"라고 큰 소리로 외쳤다(행 16:16~17). 바울은 이런 설명에 반대하지 않았을 것이다 — 사실 그들이 어떤 사람들인지를 정확하게 묘사하는 말이었다! 하지만 며칠 동안 이런 상황에 계속되자 그들은 성가시며 당혹스럽다고 생각하게 되었다. 경우에 따라서 '아무 홍보도 하지 않는 것보다는 나쁘게라도 홍보하는 편이 더 낫지만' 바울은 사람들이 자신의 메시지를 이런 식으로 처음 듣게 되는 것을 원치 않았다. 그래서 그는 '예수 그리스도의 이름으로' 그에게 귀신을 내쫓았다(행 16:18).

노예 소녀의 주인들은 이를 못마땅하게 여겼다. 더는 점치는 능력으로 많은 돈을 벌 수 없게 되었기 때문이다. 바울과 실라는 (아마도 일행 중에서 가장 유대인처럼 보였기 때문에) 도시의 광장으로 끌려왔고, 거기서 '로마 사람인 우리가 받지도 못하고 행하지도 못할 풍속을 전하는' 골치 아픈 유대인으로 로마의 행정관들 앞에서 고발당했다(행 16:19~21). 공식적으로 유대인은 로마 시민들을 개종시킬 수 없었는데, 사도들의 행동은 개종을 유도하는 행동으로 보였을 것이다. 따라서 무리가 그들을 고발하며 소동을 벌이는 가운데 그들은 제대로 된 심문도 받지 못하고 즉시 태형을 당했다.

이 사건은 나중에 바울이 기록하듯이 그가 '태장으로 맞았던' 세 번 중 한 번일 것이다(고후 11:25). 이것은 로마인들이 선호하는 태형 방식이었다. 나머지 두 경우는 바울이 로마의 식민지, 비시디아 안디옥과 고린도에 있을 때 발생한 사건이었을 것이다. 이것은 로마의 식민지였던 빌립보에서 행정관들("상관들")이 몽둥이와 도끼 뭉치(즉 **파스케스**) 휘장을 지닌 부하들(즉 **릭토르스**)을 거느리고 있었다는 사실과도 조화를 이룬다. (행 16:35에서) 부하들을 지칭하는 누가의 용어는 문자적으로 '몽둥이를 든 사람들'을 뜻한다.

바울과 실라는 매를 맞고 감옥에 갇혔다. 행정관들은 이들을 하룻밤 동안만 감옥에 가두어 두려고 했던 것 같다(행 16:35). 하지만 이 반가운 (그리고 예상치 못한?) 소식이 그들에게 전해지기도 전에 다른 일이 일어났다. 자정 무렵에 지진이 나서 감옥 문이 열리고 죄수들을 묶은 사슬이 풀렸다. 죄수들이 탈출했다고 생각해 공포에 사로잡혀 자결하려고 했던 간수는 기쁘게도 바울과 실라가 아직 거기에 있다는 것을 발견했다. 그는 큰 안도감을 느끼며 이제는 이런 이상한 일이 일어난 것을 바라보며 경외감에 사로잡혀 그들 앞에서 "무서워 떨며" "내가 어떻게 하여야 구원을 받으리이까?"라고 물었다(행 16:26~30).

우리는 그가 더 실용적인 의미에서 이렇게 말했는지 알 수 없지만(다시 말해서, 이튿날 아침 그가 어떻게 분노한 행정관들을 대해야 할까?) 바울과 실라는 더 중요한 '구원' — 예수 안에서 얻을 수 있는 — 에 관해 이야기할 기회를 놓치지 않았다. 그 결과 그들은 새로운 신자를 얻었다. 또한 그뿐 아니라 '그 집에 있는 모든 사람'이 '그 밤 그 시각에' 바울이 전하는 '주의 말씀'을 들은 후 '세례를 받았다'. 그날 밤 아무도 잠을 제대로 잘 수 없었을 것이다. 대신 그들 모두가 함께 식사를 했다. 그리고 간수는 "그와 온 집안이 하나님을 믿으므로 크게 기뻐했다"(행 16:32~34).

믿음과 세례

여기서 우리는 루디아의 경우와 마찬가지로 예수에 대한 믿음의 반응은 즉시 세례의 필요성으로 귀결된다는 것을 알 수 있다. 간수의 가족 중에 바울의 가르침을 이해할 수 없었던 (따라서 '유아 세례'의 선례를 제공하는) 어린아이들이 포함되었는지에 관한 장황한 (그리고 궁극적으로는 해결할 수 없는) 논란을 건너뛰고 더 중요한 점을 살펴볼 필요가 있다. 즉 바울의 가르침은 언제나 세례가 뒤따르는 믿음을 목표로 삼았다. 다른 곳에서 누가는 이를 당연히 여기지만, 빌립보에 관한 그의 이야기에서 우리는 일반적인 바울의 사역을 엿볼 수 있다. 그는 예수가 명하신 대로 행했다(마 28:19).

> 우리가 유대인이나 헬라인이나 종이나 자유인이나 다 한 성령으로 세례를 받아 한 몸이 되었고 또 다 한 성령을 마시게 하셨느니라.
>
> — 고린도전서 12장 13절

바울에게 세례는 예수가 세우신 '새 언약'의 표지, 참으로 하나님의 새로운 백성의 일원이 된다는 표지였다. 이것은 바울이 이미 갈라디아서에서 주장했듯이 할례(하나님의 백성에 참여하는 이전의 표지)가 더는 필요하지 않다고 보았던 주된 이유 중 하나가 되었다. "누구든지 그리스도와 합하기 위하여 세례를 받은 자는 그리스도로 옷 입었기" 때문에 "너희가 **다 믿음**으로 말미암아 그리스도 예수 안에서 하나님의 아들이 되었으니"(갈 3:26~27). 할례보다 세례가 더 나은 점 중 하나는 이제 여성도 남성과 동일한 자격으로 참

야손과 다른 신자들이 시의 관리 앞에 끌려온
고대 데살로니가의 로마 광장

바울의 2차 선교 여행

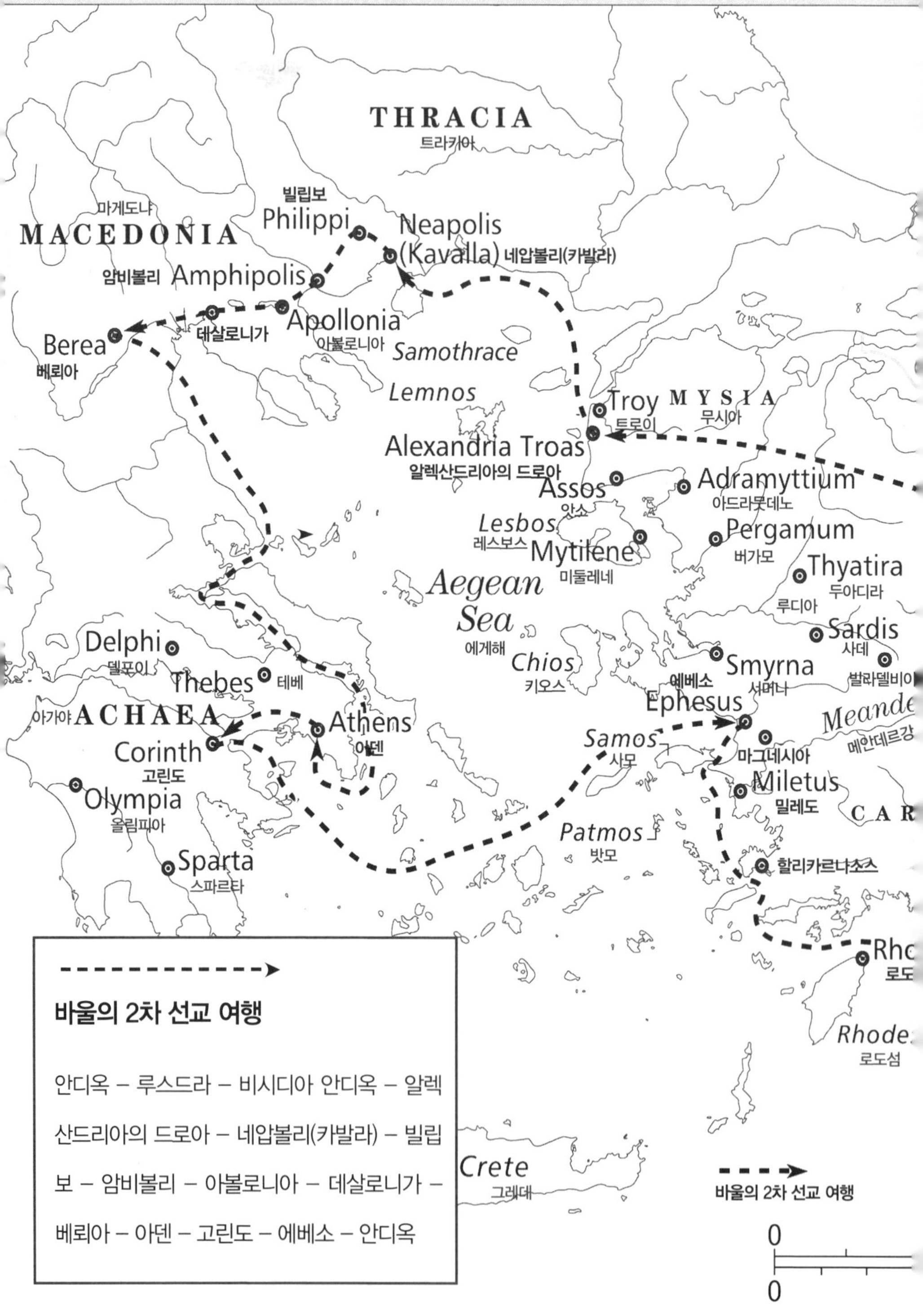
THRACIA
트라키아
MACEDONIA
마게도냐
빌립보
Philippi
Neapolis
(Kavalla) 네압볼리(카발라)
암비볼리 Amphipolis
Apollonia
아볼로니아
데살로니가
Berea
베뢰아
Samothrace
Lemnos
Troy
트로이
MYSIA
무시아
Alexandria Troas
알렉산드리아의 드로아
Assos
앗소
Adramyttium
아드라뭇데노
Lesbos
레스보스
Mytilene
미둘레네
Pergamum
버가모
Thyatira
두아디라
루디아
Aegean
Sea
에게해
Sardis
사데
Delphi
델포이
Thebes
테베
Chios
키오스
Smyrna
서머나
빌라델비아
에베소
Ephesus
Meande
메안데르강
아가야 ACHAEA
Athens
아덴
Corinth
고린도
Samos
사모
마그네시아
Miletus
밀레도
CAR
Olympia
올림피아
Patmos
밧모
Sparta
스파르타
할리카르나소스
Rho
로도
Rhode
로도섬
Crete
그레데
바울의 2차 선교 여행
0
0
바울의 2차 선교 여행
안디옥 – 루스드라 – 비시디아 안디옥 – 알렉산드리아의 드로아 – 네압볼리(카발라) – 빌립보 – 암비볼리 – 아볼로니아 – 데살로니가 – 베뢰아 – 아덴 – 고린도 – 에베소 – 안디옥

여할 수 있게 되었다는 것이다 — 배경이 어떠하든지 모든 사람이 세례의 물에 관해서는 평등했다. 그래서 바울은 "너희는 유대인이나 헬라인이나 종이나 자유인이나 **남자나 여자나** 다 그리스도 예수 안에서 하나이니라"라고 말한다(갈 3:28). 바울의 메시지가 그때까지 자신이 주변인이라고 생각했던 사람들에게 특별한 반향을 불러일으켰음은 당연한 일이다. 이제 그들은 예수를 믿는 믿음을 통해 '중앙 무대로', 그분의 세상을 향한 하나님의 목적의 핵심으로 들어올 수 있게 되었다.

빌립보인들에게 작별을 고하다

이튿날 아침 그들이 풀려난다는 소식이 전해졌을 때 바울은 소란을 일으키기로 작정한다. 전날 군중 폭력 속에서 한 가지 중요한 사실이 간과되었다(어쩌면 군중의 함성에 묻혀버렸을지도 모른다). 바울과 실라는 로마 시민이며, 따라서 재판도 없이 그들을 수감해서는 안 되었다. 이제 석방된다면 그들은 먼저 대면 사과를 요구할 것이다!

우리는 실라가 어떻게 로마 시민권을 받았는지 알 수 없다(하지만 이것이 바울이 그를 선교 여행 동역자로 선택할 때 고려했던 사항일 수도 있다). 바울이 시민권을 받은 이유 역시 확실하지 않다(81~83쪽, "예루살렘을 향해 떠나는 로마 시민"을 보라). 유대인이 이런 특권을 가지고 있는 것은 통계적으로 드물었다 — 적어도 빌립보의 행정관들은 바울과 실라가 체포될 때 그럴 가능성을 전혀 생각해보지 않았다. 그래서 그들은 부하들이 이런 말을 전했을 때 놀라고 "두려워했다." 그들은 (죄수들이 이 문제를 계속 따지면 자신들도 곤란해질 수 있음을 알고) 사과하러 왔으며 그들에게 도시를 떠날 것을 요청했다 — 이제 바울과 실라도 기꺼이 그렇게 하려고 했다. 그들은 자신들의 주장을 전개했다. 바울은 이 시점에서 그들이 로마 시민권을 주장하면 그가 빌립보에서 무엇을 하고자 하는지를 더 공개적으로 설명할 수 있을 것으로 기대했을 것이다. 하지만 행정관들의 태도를 볼 때 그들은 그렇게 하지 않는 편이 현명하다고 판단한 것으로 보인다. 그들은 짧은 시간 (아마도 길어야 30분?) 루디아의 집에 들러 그곳에 모인 신자들에게 작별 인사를 하고 길을 떠났다. 누가 자신이 빌립보 주민이었다는 우리의 판단이 옳다면(25쪽, "누가의 두 세계"를 보라), 누가도 이곳에 남았을 것이다 — 의심할 나위 없이 사도들은 그에게 이 작은 회중을 믿음 안에서 세울 책임을 맡겼을 것이다. 바울은 4, 5년이 지나서 이곳을 다시 찾게 될 것이다.

데살로니가를 향해

세 사람은 에그나티아 대로를 따라 서쪽으로 향했다. 이 길은 분주한 포장도로 — 로마 제국의 주요 간선 도로 중 하나 — 였으며, 이 길을 이용하는 많은 이들은 로마를 최종 목적지로 삼았을 것이다. 빌립보에서 로마까지 가는 여정은 (하루에 대략 30㎞를 가고 디라키움에서 브룬디시움까지 하루가 걸렸다고 가정하면) 약 40일이 걸렸을 것으로 추정된다. 그러나 황제의 전령들은 이 시간을 절반으로 단축했다. 이 시점에 바울은 언젠가 자신이 직접 로마에 갈 것으로 생각하기 시작했을 것이다.

> 데살로니가는 인구가 많으며 그곳 사람들은 느긋하고 새로운 모
> 든 것 — 좋든 나쁘든 — 에 대해 개방적이다.
>
> — 스트라본, 《지리지》(주전 30년경)

그들은 멈추지 않고 (마게도냐의 네 구역 중 한 구역의 수도였지만) 암
비볼리를 통과하기로 했다. 그들은 더 작은 아볼로니아의 작은 항
구도 계속 지나쳤다. 그들의 시선은 서쪽으로 약 145㎞ 떨어진 속
주의 수도 데살로니가를 향해 있었다(행 17:1~9).

빌립보와 달리 이곳은 — 여기서 발견된 동전을 통해서 알 수 있듯이
— 단연코 그리스의 도시였다. 그들은 (빌립보와 달리) 마게도냐 최
대 도시인 이곳에 규모가 큰 유대교 회당이 있을 것으로 기대했
을 것이다 — 실제로 회당이 있었다(행 17:1). 다시 한번("자기의 관례
대로") 바울은 회당으로 가서 적어도 세 번의 토요일에 걸쳐 구약
을 통해 메시아가 해를 받고 죽은 자 가운데서 다시 살아나야 할
것을 논증했다(행 17:3). 이것은 예수가 엠마오로 가는 길에서(눅
24:26)에서, 심지어 죽으시기 전에(막 8:31) 말씀하셨던 바와 매우
비슷해 보인다. 여기서 우리는 바울이 십자가와 부활을 핵심으로
여겼으며, 회당이라는 맥락에서 이것이 히브리 성경의 메시아적
본문의 성취라고 주장할 필요가 있다고 보았음을 알 수 있다.

이번에는 회당의 유대인들이 긍정적인 반응을 보였다. 이번에
도 새로운 신자들 중에는 몇몇 '귀부인'을 비롯해 '경건한 헬라인
의 큰 무리'가 포함되어 있었다(행 17:4). 나중에 바울은 데살로니

가인들이 "우상을 버리고 하나님께로 돌아왔다"라고 말한다(살전 1:9) — 이를 통해 첫 신자 중 상당수가 이방인 출신이었음을 알 수 있다. 이번에도 역시 (비시디아 안디옥과 이고니온에서처럼) 이로 인해 바울에게 설득되지 않은 다른 유대인들은 폭력적인 반응을 보였다. 그들은 '저자의 어떤 불량한 사람들을 데리고' (아마도 최근에 회심했을) 야손의 집으로 몰려가 바울과 실라를 끌어내리려고 했지만 실패했다. 대신 그들은 야손과 몇몇 다른 신자들을 (이 본문에만 사용된 용어인 '읍장들'이라고 부르는) 시의 관리들 앞으로 끌고 갔다(행 17:6). 그런 다음 그들이 '가이사의 명을 거역하며' '다른 임금 곧 예수라 하는 이가 있다고 말함'으로써 '천하를 어지럽게 하던' 유대인 방문자들을 숨겨주었다고 고발했다(행 17:6~7).

당연히 이로 인해 큰 소동이 일어났다. 최근 클라우디우스 황제가 (예를 들어, 알렉산드리아로) 칙령을 보내 관리들에게 메시아적 자유를 갈망하며 로마에 대한 반란을 조장하는 유대 민족주의자들의 증가와 확산에 대해 경고한 바 있다(129쪽, "주요 연대: 안디옥"을 보라). 그뿐만 아니라 로마에서 폭동을 이유로 유대인 주민 전부를 추방한 바 있다(532쪽, "주요 연대: 로마"를 보라). 이제 데살로니가가 이스라엘의 '메시아'에 관한 논란으로 촉발된 폭동에 휩싸이게 될 것처럼 보였다.

데살로니가의 시의회(즉 **데모스**)는 황제에 대한 전적인 충성을 맹세하는 서약을 했을 것이다. 그래서 이런 종류의 고발은 무시하거나 일축할 수 없었다. 아우구스투스와 티베리우스 모두 미래에 관한 예언을 할 수 있다고 주장하는 예언자들을 금지하는 법령을 발표했다(디오 카시우스, 《로마사》, 56.25.5, 57.15.8). 바울이 데살로니가인들에게 준 가르침에는 분명히 미래에 있을 예수의 재림 — 그분의 파루시아, '왕으로 나타나심'(살전 4:13~5:3을 보라) — 에 관한 강력한 가르침이 포함되어 있었기에 이 역시 그를 고발하는 논거로 제시되었을 것이다.

하지만 읍장들 앞에서 제기된 이 고발은 또 다른 이유로 보기보다 시사하는 바가 크다. 바울은 예수가 이스라엘의 메시아라고 선포해왔다(행 17:3). 하지만 그의 고발자들은 이를 가이사의 권위에 대한 도전으로 해석하고 있었다 — 예수가 '**또 다른** 왕'이시다. 이 책략은 예수에 대한 책략과 놀라울 정도로 비슷하게 들린다. 그분이 가야바 앞에서 메시아이심을 주장하자 고발자들은 그분의 주장을 비틀어 빌라도 앞에서 그분이 왕이라고 주장하고 있다는 더 정치적인 고발로 전환했다(눅 23:1~2, 요 18:33~37). 사악한 왜곡을 의도했음에도 두 경우 모두 중요한 진리를 담고 있었다. (시편 2편과 72편 같은 본문에 기초한) 히브리 사상에서 이스라엘의 참된 메시아는 자동으로 세상의 참된 주이시다.

> 마게도냐인들의 창이 넓은 모자 — 눈보라를 막아주는 장비이자
> 전쟁 때 착용하는 투구.
>
> — 데살로니가의 안티파테르(주전 1세기 초)

이런 상황에서 바울이 읍장들 앞에 끌려오지 않았던 것이 다행이었을 것이다. 그가 말을 하려고 했을까? 동방에서 온 이 성가신 방문자는 군중에게 매를 맞지 않았을까? 그가 훨씬 더 지위가 높은 로마 관리들 앞에(고린도와 가이사랴에서 — 331쪽, "로마 법정 앞에

서", 443쪽, "피고인 바울"을 보라) 끌려갈 때가 올 테지만 아직 그때가 오지 않았다. 그가 그곳에 없었으므로 야손과 다른 데살로니가인들은 보석으로 풀려났다. 그들이 집으로 돌아왔을 때 바울과 그의 일행은 가능한 한 빨리 그곳을 빠져나가는 편이 낫겠다고 결정했다. 그날 밤 그들은 달아났다.

바울이 데살로니가를 회고하다

매우 급하게 떠나느라 제대로 작별 인사를 하거나 긴 가르침을 줄 시간도 없었다. 몇 달이 지나 바울이 쓴 편지(데살로니가전서)로 이를 확인할 수 있다. 그는 다시 그들을 만나기를 간절히 고대하고 있으며 그들이 계속되는 박해에 굴복하여 믿음을 버릴까 노심초사 걱정하고 있다고 말한다(살전 2:17~3:5). 하지만 디모데를 통해 그들의 소식을 들은 후 그들이 믿음을 굳게 지키고 있음을 알고 몹시 기뻐한다(살전 3:6~13). 그는 젊은 신자들의 친구와 가족들이 그들의 마음을 오염시켜 그에 대해 적대적인 태도를 갖게 하려고 노력할 것임을 깨달았다 — 그들은 바울의 방문이 '실패'였으며 그의 가르침은 일종의 간사한 속임수에 불과하다는 이야기를 들었을 것이다. 그래서 바울은 그들에게 이것은 사실이 아님을 상기시킨다.

우리가 먼저 빌립보에서 고난과 능욕을 당하였으나 우리 하나님을 힘입어 많은 싸움 중에 하나님의 복음을 너희에게 전하였노라. 우리의 권면은 간사함이나 부정에서 난 것이 아니요, 속임수로 하는 것도 아니라. ··· 우리는 ··· 너희 가운데서 유순한 자가 되어 유모가 자기 자녀를 기름과 같이 하였으니 ··· 우리가 이같이 너희를 사모하여 ··· 너희 아무에게도 폐를 끼치지 아니하려고 밤낮으로 일하면서 너희에게 하나님의 복음을 전하였노라. ··· 우리가 너희 각 사람에게 아버지가 자기 자녀에게 하듯 권면하고 위로하고 경계하노니 ··· .

— 데살로니가전서 2장 1~12절

데살로니가에서 벌어지는 박해라는 엄혹한 현실을 언급하면서 그는 그들만 박해를 당하는 것이 아니며 그들처럼 '유대에 있는 하나님의 교회들'도 비슷하게 '동족'에게 — 우리가 이방인들에게 복음을 전하지 못하게 막기 원하는 유대인들에게 — 적대적인 취급을 당하고 있음을 상기시킨다(살전 2:14~16).

솔직하지만 온화한 이 편지에서 우리는 누가가 외부에서만 묘사했던 내부의 이야기를 들을 수 있다. 우리는 신자들과 자신의 삶을 나누는 바울의 전략, 그의 겸손함, 자신의 수고가 헛된 것이 되고 말까봐 노심초사 소식을 기다리며 심한 감정 기복을 경험하는 그의 모습을 볼 수 있다(살전 3:5). 이 경우에 그의 수고는 헛되지 않았던 것으로 보인다. 하지만 그곳을 방문했을 때는 결코 확신할 수가 없었을 것이다.

더 나은 반응을 보인 베뢰아

바울과 실라, 디모데는 펠라에서 에그나티아 대로를 따라 남쪽으로 19km 떨어진 마을인 베뢰아로 조심스럽게 이동했다. 데살로니가의 신자들이 이곳을 잠시 동안 눈에 띄지 않을 수 있는, 주요 도로에서 떨어진 적당히 조용한 장소로 제안했을 수도 있다. 키케로 역시 이곳을 '길에서 떨어져 있는 마을'이라고 불렀다(*In Pisonem* 89).

이런 상황 때문에 바울과 그의 일행이 한동안 '숨죽여 지냈을' 것으로 생각할 수도 있겠지만 그들은 다시 한번 회당으로 갔다. 이번에 그들은 매우 긍정적인 반응을 얻었다. 유대인 주민들이 "간절한 마음으로 말씀을 받고 이것이 그러한가 하여 날마다 성경을 상고"했다(행 17:11). 많은 유대인이 믿었지만, (이번에도) 적지 않은 "헬라의 귀부인과 남자"들이 믿었다(행 17:12). 누가는 이들의 이름을 언급하지 않지만, 나중에 바울의 동역자가 된 "베뢰아 사람 부로의 아들 소바더"의 이름이 언급된다(행 20:4).

얼마간 조용한 시간이 이어졌다. 그러나 이런 평온함이 곧 깨지고 말 것을 이제는 그들도 예상했을 것이다. 데살로니가의 회당에 속한 이들이 도착해 사람들을 선동하기 시작했다(행 17:13). 이 때문에 바울은 즉시 마게도냐를 떠나는 것이 낫겠다고 판단했다. 새로운 신자 중 일부가 경호원처럼 행동하며 그를 (육로로 혹은 해로로?) 아덴까지 안내했다. 그들은 돌아와 가능한 한 빨리 디모데와 실라를 아덴으로 데려오라는 바울의 지침을 전했다(행 17:11~12).

불과 몇 주에 불과한 기간이었다고 해도 실라와 디모데가 베뢰아에 머물렀다는 사실을 통해 가장 격렬한 반대를 불러일으킨 사람은 바울이었음을 분명히 알 수 있다. 그는 주된 설교자이자 히브리 성경에 대한 지식을 바탕으로 가장 자세한 논증을 전개한 사람이었을 것이다. 우리가 아는 바를 통해 짐작해볼 때 그의 말투는 약간 더 전투적이었을 것이다. 일행이 마게도냐에 머무르는 동안 젊은 디모데에 관한 언급은 거의 없다. 그는 동역자들의 행동을 관찰함으로써 가능한 한 많은 것을 배우라는 권면을 받았을 것이다. 그가 영웅적인 활약을 펼칠 시간이 올 것이다. 지금은 흔들리지 않는 동반자 역할과 충성 때문에 그를 소중히 여겼다. 그리고 (전에 이 '삼인자' 역할을 맡았던) 마가와 달리 이 젊은이는 책임을 회피하는 모습을 전혀 보이지 않았다.

마게도냐를 다시 찾은 바울

바울은 도사리는 위협에도 곧 마게도냐 속주를 다시 방문하기를 원했다 — 적어도 처음에는 그랬다(살전 2:17~18을 보라). 하지만 4, 5년이 지나서야 다시 그곳을 찾을 수 있었다. 누가는 사도행전 20장 1~2절에서 그의 재방문을 묘사한다.

> [에베소 극장에서] 소요가 그치매 바울은 … 작별하고 떠나 마게도냐로 가니라. 그 지방으로 다녀가며 여러 말로 제자들에게 권하고 헬라에 이르러 [고린도에서] 석 달 동안 있다가 … .

이때 마게도냐에 얼마나 오래 머물렀는지 확실하지 않지만, 최대 15개월까지 — 주후 55년 늦여름에서 주후 56년 늦겨울까지(30쪽, "바울서신: 연대와 장소"를 보라) — 그곳에 있었을 수도 있다. 바울은 개척한 교회를 돌아볼 뿐만 아니라 새로운 곳을 개척하기 위해서 돌아왔을 것이다. 이번에 그는 베뢰아가 있는 남쪽으로 향하지 않고 에그나티아 대로를 따라 곧장 마게도냐 서쪽으로 향했다(368~369 쪽, "바울의 3차 선교 여행" 지도를 보라). 아드리아해 연안의 이 지역은 '일루리곤' — 바울이 주후 57년 초에 로마서를 쓰면서 방문한 적이 있다고 주장하는 지역(롬 15:19) —으로도 알려져 있다.

이 여정에 데살로니가 출신의 두 사람, 즉 아리스다고와 세군 도가 그와 동행했을 가능성이 높다. 이들은 나중에 고린도에서 예 루살렘을 향해 떠나는 바울의 일행에 속하게 된다(행 20:4). 아마 도 (역시 행 20:4에 이름이 언급된) 베뢰아 출신의 소바더 역시 동행했 을 것이다. 바울은 선교지를 개척하고 그들을 훈련하면서 그가 가 장 잘하는 것 — '처녀지'에서 처음으로 전도를 시작하는 일 — 을 했을 것 이다. 이듬해에 그는 "내가 그리스도의 이름을 부르는 곳에는 복 음을 전하지 않기를 힘썼노니"라고 썼다(롬 15:20). 고린도와 에베 소에서 겪었던 (전혀 다르지만 기진맥진하게 만드는) 어려움에서 벗어 나서 바울은 자신의 가장 중요한 능력 — 선교의 최전선을 개척하는 것 — 을 활용해 활력을 회복할 수 있었다.

이것이 우리가 오랫동안 기억하게 될 바울의 마게도냐 사역이 될 것이다. 물론 그는 주후 57년 4월에 예루살렘으로 가면서 매우 급히 이 속주를 지나게 될 것이다(이때 그는 빌립보에서 유월절을 지낸 다. 행 20:6). 하지만 그가 마게도냐에서 가장 오래 머문 때는 주후 55년과 56년의 이 '숨겨진' 시간이었을 것이다.

그가 서쪽으로 여행함에 따라 로마의 영향력은 점점 더 강해지 고 그리스의 영향은 더 약해졌을 것이다. 유대인의 회당 역시 점 점 발견하기가 어려워졌을 것이며, 일부 도시들은 심하게 외딴 지역에 있었을 것이다. 하지만 이 '이방인의 사도'는 이스라엘의 메시아에 관한 기쁜 소식을 전하겠다는 각오로 소수의 젊은 동역자들과 함께 계속 여행했다. 배를 타고 바로 로마로 갈 기회가 사라졌다고 판단했을 때, 그는 남쪽으로 방향을 틀어 니고볼리를 경유해 고린도로 가기로 했다(딛 3:12).

위험하고도 외로운 시간이었을 테지만 그는 자신이 가장 사랑하는 일을 하고 있었다. 고린도에 도착했을 때, 그는 기력을 완전히 회복하여 세상에서 가장 영향력이 큰 신학 저술 — 그의 필생의 역작인 로마서 — 를 쓸 수 있었다. 그가 마게도냐에서 스트레스를 받기도 했고 죽을 뻔한 경험을 하기도 했지만, 이곳은 새로운 생명이 솟아나는 모판이기도 했다. 이 모든 것이 고난을 당하셨지만 죽은 자 가운데서 다시 살아나신 분을 따르는 삶의 일부였다.

멀리 아크로폴리스의 비탈이 있는 빌립보의 '바실리카 B' 유적. 고대 도시의 중심부와 가까운 곳에 여러 대형 기독교 교회가 세워진 것은 바울이 빌립보에 잠깐 방문한 지 4세기 후에 어떻게 기독교 신앙이 이곳에 확고하게 자리 잡게 되었는지를 보여준다.

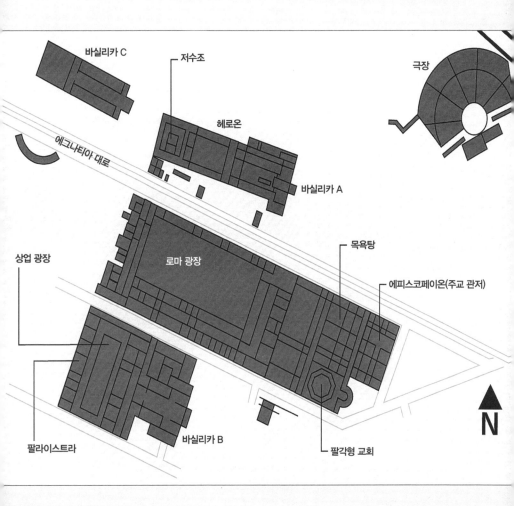

바실리카 C

저수조

극장

헤로온

에그나티아 대로

바실리카 A

상업 광장

로마 광장

목욕탕

에피스코페이온(주교 관저)

팔라이스트라

바실리카 B

팔각형 교회

N

빌립보 지역의 평면도

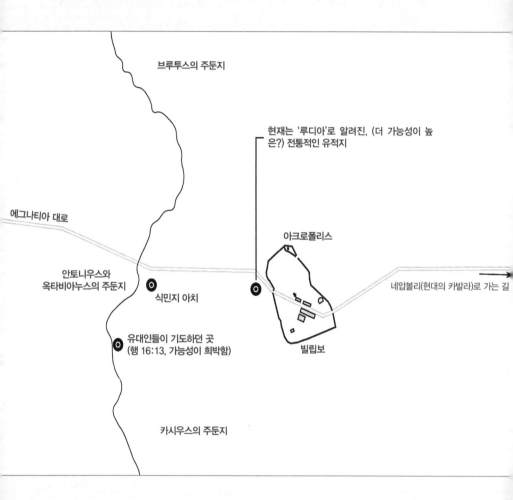

브루투스의 주둔지

현재는 '루디아'로 알려진, (더 가능성이 높은?) 전통적인 유적지

에그나티아 대로

아크로폴리스

안토니우스와
옥타비아누스의 주둔지

네압볼리(현대의 카발라)로 가는 길

식민지 아치

유대인들이 기도하던 곳
(행 16:13, 가능성이 희박함)

빌립보

카시우스의 주둔지

빌립보 유적지 중심을 관통하는 로마의 고대 도로
에그나티아 대로(Via Egnatia).

오늘날의 마게도냐

　　바울의 '마게도냐'였던 곳 대부분은 현재 그리스 영토 안에 있다. 로마 속주였던 지역 중에는 현재 알바니아나 구 유고슬라비아의 일부였던 '마케도니아 공화국'(2019년 2월에 '북마케도니아'로 국호를 개정함 — 역주) 안에 있다. 오늘날 이 지역은 다양한 민족이 만나는 지점이며 중요한 국경 분쟁이 벌어졌던 곳이기도 하다. 그리스 지역은 차례대로 튀르키예와 불가리아의 통치를 받기도 했다.

카발라

　　바울이 오늘날 여행을 했다면 고대 ('새로운 도시'라는 뜻의) **네압볼리**에 있는 큰 현대 항구인 **카발라**에서 하선했을 것이다. 이곳은 항구가 되기에 천혜의 입지를 갖춘 곳이다. 더 동쪽의 해안선은 항구를 건설하기에 적합하지 않으며, 반듯한 반원으로 항구를 감싸고 있는 두 개의 언덕 위에 마을이 건설되어 있다. (사원이 되기 전에 원래는 성 바울을 기념하여 지어진) **성 니콜라스 교회**의 마당에 있는 돌에는 전통적으로 바울이 내린 지점이라고 표시되어 있다. 해안선이 뒤로 물러났음을 고려할 때 실제 그가 하선한 지점도 여기서 그리 멀지 않을 것이다. **박물관**에도 마게도냐의 굴곡진 역사를 보여주는 유물들이 전시되어 있지만, 우리에게 바울을 가장 많이 떠올리게 해주는 것은 (꽤나 긴 범위가 남아있는) **에그나티아 대로**의 유적이다. 이 고대의 도로는 언덕 위 카발라의 교외를 통과해 빌립보 방향으로 이어진다.

빌립보

빌립보는 카발라에서 북서쪽으로 약 14㎞ 떨어진 곳에 있다. 폭이 약 3m인 에그나티아 대로가 고대 유적지 한가운데를 관통한다. 이 도시는 넓은 평원이 내려다보이는 가파른 언덕의 기슭에 있다. (바울 시대에는 늪지대였을) 이 지역은 거의 백 년 전 로마의 '공화정'을 사실상 종식시켰던 극적인 **빌립보 전투**가 벌어진 곳이다. (전투가 벌어진 정확한 지점은 빌립보에서 남서쪽으로 약 3㎞ 떨어져 있으며 두 개의 낮은 언덕으로 자리 잡고 있다.) 20일 동안 대치한 후 옥타비아누스와 마르쿠스 안토니우스의 굶주린 군대가 마침내 브루투스의 병사들을 물리쳤다. 그 후 옥타비아누스가 악티움 해전에서 마르쿠스 안토니우스를 격퇴한 후 더 많은 퇴역 군인을 자신이 로마의 식민지로 건설하고 있던 빌립보로 보냈다. 곧 이곳은 '작은 로마'로 알려지고, 누가가 정확히 지적하듯이 "마게도냐 지방의 첫 성"이 되었다(행 16:12).

고대의 빌립보 유적지는 대단히 인상적이다. 이 유적지에 들어가면 방문자들은 에그나티아 대로를 따라 **고대의 광장** 변두리에 도착하게 된다. 광장 근처는 (동쪽의 도서관처럼) 중요한 도시의 건물들이 있으며, 긴 **주랑**(stoa)으로 둘러싸인 넓은 사각형 모양의 정원이 있다. 이곳에 있는 많은 건물은 마르쿠스 아우렐리우스

(Marcus Aurelius) 황제(주후 161~187)가 자신의 전임자인 안토니누스 피우스(Antoninus Pius)에게 헌정하는 신전을 봉헌하면서 광장을 재건했던 2세기에 세워진 것들이다.

북쪽 주랑을 따라 네 계단이 있다. 아마도 재판정(혹은 **베마**) — 바울과 실라가 체포되어 끌려왔던 바로 그곳 — 으로 오르는 계단이었을 것이다. 남쪽으로는 더 작은 **'상업' 광장**과 (이 두 번째 광장의 서쪽에 자리 잡은) **팔라이스트라**와 부속 화장실이 있다. 남쪽 방면에서 비잔티움 사람들은 세 개의 후진과 정방형 신랑을 갖춘 **큰 바실리카** ('B')를 세우기 시작했지만, 공사 중에 돔이 무너지고 말았다. 수 세기가 지나서 이 건물의 배랑 안에 작은 예배당이 세워졌다.

주 광장의 동쪽으로 최근에 빌립보의 '주교좌 성당'으로 확인된 이른바 '팔각형' 교회가 있다. 이 건물은 주후 400년경 성 바울을 기념하는 예배당의 터였던 자리에 세워졌다. (이곳의 비문에 의하면) "포르피리우스 주교"라는 사람의 의뢰로 모자이크 바닥이 설치되었다. 근처에는 다양한 사무실과 창고, 두 개의 큰 포도주 틀이 있는 주교 관저(**에피스코페이온**)가 있다.

에그나티아 대로의 (북쪽) 맞은편에 있는 주요 건물로는 (**바실리카 'A'**로 알려진) **세 개의 측랑을 갖춘 교회**가 있다. 대리석 바닥과 2층을 갖춘 이 건물은 주후 480년경에 건축되었다. 근처에는 이른바 **성 바울의 감옥**이 있지만, 실제로 바울이 갇혔던 감옥은 아니었을 것이다. 아마도 바실리카 'A'가 지진으로 파괴된 후 저수조였던 곳이 그리스도인들이 몰래 모여 예배하는 곳으로 사용되기 시작했고, 이에 따라 바울과 연관된 곳으로 여겨졌을 것이다. 이 시기에 기독교적인 주제를 담은 프레스코화로 장식되었고, 나중에 그 위에 작은 예배당이 건축되었다.

 방문해볼 다른 유적지로는 상업 광장의 남서쪽에 있는 로마 시대 **목욕탕**과 주후 2세기에 검투사 경기장으로 개조되었으며 최대 5만 명을 수용했을 (바실리카 'A'의 북동쪽에 있는) **헬레니즘 시대의 극장**, 이교 신들에게 헌정된 **작은 사원들**, 유적지 북쪽 절반 곳곳에 있는 바위를 깎아 새긴 **부조**, (유적지 전체를 한눈에 조망할 수 있는) **아크로폴리스** 등이 있다.

암비볼리의 사자.
알렉산더 대왕이 충성스러운 제독 라오메돈을 기리기 위해 세운 장례 기념물이다. 기원전 4세기에 건립되었으며 1930년대에 복원되었다.

세례를 베푼 장소

바울이 '문밖 강가'에서 기도하던 유대인 여자들을 처음 만난 곳이 어딘지는 아직 밝혀지지 않은 채로 남아있다. 세 곳이 후보 지로 제시되는데, (빌립보에서 서쪽으로 2.5㎞ 떨어져 있는) 간기스테 강가의 어딘가, 이전의 공동묘지 지역에 있는 (4, 5세기에 세워진) 두 예배당의 유적지가 있는 (고대 도시에서 동쪽으로 약 800m 떨어져 있는) 크레니데스라는 현대의 마을, (가능성이 가장 높은 곳으로서) 현재 (바울의 설교를 듣고 회심한 두아디라 출신 여자의 이름을 딴) **'루디아'**라고 알려진 지역에 있는 크레니데스 시냇가의 어딘가가 그곳이다. 나무가 일렬로 늘어서 있는 이 마지막 지역은 (도시의 서쪽 문밖으로 약 400m 떨어져 있어서) 적절하게 가까우며 로마의 도로를 통해서도 접근할 수 있었을 것이다. 당시 이 지역에는 공동묘지가 있었을 것이다. 20세기에 시냇가에 앉을 수 있는 자리를 갖춘 팔각형의 **성 루디아 세례당**이 건설되었다. 기독교인 방문자들은 예배나 세례를 위해 이 시설을 사용할 수 있다.

에그나티아 대로

바울은 빌립보를 떠나 에그나티아 대로를 따라 서쪽으로 갔다. 로마인들은 주전 2세기에 로마에서 동방의 속주들까지 주요한 연락로를 구축하기 위해 이 길 — 길이가 725㎞에 이르며 폭이 최대 6m에 이르는 — 을 깔았다. 이 길은 매우 번화했을 것이다. 키케로는 교통이 한산해질 때를 기다리며 데살로니가에서 출발하는 것을 연기하기도 했다(《서한집》69). 또한, 그는 편지에서 이 길이 이따금 야만인의 공격 때문에 위험해질 수도 있다고 말했다. 이 도로를 따라 여러 곳에 동물을 교체하는 곳(무타시아)과 숙박하는 곳(만시오네스)이 마련되어 있었다.

데살로니가로 가겠다고 결심한 바울과 그의 일행은 오래 머물지 않고 이런 정류장을 통과했다. 누가는 암비볼리와 아볼로니아를 언급한다(행 17:1). **아볼로니아**는 그리스 역사에서 알려진 바가 거의 없지만, 최근 (데살로니가 동쪽으로 50㎞ 떨어져 있는 네아 아폴로니아 외곽에서) 발견된 것으로 보인다. 데살로니가에서 동쪽으로 105㎞ 떨어져 있는 **암비볼리**에는 스트리몬강이 급하게 꺾여서 흐르는 곳에 자리한 아크로폴리스가 있다. 비잔티움 사람들은 나중에 이곳의 아크로폴리스 위에 무려 다섯 개의 교회를 건축하며, 그중 일부를 정교한 모자이크로 장식했다. 아크로폴리스 아래에는 헬레니즘 시대와 로마 시대의 가옥과 큰 체육관, 지역 신들을 예배하는 작은 사원들이 아직 남아 있다. 가장 흥미로운 유적은 (일부가 주전 5세기로 연대가 추적되는) 강 위에 놓인 **고대 다리**의 화석화된 목재들과 유명한 **암비볼리의 사자**일 것이다.

데살로니가

마침내 바울은 150㎞의 여정을 마치고 **데살로니가**에 도착했다. 데살로니가는 현재 그리스에서 (아텐 다음으로) 두 번째로 큰 도시다. 그럼에도 중요한 고고학 유적지가 보존되어 있다 ― 모두 도심에서 걸어서 가 볼 수 있는 곳에 있다. 도시의 주요 도로 중 하나인 **에그나티아 오드호스**는 바울 시대 도시를 관통했던 고대의 에그나티아 대로에서 이름을 따왔으며 그 일부를 지금도 활용하고 있다.

신약 이전의 마게도냐 역사(특히 필리포스 2세와 알렉산드로스 시대)에 관심이 있는 사람들은 데살로니가의 **고고학 박물관**과 이 도시에서 서쪽으로 120㎞ 떨어져 있는 **베르기나**에 있는 박물관을 방문해보아야 한다. 후자에는 화려한 **마게도냐의 왕실 무덤**이 전시되어 있다. 로마 시대에 관심이 있는 이들을 위해서는 (아기오스 데메트리오스 교회의 지하실에서 볼 수 있는) **로마의 목욕탕과 거리**와 (헬레니즘 시대의 **아고라** 유적지에 있는) **로마의 광장**이 있다. 2층의 **주랑**(stoa)과 관공서 건물(예를 들어, **오데이온 극장**)로 둘러싸인 이 넓은 공간은 야손이 도시의 통치자들 앞에 끌려왔던 재판정이 있던 곳(행 17:6)이었을 확률이 높다. 로마의 데살로니가의 나머지 부분은 아크로폴리스와 더 가까웠을 것이다. 아크로폴리스에서 유적지를 조망할 수 있으며 고대 도시의 모습을 ─ 예를 들어, 사슬 탑(Chain Tower) 근처의 성벽을 보면서 ─ 상상해볼 수 있다. 부지런한 방문자들은 [블라타돈수도원 예배당의 남쪽 수랑(transept, 袖廊)에서] 전통적으로 바울이 설교한 곳과 관련이 있다고 믿는 돌과 (사슬 탑 근처에 있는 정원에서) **'성 바울의 우물'**도 발견할 수 있을 것이다.

후대의 시기에 관심이 있는 사람들은 갈레리우스 황제가 재임기(주후 293~311년)에 남긴 영향력을 알아차리게 될 것이다. **갈레리우스 개선문**은 페르시아에 대한 그의 승리를 기념하기 위해 에그나티아 대로에 건설되었다. 근처에 있는 **원형 건축물**은 원래 갈레리우스의 무덤의 일부였다(하지만 이후에 기독교 교회로, 그 다음에는 이슬람 사원으로 사용되었으며, 지금은 **아기오스 게오르기오스**로 부른다). 그곳에서 멀지 않지만 반대 방향에는 그의 알현실이었을 팔각형 모양의 폐허가 있는 **갈레리우스 궁**도 있다.

그리스도인에 대한 갈레리우스의 박해로 데메트리우스라는 사람이 죽었고, 그는 이제 데살로니가의 수호성인이 되었다. 주후 5세기에 그를 기념하는 큰 교회당이 세워졌지만, 1917년에 이 도시에 화재가 발생해 파괴되고 말았다. 현재의 **아기오스 데메트리오스**는 (원래의 건축 재료를 부분적으로 사용해) 1940년대에 재건되었다. 거대한 지하실 공간은 (전통에 따르면) 데메트리우스가 수감자로 갇혀 지내던 로마의 목욕탕이었을 수도 있다. 이 도시에는 이밖에도 (연대가 5세기부터 14세기까지 거슬러 올라가는) 최소한 여섯 개의 비잔티움 교회가 있다. 그 중 몇몇은 정교한 모자이크로 장식되어 있다. 가장 먼저 건축된 성당 중 하나인 **호시오스 다비드**에는 영광 중에 앉아 계신 젊고 수염이 없으신 그리스도를 묘사한 그림이 있다.

고대 베뢰아

바울이 마게도냐를 떠나기 전 마지막으로 들른 곳은 마게도냐 최대 도시 중 하나였다. 하지만 오늘날 볼 수 있는 고대 베뢰아의 유적은 거의 남아있지 않다. 그 자리에는 **베리아**라는 작은 마을이 있다. 북쪽에서 접근하면 고대 성벽 일부를 볼 수 있다. 엘리아 가와 파로도스 에데시스 가를 따라 고대의 거리와 가게의 유적이 조금 남아있다. 바울에게 관심이 있는 사람들에게 가장 흥미로운 볼

데살로니가에 있는 고대 유적지의 평면도

Acropolis

Tower
사슬 탑

University
대학교

Via Egnatia
에그나티아 대로

Agios Georgios (Rotunda)
아기오스 게오르기오스 (원형 건축물)

Arch of Galerius
갈레리우스 개선문

etos

Palace of Galerius
갈레리우스 궁

N

Alexander
Statue
알렉산드로스 조각상

White Tower
흰 탑

0   600 m

0   2,000 ft

거리는 1961년에 사도 바울을 기념해 세워진 거대한 **현대의 기념물**이다. 이 지역의 전통에 따르면 이곳은 바울이 방문했던 회당이 있던 곳이었을 수도 있다고 하지만 이를 확인할 방법은 없다.

발전하는 바울의 전략

이 단계에서 바울은 주요한 주거 거점에 초점을 맞추는 분명한 전략을 개발하고 있었다. '시골'에 더 집중하는 사역에 반대하지 않았지만, 개척자 역할을 맡은 자신은 지중해 주위의 주요 도시에 초점을 맞춰야 한다고 생각했다. 그는 동방에서 가장 큰 도시인 시리아 안디옥에서 출발했고, 자신의 메시지를 전할 비슷한 장소를 찾고 있었다.

이 2차 '선교 여행'에서 그가 선택한 도시들의 크기가 점점 커지고 있었다. 구브로와 특히 갈라디아의 몇몇 마을은 매우 작았다. 이제 더 큰 도시, 빌립보, 데살로니가, 아덴, 특히 고린도를 찾게 될 것이다. 이런 대도시를 찾아가는 것은 에게해 지역에서 가장 큰 도시, 즉 에베소를 위한 준비 과정으로 볼 수도 있다. 바울은 곧장 거기로 가고 싶었지만, "예수의 영"이 그를 막으셨다(행 16:6). 아마도 이것은 그가 에베소처럼 거대한 곳을 공략하기 전에 약간 더 작은 도시들에서 그의 기술을 연마해야 했기 때문일 수도 있다.

바울은 계속해서 확장되는 원이나 호라는 관점에서 선교 전략을 세우고 있었던 것으로 보인다. 처음에는 구브로와 아나톨리아 남부(주후 46~47년), 그다음은 에게해 해안선에서 에베소를 중심지로 삼는 그리스의 동쪽 해안으로 내려가는 호(주후 50~55년), 다음으로는 일루리곤까지 간 다음(롬 15:19) 그리스의 서쪽 해안으로 내려오는 조금 더 넓은 호(주후 55~57년), 그다음은? 이렇게 서쪽을 향해 확장된 그의 다음 목적지는 분명히 로마였다. 하지만 다른 수단에 의해 복음이 이미 로마에 도달했으며(330쪽을 보라), 바울은 새로운 지역을 개척하는 편을 선호했다(롬 15:20). 그래서 바울은 자신이 개척할 호에 관해 생각하기 시작했을지 모르며, 이는 로마를 도약판으로 삼아 훨씬 더 서쪽으로 가서 일하겠다는 계획이었을 것이다 — 그는 서바나로 향할 가능성에 관해 언급한다(롬 15:24). 우리는 그의 전망과 단호한 결단에 감탄하지 않을 수 없다.

팀워크

우리는 그의 동역자들을 통해서도 그의 전략을 확인할 수 있다. 바울은 적어도 둘 이상과 함께 여행하는 것이 이상적이라고 생각했던 것으로 보인다. 그는 바나바와 마가(행 13장), 혹은 실라와 디모데(행 16장)와 동행했고, 일루리곤에 갔을 때는 소바더와 세군도, 아리스다고 중 두 사람(행 20:4)과 동행했다. 가이사랴에 좌초하여 2년 동안 지냈을 때는 원래 예루살렘까지 여행했던 여덟 명 중 여섯 명이 고향으로 돌아갔다. 하지만 **두 사람**(즉, 누가와 아리스다고)은 머물러 달라는 부탁을 받았고, 로마까지 바울과 함께 여행했다. 로마에 도착했을 때 '누가만' 그와 함께 있는 상황이 되자 그는 두 번째 동역자가 절실하게 필요하다고 생각했다 — 따라서 디모데를 급히 부른다(딤후 4:11).

바울은 세 명이 팀을 이뤄 일하기를 선호했음이 분명했다 — 밤빌리아에서 마가가 자신을 버린 후에 어려움을 겪으면서 이런 생각이 더 강해졌을 것이다. 다시는 이런 일이 있어서는 안 되었다. 그는 틀림없이 상호 격려의 필요성 때문에 이런 전략을 취했을 것이다. (아덴에서처럼) 혼자 남겨질 때 바울은 다소 우울해지는 것처럼 보인다(300~302쪽, "바울이 떠나다"를 보라). 하지만 동시에 이를 통해 상대적으로 경험이 적은 사람이 두 명 이상의 연장자 동료 사이에서 훈련을 받는 이상적인 기회를 제공받는다. 그뿐만 아니라 이렇게 함으로써 바울은 새로운 회심자들에게 교리를 가르치고 세례를 베푸는 책무를 더 쉽게 동료들에게 위임할 수 있었다(330~331쪽, "바울이 사역을 시작하다"를 보라).

바울은 — 가장 가까운 동료인 디모데와 디도에게 보낸 편지에서 볼 수 있듯이 — 자신이 맡은 멘토 역할을 매우 진지하게 받아들였다. 하지만 이 두 사람은 서로 전혀 달랐던 것으로 보인다. 주후 40년대 중엽부터 바울과 함께했던 디도(갈 2:1)는 가장 효과적으로 문제를 해결하는 사람, 성공적으로 고린도인들을 하나 되게 한 사람이었던 것으로 보인다(고후 2:13~14, 8:17). 하지만 디모데는 더 젊고 더 소심했으며(딤전 4:12, 딤후 1:7), 에베소에서 맡게 된 일에 대해 큰 어려움을 느꼈을 것이다. 또한 그는 바울이 정서적으로 소통할 수 있다고 생각한 사람이었다. "이는 뜻을 같이하여 너희 사정을 진실히 생각할 자가 이밖에 내게 없음이라. … 자식이 아버지에게 함같이 나와 함께 복음을 위하여 수고하였느니라"(빌 2:20, 22). 그는 그리스도 안에서 "사랑하는 아들"이었다(딤후 1:2). 그래서 바울이 즉시 그를 로마로 소환했고, 그가 도착했을 때 침울했던 그가 회복되었다는 것도 놀라울 것이 없다(504~505쪽, "슬픔 중의 기쁨"을 보라).

바울의 측근을 현대의 경영 심리학 관점에서 분석해보고 싶은 마음이 생기기도 한다. 바울과 함께 배를 타고 드로아에서 가이사랴로 여행했던 여덟 명의 이방인들 사이에는 어떤 개인적 역학이 작동했을까(행 20:6~21:8)? 우리는 알 수 없다. 하지만 누가가 팀 안에서 이를테면 '최후에 의지할 수 있는 사람' 역할을 했을 수도 있다는 점은 흥미롭다. 의사이자 역사가였던 그는 본능적으로, 혹은 훈련을 받은 결과로 행정에 능했으며 메모하고 자료를 잘 정리해두는 사람이었다. 특별히 열정적이거나 외향적이지는 않지만 단단하고 믿을 만한 사람이었다는 인상을 받는다. 이 점에서 그는 바울과는 대조적인 사람이었을 것이다! 바울은 경영적인 통찰력을 지니고 있으며 자신의 팀의 전혀 다른 이 구성원을 "사랑을 받는 의사 누가"라고 부르며 소중히 여길 줄 알았다(골 4:14).

주요 연대: 마게도냐

주전 480년경	(헤로도토스의 《역사》 7권에 기록되어 있듯이) 페르시아의 크세르크세스가 마게도냐를 통과한다.
주전 360년경	(남쪽으로 수 킬로미터 떨어져 있는) 판가이온산에 묻힌 금을 캐기 위해 타소스인들이 네압볼리('새로운 도시')를 세운다.
주전 358년	마게도냐의 필리포스 2세가 암비볼리를 함락시킨다.
주전 356년	필리포스가 '빌립보'를 세우고 전에는 ('샘'이라는 뜻의) 크레니데스로 알려진 광산 마을의 아크로폴리스 주변에 성벽을 건설한다.
주전 330년	(필리포스의 아들인) 알렉산드로스 대왕이 마게도냐를 떠나 동방 원정을 떠난다(아리아노스, 《아나바시스》 1.11.4).
주전 315년	카산드로스 왕이 자신의 아내이며 알렉산드로스 대왕의 이복누이 테살로니키를 기려 데살로니가를 세운다.
주전 168년	제3차 마게도냐 전쟁 후 이 지역이 로마인들에게 복속되어 네 구역으로 분할된다.
주전 148년	'마게도냐가 데살로니가를 속주 수도이자 총독 주둔주로 둔 완전한 로마의 속주가 된다. 이곳에서부터 (크나이우스 에그나티우스 총독의 이름을 딴) 에그나티아 대

로가 — 처음에는 데살로니가까지, 그 다음에는 네가볼리까지 — 건설됨에 따라 (아드리해 연안의) 일리리아(Illyria)도 포함된다.

주전 49년	폼페우스와 그의 군대가 율리우스 카이사르에 맞서 전쟁을 벌이는 동안 베뢰아와 데살로니가를 피난처로 삼는다.
주전 42년	뒤에 아우구스투스가 된 옥타비아누스와 마르쿠스 안토니우스가 율리우스 카이사르의 암살자들 — (살해당하는) 카시우스와 (자살하는) 브루투스 — 이 이끄는 공화국 병력을 격퇴한 빌립보 전투 (아피아누스, 《내전기》 4.105-138).
주전 31년	마르쿠스 안토니우스가 악티움 해전을 준비하며 암비볼리를 자신의 해군 기지로 삼는다. 아우구스투스는 승리한 후 빌립보의 이름을 '콜로니아 아우구스타 율리아 필리펜시스'로 고치고 '유스 이탈리쿰'(ius Italicum)의 특권을 부여한다(디오 카시우스, 《로마사》, 51.4.6을 보라). 데살로니가는 다섯 명의 '읍장들'(politarchs)이 다스리는 자유로운 그리스 도시의 지위를 부여받는다.
주후 44년	클라우디우스 황제가 마게도냐를 다시 원로원의 통제를 받는 속주로 복원한다.
주후 50년(7월)	바울과 실라, 디모데가 네압볼리에 상륙함으로써 마게도냐에 도착한다(행 16:11).

주후 55년(9월?)~56년(12월)   바울은 마게도냐를 거쳐 일루리곤으로, 마지막에는 니고볼리까지 여행한다(행 20:1~2, 딛 3:12, 롬 15:19).

주후 57년(4월)   바울은 예루살렘으로 가는 길에 누가와 함께 유월절을 지키기 위해 빌립보에 들른다(행 30:6).

주후 292년   갈레리우스가 데살로니가에 있는 동안 동방의 통치자로 선포되지만 (데메트리우스라는 이름의 순교자를 비롯해) 이곳의 그리스도인들에 대한 대규모 박해를 선동한다.

주후 380년   테오도시우스 황제는 이 도시에서 회심한 후 '데살로니가 칙령'을 선포해 이교 예배를 금지한다. 이 도시는 고트 족의 침략에 맞서는 그의 작전 기지였다.

주후 400년경   빌립보에 빌립보의 주교좌 성당(cathedral)으로 팔각형 바실리카가 건설됨.

주후 475년경   빌립보에 바실리카 'A'가 건설됨.

주후 550년경   (지진으로 먼저 지은 건물이 파괴된 후) 빌립보에 (현대의 이스탄불에 있는) '하기아 소피아'와 비슷한 특징을 지닌 바실리카 'B'를 건설하려고 했으나 실패함.

주후 600년대   빌립보가 (이 지역에 슬라브인들이 진출함에 따라) 서서히 쇠락한다.

주후 900년대   바실리카 'B'의 서쪽 끝에 작은 예배당이 건설됨. 빌립보의 아크로폴리스에 비잔티움의 요새가 건설됨.

1204년	제4차 십자군 기사들이 여러 해 동안 데살로니가를 점령함.
1387년	데살로니가가 (1912년까지) 튀르키예의 지배를 받음. 당시 이곳에는 최대 48개의 이슬람 사원과 36개 세파르디 유대인(이베리아 반도 출신 유대인—역주)의 회당이 있었다.
1453년	콘스탄티노폴리스가 튀르키예인들에게 함락됨. 마게도냐가 튀르키예의 지배를 받는다.
1876년	빌립보에서 바울의 투옥을 묘사하는 (7세기의) 벽화가 그려진 동굴이 발견되고, 이곳을 '성 바울의 감옥'으로 부르게 됨.
1917년	데살로니가에 큰 불이 나 넓은 지역이 피해를 입음.
1962년	데살로니가의 로마 광장이 발견됨.
1978년	지진으로 데살로니가가 더 많은 피해를 입게 됨.
2000년	네아 아폴로니아 근처에서 고대 아볼로니아의 것으로 추정되는 금 화관과 성채가 발견됨.

아덴

08

¹⁶바울이 아덴에서 그들을 기다리다가 그 성에 우상이 가득한 것을 보고 마음에 격분하여 ¹⁷회당에서는 유대인과 경건한 사람들과 또 장터에서는 날마다 만나는 사람들과 변론하니, ¹⁸어떤 에피쿠로스와 스토아 철학자들도 바울과 쟁론할새 어떤 사람은 이르되, "이 말쟁이가 무슨 말을 하고자 하느냐?" 하고, 어떤 사람은 이르되, "이방 신들을 전하는 사람인가보다" 하니, 이는 바울이 예수와 부활을 전하기 때문이러라. ¹⁹그를 붙들어 아레오바고로 가며 말하기를, "네가 말하는 이 새로운 가르침이 무엇인지 우리가 알 수 있겠느냐? ²⁰네가 어떤 이상한 것을 우리 귀에 들려주니 그 무슨 뜻인지 알고자 하노라" 하니, ²¹모든 아덴 사람과 거기서 나그네 된 외국인들이 가장 새로운 것을 말하고 듣는 것 이외에는 달리 시간을 쓰지 않음이더라.

— 사도행전 17장 16~21절

문화의 중심지에서

바리새인 사울은 이제 "이방인의 사도" 바울이 되어 홀로 고대 아덴의 거리를 배회하고 있다. 이것은 강렬한 메시지를 담은 이미지다. 바울 시대에 아덴은 고대 세계의 역사적 중심지로 인정받았다. 5백여 년 전에 이 도시는 건축과 조각, 철학, (비극과 희극이든, 시와 역사이든) 모든 종류의 문학을 주도했다. 비교 상대가 전혀 없는 화려한 '황금시대'를 구가했으며, 고대 세계에 길이 남을 만한 이바지를 했다. 지금 (시시하지 않은) 대학 도시인 다소 출신으로 예루살렘의 위대한 가말리엘의 제자였던 이 남자가 고전 전통 — 존경하지 않을 수 없었지만, 유대인으로서 무시하도록, 우상 숭배적이라고 거부하도록 훈련받았던 전통 — 의 중심지를 찾아왔다. 그는 이 모든 것을 어떻게 받아들였을까?

낯선 세계 속의 한 남자

제국 안 거의 모든 도시에서 유대인은 이런 세계관 충돌을 경험했을 것이다. 모든 거리에는 제단과 이교 신들을 묘사하는 조각상이 있었고, 도시 공동체는 지역 신전과 연결된 다양한 종교적 의례와 얽힌, 오랫동안 확립된 삶의 방식을 통해 통일성을 유지했다. 유대인에게 가차 없이 퍼부어지는 이교의 집중적인 공격을 피할 도시는 단 한 곳 — 예루살렘 — 밖에 없었다(그래서 바울의 부모는 그의 훈련을 마치기 위해 그를 그곳으로 보냈다).

이처럼 바울은 오래전부터, 이교에 대응할 준비를 해야 했다. 그런데 아덴에는 이 문제를 가장 치밀한 수준까지 밀어붙이는 무언가 — 그 독특한 역사, 아름다운 신전, 새로운 철학 사상과 대화하기를 사랑하는 태도와 더불어 — 가 존재했다. 그리고 바울이 이곳에 혼자 왔음을 기억하라.

바울이 아덴의 아크로폴리스 정상에 화려하게 세워진 파르테논 신전을 바라볼 때 그는 단지 유대인으로서만 그것을 바라보지 않았다. 그는 이스라엘의 하나님이 최근에 이스라엘뿐 아니라 세계의 역사 속에서 결정적으로 새로운 무언가를 행하셨다고 믿는 사람으로서 이곳에 왔다. 바울이 그날 그 도시에서 **자신** — 날마다 자신이 하던 일을 계속하는 수많은 다른 사람 중 한 사람에 불과한 — 이 우주의 열쇠를 쥔 **유일한 사람**이라고 믿는 **사도**로서 아덴의 거리를 돌아다니고 있었다는 것은 무엇을 뜻했을까? 그 주변에 있는 다른 어떤 사람도 하나님의 "비밀"(막 4:11, 엡 3:4)을 알지 못했다. 그토록 많은 사람 중에 그는 누구였을까?

누가의 말처럼 바울은 "그 성에 우상이 가득한 것을 보고 마음에 격분했다." 그로 인해 그는 회당에서 논쟁했고, '장터'에서도 논쟁했다. 유대인으로서 우상 숭배를 혐오하는 마음이 그의 내적 존재로부터 분출되었다. 그리고 참된 메시아, 세상의 주에 관한 확신 때문에 그는 홀로 침묵하고 있을 수가 없었다 — 그는 소리 높여 이 도시의 사람들, 유대인과 이방인 모두와 논쟁해야만 했다.

그리스 아테네의 아크로폴리스에 있는 고대 암석 전망대인 아레오바고 언덕과
아테네 시의 탁 트인 전망. 아레아바고 회의가 자주 열렸던 작은 바위 노두.
바울이 아테네 철학자들에게 연설한 장소이기도 하다.

그리스 아테네의 아크로폴리스 언덕의 전경. 헤로데스 아티쿠스(Herodes Atticus)의 오데이온 (고대 그리스의 음악당)이 그 아래(왼쪽)에 있고, 너머에 리카베투스 산이 보인다. 고대 아크로폴리스는 아테네 최고의 랜드마크이다.

철학자들 사이의 바울

'장터'는 아크로폴리스(즉 '높은 도시')라고 부르는, 아덴의 독특하게 돌출된 바위 지형의 북서쪽에 있는 큰 **아고라**를 지칭했던 것이 거의 확실하다. 서쪽으로는 훨씬 더 낮은 언덕이었지만 그 나름대로 명성을 지녔던 공간 — '아레오바고'(즉, '아레스의 언덕') — 이 있었다. 이곳은 아덴의 시민들이 ('민주주의'를 탄생시킨) 의회를 위해 처음 모였던 곳이다. 이런 모임이 다른 곳으로 옮겨진 후 이곳은 원로로 이뤄진 '아레오바고 회의'를 위한 모임 장소가 되었다.

바울이 **아고라**에서 자주 연설하자 말쟁이(**스페르몰로고스**) — 중얼거리는 사람, 혹은 '사기꾼'을 뜻하는 이 지역의 욕 — 라고 불렀던 '에피쿠로스와 스토아 철학자들' 일부가 대응하고 나섰다. 바울이 아무 효과도 없는 말을 지껄이고 있거나 (아직 간파되지 않은) 속임수를 부리려고 한다고 생각했다. 다른 이들은 바울이 이미 그리스의 만신전에 모셔진 수많은 신들 외에 어떤 '이방 신들'을 전하고 있다고 생각했다. 이는 바울이 계속해서 '예수와 부활'에 관해 이야기 했기 때문이다. 바울의 말을 듣는 이들은 새로운 남신('예수')과 새로운 여신(헬라어로 '부활'은 여성 명사다)에 관해 이야기한다고 착각하기 쉬웠다. 아마도 '아나스타시스'는 예수의 '짝'이 되는 여신이 아닐까? 그들이 믿는 이교 신화 때문에 그의 말을 전적으로 오해하고 말았다.

그렇다고 하더라도 그들은 관심을 기울였다. 바울을 (아레스의 언덕에서, 혹은 날씨가 너무 더우면 아고라 안에 있는 왕의 주랑의 그늘에서 모이는) 다음번 아레오바고 회의에 초대했다. 바울은 자신의 주장을 제시할 절호의 기회를 얻었다.

아덴 사람들아, 너희를 보니 범사에 종교심이 많도다. 내가 두루 다니며 너희가 위하는 것들을 보다가 "알지 못하는 신에게"라고 새긴 단도 보았으니 그런즉 너희가 알지 못하고 위하는 그것을 내가 너희에게 알게 하리라. 우주와 그 가운데 있는 만물을 지으신 하나님께서는 천지의 주재시니 손으로 지은 전에 계시지 아니하시고, 또 무엇이 부족한 것처럼 사람의 손으로 섬김을 받으시는 것이 아니니 이는 만민에게 생명과 호흡과 만물을 친히 주시는 이심이라. 인류의 모든 족속을 한 혈통으로 만드사 온 땅에 살게 하시고 그들의 연대를 정하시며 거주의 경계를 한정하셨으니, 이는 사람으로 혹 하나님을 더듬어 찾아 발견하게 하려 하심이로되 그는 우리 각 사람에게서 멀리 계시지 아니하도다. "우리가 그를 힘입어 살며 기동하며 존재하느니라." 너희 시인 중 어떤 사람들의 말과 같이 "우리가 그의 소생이라" 하니, 이와 같이 하나님의 소생이 되었은즉 하나님을 금이나 은이나 돌에다 사람의 기술과 고안으로 새긴 것들과 같이 여길 것이 아니니라. 알지 못하던 시대에는 하나님이 간과하셨거니와 이제는 어디든지 사람에게 다 명하사 회개하라 하셨으니, 이는 정하신 사람으로 하여금 천하를 공의로 심판할 날을 작정하시고 이에 그를 죽은 자 가운데서 다시 살리신 것으로 모든 사람에게 믿을 만한 증거를 주셨음이니라.

— 사도행전 17장 22~31절

이교도 회중에게 설교하는 바울

바울은 자기 삶의 대부분을 이교도들에게 복음을 전하는 데 썼다. 하지만 이 아레오바고 설교는 *그가* 이교도들에게 설교할 때 어떤 주제를 선호했는지를 알 수 있게 해주는 신약의 유일한 본문이다.

우리는 그분 안에서 살고 움직이며 우리의 존재를 갖는다.

— 그레데 출신 에피메니데스가 썼다고 알려진 시
(현재는 시리아어 번역본으로만 남아 있음)

먼저 우리는 그가 자신의 청중과의 지역적 접촉점을 찾기 위해 노력했음을 알 수 있다 — 그는 자신이 이 도시에서 보았던 '알지 못하는 신에게' 바쳐진 제단을 언급한다. 그들의 지역 문화를 끌어와 이 제단의 비문이 환기하는 종교적 갈망으로부터 이야기를 시작한다. 청중의 일부는 '종교적'이기보다는 '철학적'인 태도로 삶을 전망하고 있었을지 모르지만, 바울은 인류 안에 있는 이러한 본원적인 종교적 본능에 호소함으로써 자신의 메시지를 전하고자 했다.

이것은 효과적인 전략이었다. 이를 통해 그는 어떻게 하나님이 자신을 '계시'하셨느냐는 주제로 나아갈 수 있었다. 예수에 관한 메시지는 '계시' — 즉, 하나님이 인류에게 자신을 계시할 수 있는 능력 — 를 이해하는 데 뿌리를 내리고 있었다. 이것은 그의 성서적 신앙의 근본적인 전제 — 이스라엘이 자신의 형상대로 하나님을 발명해낸 것이 아니라 이스라엘은 (많은 경우 마지못해, 그리고 언제나 자격 없이) 하나님의 계시적 행위와 말씀을 받아들이는 사람들이라는 것 — 였다.

우리는 그분의 소생이다.

— 바울과 마찬가지로 길리기아 출신이었던 아라토스가 쓴 《파이노메나》

숨겨진 성경 이야기

그런 다음 그는 (과거와 현재, 미래와 관련된) 세 단계로 이 성서적 신앙의 주요한 틀을 설명한다. 즉, 하나님은 **창조자**이자 **유지자**이자 **심판자**이시다. 첫째, 하나님은 '우주와 그 가운데 있는 만물'을 **창조하셨다**. 여기에는 하나님이 한 사람(아담)으로부터 — 즉 평등하게(아덴 사람들이 고전 세계의 중심지에 살고 있다고 해서 다른 이들보다 더 나을 것이 없다) — 창조하신 인간도 포함된다. 이러한 창조주 하나님에 관해 이야기하면서 바울은 ('일급의 신'은 너무 거룩하여 물질에 관여할 수 없기에) 창조를 맡은 '이급의 신'(혹은 **데미우르고스**)이 존재할 수도 있다는 (헬라 사상에서 매우 흔히 나타나는) 관념을 암묵적으로 배제하고 있다.

다음으로 하나님은 이 세상의 **유지자**로서 모든 사람에게 '생명과 호흡'을 주시며 각 민족이 어디에서 살지를 정하셨다. 이 하나님은 인간의 예배를 받아들이시지만, 그분 안에는 아무것도 부족한 것이 없으시다. 그분은 전적으로 초월적이며 인류보다 높으시다. 그렇지만 그분은 저 멀리에 계시지 않으신다. 바울은 고전 문헌을 공부해서 알고 있던 두 작가를 인용하면서 참 하나님이 "우리 각 사람에게서 멀리 계시지 않는다"라고 주장했다. 그런 다음

이 인용문을 근거로 이교적 우상 숭배에 대한 비판을 개시했다. 만약 하나님이 인간 **안에** 거하실 수 있으시다면(그리고 인간이 어떤 의미에서 하나님의 '소생'이라면) 하나님은 인간보다 **못한** 존재이실 리가 없다. 하지만 '은이나 돌'과 같은 물질로 만든 이교의 우상은 인간이 손재주를 부려 만든 물체다 — 따라서 인간보다 훨씬 못하다. 이런 우상 숭배는 참 하나님에 대한 철저한 무지를 반영한다.

그런 다음 바울은 급소를 찌른다. 하나님이 "이제는 어디든지 사람에게 다 명하사 회개하라 하셨다." 우상 숭배는 무지로부터 시작되었지만, 이제 그것에 대해 반드시 회개해야 한다. (성서적 사상의 세 번째 핵심 구성 요소인) 심판이 미래의 현실이 될 것이다. 이것에 대한 확실한 표징은 **헤에 아나스타시스**(예수의 부활)다. 바울은 예수의 부활을 살아계신 하나님이 세상 속에서 강력하게 일하시며 그분이 세상을 향해 미래의 심판이라는 현실에 관해 경고하신다는 확실한 증거로 보았다. 하나님은 죽은 자 가운데서 다시 살리신 그분이 하나님에 의해 '천하를 공의로 심판하도록' 정해두셨다.

> 나의 목적은 그저 '했던 말의 일반적인 의미를 전하는 것'이다.
>
> — 투키디데스,《역사》1.22.1

바울의 전략

원래의 설교는 약 15분 정도 계속되었을 것이다. (누가는 아덴의 위대한 역사가 투키디데스를 따르면서 우리에게 설교의 얼개만 제공하고 있다.) 이처럼 집약된 요약에도 바울 사상의 심오한 윤곽이 반영되어 있다는 점이 놀랍다.

바울의 설교가 철저히 성서적인 성격을 지니고 있다는 — 그가 이 이교도 청중을 대상으로 히브리 성경을 합의된 권위 있는 자료로 사용하지 않고 있음에도 — 점은 특히나 흥미롭다. 하나님에 관한 바울의 이야기는 창세기 1~2장(우주의 창조자이신 하나님)과 신명기 32장 8절(모든 민족에게 그들의 땅을 나눠주신 하나님), 시편 98편(세상에 대한 하나님의 의로운 심판), 다니엘 7장 13~14절(하나님이 열방에 대한 권위를 갖게 하신 "인자")과 같은 본문들에 분명히 영향을 받고 있음을 알 수 있다. 바울은 아덴 사람들에게 히브리 성경에 계시된 하나님을 — 이 성경 본문을 한 번도 인용하지 않으면서 — 소개하고 있다!

> 바울은 이스라엘의 하나님, 예수와 성령을 통해 계시된 하나님의 이름으로, 그분의 영광을 위해 이교의 주장과 체계를 논박한다.
>
> — 톰 라이트(N. T. Wright)

바울은 이제 그리스도인이지만, 그의 사상의 기본인 유대교적 하부 구조를 버리지 않았다. 그는 그리스도인이 되기 전에 이 연설을 했더라도 같은 논점으로 시작했을 것이다. 즉, 이스라엘의 창조주 유일신론은 이교의 우상 숭배와 근본적으로 대립한다. 그러나 새로운 점은 이스라엘의 하나님이 (예수를 통해) 세상에 결정적인 계시를 주셨으며, 이는 이전의 무지에 대해 더는 변명할 수 없게 되었음을 뜻했다. 하나님이 인간이 만든 성전에 거하신다는 생각(행 17:24)은 이제 이중적으로 어리석다는 것을 알 수 있게 되었다—왜냐하면 그분이 **인간의 형상으로** 세상에 오셨기 때문이다. 바울은 이스라엘의 하나님에 관한 진리로 — 하지만 이제는 예수를 통해, 예수 안에서 계시된 — 이교를 논박한다.

이렇게 볼 때 바울이 이런 상황에서 했던 말의 골자를 누가가 정확히 포착해내고 있음을 의심할 여지가 없다. 실제로 사람들이 복음을 이해하도록 돕기 위해 바울이 로마서의 첫 장들에서 말하는 바와도 놀라울 정도로 비슷하다. 창조주 하나님 앞에서 인간의 우상 숭배는 변명의 여지가 없다. 하나님은 인간의 비밀을 심판하실 것이다. 하지만 인내하시며 이전의 죄를 눈감아주셨던 하나님이 예수 안에서 새로운 일을 행하셨으며, 모든 곳에서 모든 사람이 이에 대해 반응할 수 있으며 반응해야만 한다(롬 1:19~21, 2:16, 3:21~24). 사도행전 17장의 설교 내용도 본질적으로 이와 같다 — 하지만 전부가 이방인인 청중을 위한 설교이기에 성경을 명시적으로 인용하지 않을 뿐이다.

부활이라는 도전

바울이 명시적으로 언급하지 않은 한 가지가 더 있다. 바로 십자가다. 아마도 이는 십자가와 부활 모두 냉소적인 청중에게 전달하기가 어색한 관념이라고 판단했고, 그래서 그는 둘 다가 아니라 하나에만 집중했을 것이다. 이 점에서 부활은 당연한 선택이었다 — 부활 없는 십자가는 말이 되지 않기 때문이다. 바울은 십자가의 중요성을 최소화하려는 것이 아니라 듣는 이들이 한 번에 얼마나 많은 것을 흡수할 수 있는지를 고려해 전략적인 선택을 했다.

이는 바울의 설교가 부활을 언급하는 바로 그 순간에 끝난다는 점을 통해서도 확인할 수 있다. 이 '부활'(아나스타시스)이라는 개념은 혼란을 초래했고, 야단법석이 일어난 것으로 보인다 ─ 그 때문에 바울은 설교를 중단했을 수도 있다. "그들이 죽은 자의 부활을 듣고 어떤 사람은 조롱도 했다"(행 17:32). 그들은 아직도 '아나스타시스'를 여신이라고 생각하고 있었을까? 아니면 죽음 이후 몸의 부활을 경험한다는 개념 자체가 우스꽝스럽다고 판단했을까? (아이러니하게도 아레오파고스 법정의 확립에 관여했던 극작가) 아이스킬로스의 시대 이후 그리스 사상에서 '부활', 즉 죽은 후 신체적인 삶으로 돌아가는 것은 불가능하다는 생각이 상식처럼 통용되었다. 저 멀리에 있는 일부 유대인들만 (그리고 그들의 이상한 분파 중 하나인 바리새파에 속한 이들만) 이런 터무니없는 생각을 가능성으로 받아들였다. '영혼 불멸'은 받아들일 수 있었지만, '부활'은 우스꽝스럽고 말도 안 되는 관념일 뿐이었다.

> 인간이 죽은 후 먼지가 인간의 피를 다 빨아들일 때 부활이란 존재하지 않는다.
>
> ─ 아이스킬로스, 《에우메니데스》 647~648

바울이 떠나다

고전 문화의 중심지로 들어가고자 했던 바울의 시도는 이렇게 짧게 끝나고 만다. 그의 설교를 들었던 이들 중 일부는 더 듣고 싶어 했으며, 한두 사람은 긍정적인 믿음의 신호를 보이기도 했다(행

17:32~34). 하지만 그는 효과적인 사역을 위한 문이 닫혔다고 판단했다.

이제 바울은 다른 곳으로 이동하기로 결정한다. 이런 결정에는 매우 실용적인 고려도 영향을 미쳤을 것이다. 바울은 혼자 도착했지만, 곧바로 베뢰아에 머물던 실라와 디모데에게 소식을 보내 가능한 한 빨리 자신과 합류할 것을 요청했다(행 17:15). 그들은 아마도 6주가 지나서 도착했을 것이다. 그들은 데살로니가의 신자들을 남겨두고 너무나도 갑자기 떠나야 했기 때문에 바울은 그때까지도 그곳의 신자들에 대해 크게 염려하고 있었다(259~260쪽, "바울이 데살로니가를 회고하다"를 보라). 그래서 그는 디모데를 데살로니가로 돌려보내기로 했다. 이로써 바울은 계속 아덴에 머물렀으나, 극도로 불안한 상태에 빠지게 되었다. 나중에 고린도에서 편지를 쓰면서 바울은 아덴에서 자신이 경험했던 내적인 동요를 이렇게 묘사한다.

> 형제들아, 우리가 잠시 너희를 떠난 것은 얼굴이요, 마음은 아니니 너희 얼굴 보기를 열정으로 더욱 힘썼노라. 그러므로 나 바울은 한번 두번 너희에게 가고자 하였으나 … 이러므로 우리가 참다 못하여 우리만 아덴에 머물기를 좋게 생각하고 … 디모데를 보내노니 이는 … 너희 믿음에 대하여 위로함으로 … 나도 참다 못하여 너희 믿음을 알기 위하여 그를 보내었노니 이는 혹 시험하는 자가 너희를 시험하여 우리 수고를 헛되게 할까 함이니 … .
>
> — 데살로니가전서 2장 17~18절, 3장 1~5절

이를 통해 우리는 바울이 아덴에서 머무는 동안 데살로니가의 상황을 극도로 염려하고 있었음을 알 수 있다. 그의 마음은 아덴의 우상 숭배만이 아니라 '사도'가 수행해야 할 엄청난 책무 때문에 심한 압박을 느끼고 있었다. 그는 데살로니가에서 했던 수고가 모두 물거품이 될지도 모른다는 걱정 때문에 고통스러워하고 있었다.

우리는 이런 종류의 심리적 압박을 과소평가해서는 안 된다. 그는 자신이 겪었던 수많은 육체적 위험을 열거하면서 이 목록을 이렇게 마무리한다. "이 외의 일은 고사하고 아직도 **날마다** 내 속에 **눌리는 일**이 있으니 곧 모든 교회를 위하여 염려하는 것이라"(고후 11:28). 전기통신이 없었던 시대에 바울과 같은 순회 설교자는 초조한 마음으로 여러 달을 기다려서야 비로소 선교지의 소식을 들을 수 있었다. 이는 매우 고통스러운 일이었다.

디모데가 데살로니가를 향해 떠나기 전에 바울과 실라는 향후에 다시 만날 시점을 결정해야 했다. 이 세 사람은 언제 다시 만나야 할까? 그들은 아덴을 떠나 고린도로 가기로 했다. 바울과 실라는 남서쪽으로 길을 나섰으며, 아덴이 자랑하는 아크로폴리스는 그들의 뒤로 점점 사라져갔다. 그들은 이 유명한 도시를 다시는 방문하지 못할 것을 본능적으로 알았을 것이다.

오늘날의 아덴

현대 그리스의 수도인 아덴은 (인구가 약 5백만 명에 이르는) 거대한 도시다. 이 도시의 항구인 페이라이에우스는 중요한 국제 항구다. 최근까지 아덴을 보기에 가장 좋은 시기는 오염이 심한 대기가 맑아지는, 비가 조금 내린 후인 봄날이었다. 하지만 엄격한 교통 통제가 이뤄진 후에는 (또한 2004년 올림픽 경기를 주최하면서 교통에 투자한 덕분에) 이것도 옛말이 되었다.

아크로폴리스의 건물들

아덴의 **아크로폴리스**는 경이로운 자연 지형 — 평원에서 우뚝 솟은 거대한 바위 — 이다. 이것은 지평선을 압도한다. 에게해에서 내륙으로 11㎞ 떨어져 있는 난공불락의 요새인 이곳은 자연적으로 고대에 도시가 형성되기에 적합한 곳이었다. 바울과 같은 방문자들은 (백 년이 지나서 이곳을 방문한 경험을 기록했던 지리학자 파우사니아스는) 페이라이에우스에 도착해 배에서 내린 후 아크로폴리스를 바라보며 한때 도시와 항구를 안전하게 연결했던 고대의 긴 벽의 잔해로 둘러싸인 길을 따라 걸었을 것이다.

바울이 실제로 아크로폴리스에 올라갔는지는 분명히 알 수 없다 — 이곳이 이교 예배의 중심지였음을 고려하면 그는 그곳에 가지 않았을 것이다. 하지만 서쪽 입구에 이르는 계단을 올라갈 힘

고대 아덴의 평면도

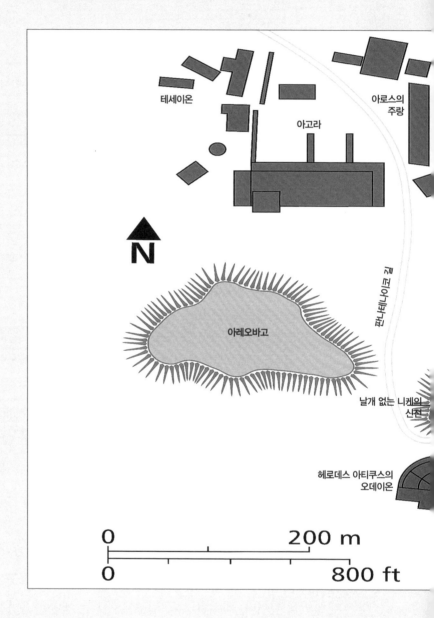

테세이온

아고라

아로스의
주랑

N

판나테나이코 길

아레오바고

날개 없는 니케의
신전

헤로데스 아티쿠스의
오데이온

0   200 m

0   800 ft

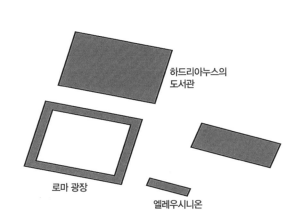

하드리아누스의
도서관

로마 광장

엘레우시니온

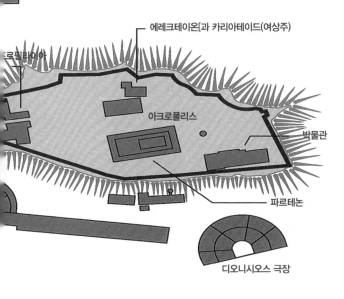

에레크테이온[과 카리아테이드(여상주)

프로필라이아

아크로폴리스

박물관

파르테논

디오니시오스 극장

기원전 5세기 중반에 아테나를 기리기 위해 지어진 파르테논 신전은 2천년 이상(1687년 베네치아의 포위 공격 때까지) 동안 그대로 유지되었다.

에레크테이온(Eretheion)의 남쪽 현관에는
기둥을 대체하는 여인상 기둥(카리아테이드)
이 있다.

아크로폴리스에서 리키베토스산을 바라보는 풍경.

테세이온(Theseum)을 향해 고대 아고라를 가로질러 서쪽으로 본 풍경.

이 있는 현대의 방문자들이라면 '반드시 가 보아야 할 곳'이다. 가는 길 오른쪽에는 작은 (복원된) **날개 없는 니케'의 신전**이 있다. 왼쪽에는 아그립바를 기리는 기념비가 있다. 마지막 지그재그 형태의 경사로를 지나면 관문의 중앙 통로(프로필라이아)를 지나게 된다. 아크로폴리스를 방문했던 모든 고대인이 이 길을 따라 걸었다. '파나테나이아'라고 알려진, 4년마다 열렸던 아덴의 축제 때도 이 길이 사용되었다. 이제 모든 각도에서 지평선을 압도하는 아덴의 보석 파르테논에 이르게 된다.

(헬라어로 처녀 여신인 아테나를 가리키는 호칭인) **파르테논**은 고대 고전 건축의 전범(典範)으로 널리 알려져 있다. 도리아식 기둥(양쪽 끝에 여덟 개의 기둥, 양옆에 열일곱 개의 기둥)으로 둘러싸인 이 건물은 믿기지 않을 정도의 과학적 기술 — 건축물의 견고함과 다양한 시각적 조정의 필요성에 대한 인식 모두에 있어서 — 을 보여준다. 수직 기둥은 직선처럼 보이지만, 실제로는 가운데가 몇 인치 정도 부풀려져 있고 꼭대기로 갈수록 폭이 좁아진다. 꼭대기 부분의 직경은 바닥보다 43㎝ 더 짧다. 기둥이 떠받치는 소벽(frieze)의 조각상 역시 바닥에서 바라보는 사람들에게 실물처럼 보일 수 있도록 비슷한 방식으로 왜곡되어 있다.

바울 시대에 이 건물이 어떤 모습이었을지 상상해보려면 노력이 필요하다. 건물 대부분은 (동쪽 편에 있는 근처의 펜텔리코스 언덕에서 가져온) 흰 대리석으로 만들어졌지만, 이 대리석 대부분에 여러 가지 강력한 색이 칠해져 있었을 것이다. 삼각형 박공벽(pediment)과 ('트리글리프' 사이의 정사각형 공간인) '메토프' 안에는 조각상들이 있었을 것이다. 이와 함께 총 길이가 160m에 이르는 사면을 둘러싼 프리즈에는 파나테나이아 행진이 묘사되어 있었을 것이다. 이들 중 다수는(1820년대에 엘긴 경이 가져가서 현재는 런던의 대영박물관에서 전시하고 있는) **'엘긴 대리석'**이라고 불리지만, 일부는 (파르테논 바로 옆에 있는) **아크로폴리스 박물관**에 전시되어 있다. 마지막으로 신전 안에는 상아로 장식하고 거의 115kg에 이르는, 금박을 입힌 12m 높이의 거대한 아테나상이 있었을 것이다. 고전 고대 시대에 아덴의 '황금기'의 영광을 보여주었던 파르테논은 그야말로 장관이었을 것이다.

파르테논의 북쪽으로는 (과거 아덴의 전설적인 '신-왕'이었던 에레크테우스의 이름을 딴) 에레크테이온이 있다. 이오니아식 기둥과 우아한 인물상으로 장식된 이 작은 신전은 파르테논의 힘찬 도리아 양식과 뚜렷한 대조를 이룬다. 어떤 이들은 이런 대조를 — 특히 이 신전의 남쪽 기둥이 (여성의 모습을 한 여섯 개의 조각상인) 유명한 여상주(女像柱, 카리아테이드)로 대체되었다는 사실을 기초로 — 남성성과 여성성이라는 관점에서 이해한다. 이 신전은 아덴의 초기 제의에 관한 기억 — 오래된 아테나의 목재 신상, 제우스의 번개를 맞은 바위, 아덴에게 주변의 영토인 아티카를 가질 수 있게 해주겠다고 제안했던 포세이돈에 맞서 아테나가 주었다고 하는 올리브 나무 — 을 보존하고 있었다.

내려가기 전에 많은 유적지를 둘러보는 것도 좋다. 북동쪽으로는 거의 삼각형에 가까운 또 다른 이상한 언덕인 리카베투스산 (Mount Lycabettus)이 있다. 그리스 정교회에서는 이곳에서 부활절 전야에 철야 기도회를 드린다 — 리카베투스의 초는 예루살렘의 성분묘교회(Holy Sepulchre)에서 공수해 온 '거룩한 불'로 밝힌다. 남동쪽에는 (주후 131~132년에 하드리아누스에 의해 재건된) 고린도식 기둥으로 만들어진 거대한 올림피아 제우스 신전과 1896년에 열린 올림픽 **경기장**이 있다.

아크로폴리스 아래: 아고라

남쪽을 돌아가면 아크로폴리스 바로 아래에 고대 아덴의 극장들이 있다. 더 나중에 세워진 극장은 오른쪽에 있는 **헤로데스 아티쿠스의 이데이온**이다. 원래 그리스 극장은 왼쪽으로 230m 떨어진 곳에 있는 **디오니소스 극장**이며 아크로폴리스에서 보기가 더 어렵다. 하지만 따로 방문해볼 만한 가치가 있다 — 주전 500년대에 아이스킬로스, 소포클레스, 에우리피데스, 아리스토파네스가 초연된 곳이기 때문이다. 반원형의 '합창대석'(orchestra)에는 원래 무대 배경이 없었을 테지만[지금 이곳에 있는 프로스케니움(proscenium)은 주후 3세기에 만들어진 것이다], 1만5천 명의 군중 앞에서 디오니소스 사제(그가 사용했던 대리석 의자를 지금도 볼 수 있다)의 사회로 이 고전적인 작품들이 초연되던 모습을 상상해볼 수 있다.

한편 아크로폴리스의 북서쪽으로 아덴의 **고대 아고라**를 볼 수 있다. 이 넓은 공간(10ha)은 고대 도시의 중심부였다. 누가는 바울이 날마다 이곳의 '장터'로 가서 복음을 전했다고 말한다(행 17:17). (1953년에 깔끔하게 재건되었고 **아고라 박물관**도 있는) **아탈로스의 주랑**은 주변의 주랑 현관들이 어떤 모습이었을지 가늠하게 해준다. 이 박물관에는 엄선된 고대 유물이 전시되어 있다 — 그중에는 10년 동안 민회에서 '도편 추방'해야 할 시민들의 이름이 새겨진 작은

오스트라카(도편)도 있다. 민주주의조차 한계를 지니고 있었음이 분명하다.

아고라의 반대쪽(서쪽)에는 **테세이온**(헤파이스토스 신전)이 있다. 나중에 기독교 교회로 전환된 이곳은 놀라울 정도로 잘 보존되었다. 정교함에 있어서 파르테논에 미치지는 못하지만, 고전기의 신전으로서 지금까지 온전한 상태로 남아있는 몇 안 되는 건물 중 하나다. 헤파이스토스와 아테나(각각 야금술과 예술을 관장하는 신)를 기리기 위해 세워진 이 신전은 원래 목조 지붕으로 되어 있었을 것이다.

이곳 입구에서 뒤를 돌아보면 **아고라**를 한눈에 볼 수 있다. 왼쪽으로는 다양한 주랑 유적이 있다('스토아주의자' 제논과 연관이 있는 **채색된 주랑**, 소크라테스가 재판을 받고 사형 선고를 받았던 **왕의 주랑**, 제우스 주랑). 오른쪽으로는 (국가의 문서 자료를 보관했던) **메트론**과 (작은 극장 모양의 회의실로서 500인으로 이뤄진 강력한 '의회'가 모였던) **불레우테리온**, 원형의 (아덴의 열 부족의 지도자들이 공무를 돌보기 위해 한 달 동안 근무했던 곳인) **톨로스**가 있다.

(북서쪽 모서리에서 아크로폴리스 방향으로) 아고라의 한복판에는 (4년마다 아크로폴리스까지 행진하는 길로 사용된) 판나테나이코 길이 나 있었다. **아고라**의 중앙부는 너른 공터였지만, 바울이 도착하기 백년 전에 두 건물이 세워졌다. 마르쿠스 아그립바가 세운 **아레스 신전**과 큰 **오데이온**이다. 바울은 이 건물을 지나 (고대 **아고라**의 동쪽에 있는) **로마 광장**으로 갔을 것이다. 이곳은 시장으로, 특히 기름으로 만든 상품으로 유명했다. 이곳에 있는 흥미로운 건물로는 후대에 만들어진 **하드라이누스의 도서관**과 여전히 서 있는 (주전 1

세기의 것으로 추정되는 매력적인 물시계가 있는) **바람의 신전**이 있다.

이밖에도 아텐에는 볼 것이 많다. (테세이온에서 북서쪽으로 365m 정도 떨어져 있는) **성문과 성벽 유적**과 이른바 무덤의 거리에서 수많은 정교한 비석을 볼 수 있는 공동묘지가 포함된 (케라메이코스로 알려진) **도공의 구역, 비잔티움 박물관, 국립 고고학 박물관** 등이 있다.

아레오바고

바울의 발자취를 따르는 이들에게 기억에 오래 남을 만한 아텐의 유적은 **아레오바고 언덕**이다. 이곳은 아크로폴리스 아래 서쪽으로 있으며 **아고라**를 남쪽에서 바라볼 수 있게 해준다. 석회암이 거칠게 노출된 지형인 이곳은 전통적으로 아레오바고 회의가 열리는 곳이었다. 그러나 주전 5세기의 민주적 개혁으로 이 원로 회의는 권력을 상당 부분 상실하고 말았다. 로마 시대에 약간 재편되었지만, 그 기능은 제한적인 상태로 남아있었다 — 하지만 살인에 관한 재판을 열 수 있었을 것이다(재판관과 피고가 앉았던 바위 두 개를 아직도 볼 수 있다). 바울이 (헷갈리게도 왕의 주랑에서 종종 모이곤 했던) 이 회의의 실제 회기 중에 연설했는지, 아니면 사람들이 그의 사상에 관해 토론하기에 편리한 장소로서 이 언덕에 와서 연설해 달라는 부탁을 받았는지 정확히 알 수는 없다. 후자였을 가능성이 높다.

아레오바고로 올라가는 길 초입에는 바울의 설교를 기념하는 동판이 있다. 평평하지 않은 계단 때문에 많은 사람들은 더 편리한 이곳에서 바울의 이야기를 기념하는 쪽을 택한다. 휘황찬란한 아크로폴리스를 바라보면서 바울이 얼마나 외롭고, 심지어는 어리석다고 느꼈을지 짐작할 수 있다. 그는 고전 문명의 중심지에서 멀리 떨어져 있는 예루살렘에서 이스라엘의 하나님이 행하신 놀라운 일에 관한 소식을 알리고 있었다. 수 세기가 지나 바울이 했던 그다지 많지 않았던 말은 아덴의 심장부에 기독교 메시지를 확립하는 데 큰 기여를 할 것이다. 고전 세계와 기독교 교회는 오랜 시간 동안 각축을 벌일 것이며, 그 결과로 그리스 비잔티움의 위대한 시대가 시작될 것이다.

주요 연대: 아덴

주전 1100년대	아덴이 아무런 피해도 입지 않고 북부에 있는 도리아의 침략을 막아낸다.
주전 594년경	솔론이 도시 국가 아덴의 집정관(아르콘)으로 임명된다.
주전 493년	테미스토클레스가 200척의 함대를 만들고 페이라이에우스 항을 요새화한다.
주전 490년	테미스토클레스가 이끄는 아덴 사람들이 마라톤에서 페르시아의 다리우스를 격퇴한다(헤로도토스, 《역사》 6권).
주전 480년	아덴 사람들이 살라미 해전에서 다리우스의 아들 크세르크세스를 격퇴한다(헤로도토스, 《역사》 8권). 아덴의 '황금 시대'가 시작됨.
주전 461~429년	아크로폴리스에 파르테논 신전을 건축하고, 아덴의 항구 페이라이에우스를 재건하고, (아덴과 페이라이에우스를 연결하는) 긴 벽을 건설한 페리클레스의 통치.
주전 449~440년	헤파이스토스 신전을 건축함.
주전 431~404년	아덴이 결국 스파르타에 패배함(투키디데스, 《펠로폰네소스 전쟁사》).
주전 399년	소크라테스의 죽음. 그의 제자 플라톤(주전 427~347년)과 후에는 아리스토텔레스(주전 384~322년)가 철학 서적을 저술한다.

주전 338년	마게도냐의 필리포스 2세가 카이로네이아에서 아덴을 격퇴한다.
주전 168년	아덴이 마게도냐에 맞서 로마를 지지한다.
주전 150년경	페르가몬의 아탈로스 2세가 어렸을 때 아덴에서 교육을 받은 것에 대해 감사하여 아고라에 주랑(stoa)을 건설하게 한다.
주전 88년	아덴이 폰토스의 미트리다테스 4세와 함께 로마에 맞서 반란을 벌였지만 실패하고 만다.
주전 86년	로마의 장군 술라가 반란을 진압하며, 그 과정에서 아덴의 긴 벽을 파괴한다.
주전 15년	마르쿠스 아그립바(아우구스투스의 사위)가 아고라 한가운데 오데이온(음악당)을 건설하게 한다.
주후 50년	바울이 몇 달 동안 아덴에서 머문다(행 17:16~34).
주후 131~132년	하드리아누스가 올림피아 제우스 신전을 건설하게 하고, 제우스 신상 옆에 자신의 조각상을 세운다.
주후 159년	파우사니아스가 《그리스 안내》에서 아덴을 묘사한다(제1권).
주후 161년	헤로데스 아티쿠스가 아크로폴리스의 남서쪽에 오데이온을 건설하게 한다.
주후 170년경	마르쿠스 아우렐리우스가 아덴 대학교 안에 네 개의 철학 교수좌를 설치한다.
주후 267년	아덴이 고트 족의 침공으로 약탈을 당한다.

주후 500년대	유스티니아누스가 아덴의 철학 학교를 폐쇄하고 파르테논 신전을 (마리아에게 봉헌된) 교회로 전환한다.
주후 584년	아덴이 슬라브 족에게 약탈을 당한다.
1687년	포위 공격 중 튀르크 인들에 의해 화약 저장소로 사용되고 있던 파르테논 신전이 베네치아의 대포에 타격을 당한다.
1821년	아덴이 독립 국가 그리스의 수도가 된다.

현대 그리스 방문하기

현대의 그리스에는 (7~9장에서 다룬 유적지들 외에도) 이곳의 활기찬 고전 문명을 증언하는 매우 다양한 유적지가 존재한다.

고린도는 **펠로폰네소스 반도**로 들어가는 관문이다. 여기서부터 멀지 않은 곳에 **아르고스**와 **미케네**, **티린스**가 있으며, 이들 각 지역의 기원은 트로이 전쟁 시기(약 주전 1200년)까지 거슬러 올라간다. 이 시대는 우리에게 호메로스의 글과 아이킬로스와 에우리피데스 같은 비극 작가들의 작품을 통해 알려진 아가멤논과 엘렉트라, 오레스테스 같은 인물들이 살던 시대였다. 인근에는 베네치아의 영향을 받은 항구 도시 **나우플리온**과 아직도 여름 공연과 콘서트를 위해 사용되고 있는 큰 극장이 있는 **에피다우로스**도 있다.

스파르타는 펠로폰네소스 전쟁에서 아덴의 호전적인 적이었으며 엄격한 군사 훈련으로 유명하다. 서쪽으로 험준한 타이게투스산맥을 가로질러 가면 버려진 비잔티움의 언덕 마을인 **미스트라스**를 만난다. 펠로폰네소스 반도의 서쪽에는 고대 **필로스**의 유적과 **올림피아**에 있는 원래의 '올림피아 경기장'이 있다.

배를 타고 고린도만을 건너 다시 아덴으로 돌아가는 길에는 그리스에서 가장 오래된 고대 유적지로서 신탁으로 유명한 **델포이**를 볼 수 있다. 산들에 둘러싸인 아름다운 곳에 있는 이 유적지는 여전히 매력적이다. 다양한 사원과 신전을 지나면서 산을 올라 마침내 경기장에 도착하면 계곡 너머로 펼쳐진 절경을 볼 수 있다.

비잔티움 문화에 관심이 있는 사람들은 다른 유적지들에 관심을 갖게 될 것이다. (델포이에서 아덴으로 돌아가는 길 위에 있는) 아름다운 **호시오스 루카스 수도원**, 꼭대기에 수도원들이 있는 (그리스 중부에 있는) **메테오라**의 경이로운 암석 지형, (에게해 북부의 동쪽 끝에 있는 '손가락'인 할키디키 반도의) 아름다운 **아토스산**과 그곳의 수많은 **수도원**이 대표적인 유적지다. 물론 남성들에게만 이 반도에 들어오는 것을 허용하는 유명한 정책에 대해 모든 사람이 호의적인 것은 아니지만, 그곳에서 며칠 밤을 보낼 기회를 얻은 사람들은 아름다운 시골 풍경과 그리스 정교회의 경이로운 역사와 신앙에 둘러싸인 채 독특한 경험을 하게 될 것이다.

칼람바카(Kalambaka) 위의 독특한 암석(메테오라)에
자리 잡은 비잔틴 수도원

델포이의 주요 사원들 아래 계곡에 있는
아테네 프로나이아(또는 톨로스)의 성소.

고린도

▶
▶

¹그 후에 바울이 아덴을 떠나 고린도에 이르러 … ⁵실라와 디모데가 마게도냐로부터 내려오매 바울이 하나님의 말씀에 붙잡혀 유대인들에게 예수는 그리스도라 밝히 증언하니 ⁶그들이 대적하여 비방하거늘 바울이 … ⁷거기서 옮겨 하나님을 경외하는 디도 유스도라 하는 사람의 집에 들어가니 그 집은 회당 옆이라. … ⁸수많은 고린도 사람도 듣고 믿어 세례를 받더라.

¹¹일 년 육 개월을 머물며 그들 가운데서 하나님의 말씀을 가르치니라. ¹²갈리오가 아가야 총독 되었을 때에 유대인이 일제히 일어나 바울을 대적하여 법정으로 데리고 가서 … [그러나 갈리오가] ¹⁶그들을 법정에서 쫓아내니 …

¹⁸바울은 더 여러 날 머물다가 형제들과 작별하고 배 타고 수리아로 떠나갈새 … 바울이 일찍이 서원이 있었으므로 겐그레아에서 머리를 깎았더라.

— **사도행전 18장 1, 5~8, 11~12, 16, 18절**

국제도시

지난 몇 달은 바울에게 힘겨운 시간이었다. 마게도냐의 세 마을에서 연속으로 쫓겨난 후 아덴에서 한동안 고립되어 지낸 바울이 침울한 모습으로 고린도에 도착했다는 것은 놀랍지 않다. "내가 너희 가운데 거할 때에 약하고 두려워하고 심히 떨었노라"(고전 2:3). 로마의 속주인 아가야의 수도인 이 큰 도시로 내려왔을 때 그는 마게도냐의 수도인 데살로니가에서처럼 똑같이 가혹한 대접을 받게 될까?

놀라운 목회지

고린도의 평판은 예수를 따르는 이 유대인 사도를 주저하게 만들기에 충분했다. 고전 시대부터 사람들은 성적 문란을 뜻하는 '고린도화'(Corinthianize)라는 말을 만들어냈다 — 그 정도로 이 도시는 성적 부도덕으로 악명 높았다. 이 도시에 가까워질 때 그는 주변의 평지로부터 550m 이상 높이 솟아올라 있는 거대한 '아크로고린도'를 보았을 것이다. 그리고 이곳이 제의적 성매매로 유명한 아프로디테 신전이 있는 곳임을 알아차렸을 것이다. 이미 이 도시에는 많은 수의 유대인이 존재했지만, 평균적인 유대인에게 고린도의 생활 방식은 퇴폐적인 고전 문화의 전형처럼 보였을 것이다. 엄격한 바리새파 랍비였던 바울이 이 도시로 들어오고 있었다. 그가 이곳에 왔다는 사실 자체가 이 사람과 그의 메시지에 관해 많은 것을 말해준다.

하지만 바울의 고린도 선교는 그가 가장 많은 열매를 맺은 선교 사역 중 하나가 될 것이다. 그는 이곳에 약 18개월 동안 머무르게 된다 ─ 안디옥을 떠난 후 그보다 더 오래 머문 곳은 없었다. 그리고 약 4년 후에 이곳에서 3개월을 더 지내게 될 것이다. 그 사이에 그는 이 어린 교회와 자주 서신 교환을 하며 교회의 수많은 문제에 관해 조언한다. 그가 마지막으로 고린도를 떠날 때 고린도 교회는 수백 명의 신자로 이뤄진 성장하는 교회가 되었을 것이다.

바울은 이 모든 것의 배후에 하나님의 손이 있었다고 주장했을 것이다. 그가 고린도인들에게 말했듯이 "오직 자라게 하시는 이는 하나님뿐이셨다"(고전 3:7). 이곳에 처음 머물렀을 때 그는 환상을 통해 하나님이 주시는 약속을 받았다. "두려워하지 [말라]. … 이는 이 성중에 내 백성이 많음이라"(행 18:9~10). 바울은 고린도가 자신의 원래 계획에 속해 있지 않았지만, 분명히 하나님의 계획에 속해 있었음을 깨달았다. 바울은 고린도와의 관계에서 어려움을 자주 겪기도 했지만, 이를 통해 목회적 공감 능력과 신학적 통찰력을 키울 수 있었다. 신학 교수인 배릿(C. K. Barrett)의 말처럼, "고린도에서 그리스도 안에서 약함이 무엇을 의미하는지를 배우게 된 바울은 그리스도인의 지성과 확고함, 너그러움의 장성한 분량을 다른 어느 곳보다 이곳에서 더 분명히 보여주었다."

교통의 도시

고린도는 그리스 본토와 남쪽의 펠로폰네소스 반도 사이의 유일한 연결 통로를 이루는 좁은 지협 가까이에 있다는 독특한 지리적 입지를 지녔다. 핵심적인 육로(북—남)와 해로(동—서) — (위험할 때가 많은) 펠로폰네소스 반도 해안을 돌아 항해하기보다 고린도의 항구를 사용하고 싶어하는 이들에게 — 모두에 걸쳐 있다. 고린도에는 동쪽의 에게해와 사로니코스만을 향해 있는 한 항구(겐그레아)와 지협의 서쪽으로 고린도만을 향해 있는 또 다른 항구(레카이온)가 있다. 가장 좁은 지점(약 6km)에서 지협을 가로지르는 좁은 도로도 있었다. 디올코스로 알려진 이 특이한 도로를 통해 작은 배를 한쪽 바다에서 다른 쪽으로 끌고 갈 수 있었다.

이런 입지 덕분에 고린도는 상업 중심지가 되었다. 포세이돈 신을 기리기 위해 2년마다 열리는 이스트미아 제전을 주최하기도 했다. 그러나 주전 146년에 이 도시는 반란에 가담했다는 이유로 로마인들에 의해 파괴되었고, 도리아 양식의 아폴론 신전 외에는 남아 있는 건물이 거의 없었다. 그런 다음 주전 44년에 율리우스 카이사르가 자동적으로 로마 시민이 된 자신의 군대 퇴역 군인들을 위해 이곳을 로마의 식민지로 재건했다. 이 도시는 20년 동안 대단히 빠른 속도로 확장되어 아덴을 제치고 속주의 수도가 되었다.

그로부터 거의 백 년이 지난 시점에 바울이 그곳에 도착했을 때 그곳은 다문화적인 도시가 되어 있었다. (아덴과 달리) 역사가 얼마 되지 않았던 이 도시는 향수에 젖어 과거를 돌아보기보다는 미래

현대 운하(1882~1893년에 건설됨)는 고린도만과 에게해의 사로니코스만을 연결하는 운하다. 길이가 5.5km에 불과하지만 펠로폰네소스 반도를 200마일(320km)이 넘는 바다 여행을 절약할 수 있다고 몇몇 고대 통치자들은 진지하게 생각했다. 고대의 대안은 바퀴가 달린 작은 보트를 끌 수 있는 포장도로인 디올코스였다.

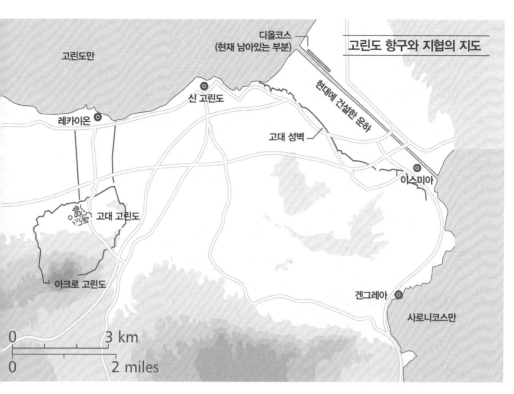

고린도만

디올코스
(현재 남아있는 부분)

고린도 항구와 지협의 지도

신 고린도

레카이온

현대에 건설한 운하

고대 성벽

이스미아

고대 고린도

아크로 고린도

겐그레아

사로니코스만

0   3 km

0   2 miles

디올코스(Diolkos)의 한 부분이다.
디올코스는 고린도 지협을 가로지르는 고대의 포장도로이다. 거친 석
회암을 다듬어 포장한 이 도로는 고린도만에서 사로니코스만으로, 또
는 그 반대 방향으로 화물이나 배를 옮기는 운하 역할을 했다.

를 향해 달려가고 있었다. 이곳은 **벼락부자**(nouveau riche)를 위한 곳, 전통에 제약되지 않는 곳 — 에너지와 활력, 생명으로 가득 차 있는 도시 — 이었다. 소용돌이치는 바다처럼 이 분주한 도시에서 바울은 그리스도 안에 있는 새로운 부활의 생명과 하나님의 성령 체험을 통한 자유에 관한 메시지를 전했다. 이런 환경에서 이런 새로운 '실험'이 통할까? 아니면 곧 바위에 내동댕이쳐지고 고린도의 불안함과 야심이라는 파도에 끊임없이 시달리고 말았을까?

바울이 사역을 시작하다

'내부 이야기'에 초점을 맞추는 바울의 편지를 통해 고린도 교회의 개척이 결코 '평탄한 항해'가 아니었음을 알 수 있다. 사도행전 18장에 담긴 누가의 기록은 외적인 측면에 더 초점을 맞추고 있으며, 이 교회가 어떻게 시작되었으며 회당이나 지역 당국과 어떤 관계를 맺었는지를 묘사한다.

먼저 누가는 바울이 아굴라와 브리스길라라는 부부와 함께 머물렀다고 말한다. 아굴라는 (흑해 연안) 본도(Pontus) 출신 유대인이었다. 그의 아내는 로마 안의 고대 가문 중 하나인 **브리스가 가문**(gens Prisca)과 연관이 있을지도 모르지만, 유대인이었을 것이다. 그들은 로마에서 살았으며(행 18:2) 이미 신자였을 것이다 — 이는 기독교 메시지가 제국 전역에 얼마나 빨리 퍼져나가고 있었는지를 보여준다. 그들은 분명히 — (누가가 사용한 용어는 가죽을 가공하는 사람들도 포함할 수 있지만) '천막을 만드는' 그들의 직업 때문에 — 여행을 자주했을 것이다. 직업이 같았기 때문에 바울은 그들과 "함께 살며 일을 했다."

여기서 우리는 바울이 자신의 사역을 통해 회심한 사람들의 재정 지원에 의존하기보다 언제나 스스로 생활비를 벌려고 노력했음을 알 수 있다(고전 9:18, 행 20:34). 그는 (가게 앞에서 고객들과 대화할 때도 침묵하지는 않았을 테지만) 토요일마다 회당을 방문했을 때만 설교할 기회를 얻었다. 하지만 실라와 디모데가 마침내 도착했을 때 이러한 주간 계획이 바뀌었다. 바울은 이제 설교에만 전념할 수 있었다(행 18:5). 데살로니가인들이 바울에게 재정적인 선물을 보냈기 때문일 것이다(고후 11:9).

다시 한번 바울의 설교는 사람들을 분열시키는 결과를 낳았다. 한편으로는 일부 회심자들이 있었다. 회당장인 그리스보와 "하나님을 경외하는" (바울이 그저 '가이오'라고 부르는, 롬 16:23) 가이오 디도 유스도가 있었다. 바울이 직접 세례를 베푼 사람은 이 두 사람과 스데바나뿐이었다(고전 1:14~16). 아마도 이 일은 실라와 디모데에게 맡겼을 것이다. 다른 한편으로 회당은 점점 적대적인 환경이 되었다. 그래서 바울은 (도발적으로 바로 옆집인!) 디도 유스도의 집에 경쟁적인 모임 장소를 마련했다. 당연히 회당에 속한 이들은 바울을 갈리오 총독으로 끌고 가 그가 사람들로 하여금 "율법을 어기면서 하나님을 경외하도록" 부추긴다고 고발했다(행 18:12~13).

로마 법정 앞에서

이 말은 의도적으로 모호하게 표현한 것처럼 보이며, 이는 곧바

아고라 남쪽에 있는 베마(bema, 또는 법정)는
바울이 총독 갈리오 앞으로 끌려온 곳이다.

로 핵심적인 질문을 불러일으킨다. 어떤 법을 말하는가? 로마의
법인가? 유대교 토라인가? 그들은 총독이 이 새로운 기독교 메시
지가 로마의 법에 반한다고 선언하고, 동시에 그것이 '**합법적인
종교**'(religio licita)의 위치를 부여받은 유대교와 분명히 구별된다고
지적하기를 원했다. 이는 로마인들이 유대교의 새로운 '하위 집단'
이 나타났음을 인식함에 따라 앞으로 몇십 년 동안 핵심적인 논란

이 될 것이다. 이 그리스도인들을 (그들의 모체인 유대교와 마찬가지로) 황제 숭배의 면제 대상으로 인정해야 하는가? 아니면 황제 숭배를 거부할 때 이들은 로마에 대한 죄를 범하는 것일까?

갈리오는 이 문제가 로마법이 아니라 **유대**법과 결부된 것임을 금세 알게 되었다. '부정한 일이나 불량한 행동'(즉, 로마법에 대한 위반)이 아니라 단지 '언어와 명칭과 **너희** 법에 관한' 문제였다(행

18:14~15). 갈리오는 이 논란이 범죄 행위와는 무관함을 깨닫고 소송을 즉시 기각했다.

바울은 이 판결 덕분에 크게 안도했다 ─ 설교 사역을 제약 없이 계속할 수 있다는 뜻이었기 때문이다. 누가 역시 이것이 대단히 중요한 의미가 있다는 것을 알았다. (마게도냐에서처럼) 일개 지방 관리가 아니라 로마의 총독이 내린 판결이었다. 로마법에서 중요한 판례가 되었고, 앞으로 유용하게 사용될 것이다. 갈리오에 의하면 기독교는 불법이 아니다. 로마의 관점에서 이 종교는 합법적으로 유대교의 범주 아래에 들어간다.

고린도를 떠난 후 계속되는 바울의 사역

결국 바울은 다른 곳에서 사역을 지속하기로 했다. 그는 고린도의 동쪽 항구(겐그레아)로 내려가 '수리아'를 최종 목적지로 삼고 에베소로 향하는 배에 올랐다. 흥미롭게도 겐그레아에서 바울은 '서원' 때문에 머리를 깎았다. 이 서약은 유대교의 '나실인' 서약으로 보인다 ─ 바울은 고린도에서 그를 보호해주시겠다는 약속을 성취하신 하나님께 감사하여 서약했을 것이다(행 18:9~10). 그랬다면 그는 단지 '수리아'를 향해 가는 것이 아니라 예루살렘 성전에서 이 서약의 최종적인 요구 조건을 이행하기 위해 더 구체적으로 예루살렘을 목적지로 삼아 여행했을 수도 있다. 바울은 고린도에 있을 때조차도 자신의 유대교적 뿌리와 예루살렘과의 연관성을 의식하고 있었다.

틀림없이 바울은 때가 되면 고린도로 돌아가려고 했다. 하지만 오랫동안 에베소에서 교회를 개척하는 일에 관심을 쏟았으며, 에베소에 아굴라와 브리스길라를 남겨두고 떠날 때 다시 돌아오겠다고 분명히 약속했다(행 18:21). 같은 해(주후 52년)에 그는 정말로 돌아왔다. 바울은 고린도 다음으로 에베소에서 목회했다.

바울은 에베소에 머물면서 고린도 교회에 매우 자주 서신을 교환한 것으로 보인다(항해가 가능한 시기에는 전령이 사나흘이면 에게해를 건널 수 있었다). 바울은 에베소에서 하던 사역에 집중해야 했지만, 불안한 고린도 교회를 위해 여전히 **부재중인** 사도이자 목회자 역할을 했다. 그는 여러 통의 편지를 보냈다[어떤 학자들은 다섯 통까지 보냈을 것이라고 주장한다(33쪽을 보라)]. 적어도 한 차례 잠깐 들르기도 했다. 고린도 교회에서 무슨 일이 일어나고 있었기에 이토록 많은 관심이 필요했던 것일까?

바울이 고린도를 떠난 후 새로운 신자들에게 문제를 일으키게 될 몇 가지 사건이 이 도시의 삶에 일어났다는 것을 우리는 알고 있다. 유대교 공동체를 위한 '정결 예법을 준수한'(kosher) 음식에 관한 특별 규정이 중단되었으며(이는 모든 고기가 이교도의 제단에서 제물로 바쳤던 것일 수도 있음을 뜻한다), 심각한 식량 부족 사태를 겪으면서 고린도인들은 위기가 임박했다고 느끼게 되었다. 바울은 신생 교회에 지침을 내리기 위해 새롭고 추가적인 가르침을 주어야 했다(고전 7~10장).

시급한 관심이 필요했던 다른 문제들도 있었다. 아볼로라는 또 다른 재능 있는 설교자의 도착으로 촉발된 교회 내의 분파주의(고전 1~3장), 결혼과 '영적 은사,' 심지어는 예수의 육체적 부활에 관한 혼란이 존재했다(고전 7:12-14, 15장). 그뿐 아니라 예배 중에 몇몇 무질서한 행동(고전 10~11장)과 성적으로 부도덕한 행위 — 특히

한 신자는 자신의 아버지의 아내와 동거하고 있었다 — 도 있었다(고전 5~6장). 이 마지막 문제 때문에 열띤 서신 교환이 이뤄졌고 결국 바울은 근심 중에 고린도를 다시 방문하게 된다(고후 2:1). 그는 디모데와 디도를 보내 이 문제를 확인하게 했으며, 이들은 상충되는 보고를 전해왔다(고전 16:10, 고후 2:3, 13). 더 나중에는 예루살렘에서 왔다고 주장하는 유익하지 않은 '유대주의자들'이 고린도인들을 혼란스럽게 했을 것이다(고후 10~13장).

목회를 위해 치러야 할 대가

이 모든 것이 바울의 시급한 관심을 요구했다. 바울이 이런 골칫거리를 기꺼이 다루려고 했다는 사실을 어떤 이들은 지나치게 참견하는 그의 태도를 보여주는 증거로 해석할지도 모른다. 하지만 그런 타협을 묵과할 때 그가 했던 모든 일이 무너지고 말 것이라는 사도로서의 우려를 반영한다고 보는 편이 더 옳다. 성적 부도덕이 교회에서 용인된다면 그것은 파멸의 원인이 되고 말 것이다. 새로운 이방인 신자들에게 유대교의 의무를 강요하려는 시도 역시 마찬가지다.

고린도의 문제를 다룸으로써 바울은 개인적으로 값비싼 대가를 치러야 했다. 고린도후서를 읽어보면 그가 정서적으로 기진맥진한 상태라는 느낌을 받게 된다. 바울은 이 모든 것을 이제 막 태어난 교회를 취약한 상태로 내버려두지 않아야 할 사도적 책임의 일부로 여겼을 것이다. 그가 사용한 은유처럼 그는 산파였을 뿐 아니라 어머니이자 아버지이고자 했다(그는 데살로니가전서 2장 7, 11절에서 두 용어를 모두 사용한다).

또한 그들 도시의 특별한 성격 때문에 고린도인들에게는 정말로 그의 '자녀 양육'과 지침이 필요했다.

바울은 주후 57년 1월경에 고린도를 마지막으로 방문했다. 그는 거기서 석 달을 머물렀고, 그 기간에 교회 내의 공공연한 문제들이 해소된 것으로 보이며, 바울과 고린도 교회의 관계는 회복되었다. 이렇게 상대적으로 평화로운 상태에 있었기에 그는 이 기간에 그의 중요한 신학 저술 ― 로마의 교회에 보내는 그의 편지 ― 을 완성할 수 있었을 것이다(263~264쪽, "마게도냐를 다시 찾은 바울"을 보라). 분명히 그는 서쪽으로 항해서 로마를 방문하기를 간절히 원했지만, 그의 다음 임무는 예루살렘으로 가 성도들을 위해 모금한 돈을 전달하는 것이었다(롬 15:25~28). 로마서 16장을 통해 우리는 그가 더디오라는 남자에게 이 편지를 받아 적게 했고, 그런 다음 고린도의 항구인 겐그레아에 살고 있던 뵈뵈라는 여자와 함께 그를 파견했음을 확인한다. 에베소에서 막 도착해서 바울과 함께 예루살렘으로 여행할 채비를 하고 있었을 자신의 '동역자' 디모데뿐 아니라 (가이오와 구아도, 누기오, 야손, 소시바더, 에라스도 등) 고린도에 있는 여러 신자의 안부 인사를 전했을 것이다. 이제 떠날 때가 되었다.

하지만 오랫동안 준비해온 그들의 계획은 다시 한번 변경되었다. 바울과 그의 일행이 겐그레아에서 막 출항하려고 할 때 그들이 이용할 배에서 바울을 죽이려는 음모가 있다는 소식이 전해졌다(행 20:3). 그들은 주의를 기울여 모금했으며, 대단히 조심스럽게 지켜내야 할 많은 금액의 돈을 지니고 있었다. 바울은 몇 주가 더 걸리더라도 에게해 주위를 시계 방향으로 돌며 왔던 길을 되돌아가는 육로 여행을 하기로 했다. 그들은 짐을 챙겨 겐그레아에서 좁은 지협을 통과해 북쪽으로 걸어갔다.

어떤 의미에서 바울은 마침내 고린도를 떠나게 되었다는 것에 대해 기뻐했을지도 모른다. 이곳은 분명히 그에게 눈물과 스트레스의 공간이었다. 북쪽을 향해 걸으면서 그는 이 국제도시에서 자신에게 무슨 일이 일어날지 모른 채 같은 길을 따라 처음 남쪽으로 내려오면서 느꼈던 기분을 떠올렸을지도 모른다. 그는 불안감으로 가득 차 있었고, "예수 그리스도와 그가 십자가에 못 박히신 것 외에는 아무 것도 알지 아니하기로" 작정했다(고전 2:2). 이제 약 7년이 지나서 그는 그곳을 떠나지만, 그동안 하나님이 자신에게 얼마나 신실하신지를 깊이 깨닫게 되었다.

고린도에서 그는 십자가에 달려 죽으신 주를 따른다는 것이 무엇을 뜻하는지를 고통스러운 방식으로 배웠다. 동시에 그리스도의 부활 능력도 깊이 경험했다. "그리스도께서 약하심으로 십자가에 못 박히셨으나 하나님의 능력으로 살아 계시니 우리도 그 안에서 약하나 너희에게 대하여 하나님의 능력으로 그와 함께 살리라"(고후 13:4). 고린도는 바울의 목회를 **십자가를 닮은** 모양으로 변화시켰다. 그러므로 그가 다시 한번 불길한 예감을 느끼면서 고린도를 떠나 궁극적인 죽음과 부활의 공간 — 예루살렘 — 으로 향했던 것은 당연하다고 볼 수 있다.

오늘날의 고린도

      고린도는 그 지리를 보자마자 도시의 모든 역사를 이해할 수 있는 곳이다. 이 고대 도시는 독특한 위치를 점하고 있었다. 아덴에서 남하하는 방문자들은 멀리에서도 고대 도시 위로 우뚝 솟아오른 '아크로 고린도'로 알려진 거대한 회색 석회암 단층지괴를 보게 된다. 그런 다음 현대에 건설된 지협 운하를 건너가면서 양쪽의 바다를 볼 수 있다. 이를 통해 그 지점에서 이 지협이 얼마나 좁은지 알 수 있다. 그뿐 아니라 고대 고린도의 유적은 거대한 도시 지역에 둘러싸여 있지 않다(주요 유적지 인근에 작은 마을이 하나 있을 뿐이다). 그래서 바울 시대의 고린도를 상상해볼 기회를 누릴 수 있다.

      고린도의 입지를 이해하기 위한 좋은 방법은 **아크로 고린도** 정상(해발 고도 575m)으로 올라가는 것이다. 베네치아인들이 세운 톱니바퀴 모양의 성채로 둘러싸인 이곳은 악명 높은 아프로디테 신전이 있던 곳이다. 스트라본은 이 신전에 천 명의 여사제-매춘부가 있었다고 주장했지만, 건물 기초의 잔해를 제외하면 이 신전의 유적은 거의 남아있지 않다. 고고학자들은 신전이 그리 크지 않았을 것이라고 — 아마도 150m²로 — 주장한다. 여전히 헬레니즘 시대의 탑이 남아있지만, 그 외에는 후대에 세운 몇몇 건물(사원들, 프랑크족의 요새, 비잔티움 시대의 저수지)을 볼 수 있을 뿐이다. 이 정상에서 인상적인 점은 눈 앞에 펼쳐진 장관이다.

북쪽을 향하면 고대의 고린도가 내려다보인다. 왼쪽에 보이는 고린도만은 좁은 지협에 가로막혀 있다. 오른쪽으로는 에게해가 보인다. 고린도는 내륙으로 2.5㎞ 들어가 있지만 가까운 곳에 두 항구, (고린도만의) 레카이온과 (에게해 사로니코스만의) 겐그레아가 있었다. 이곳에서 두 항구를 전체적으로 조망할 수 있다.

레카이온 발굴을 통해 그리스 최대의 (주후 5세기에 세워진) 기독교 바실리카를 발견했다. **겐그레아**에는 고대의 항구 유적이 발견된 곳이 있는 작은 만이 있어서 나중에 짧게 방문해볼 만하다. 사실 이곳은 바울이 에베소로 향하는 배에 오른 곳으로 언급된다(행 18:18). 뵈뵈라는 한 여인의 집에서 모였던 작은 교회가 있던 곳이기도 하다(롬 16:1). 바울은 예루살렘으로 가기 위해 승선하기 직전 자신을 죽이려는 음모에 대해 알게 되어 어쩔 수 없이 경로를 바꾸어 육로로 여행해야 했다(행 20:3). 이 조용한 만의 바위에 앉아서 바울이 급히 여행 계획을 바꿀 때 서두르며 조용히 나눴을 대화를 상상해볼 수 있다.

아크로 고린도에서 내려오는 현대에 건설된 도로는 바울의 시대에도 언덕 곳곳에 있었을 (그리스 신들과 밀의 종교를 위한) 다수의 작은 신전과 사원을 지난다 — 가장 눈에 띄는 것은 (도로 바로 아래에 있는) 데메테르 신전이다. 하지만 **고대 고린도의 주요 유적지**와 가까워짐에 따라가 가장 잘 보이는 건물은 일곱 개의 도리아식 기둥이 여전히 상인방(수평 들보)을 떠받치고 있는 **아폴론 신전**이다. 이는 다소 아이러니하다. 바울 시대 고린도의 분위기는 헬라적이기보다는 훨씬 더 로마적이었다. 헬레니즘 시기의 유적은 거의 남아있지 않다. 이 신전은 주전 550년경에 처음 건축되었지만, 주

아크로 고린도 단층 지괴(massif)를 배경으로 세워진, 고린도의 고대 그리스 아폴론 신전의 도리아식 기둥 7개.

광장으로 이어지는 계단에서 끝나는 레카이온로(Lechaion Road)의 남쪽 끝.
열주 아케이드가 양쪽 거리를 따라 늘어서 있었을 것이다. 레카이온로는 석회암
석판과 유적으로 포장되어 있다.

전 44년에 로마인들이 이 도시를 재건할 때 복구되었다.

북쪽에 있는 **상점가**는 울타리가 처진 고고학 유적지 안에서도 볼 수 있을 정도로 많은 상점을 상상하게 해준다. 상업은 고린도의 삶에서 핵심을 차지했다. 이 상점들이 고대의 신전과 매우 가까운 곳에 있음을 고려할 때, 우리는 이교도 종교 예식에 바쳐진 고기를 사는 것과 연관된 문제를 이해할 수 있다. (아무리 형식적이라고 하더라도) 우상 숭배의 예배 행위에 쓰인 고기를 선한 양심으로 먹을 수 있을까? 고기를 파는 시장과 신전, 교역과 종교는 복잡하게 얽혀 있었다. 때로는 **유대인** 주민을 위해 특별한 조치를 취하기도 했다. 하지만 **그리스도인**은 어떻게 해야 할까?

일단 도시 안으로 들어오면 일부 방문자들은 곧장 **레카이온로**의 남쪽 끝으로 간다. 확실히 이곳은 전망이 좋고 레카이온 항구에서 도심 광장을 향해 가는 길이 어떤 모습일지 그려볼 수 있다. 폭이 10m인 이 길의 마지막 부분은 양쪽으로 주랑과 상점들로 둘러싸여 있으며 연대가 바울 시대까지 거슬러 올라가는 돌판으로 덮여 있다. 오른쪽에는 ('**북쪽의 바실리카**'를 비롯해) 다양한 건물이 있으며, 왼쪽에는 더 인상적인 유적이 있다. 바로 목욕탕과 공중화장실이다. 또한 (바울 시대에는 도시의 주된 육류 시장이었을) '**아폴론 구역**'으로 알려진 곳이 있으며, 마지막으로 지금까지도 물이 나오는 천연 샘 위에 건설된 아름다운 **페이레네샘**이 있다.

레카이온로가 끝나는 지점에는 광장의 관문이기도 한 웅장한 **개선 아치**(혹은 **프로퓔라이아**)의 기초를 이루는 몇 개의 가파른 계단이 있다. 전차와 상품을 실은 운송 수단은 이 지점에서 돌아가야 했다. **로마의 광장**은 거대한 '보행자 구역'으로서 고대에서 가장

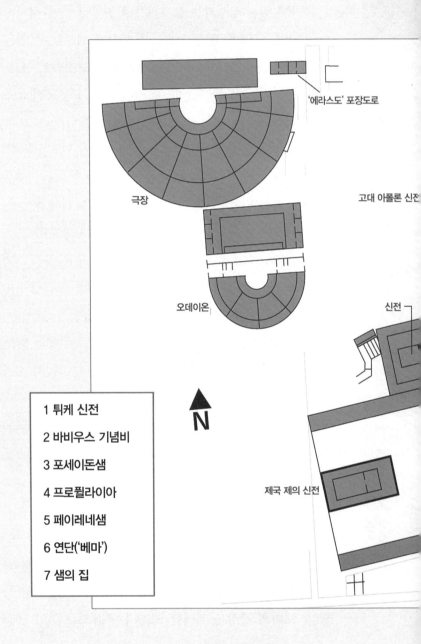

'에라스도' 포장도로

극장

고대 아폴론 신전

오데이온

신전

1 튀케 신전

2 바비우스 기념비

3 포세이돈샘

4 프로퓔라이아

5 페이레네샘

6 연단('베마')

7 샘의 집

N

제국 제의 신전

고대 고린도의 평면도

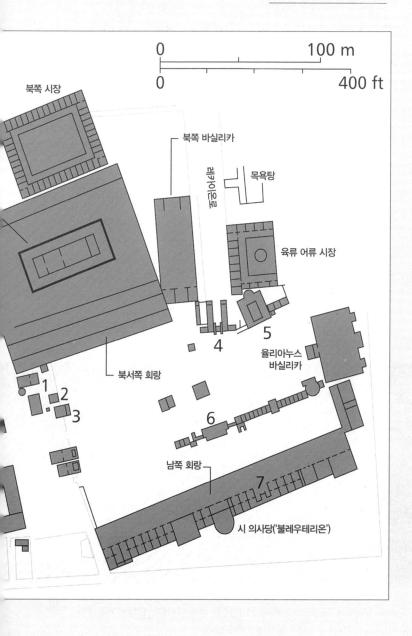

0   100 m
0   400 ft

북쪽 시장

북쪽 바실리카

목욕탕

레카이온로

육류 어류 시장

북서쪽 회랑

1
2
3

4

5

6

율리아누스
바실리카

남쪽 회랑

7

시 의사당('불레우테리온')

규모가 큰 — 약 1만6천2백m² — 광장 중 하나였다. 맞은편에는 정말로 인상적인 (가장 오래된 부분은 연대가 주전 4세기로 거슬러 올라가는) '남쪽의 주랑'이 있다. 지상층에 (각각 전실과 후실을 갖춘) 30곳 이상의 상점이 있으며 상층까지 갖추고 앞에는 71개의 도리아식 기둥이 세워진 이곳은 로마 제국에서 가장 긴 주랑이다. 바울 시대 이전에 **정부 건물들**을 수용하기 위해 재건축되었으며, 이 건물 중 일부가 지금까지도 남아있는 것으로 잠정적으로 확인되었다. 일부는 이스미아 제전과 관련된 공무원들을 위한 건물이었고, 일부는 로마의 총독이나 도시의 주요 관리들을 위한 건물이었다. (곡선의 석조 벤치를 갖춘) 건물은 이 도시의 의사당(**불레우테리온**)이었을 가능성이 높다. 중앙에서 왼쪽으로는 대리석 샘이 있으며, 그 뒤로는 아마도 도시의 법정으로 사용되었을 큰 '**남쪽의 바실리카**'가 있다.

고린도 극장 근처의 '에라스도' 포장도로의 비문. 신약성경을 통해 우리에게 알려진 기독교 신자의 이름을 나타내는 유일한 고고학적 유적이다(행 19:22).

이 (광장의 한가운데를 관통하는) 주랑과 나란히 상점가가 있다. 한 복판에는 재판정(혹은 **베마**)이 있는데, 높이 세운 정교한 이 연단에서 총독은 중요한 민사 소송을 심리했다. 바울이 갈리오 앞에 출두했던 곳은 바로 이곳이었을 가능성이 높다(행 18:12~17). 후대에 그리스도인들은 그렇다고 믿어 **베마** 앞마당의 사각형 돌 — 피고가 재판을 받을 때 서 있을 곳 — 위에 세 개의 후진으로 이뤄진 작은 예배당을 세웠다. 실제로 바울이 그 위에 서 있었을지도 모른다. 흥미롭게도 바로 그의 뒤에는 (현재는 고린도 박물관에 보관된) 포로로 잡혀 온 야만인들의 조각상으로 장식된 정교한 2층 건물의 전면부가 있었을 것이다. 하지만 이 사건에서 바울은 체포되지 않았고 모든 혐의에 무죄 판결을 받고 석방되었다.

광장의 더 짧은 끝에는 관공서 건물이 있었다. 동쪽에는 전에 사용하던 그리스의 경주 코스의 출발선 가까이에 **율리아누스 바실리카**가 있다. 서쪽으로는 여섯 개의 작은 신전과 **바비우스 기념비**가 있다. 비문에 따르면 이 기념비는 바비우스 필리누스라는 지역 정치인이 자신을 기리기 위해 세운 것이다.

또 다른 비문은 신약학과 관련해 특히나 흥미롭다. 이것은 에라스도라는 고린도의 정치인과 연관이 있다. 바울은 에라스도가 "이 성의 재무관"이었다고 말한다(롬 16:23). 그는 바울과 함께 로마의 교회에 문안 인사를 전한다 — 아마도 그 자신도 그리스도인이었기 때문일 것이다. 그리스인들이 세운 큰 극장 가까이에 포장된 구역에는 아래와 같은 1세기의 비문이 발견된다.

"RASTUS PRO AEDILE S. P. STRAVIT." 번역하면 "에라스도가 자신의 공직(aedileship)에 대한 보답으로 사비를 들여 (이 포장도로를) 놓았다." 고린도의 도시 관리들은 **아에딜레스**(aediles)로 알려져 있다. 따라서 에라스도는 선거 공약을 했고, 당선된 후 이 공약을 이행한 셈이다.

신약을 통해 알려진 누군가를 명시적으로 언급하는 이 비문은 바울의 세계를 엿볼 수 있는 매혹적인 창(窓)이다. 첫 그리스도인 중 부유층 출신이 "많지 않았지만"(고전 1:26) 바울의 메시지가 분명히 유력자들에게 전해졌다. 에라스도는 자신이 살고 있는 도시를 위해 헌신적으로 일하고 기부하기도 했던 그리스도인의 한 예가 된다. 그의 기부 덕분에 1만5천 명의 극장 방문자들이 이 포장도로 위로 걸어갈 수 있었다! 문화적으로 이것은 갈릴리 언덕과 거리가 멀어 보일지도 모르지만, 예수의 하나님 나라 메시지는 서로 다른 이 두 세계를 잇기 시작했다.

가볼 만한 고대 고린도의 다른 유적지로는 (극장에서 남쪽 방향에 있는) 3천 석 규모의 **오데이온**과 **고린도 박물관**이 있다. 이곳에는 인근의 아스클레피오스 사원에 있던 아스클레피오스(의학과 치료의 그리스 반신)에게 바치는 다수의 토상과 로마 시대의 중요한 유물 ― 턱수염이 난 젊은 네로의 흉상을 포함해 ― 이 있다.

지협을 방문하지 않는다면 이 지역 방문을 마쳤다고 할 수 없다. **현대의 운하**는 그 자체로 인상적인 공학적 성과다 ― 길이가 5.5km, 깊이는 최대 90m, 바닥의 너비는 20m다. 바울이 고린도를 방문한 직후 네로는 노예 노동력을 이용해 이런 운하를 건설하려고 했지만, 다이너마이트가 발명되기 수 세기 전이었던 당시로서는 불가능한 일이었다. 그가 성공했다면 펠로폰네소스 반도를 돌아 항해하는 사람들이 7일을 절약할 수 있었을 것이다. 분명히 시도할 만한 가치가 있었다 — 여행 거리를 약 320㎞ 단축하는 효과가 있었을 것이다. 이런 상황에서 수백 년 전에 고대 그리스인들은 (그 위에 작은 배를 고정한 채) 목재판을 끌고 갈 수 있는 (디올코스로 알려진) 특수한 도로를 건설했다. (두 줄의 바퀴 자국과 더불어) 이 도로의 판석을 지금까지 여기저기에서 확인할 수 있다.

마지막으로 고대 이스미아 제전이 열렸던 장소인 **이스미아**를 방문하고 싶은 사람들도 있을 것이다. 이곳은 지협에서 남동쪽으로 약 3㎞ 떨어져 있다. 발굴 작업으로 (나중에 티베리우스에 의해 재건된) 5세기의 포세이돈 신전을 비롯해 몇 동의 건물을 발견했다. 흥미롭게도 트랙이 시작되는 곳에는 주자들이 '심판의 지시에 따라' 서 있어야 할 정확한 지점을 보여주는 줄 표시가 석판에 새겨져 있다. 2년에 한 번씩 열리는 이 제전은 고린도의 삶을 이루는 핵심 요소였으며 (주후 51년에) 바울이 방문하는 동안에도 개최되었을 것이다. 그러나 선수들이 나체로 경기를 벌이는 것에 대한 유대인들의 거부감 때문에 바울은 이 제전을 관람하지 않았을 것이다. 그렇다고 하더라도 그는 고린도전서 9장 24~25절에서 볼 수 있듯이 운동선수의 이미지를 사용해 그리스도인의 삶을 묘사하는 것에 대해서는 반대하지 않았다. "너희도 상을 받도록 이와 같이 달음질하라."

> 너희도 상을 받도록 이와 같이 달음질하라. 이기기를 다투는 자마다 모든 일에 절제하나니 그들은 썩을 승리자의 관을 얻고자 하되 우리는 썩지 아니할 것을 얻고자 하노라.
>
> — 고린도전서 9장 24~25절

주요 연대: 고린도

주전 600년대   페리안드로스가 지협을 횡단하는 디올코스를 건설한다.

주전 550년   아폴론 신전 건설.

주전 430∼350년   고린도가 도자기와 '고린도식'(꽃 모양) 주두(기둥머리)
로 유명해진다.

주전 400년경   이 도시의 부도덕을 가리키는 '고린도화'라는 단어가
만들어진다.

주전 338년   마게도냐의 필리포스가 이 도시를 '코린토스 동맹'의
중심지로 삼는다.

주전 146년   루키우스 무미우스의 지휘 아래 로마인들이 이 도시를
완전히 파괴한다.

주전 44년   율리우스 카이사르가 보낸 새로운 식민지 개척자들이
고린도에 도착함. 운하를 건설하려던 카이스라의 계획
이 중단됨.

주전 27년   고린도가 로마의 속주 아가야의 총독이 머무는 수도가
된다.

주전 30년경   아마도 헤로도토스의 구절을 오해하여 스트라본은 1천
명의 여사제-매춘부를 보유한 아프로티테 신전에 관
해 언급한다(《지리지》 8.6.20).

주후 40년경   칼리굴라 황제가 운하 건설을 검토하지만 이집트의 현

장 감독자가 두 바다의 수위 차이로 홍수를 우려하자 이를 포기한다.

주후 50~52년경	바울은 고린도에서 18개월을 지낸다. 루키우스 유니우스 갈리오(로마에서 네로의 가정교사였던 스토아 철학자 세네카의 동생)가 주후 51년 7월 1일부터 12개월 동안 아가야의 총독으로 재직했다.
주후 57년 (초)	한두 번의 짧은 방문 후 바울은 고린도로 돌아와 석 달(아마도 1월부터 3월까지)을 지내며, 이때 로마서를 쓴다.
주후 67년	네로 황제가 운하를 기공한다. 베스파시아누스가 건설 작업을 돕기 위해 갈릴리에서 6천 명의 유대인 포로를 보내지만, 네로가 죽자 이 계획은 중단된다(주후 68년).
주후 96년	로마의 클레멘스가 고린도 교회에 긴 편지(클레멘스 1서)를 보내 일부 교회 지도자가 축출된 후 일치를 촉구한다.
주후 170년경	고린도의 디오니시오스 주교는 주일마다 지역 교회에서 바울의 고린도서가 여전히 낭독된다고 말한다(에우세비우스, 《교회사》 2.25.8).
주후 521년	고트 족에 의해 도시가 파괴되고, 이후 유스티니아누스 황제가 이를 복구한다.
1882~1893년	현재의 지협 운하를 건설한다.
1896년	고대 고린도의 고고학적 발굴.
1961~1963년	디올코스 발굴.

나중에 고린도에서 전해온 소식

시간적 거리 때문에 바울이 떠난 후 그가 개척한 교회들에 무슨 일이 일어났는지 알아내는 데 어려운 경우가 많다. 하지만 고린도에는 다행히도 로마의 클레멘스라는 사람이 주후 96년경 고린도의 그리스도인들에게 보낸 긴 편지가 전해진다. 클레멘스는 로마의 네 번째 '주교'로 알려져 있는데(이레나이우스 《이단 논박》 3.3.4을 보라), 이 경우에는 일종의 '외무부 장관' 역할을 했다.

놀라울 것도 없이 40년이 지난 지금 다뤄야 하는 문제는 교회의 질서에 관한 것이었다. 고린도인들은 자신들의 ('집사'와 '장로' 혹은 '감독'으로 지칭하는) '성직자'를 해고하고 다른 이들로 대체했다. 클레멘스는 긴 편지를 써서 그들의 규율 없음을 책망한다. 그는 이것을 시기와 질투의 결과로 보며 대신 그들에게 **'호모니아'**(조화)라는 목표를 추구하라고 권면한다.

> 우리는 이 사람들이 교회의 완전한 동의하에 사도들로부터 위임을 받아 겸손하고 평화롭게 사심 없이 그리스도의 양 떼를 섬기고 있었음에도 … 그들의 목회지로부터 쫓겨난 것이 옳다고 생각하지 않는다. … 호전적이며 성급한 자세를 가지라. 하지만 구원에 이르게 하는 일에 관해 그런 자세를 가지라. … 어찌하여 너희 가운데 이런 싸움과 … 분쟁이 있어야 하는가? 우리에게 같은 하

나님, 같은 그리스도가 계시지 않는가? 우리 모두에게 같은 은혜의 성령이 부어지지 않았는가? 그렇다면 어찌하여 우리가 그리스도의 사지를 찢으며 우리 자신의 몸에 맞서 불화를 조장하고 있는가? 복된 사도 바울이 너희에게 보냈던 편지를 다시 읽어보라. ⋯ 그가 자신과 게바와 아볼로에 관해 했던 말은 참으로 성령의 영감으로 기록된 말이 아닌가! 그때도 너희에게는 가장 좋아하는 사람들이 있었도다. ⋯ 충성스러우며 오래된 고린도 교회가 ⋯ 이제 그 성직자와 불화한다면 너희가 받은 그리스도인의 훈련은 아무런 가치가 없는 것이리라. 우리와 같은 신앙이 있지 않은 사람들조차도 이런 소문을 들었도다. ⋯

— 클레멘스 1서 44~47

이 글이 고린도전서에서 바울이 제시한 주제들을 다시 다루고 있다는 사실은 놀랍다. 교회는 그리스도의 몸이며, 따라서 삼위일체 신앙을 고백하는 이들 사이에는 일치가 있어야 한다. 그리고 그리스도인들이 서로 반목하는 것을 교회 밖에 있는 이들이 본다는 것은 비극이다. 현대의 독자들은 이 글을 읽으면서 이런 상황이 오늘날까지 교회사 전체에서 끊임없이 반복되었음을 깨닫게 될 것이다. 시기와 질투의 독이라는 클레멘스의 진단에 주목하는 것이 유익하다.

약 80년이 지나서 (주후 170년경) 반대 방향으로 — 고린도의 감독인 디오니시오스가 로마의 교회에 — 보낸 편지가 우리에게 전해진다.

로마에서 순교한 베드로와 바울에게 관심이 있던 에우세비우스는 이 편지를 인용하면서 디오니시오스가 베드로와 바울 **둘 다** 그들이 세운 교회에서는 **모두** 초기 사역에 관여했다는 사실에 주목했다고 말한다. "두 사람 모두 우리의 도시 고린도에서 교회를 세웠으며, 똑같이 우리를 가르쳤다. 그리고 똑같이 이탈리아에서 가르쳤고 함께 순교를 당했다"(에우세비우스, 《교회사》 2. 25). 디오니시오스는 여러 교회에 편지를 보낸 영향력 있는 인물이었던 것으로 보인다(에우세비우스, 《교회사》 4.23을 보라). 하지만 애석하게도 지금까지 남아있는 얼마 안 되는 발췌문으로는 그의 고린도 교회에서의 삶에 관해 많은 것을 알아내기가 어렵다.

에베소와 밀레도

10

¹바울이 윗지방으로 다녀 에베소에 와서 …
⁸바울이 회당에 들어가 석 달 동안 담대히 하나님 나라에 관하여 강론하며 권면하되 ⁹어떤 사람들은 마음이 굳어 순종하지 않고 무리 앞에서 이 도를 비방하거늘 바울이 그들을 떠나 제자들을 따로 세우고 두란노 서원에서 날마다 강론하니라. ¹⁰두 해 동안 이같이 하니 아시아에 사는 자는 유대인이나 헬라인이나 다 주의 말씀을 듣더라. ¹¹하나님이 바울의 손으로 놀라운 능력을 행하게 하시니, ¹²심지어 사람들이 바울의 몸에서 손수건이나 앞치마를 가져다가 병든 사람에게 얹으면 그 병이 떠나고 악귀도 나가더라. …
¹⁹마술을 행하던 많은 사람이 그 책을 모아 가지고 와서 모든 사람 앞에서 불사르니 … ²⁰이와 같이 주의 말씀이 힘이 있어 흥왕하여 세력을 얻으니라.
²³그 때쯤 되어 이 도로 말미암아 적지 않은 소동이 있었으니, ²⁴즉 데메드리오라 하는 어떤 은장색이 … ²⁵그 직공들

과 그러한 영업하는 자들을 모아 이르되, "여러분도 알거니와 우리의 풍족한 생활이 이 생업에 있는데, ²⁶이 바울이 에베소뿐 아니라 거의 전 아시아를 통하여 수많은 사람을 권유하여 말하되, '사람의 손으로 만든 것들은 신이 아니라' 하니 … ²⁷큰 여신 아데미의 … 위엄도 떨어질까 하노라" 하더라. ²⁸그들이 이 말을 듣고 분노가 가득하여 외쳐 이르되, "크다. 에베소 사람의 아데미여!" 하니 … ²⁹일제히 연극장으로 달려 들어가는지라. ³⁰바울이 백성 가운데로 들어가고자 하나 제자들이 말리고.

— 사도행전 19장 1, 8~12, 19~20, 23~30절

가르침과 작별 인사

　　바울의 에베소 사역은 주후 52년 가을 무렵에 시작되었다. 에베소는 (그를 파송한 교회가 있는) 시리아 안디옥을 제외하면 아나톨리아에서 가장 큰 도시 — 바울과 같은 개척자들에게 핵심적이며 전략적인 장소 — 였을 것이다. 그는 여러 해 동안 이곳에 올 기회를 찾고 있었지만, 하나님의 인도하심이 그 문을 닫으신 것처럼 보였다(행 16:6). (빌립보에서 시작해 데살로니가를 거쳐 고린도에 이르기까지) 점점 더 큰 도시에서 귀중한 경험을 쌓고 난 지금이 마침내 이 도시에 다가갈 때였다.

　　다시 한 번 갈라디아 남부 지역을 통과해 여행하면서 바울은 내륙을 지나(행 18:23, 19:1) 쉬지 않고 가야 한 달 이상 걸리는 800㎞의 여정을 마친 후 에베소에 도착했을 것이다(우리는 그가 루코스/메안데르강 유역으로, 골로새와 라오디게아 등을 거쳐 여행했을지, 메소기스산의 북쪽을 따라 여행했을지 알 수 없다. — 212~213쪽, "소아시아 도로 체계" 지도를 보라). 그는 기진맥진한 상태로 도착해 곧장 지난봄 예루살렘으로 떠날 때 헤어졌던 아굴라와 브리스길라를 찾았을 것이다.

　　바울이 도착하기 전에 에베소에 이미 기독교 메시지가 전해져 있었을까? 이상하게도 바울이 도착한 직후 그는 세례 요한이 전한 세례에 관해서는 알지만, 예수의 이름으로 베푸는 세례에 관해서는 알지 못하는 열두 '제자들'을 만난다(행 19:1~7). 아무도 예수에 관한 가르침을 그들에게 새롭게 전해주지 않았다는 사실은, 이 지역에 그리스도인이 거의 없었다는 것을 암시할지도 모른다. 그렇다면 에베소는 '처녀지'였던 셈이다 — 이는 언제나 그리스도가 알려지지 않은 곳에서 복음을 전하고자 하는 야심을 지니고 있던 바울 같은 사람들에게 매력적인 도전이었다(롬 15:20).

바울은 결국 이곳에서 3년(그가 선교 여행을 시작한 후 한곳에서 머문 가장 긴 시간)을 보내고 이곳의 사역을 디모데의 손에 맡긴다. 이것은 시간의 시험을 견뎌내는 사역이 될 것이며, 에베소는 앞으로 수 세기 동안 기독교 신앙의 중심지 중 한 곳이 될 것이다.

세계의 불가사의

속주의 공식 수도는 (북쪽으로 약 145㎞ 떨어진) 버가모였지만, 에베소는 아시아 속주의 주요 항구였다. 에베소는 스트라본의 《지리지》에 따르면 토로스 산맥 서쪽 지역에서 가장 큰 교역 중심지였다.

원래 '이오니아' 해안선을 따라 세워진 수많은 그리스 정착지 중 하나였던 에베소는 (카이스테르강 하구에 자리 잡은) 전략적 입지와 아데미 여신의 수호자(혹은 '신전지기')로서의 평판 때문에 중요한 도시가 되었다. 거대한 아데미 신전은 고대 세계의 '7대 불가사의' 중 하나였다.

도시 자체는 수많은 언덕으로 오르내리는 8㎞ 길이의 성벽으로 둘러싸여 있다. 바닷길로 도착하는 이들은 (인구가 25만 명이었던) 이 도시의 (수용 인원이 2만5천 명으로 추정되는) 거대한 극장이 세워진 언덕을 향해 동쪽으로 나 있는 주랑이 세워진 긴 길을 통해 도시

쿠레타스 거리 왼쪽으로 하드리아누스 신전이,
오른쪽 언덕 위로는 주거용 주택이 보인다.

중심부도 들어갔다. 이 도시는 상업적으로 번성했을 뿐 아니라 마법에 관심이 많은 것으로도 유명했다. 고대에 '에베소 문서'는 신비로운 주문과 암호화된 공식을 담은 문서를 지칭하는 구절이었다. 이교 예배와 마법으로 유명했던 이 도시는 이제 곧 예수가 주시라는 바울의 가르침을 만나게 될 것이다.

바울의 전략

어떤 이들은 이 시기에 에베소의 유대인 수가 1만 명에 이르렀을 것으로 추정한다. 바울이 그해 회당 중 한 곳을 방문했을 때 공개적인 초청을 받은 적이 있는데, 이제야 그 초대에 응하게 된 것이다(행 18:20, 19:8). 상대적으로 환영하는 기간이 '석 달' 동안 지속되었지만, 이내 익숙한 거부의 움직임이 시작되었다(행 19:9).

이때 바울은 대안적인 공간을 염두에 두고 있었다. 두란노[아마도 '폭군'(Tyrant, 두란노/티라누스는 라틴어로 폭군이라는 뜻임—역주)은 그의 제자들이 그에게 붙인 별명이었을 것이다!]라는 교사와 연관된 강의실이었다. 사도행전 본문의 다른 해석에 따르면 바울은 날마다 '아침 11시에서 오후 4시까지' — 아마도 두란노의 '낮잠' 시간 동안 — 이곳을 사용했다. 비록 여름 동안 뜨거운 날씨를 견뎌야 했지만, 바울은 2년(대략 주후 53년과 54년) 동안 이 일을 계속했다. 그리고 누가는 이 시기에 "아시아에 사는 자는 유대인이나 헬라인이나 다 주의 말씀을 듣더라"라고 말한다(행 19:10).

이는 엄청난 과대평가는 아니었을 것이다. 적어도 많은 사람이 바울의 메시지에 **관해서는** 들어보았을 것이고, 직접 바울의 설교를 듣기 위해 찾아온 사람도 많았을 것이다. 어쩌면 방문자들이 속주의 다른 곳에서 에베소를 찾아와 바울의 설교를 듣고, 그런 다음 고향으로 돌아가 그 말을 전했을지도 모른다(골로새의 교회가 에바브라라는 사람을 통해 이런 방식으로 생겨난 것은 거의 확실하다. 골 1:7). 바울의 전략은 적중했다. 에베소와 같은 핵심 요충지에 자리를 잡고 있던 그는 세상으로 나갈 필요가 없었다―세상이 그에게로 왔다.

바울의 가르침

바울은 그 3천5백 시간 동안 무엇을 가르쳤을까? 애석하게도 누가는 바울과 함께 에베소에 있지 않았기 때문에 우리에게 아무런 정보도 제공해줄 수 없다. 이런 전도의 맥락에서 바울의 설교에 관한 증거는, 비시디아 안디옥과 아덴에서 했던 바울의 설교에 관한 누가의 선별된 설명을 통해서 확보할 수 있을 뿐이다(206쪽, "비시디아 안디옥", 289~290쪽, "낯선 세계 속의 한 남자"를 보라).

한 가지 분명한 것은, 새로 회심한 이들이 예수의 삶과 가르침에 관한 자료를 가능한 한 많이 받게 하려고 바울이 노력을 다했을 것이라는 점이다. 바울이 자신의 **편지**에 지금 우리에게 복음서를 통해 전해지는 내용을 끊임없이 인용하고 있지 않다고 해서, **공적 사역** 동안 예수의 삶과 가르침에 관한 자세한 전승을 모르고 있었다고 볼 수는 없다. 오히려 그의 서신서는 예수의 가르침을 **전제하며** 독자들이 '교리 교육'을 이미 잘 받았다고 가정하는 경우가 많다. 이런 교리 교육은 바울의 동료들이 (이 경우에는 아굴라와 브리스길라가) 했던 일의 중요한 일부였을 것이다. 바울이 사람들을 믿음으로 이끄는 개척자 역할을 맡은 전도자였다면, 새로운 신자들에게 예수 전승을 전수하는 것은 그의 동료들 몫이었다. 나중에 누가 역시 이 핵심적인 역할을 맡았을 것이다—그렇기 때문에 그는 수집한 자료를 마침내 기록된 복음서로 발표하는 데에 관심을 쏟았다고 볼 수 있다.

나중에 사도행전 20장에서 바울이 3년 동안 에베소에서 했던 사역을 요약하면서 했던 말을 통해서도 이 점을 확인할 수 있다. 그는 이 설교의 마지막 부분에서 우리가 가지고 있는 네 복음서 어디에도 기록되지 않은 예수의 말씀을 인용한다. "주는 것이 받는 것보다 복이 있다"(행 20:35). 이 말씀에 관해서는 복음서 기자들이 아니라 바울이 예수가 친히 하신 말씀을 보존하고 있다. 따라서 절대로 바울이 **예수에 관한** 자신의 가르침을 전하기 위해 **예수의** 가르침에서 벗어났다고 말할 수는 없다. 둘 다 필요했다. 그리고 우리가 두란노 서원에 있었다면 틀림없이 둘 다 들었을 것이다.

바울의 강연에서 무엇을 다뤘을지 개략적으로 알고 싶다면 주후 57년 봄에 행했던 바울의 고별 설교에서 가장 확실한 실마리를 얻을 수 있다. 바울은 서둘러 예루살렘으로 가기 위해 에베소를 우회하기로 했지만, 이곳 회중의 핵심 지도자들을 (남쪽으로 약 40㎞ 떨어져 있는) 밀레도로 불러 그들과 만났다. 그는 자신의 에베소 사역을 이렇게 묘사했다.

유익한 것은 무엇이든지 공중 앞에서나 각 집에서나 거리낌이 없이 여러분에게 전하여 가르치고, 유대인과 헬라인들에게 하나님

께 대한 회개와 우리 주 예수 그리스도께 대한 믿음을 증언한 것
이라. … 주 예수께 받은 사명 곧 하나님의 은혜의 복음을 증언하
는 일을 마치려 함에는 나의 생명조차 조금도 귀한 것으로 여기
지 아니하노라. … 내가 … 하나님의 나라를 전파하였으나 … 내
가 꺼리지 않고 하나님의 뜻을 다 여러분에게 전하였음이라. 여
러분이 일깨어 내가 삼 년이나 밤낮 쉬지 않고 눈물로 각 사람을
훈계하던 것을 기억하라.

— 사도행전 20장 20~21, 24~25, 27, 31절

핵심 주제는 명확하다. 하나님의 뜻, 그분의 나라, 그분의 은
혜, 회개와 믿음의 필요성, 또한 바울의 열정과 헌신, 움츠리지 않
고 치열하게 — "밤낮 쉬지 않고 눈물로" — 가르치는 사역을 추구하는
것이다.

성공과 갈등

이곳에서 바울의 사역은 영향력이 컸을 뿐 아니라 많은 열매를
맺었던 것으로 보인다. 20명에서 30명 사이의 장로들이 그를 방
문했다고 가정한다면, 이 사역의 결과로 에베소에 약 400명의 신
자가 생겼다고 볼 수 있다. 하지만 이는 추측일 뿐이다.

그밖에 그가 에베소에서 보낸 시간에 관해 우리는 무엇을 알고
있을까? 누가의 설명에 따르면 이 기간은 부침이 있는 논쟁의 시
기였다. 긍정적인 면으로는 이 도시의 마법사 중 다수가 "그 책
을 모아 가지고 와서 모든 사람 앞에서 불살랐던" 사건이 있었다

(19:19). 이는 마법에 몰두한 도시에서 오직 예수의 이름 안에서만 발견할 수 있는 영적 힘이 나타났다는 분명한 증거였으며, 그 결과 이 마법사들은 그 값어치가 5만 드라크마 — 엄청난 액수 — 로 추산되는 양피지를 불태웠다.

하지만 상황이 나빴을 때도 있었다. 고린도전서에서 바울은 "내게 광대하고 유효한 문이 열렸기" 때문에 에베소에 계속 머무르기를 원하지만, 자신을 "대적하는 자가 많다"고 말한다(고전 16:9). 또한 그는 "에베소에서 맹수와 더불어 싸우는" 것 — 거의 확실히 격렬한 반대에 대한 비유적 표현일 것이다 — 에 관해서도 언급한다(고전 15:32). 고린도후서의 첫 장에서는 몇 달이 지나서 훨씬 더 나쁜 일, 즉 거의 죽을 뻔한 경험을 당해 비틀거리고 있다고 말한다.

> 형제들아 우리가 아시아에서 당한 환난을 너희가 모르기를 원하지 아니하노니 힘에 겹도록 심한 고난을 당하여 살 소망까지 끊어지고, 우리는 우리 자신이 사형 선고를 받은 줄 알았으니. …
>
> — 고린도후서 1장 8~9절

이것이 정확히 무엇이었는지 우리는 알지 못한다. 심각한 질병이었을 수도 있지만, 일부 진영의 극심한 반대였을 수도 있다(그럴 가능성이 더 높다). 바울은 밀레도에서 했던 설교에서 "유대인의 간계로 말미암아 당한 시험"을 언급한다(행 20:19). 하나의 가설은 바울이 유대교 공동체로부터 '성전 도둑질'을 했다고 비난을 당했다는 것이다. 처음에는 약간 이상하게 보이지만, 이는 바울이 예루살렘에 있는 신자들을 위한 연보를 제안하여 사실상 (모든 곳에 있는 유대인이 예루살렘 성전의 유지를 위해 해마다 지불했던) 성전세 모금을 방해했다는 판단에 근거를 두고 있었을 것이다. 바울이 처음에는 실라누스 총독에 의해 석방되었지만, 그가 암살된 후에 다시 체포되었을 수도 있다는 것이다.

가설에 불과하지만, 바울이 에베소에 머물던 마지막 여러 달에 이처럼 심각한 일이 일어났을 수도 있다. 나중에 그는 아굴라와 브리스길라가 자신과 "나와 함께 갇혔던" 안드로니고와 유니아를 위해 "자기들의 목까지도 내놓았다"라고 말한다(롬 16:4, 7).

마찬가지로 고린도후서에서 자신이 당한 고난을 나열하면서 자주 옥에 갇혔다고 말한다(고후 11:23). 그렇다면 바울이 투옥된 것일까? 아굴라와 브리스길라가 그의 탈출을 꾀한 것일까? 누가는 이에 관해 언급하지 않지만, 이런 시나리오는 가능성이 매우 크다.

극장에서 일어난 폭동

누가는 에베소의 거대한 극장에서 일어난 유명한 폭동에 관해서 언급한다(이는 바울에 대한 반대가 고조되었음을 확인시켜준다. 행 19:23~41). 이것은 경제적 우려와 종교적 우려가 결합되어 — 데메드리오라는 은장색이 했던 말을 통해 알 수 있듯이 — 일어난 사건이다. 그는 바울이 아데미 제의와 장인들의 직업에 직접적인 위협이 된다고 보았다(그의 생각이 옳다면 바울의 선교가 성공적이었다는 암묵적인 증거가 된다). 다른 장인들은 "크다. 에베소 사람의 아데미여!"라고 외치기 시작했다. 다른 이들도 이 구호를 함께 외치기 시작했고, 이들의 수가 점점 늘어나 극장 안에서 큰 무리를 이루게 되었다.

바울의 일행인 두 사람은 극장 안으로 떠밀려 들어갔지만, 바울은 "아시아 관리"로 알려진 지역 관리들의 설득대로 밖에 머물렀다(행 19:29~31). 바울이 성난 군중을 직접 상대하기 원했다는 사실은 그가 얼마나 담대했는지 잘 말해준다. 아시아 관리들이 그를 군중의 폭력으로 구하려고 했다는 (또한 그에게 메시지를 전달하는 방법을 알고 있었다는) 사실을 통해 바울이 유명했으며 최고위층에도 그를 지원하는 사람들이 없지 않았음을 알 수 있다.

다시 한번 유대인 공동체에 속한 이들 중 일부가 바울을 곤경에 빠뜨리려고 했다. 알렉산더라는 사람이 군중을 향해 바울을 비난하고, 유대인 공동체는 바울과 완전히 무관하다고 주장했다(예를 들어서 최근 안디옥에서 일어났던 것처럼 - 108쪽, "안디옥, 유대교, 예루살렘"을 보라). 반유대주의적 폭동이 발생하는 것을 피해야만 했다. 하지만 군중은 그가 유대인임을 알고 그가 말을 하지 못하게 막았다. 폭동을 막지 못할 경우 스스로 로마인들에 대해 책임을 져야 했던 '서기장'(그라마테우스)이 나섰다. 그는 아데미와 에베소의 위대함에 동의하면서도 장인들에게 이 문제를 재판에 넘기거나 '민회'에 넘기라고 권했다. 결국 군중은 흥분을 가라앉혔다. 바울에게 이 소동은 에베소에서 머물 시간이 끝났음을 뜻할 뿐이었다. 그는 "제자들을 불러 권한 후에 작별하고 떠나 마게도냐로 갔다"(행 20:1). 우리가 아는 한 그는 결코 돌아오지 못했다.

이는 우리로 자기를 의지하지 말고 오직 죽은 자를 다시 살리시는 하나님만 의지하게 하심이라. 그가 이같이 큰 사망에서 우리를 건지셨고 또 건지실 것이며. …

— 고린도서 1장 10~11절

에베소를 떠남

적어도 앞에서 제시한 목회 서신의 연대(30~31쪽, "바울서신: 연대
와 장소"를 보라)를 받아들인다면, 디모데전서와 디도서는 주후 56
년 경에 기록되었을 것이다. 디모데전서는 바울이 다시 에베소로
돌아와 목회하던 시기에 기록된 편지가 아니라, 빨리 서신을 써서
이 중요한 사역을 바로 이어서 자신의 '오른팔'에게 맡겨야 했음을
보여준다. 아직 어린 나이에 이 막중한 책임을 맡았던 디모데에게
지침을 제공해야 할 필요가 있었음을 이해할 수 있다. 바울은 그
를 권면하면서 그의 처신에 관해(4장), 지역 교회의 예배와 사회적
프로그램에 관해(2장과 5장), 지도자가 되기에 적합한 사람들(3장)
에 관해 분명한 지침을 준다. 바울은 "살아계신 하나님의 교회"에
대한 열정을 지니고 있었고(딤전 3:15), 에베소에 교회를 개척한 자
신의 사역이 미완성으로 남기를 바라지 않았다. 또한 그는 잘못된
교리를 조장하며 분쟁을 선동하는 거짓 교사들에 관해 특별한 우
려를 표한다(딤전 1:3~7, 4:1~4, 6:3~5).

구리 세공업자 알렉산더가 내게 해를 많이 입혔으매. …

— 디모데후서 4장 14절

한편 (아마도 4, 5년 후에 썼을) 디모데후서에서 바울은 감사하는

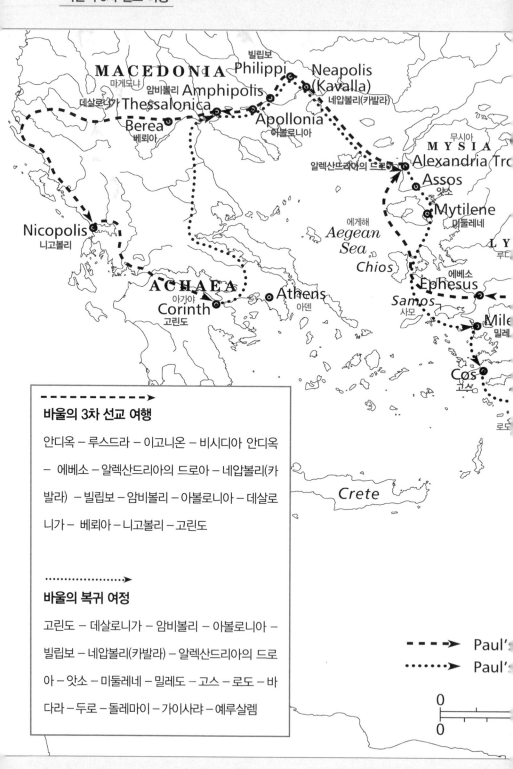

바울의 3차 선교 여행

안디옥 – 루스드라 – 이고니온 – 비시디아 안디옥
– 에베소 – 알렉산드리아의 드로아 – 네압볼리(카
발라) – 빌립보 – 암비볼리 – 아볼로니아 – 데살로
니가 – 베뢰아 – 니고볼리 – 고린도

바울의 복귀 여정

고린도 – 데살로니가 – 암비볼리 – 아볼로니아 –
빌립보 – 네압볼리(카발라) – 알렉산드리아의 드로
아 – 앗소 – 미둘레네 – 밀레도 – 고스 – 로도 – 바
다라 – 두로 – 돌레마이 – 가이사랴 – 예루살렘

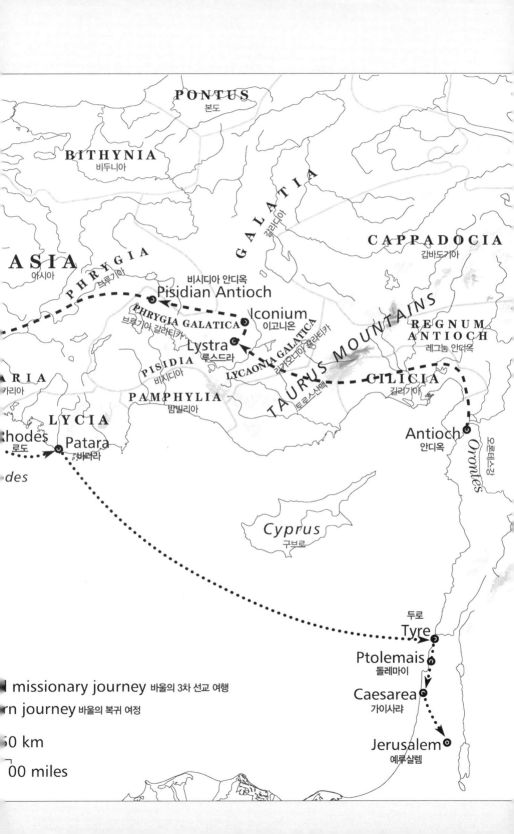

PONTUS
본도

BITHYNIA
비두니아

GALATIA
갈라디아

CAPPADOCIA
갑바도기아

ASIA
아시아

PHRYGIA
브루기아

비시디아 안디옥
Pisidian Antioch

PHRYGIA GALATICA
브루기아 갈라티카

Iconium
이고니온

REGNUM
ANTIOCH
레그눔 안디옥

Lystra
루스드라

LYCAONIA GALATICA
라카오니아 갈라티카

TAURUS MOUNTAINS

PISIDIA
비시디아

CILICIA
길리기아

PAMPHYLIA
밤빌리아

토로스산맥

ARIA
카리아

LYCIA
루기아

Rhodes
로도

Patara
바다라

Antioch
안디옥

Oronles
오론테스강

des

Cyprus
구브로

두로
Tyre

missionary journey 바울의 3차 선교 여행

rn journey 바울의 복귀 여정

50 km

00 miles

Ptolemais
돌레마이

Caesarea
가이사랴

Jerusalem
예루살렘

마음으로 에베소에서 많은 도움을 주었던 오네시보로라는 사람을 기억한다(딤후 1:18). 그리고 로마에서 여러 해를 보낸 후 에베소로 돌아온 아굴라와 브리스길라에게 안부를 전한다. 하지만 믿음을 버린 몇몇 사람들(딤후 2:17)과 자신을 해하려 했던 알렉산더(딤후 4:14)도 언급한다. 심지어 그는 "아시아에 있는 모든 사람이 나를 버렸다"라고 느낀다.

과장된 진술처럼 보이지만, 로마의 감옥에서 쇠약해져 연대와 지지의 징표를 갈망하던 바울의 관점에서는 그렇게 느껴졌을 것이다. 그가 두기고를 보내 디모데를 대신하게 하면서 디모데에게 에베소를 떠나 로마에 있는 자신과 합류하기를 원한 것도 당연하다(딤후 4:9, 12).

이렇게 바울이 에베소에서 행한 사역은 우울한 분위기 속에서 마무리되었다. 긍정적인 성과라면 바울이 그의 역작인 에베소서를 쓸 수 있었다는 것이다. 이 책은 아시아 속주에 있는 다양한 교회들이 회람하도록 쓴 편지였음이 거의 확실하다(402~405쪽, "에베소와 두 명의 요한"을 보라). 그래서 이 편지로 에베소의 교회에 관해 알 수 있는 구체적인 내용은 없다. 하지만 '그리스도 안에' 있는 '신령한 복'과 빛 안에서 행하는 삶의 의미에 관한 이 책의 전망은 이후 수많은 회중에게 영감을 주었다.

다시 한번 바울이 주후 57년 5월 밀레도에 모인 에베소의 장로들에게 했던 말을 떠올리면서 우리의 이야기를 마무리하고자 한다. 바울은 냉철하게 자신의 수고가 무위로 돌아갈 수도 있다고 생각하지만 동시에 조용한 확신에 차 있다.

아시아에 들어온 첫날부터 지금까지 내가 항상 여러분 가운데서 어떻게 행하였는지를 여러분도 아는 바니, 곧 모든 겸손과 눈물이며 유대인의 간계로 말미암아 당한 시험을 참고 주를 섬긴 것과 … 보라. 이제 나는 성령에 매여 예루살렘으로 가는데 거기서 무슨 일을 당할는지 알지 못하노라. … 그러므로 오늘 여러분에게 증언하거니와 모든 사람의 피에 대하여 내가 깨끗하니 … 여러분은 자기를 위하여 또는 온 양 떼를 위하여 삼가라. 성령이 그들 가운데 여러분을 감독자로 삼고 … 내가 떠난 후에 사나운 이리가 여러분에게 들어와서 그 양 떼를 아끼지 아니하며, 또한 여러분 중에서도 제자들을 끌어 자기를 따르게 하려고 어그러진 말을 하는 사람들이 일어날 줄을 내가 아노라. 그러므로 여러분이 일깨어 … 지금 내가 여러분을 주와 및 그 은혜의 말씀에 부탁하노니 … 이 말을 한 후 무릎을 꿇고 그 모든 사람들과 함께 기도하니 다 크게 울며 바울의 목을 안고 입을 맞추고 다시 그 얼굴을 보지 못하리라 한 말로 말미암아 더욱 근심하고 배에까지 그를 전송하니라.

— 사도행전 20장 17~32, 36~38절

에베소의 장로들에게 대단히 감동적인 순간이었다. 여기 바닷가에 거의 혈혈단신으로 와서 자신들에게 예수에 관한 복음을 전해준 사람이 있다. 이제 그는 영원히 그들을 떠나면서 자신의 수고를 그들의 손에 맡기고 있다. 그들은 실패해서 그를 실망하게 할 것인가? 그리고 그는 예루살렘과 그 너머에서 겪게 될 트라우마를 어떻게 이겨낼 수 있을까? 흐느껴 울 만한 상황이었다.

하지만 바울은 결의에 차 승선했다. 큰 극장이 있는 밀레도가 시야에서 사라져갈 때 바울은 뒤를 돌아 손을 흔들거나 둘러서서 기도하고 있는, 바닷가에 모인 작은 무리의 사람들을 바라보았을 것이다. 앞으로 위대한 도시 에베소에 대한 그의 소망이 그들에게 달려 있었다.

오늘날의 에베소와 밀레도

고대 유적지는 정말로 가볼 만한 곳이다. 놀랍게도 1960년대까지도 방문자들은 유적지를 한가롭게 거닐 수 있었다. 하지만 현재는 붐비지 않을 때가 거의 없다. 고대 도시를 느껴볼 최선의 방법은 이곳의 거대한 극장의 높은 곳에 앉아 보는 것이다. 여기서 (지금은 침적토가 쌓여 있는) 고대 항구 유적지까지 나 있는 큰길('아르카디아 길')과 항구 왼쪽에 있는 코레소스산의 독특한 모양의 언덕을 내려다볼 수 있다. 고대 말기에 아르카디우스 황제에 의해 개조된 이 거리는 제국 전체에서 매일 밤 횃불로 밝혀진 몇 안 되는 거리 중 하나였다 — 항구에 도착해서 볼 수 있는 장관이었다.

켈수스 도서관으로 걸어가기

실용적인 이유로 많은 방문자가 이 유적지의 남동쪽 입구에서 출발한다. 이 '위쪽' 입구 바로 안에는 긴 사각형의 국가 아고라 (State Agora, 약 9,280m²) 주위로 여러 개의 건물이 있다. 도시의 행정 구역 역할을 했던 이 큰 장터는 다양한 **주랑**(stoas)과 관공서 건물로 둘러싸여 있다. 두 곳이 특히 흥미롭다. 하나는 **헤스티아 불레이아**(화로의 여신)의 '성스러운 불'을 보관하던 **프리타네이온**(즉 시청)이다. (**쿠레테스**라고 알려진) 제의 사제들은 이 도시의 생명을 상징하는 영원한 불꽃이 절대로 꺼지지 않도록 지켜야 할 책임을 맡고 있었다. 도시의 연회를 위해서도 사용된 이 건물은 1956년에 유명한 아데미 신상이 발견된 곳이기도 하다. (오른쪽으로) 옆에는 (주전 150년경에 건설된) 1천5백 석 규모였던 반원형 공연장인 **오데이온**이 있다. 여기서 '두란노 서원'을 떠올려 볼 수 있다(360쪽, "바울의 전략"을 보라). 이 강연장의 장소나 모양에 관해서는 알려진 바가 없지만, 이 크기의 절반만 되었더라도 얼마나 많은 사람이 바울의 설교를 들었을지 금세 알 수 있다.

서쪽으로 이동하면 다양한 기념물을 볼 수 있다. 특히 바울 시대 직전에 후원자를 기리기 위해 세워진 **폴리오의 샘**과 로마의 장군 술라의 손자를 기리기 위해 (그보다 조금 더 일찍) 세워진 **멤미우스 기념비**가 있다. (바울 시대 이후 것이지만) **도미티아누스 신전**이 세워졌던 거대한 계단식 대지도 놓치지 말아야 한다. 도미티아누스 황제는 스스로 '주이며 구원자'라고 선언했고, 그리스도인에 대한 가혹한 박해를 선동했다. 이 박해에 대한 두려움 때문에 계시록 기자는 에베소를 포함한 이 지역의 일곱 교회에 믿음을 지키도록 권면했을 수도 있다(계 2:1~7). 도미티아누스가 암살된 이후 그를 기념하는 행위는 공식적으로 금지되었고, 이 신전은 원래의 목적 — 그의 아버지 베스파시아누스를 기리는 — 으로 복구되었다. 이 신전 안에는 (현재는 에베소 박물관에 전시된) 황제들의 거대한 조각상이 있었다 — 이는 아시아에서 황제 숭배를 장려했음을 보여주는 명백한 증거다. 에베소는 스스로 신이라고 주장하는 황제에게 이 신전을 세운 것에 대한 보상으로 **네오코로스**라는 호칭을 부여받았다. 황제 숭배의 이런 억압적인 분위기가 급속도로 퍼졌으며, 이 때문에 에베소는 십자가에 달려 죽은 유대인이 참된 '주이자 구원

켈수스(Celsus) 도서관은 원래 2세기의 유적이지만 1970
년대 오스트리아 고고학자들에 의해 4개의 미덕의 조각상
과 함께 복원되었다.

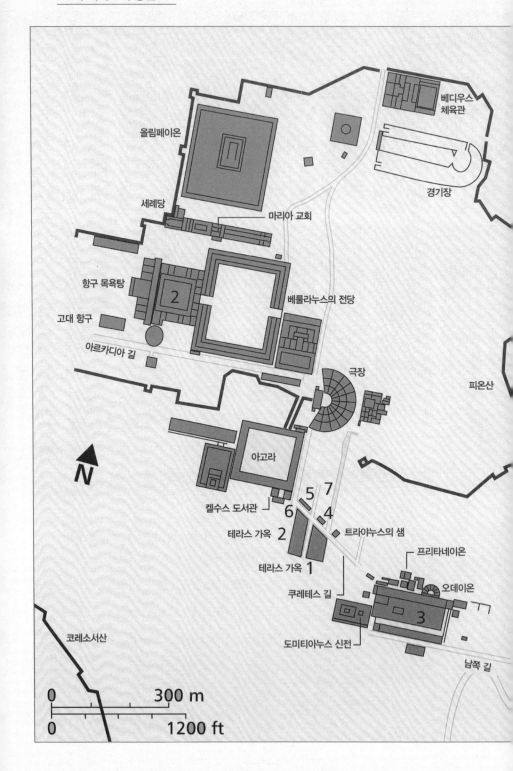

올림페이온

세례당

마리아 교회

항구 목욕탕

2

고대 항구

아르카디아 길

베디우스
체육관

경기장

베룰라누스의 전당

극장

피온산

아고라

N

켈수스 도서관

5 7

6 4

테라스 가옥 2

트라야누스의 샘

프리타네이온

오데이온

테라스 가옥 1

쿠레테스 길

3

코레소서산

도미티아누스 신전

남쪽 길

0

300 m

0

1200 ft

고대의 화장실.
현대의 관광객이 남긴 것으로 보이는 신발이 어우러진다.

자'라는 바울의 메시지를 받아들이기 어려운 곳이 되었다.

다시 큰길로 돌아오면 대리석 돌판이 깔린 **쿠레테스 길**(현대에 붙여진 이 이름은 피라타네이온에 원래 쿠레테스의 이름이 기록된 몇 개의 기둥을 이곳으로 옮긴 것에서 유래했다.)을 걷게 된다. 이곳에서 켈수스 도서관 쪽을 내려다보는 전망이 유명하다. (주후 103년경에 세운) **트라야누스의 샘**과 (아치 중앙에 행운의 여신인 티케의 부조와 함께 주후 130년경에 건설된) **하드리아누스 신전**을 지나면 (훨씬 후대인 주후 4세기에 스콜라스티카라는 그리스도인 여성이 개조한) **공중목욕탕**과 **공중화장실**에 이르게 된다.

살라미나 다른 곳에서처럼 현대의 방문자들은 이 지점에서 사생활에 관한 고대의 관점이 우리의 관점과는 매우 달랐음을 깨닫게 된다. 바울과 초기 그리스도인들은 이런 장소에서 동료 시민들과 이야기를 나누고 '복음에 관한 소문을 냈을' 것이다 — 이는 사도 요한이 에베소의 목욕탕에 들어가는 이야기를 통해서 확인된다(405쪽을 보라). 흥미롭게도 공중화장실을 뜻하는 한 단어(**파이디스케이온**)는 '매음굴'을 뜻하는 말로도 사용되었다. 그래서 (이 단어가 비문에 적혀 있는) 공중화장실 옆에 있는 또 다른 건물은 **매음굴**이었을 것으로 보기도 한다. 여행 안내자들은 그렇게 이야기하기를 좋아하지만, (특히 비문이 새겨진 돌을 공중화장실에서 이곳으로 옮겨왔다면) 이는 착각일 것이다. 하지만 이를 통해 초기의 그리스도인들이 "빛의 자녀들처럼" 살기 위해 항상 조심하는 태도를 가져야 했음을 이해할 수 있다(엡 5:8).

바울의 시대 즈음에 쿠레테스 길 남쪽을 따라 가게와 위층에 가게 주인들을 위한 주거 구역을 갖춘 새로운 주랑이 건설되고 있었

에베소의 광대한 극장에서 왼쪽으로 보이는 코레소서산의 그림
자와 함께 고대 항구 지역(지금은 침수)까지 아르카디아 길을 따
라 내려가는 멋진 전망이 있다.

다(이곳에서 볼 수 있는 정교한 모자이크는 주후 5세기에 만들어진 것으로 추정된다). 주랑 뒤로 언덕을 올라가면 여러 정원 주변에 건설된 수많은 테라스 가옥으로 이뤄진 **주거 구역**이 있다. (추가로 입장료를 내야 하지만) 최근에 발굴된 이곳 유적지도 충분히 방문해볼 가치가 있다. 이곳이 부촌이었음을 말해주는 모자이크와 프레스코화, 조각된 장식을 볼 수 있다. 이곳 남쪽의 쿠레테스 길을 따라 내려가면 **팔각형 기념비**가 있다. 대리석 석관 안에서는 (15세 정도 되는) 어린 소녀의 해골이 발견되었다. 이것은 마르쿠스 안토니우스에 의해 살해된 클레오파트라의 여동생을 기리는 기념비였을 것이다 (395쪽, "주요 연대: 에베소와 밀레도"를 보라). 조금 더 내려가면 큰 **하드리아누스 관문**이 있다.

하지만 이 지점에서 가장 돋보이는 장관은 (주후 105년경에 재직했던 총독을 기념하기 위해 건설된) **켈수스 도서관**이다. 원래 3층으로 세워진 이 건물은 주후 3세기 중엽에 지진으로 파괴될 때까지 당대 최대의 도서관 중 하나였다. 1970년대에 복원된 전면부는 날씬한 고린도식 기둥과 네 덕목(왼쪽부터 오른쪽으로 지혜, 성품, 판단력, 전문적 기술)을 상징하는 네 석고상으로 장식되어 있다. 안으로 들어가면 벽감을 통해 얼마나 많은 두루마리가 보관되어 있었을지 짐작해볼 수 있다.

극장과 마리아 교회

이제 큰길은 직각으로 꺾여 극장이 있는 북쪽을 향한다. 하지만 왼쪽으로 우회해 주전 4세기 아우구스투스의 가족을 기리기 위해 세워진 문을 통해 큰 **상업 아고라**(약 34㎡)로 가보는 것도 좋다. 늘 그랬듯이 아고라는 주랑으로 사면이 둘러싸여 있었을 것이다. 하지만 **극장**에서 아고라를 가장 잘 조망할 수 있다. 이 거대한 구조물은 바울의 시대 이후 수 세기 동안 확장되었다. 전성기에는 좌석 규모가 2만5천 명에 이르렀다. 바울 시대에는 2층과 3층 좌석이 아직 추가되지 않았지만, 끊임없이 "크다. 에베소 사람의 아데미여!"라고 외쳤던 군중의 함성을 여전히 상상해볼 수 있다. 많은 여행 안내자가 하는 말과 달리 누가는 바울이 무리에게 연설하기 위해 극장으로 들어가지 **않았다**고 분명히 밝힌다(행 19:30). 언제 일어날지 모르는 폭동을 진압하는 것은 서기장의 책임이었다.

예전에 항구였던 구역에는 볼 만한 것이 거의 남아 있지 않아서 많은 이들은 사실상 이 지점에서 여행을 마친다. 하지만 가능하다면 꼭 보아야 할 곳이 적어도 한 곳 더 남아있다. 아르카디아 길에서 시작해 흙길을 따라 북쪽으로 우회하면 비잔티움의 **마리아 교회**에 이르게 된다. 건물 전체는 매우 길고 폭이 좁다. 이 건물은 원래 (제우스 올림피오스라고 불렸던) 하드리아누스에 대한 황제 숭배를 위해 세운 큰 신전(**올림페이온**)의 남쪽 모서리를 이뤘던 초기의 주랑을 개조해서 만들어졌다. 주후 400년경에 이 이교 건물이 파괴되었고(구조물은 불타 석회가 되었다), 그리스도인들은 남쪽 주랑 현관을 개조해 예배당을 세웠다.

> 당신은 이 방문자들이 뿌리고 있던 치명적인 씨앗을 막기 위해 귀를 막았습니다. 믿음은 시작이며 사랑은 끝입니다.
>
> — 이그나티우스, 《에베소인들에게 보낸 편지》 9, 14

동정녀 마리아에 대한 적합한 호칭을 둘러싼 논쟁을 해결하기 위해 제3차 보편공의회가 소집되었을 때 이 건축 작업이 진행 중이었을 가능성이 높다(주후 431년). 시간이 지나 교회는 마리아에게 헌정되었다. 후대에는 (동쪽의 주교 관저와 집무실을 포함해) 두 개의 분리된 공간으로 나뉘었다. 정확한 고고학적 연대는 불확실하지만, 이 역사적 회의를 위해 제국 전역에서 주교들이 모였음을 쉽게 상상해볼 수 있다. 그리고 (북쪽에 있는) 이 교회의 세례당을 방문해보면 비잔티움 그리스도인들이 어떻게 교회라는 가정으로 받아들여졌는지 쉽게 짐작해볼 수 있다. 그들은 (서쪽을 등진 채 '어둠'의 영역을 거부하면서) 동쪽을 바라보며 몇 계단을 내려가 얕은 물 속으로 들어갔고, 거기에서 성직자는 그들의 머리에 물을 뿌려 세례를 베풀었다. 그런 다음 그들은 (빛의 영역을 바라보며) 반대쪽 계단을 통해 올라와 새로운 세례복을 받았다.

기꺼이 잘 다져진 길을 걷고자 하는 이들은 고고학 유적지에서 몇 시간을 보내며 살펴볼 만한 것들이 있다. 항구 근처 아르카디아 길에는 네 명의 복음서 기자의 조각상으로 장식되었을 것으로 추정되는 네 기둥으로 된 6세기의 기념비가 있으며, 또한 다른 **목욕탕과 체육관 시설**도 있다. 예를 들어, 일부는 항구 가까이에, 다른 것들은 유적지 끝 **마그네시아 관문** 유적 근처에 있다. 또한 윤곽을 뚜렷이 알아볼 수 있는 (네로 치하에 확장된) 에베소의 **경기장**도 있다. 지금은 입구 밖으로 180m 떨어져 있지만 근처에도 신약에 관심이 있는 사람들이 반드시 둘러보아야 할 다른 유적지들이 있다.

근처에 있는 셀주크

셀주크는 고대 에베소의 북동쪽으로 약 2㎞ 떨어져 있는 마을의 튀르키예식 이름이다. 에베소의 항구에 침적토가 너무 많이 쌓여 사용할 수 없을 지경이 되자 도시가 이곳으로 옮겨졌다. 고대에도 이곳은 광역 '에베소'의 일부였다 ─ 특히 에베소의 웅장한 **아데미 신전**이 이곳에 있었다. 셀주크로 들어가는 길 왼쪽에서 이 거대한 구조물의 구슬픈 유적을 볼 수 있다.

이 자리에 있던 첫 번째 (매우 작은) 신전은 주전 8세기에 건설되었으며, 신들에게서 왔다고 믿었던 운석의 낙하지점을 기념하기 위함이었던 것으로 보인다. 이것은 고대 세계의 '7대 불가사의'로 여겨지는 거대한 신전(주전 6세기에는 전체가 대리석으로 지어졌으며, 주전 4세기에는 홍수를 피하고자 기초를 더 높여서 개축함)으로 대체되었다. 길이가 110m가 넘고, 거의 18m에 이르는 약 117개의 기둥이 공중으로 솟아있던 이 신전은 압도적인 장관을 이루었을 것이다. 중요한 관광 명소였던 이 신전은 속주의 '신용 은행'이자 '성소'를 찾는 이들에게 안식처와 피난처 역할을 했다. 데메드리오와 서기장이 그토록 열정적인 말로 신전을 묘사했던 것도 당연하다 (행 19:25~27). 현재는 보통은 물에 잠기는 들판에 단 하나의 기둥만 서 있다(기둥 자체도 1973년에 복원된 것이다). 그리고 장인들의 함성 대신 유적지의 수많은 개구리가 조롱이라도 하듯 울어댄다.

나는 물이 고인 큰 연못에 이르렀다. … 백만 마리는 될 것 같은 개구리들이 수백 개의 보이지 않는 딸랑이를 흔드는 것처럼 울고

아데미 신전(Artemision)은 고대 세계의 7대 불가사의 중 하나였다.
멀리 셀주크의 아크로폴리스인 아야솔루크 요새가 있다.

있었다. 개구리 울음소리가 내 머릿속에 새겨지는 듯했다. …

"디아나는 위대하다. … 에베소인들의 디아나는 위대하다." 이

고인 연못이 한때 세계 7대 불가사의 중 하나였던 거대한 아데미

(에베소인들의 디아나) 신전의 유적지다.

— 아데미 신전의 유적지를 묘사하는 모튼(H. V. Morton)의 글

이 유적지가 내려다보이는 곳에 ('아야솔루크'로 알려진) 셀주크의 아크로폴리스가 있다. 남쪽 비탈에는 바울의 동료 사도인 요한을 기념해 세워진 교회당 — 신학자 요한의 교회 — 이 있다. 초기 기독교 전승에서는 예수가 사랑하신 제자가 에베소와 연관이 있다고 보고 4세기에 이 자리에 교회를 세우기로 했다. 특별한 무덤에 관한 기억이 보존되었다는 증거는 지금 남아있지 않다. 따라서 다른 이유로 이 자리가 선택되었을 것이다. 6세기에 유스티니아누스는 (일부에서는 콘스탄티노폴리스에 있는 하기아 소피아와 비교하기도 하는) 여섯 개의 돔을 갖춘 거대한 십자가 모양의 바실리카를 건설하도록 명령했고, 시간이 지나 도시가 이곳으로 옮겨왔을 때 이 건물은 주교좌 성당이 되었다.

이 교회당의 평면도는 비잔티움 교회 건축의 또 다른 좋은 사례를 보여준다. 이곳은 보물실과 팔각형 세례당, 서쪽의 큰 야외 정원을 갖추고 있다. 여섯 개의 돔은 모두 무너져 내렸다. 하지만 요한의 사도적 증언은 강력하게 머릿속에 떠오른다. 후진의 중앙부 주위에 서서 요한의 글을 읽으면 그의 말이 지닌 힘과 에베소 안에, 이곳을 넘어 멀리까지 그가 남긴 항구적인 유산을 느껴볼 수 있다. 발굴 작업 중에 성당 지하실에서 세 개의 무덤이 발견되었

광역 에베소의 평면도

고대 항구

베디우스 체육

경기장

낮은 (북쪽)
입구

피온산

극장

켈수스 도서관

코레소스산

국가 아고라   마그네시아 관문

헬레니즘 성벽(리시마코스)

높은 (남쪽) 입구

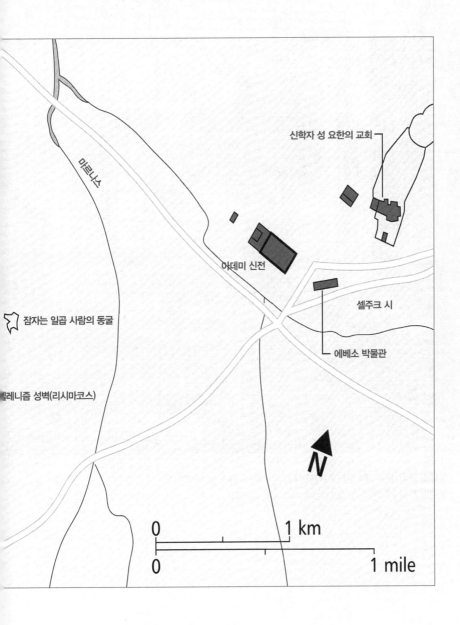

신학자 성 요한의 교회

미칼레스

아데미 신전

잠자는 일곱 사람의 동굴

셀주크 시

에베소 박물관

헬레니즘 성벽(리시마코스)

N

0   1 km

0   1 mile

에베소 근처 셀주크에 있는 신학자 요한의 교회. 중앙 본당 아래로 사도와
관련된 무덤 지역을 덮고 있다는 네 개의 기둥이 있다.

다. 그중 하나는 이 교회를 세우기 전 어느 시점엔가 요한의 무덤
으로 규정되었던 것으로 보인다. 이곳이 예수가 사랑하신 제자가
마지막으로 안식한 장소일 가능성은 희박하지만, 그래도 가능성
은 여전히 존재한다.

인근에는 가정용품, 조각상, 비석, 비문 등 고대 에베소에서 발
견된 수많은 유물 중 일부를 전시하고 있는 **에베소 박물관**이 있
다. 눈여겨볼 만한 것으로는 소크라테스를 묘사한 벽화가 있으
며, 도미티아누스 신전에서 나온 거대한 조각상의 잔해(현재는 도
미티아누스가 아니라 티투스인 것으로 확인됨)도 있다. 아데미가 다산의
여신임을 생생하게 일깨워주는 유명한 두 개의 (프리타네이온에서
처음 발견된) 아데미 조각상도 있다(358쪽, "세계의 불가사의"를 보라).
"에베소 사람의 아데미"를 널리 알리고 묘사하는 것은 분명히 거
대한 산업이었을 것이다. 따라서 그렇게 짧은 시간에 은세공업자
들과 다른 장인들이 그들의 판매 수입이 줄어들 가능성을 감지하
기 시작했다는 사실은, 바울의 설교가 발휘한 힘에 대한 놀라운
증거로 볼 수 있다.

많은 이들은 이른바 마리아의 집을 방문한다. 예수의 어머니
가 요한과 함께 에베소로 이주했다는 전승이 존재한다. 이는 요한
복음에서 예수가 죽기 전에 하셨던 명령에 따라 요한이 마리아를
"그 때부터 그 제자가 자기 집에 모셨다"라고 하는 구절(요 19:27)
에 근거한 추론으로 보인다. 19세기에 독일의 천주교 수녀가 꿈
에서 본 **마리아의 집**을 묘사했다. 이내 이 묘사와 일치하는 집이
에베소 남쪽의 언덕 높은 곳에서 발견되었다. 이 집은 중세에 세
워진 것으로 밝혀졌지만, (연대를 주후 1세기로 추정할 수 있는) 이전의

밀레도 항구 지역 평면도

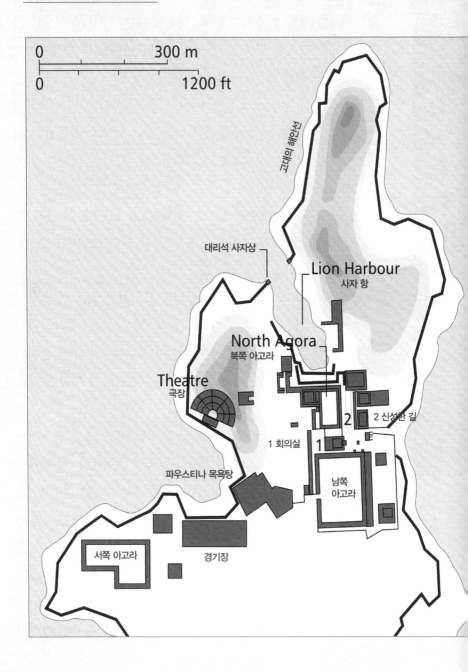

0   300 m

0   1200 ft

그리고 승리자

대리석 사자상

Lion Harbour
사자 항

North Agora
북쪽 아고라

Theatre
극장

2 신성한 길

파우스티나 목욕탕

1 회의실

남쪽 아고라

서쪽 아고라

경기장

고대에서 현대까지 에베소와 밀레도 인근 해안선의 변화

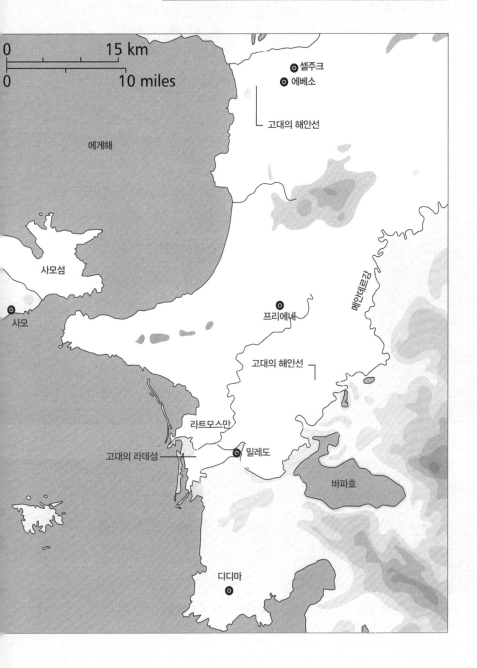

0
15 km
0
10 miles

셀주크
에베소
고대의 해안선

에게해

사모섬

사모

프리에네

메안데르강

고대의 해안선

라트모스만

고대의 라데섬
밀레도

바파호

디디마

도시의 두 항구를 분리하는 언덕에 위치한 밀레도(Miletus)의 극장.

극장 위층에 있는 한 줄의 그리스어 비문은 이 좌석들이 '신을 두려워하는 사람들'이 사용하는 좌석임을 암시한다.

주거지 터 위에 세워졌고 전해진다. 물론 이 전승을 검증할 방법은 없다. 이것은 17세기부터 **성 바울의 감옥**으로 알려진 (원래는 에베소의 헬레니즘 성벽 요새의 일부였던) 탑도 마찬가지다. 그러나 이런 건물들은 바울을 비롯해 첫 세대의 그리스도인들이 아시아의 대도시였던 활력이 넘치는 이 도시에 항구적인 영향을 미쳤음을 보여준다.

마지막으로 (남쪽으로 32㎞ 떨어져 있는) 밀레도를 방문하면서 여행을 마무리할 수 있다. 바울은 에베소의 장로들을 이곳으로 불렀다. 바울 시대에 밀레도는 600년 이상 중요한 항구이자 문화의 중심지였다. 하지만 메안데르강의 침적토로 인해 이 항구는 영원히 사용할 수 없게 되었다. 한때는 도시의 두 항구 사이에 있던 밀레도의 거대한 극장이 지금은 해안에서 수 ㎞ 내륙으로 들어가 있다.

얼마 전 로마인들이 극장을 개조해 위층 좌석으로 올라가는 천장이 덮인 터널이 갖춰졌다. 흥미롭게도 좌석 중 하나에는 '하나님을 경외하는 이들'이 사용하는 좌석이라고 적힌 비문이 여전히 남아있다(200쪽, "유대인들과 하나님을 경외하는 사람들"을 보라). 극장 꼭대기에 서면 대부분이 늪지대인 유적지의 나머지 부분을 잘 조망할 수 있다. 남쪽 아고라와 의회 건물, 3층으로 된 샘의 집을 볼 수 있다. 그동안의 변화를 고려할 때 이곳이 분주한 항구였다는 것을 상상하기가 어렵다. 하지만 이곳 가까이 어딘가에서 바울은 에베소의 그리스도인들에게 말을 한 다음 배에 올라 에베소와 이곳의 교회에 영원히 작별을 고했을 것이다.

주요 연대: 에베소와 밀레도

주전 980년경   이오니아 그리스인들에 의해 코레소스 아크로폴리스
에 첫 번째 정착지가 세워짐.

주전 560년   리디아의 크로이소스가 이오니아 정착지를 인근으로
옮기고 아데미 신전을 건설한다.

주전 480년경   페르시아의 크세르크세스가 그리스 정벌 중 아데미
신전을 파괴하지 않고 남겨둔다. 카이스테르강의 침
적토가 이미 문제를 일으키고 있었다.

주전 431~404년   에베소는 아티카 동맹의 일원이었지만, 펠로폰네소
스 전쟁에서 아덴에 맞서 스타르타의 편을 든다.

주전 356년   아데미 신전이 헤로스트라토스라는 남자의 방화로
파괴되며, 이로써 전면적인 개축이 필요해졌다.

주전 336년   알렉산드로스 대왕이 페르시아인들로부터 이 도시를
해방시킨다.

주전 319~281년   알렉산드로스의 장군인 리시마코스가 이 도시를 이
동시키며, 10㎞에 이르는 성벽으로 둘러싸고 신전 터
까지 신성한 길을 건설한다.

주전 189년   마그네시아 전투에서 셀레우코스의 지배자들이 로마
에 패한다.

주전 133년   페르가몬의 아탈로스 3세가 에베소를 로마에 양도

한다.

| 주전 51~33년 | 로마의 주요 인사들이 에베소를 방문함. 키케로(주전 51년), 율리우스 카이사르(주전 48년), 브루투스와 카시우스(주전 44년), 클레오파트라와 마르쿠스 안토니우스(주전 41년과 33년), 안토니우스에 의해 살해된 클레오파트라의 여동생 아르시노에 4세(주전 41년). |

주전 32년   옥타비아누스/아우구스투스에 맞서 로마인들이 에베소에 단명한 '망명 원로원'을 세운다.

주전 29년   에베소가 (페르가몬 대신) 로마 총독의 주둔지가 된다. 지리학자 스트라본이 이 도시를 방문한다.

주후 51년   바울이 수리아로 가는 길에 처음으로 (짧게) 에베소를 방문한다(행 18:19).

주후 52~55년 바울이 에베소에서 3년을 보낸다(행 19장).

주후 57년   바울이 밀레도에서 에베소의 장로들을 만난다(4월).

주후 82년   에베소가 플라비우스 왕조를 위한 신전을 건설하여 황제 숭배에 기여한 공로로 네오코로스('신전 수호자')라는 칭호를 받는다.

주후 96년   도미티아누스 황제가 암살된 후 이 신전은 베스파시아누스에게 단독으로 재헌정된다.

주후 124~129년 하드리아누스 황제가 에베소를 두 차례 방문한다. 이 도시는 아시아의 '제국 수도'가 된다. 항구 지역을 준설하고, 두 번째 황제 신전(올림페이온)을 건설하는 작업이 시작된다.

주후 251~253년 데키우스 박해가 에베소의 그리스도인들에게 영향을
미친다.

주후 262 혹은 263년 에베소가 큰 지진으로 타격을 받고, 결국 고트 족이
파괴된 아데미 신전을 약탈한다.

주후 391년 (기독교를 국교로 삼는) 테오도시우스 칙령으로 에베소
의 이교 신전들(예를 들어, 올림페이온과 아데미 신전)은
파괴되거나 기독교화된다.

주후 395~408년 아르카디우스 황제가 재위 기간 중 에베소의 항구로
부터 극장에 이르는 길을 보수한다.

주후 431년 그리스도의 어머니로서의 마리아의 역할에 관해 토
론하기 위해 제3차 '보편' 공의회가 에베소에서 열
린다.

주후 449년 에베소에서 열린 또 다른 공의회가 정당성을 부인
당하고 라트로시니움('도적 공의회')으로 불리게 된
다. 에베소 대주교(요한)는 나중에 열린 칼케돈 공의
회(주후 451년)에서 '총주교 대리'(exarch)의 칭호를
부여받는다.

주후 500년대 도시가 다시 고대의 아크로폴리스 지역(현대의 셀주
크)으로 옮겨지며, 유스티니아누스의 새로운 성 요한
교회는 이 도시의 주교좌 성당이 된다.

주후 654년 아랍의 첫 번째 에베소 공격.

1090년	도시가 셀주크 튀르크에 의해 점령된다.
1390년	오스만 튀르크가 셀주크를 격퇴한다.
1869년	영국의 철도 기술자인 우드(J. T. Wood)가 7년에 걸친 조사를 통해 셀주크 아래에 있는 아데미 신전을 발견한다.

에게해에서 예루살렘까지

(예루살렘을 향해) 빌립보에서 출발한 바울의 경로는 많은 여행자가 이용하던 길이다. 완연한 봄이었고, 사람들은 먼 바다로 항해하지 않고 이 아름다운 길을 따라 여행하고 있었다.

이 여정의 첫 단계는 네압볼리에 있는 빌립보의 항구(268쪽, "오늘날의 마게도냐"를 보라)에서 알렉산드리아의 드로아까지 항해하는 것이다. 흥미롭게도 몇 해 전에는 이틀밖에 안 걸렸던(행 16:11) 이 뱃길이 이번에는 닷새나 — 아마도 동풍 때문에 — 걸렸다(행 20:6).

드로아에서 그들은 고린도에서 직접 배를 타고 온 사람들을 만났다(20:5). 드로아는 북쪽에 있는 고대 트로이의 유적에서 이름을 딴 큰 항구였다. 이곳은 바울이 누가를 처음 만났던 곳이기도 하다(행 16:8~10). 누가는 의료와 관련된 일 때문에 이곳에 왔을 수도 있고, 빌립보가 아니라 이곳이 그의 고향이었을지도 모른다. 드로아는 바울이 너무 오래 설교해 삼층 창가에 앉아 있던 어린 소년이 졸다가 떨어져 죽었지만, 바울의 기도로 다시 살아났던 곳이다(행 20:7~12). 그런 다음 신자들은 함께 "떡을 떼어 먹었다." 누가는 이때가 "그 주간의 첫날"(즉, 주일)이라고 썼기 때문에 이것은 신자들이 매주 주일 예배에서 무엇을 했는지를 알 수 있는 첫 번째 기록으로 볼 수 있다. 바울은 전에 주께서 그가 복음을 전할 수 있도록 문을 열어주셨을 때 이곳에 온 적이 있다(고후 2:12). 따라서 지금 바울은 자신의 설교를 통해 회심한 사람들을 다시 만나고 있는 셈이다.

그의 사역을 통해 회심한 사람 중에 가보라는 남자가 있었다. 나중에 바울은 디모데에게 가보의 집을 방문해 자신이 그 "집에 둔 겉옷"과 "책은 특별히 가죽 종이에 쓴 것"을 가져오라고 부탁한다(딤후 4:13). 이때는 봄이어서 바울은 두꺼운 겨울 외투가 필요하지 않았다. 또한 무슨 일이 일어날지 알 수 없는 바다 여행에 소중한 가죽 종이(자신이 쓴 편지의 복사본일 가능성이 높다)를 가지고 갈 수도 없었다. 이때는 자신이 신뢰하는 친구들을 항구에서 마지막으로 만날 기회였다.

그런 다음 누가와 다른 이들은 배를 타고 곶을 따라 돌며 앗소로 갔다. 하지만 바울은 혼자 "걸어서" 가겠다고 했다(행 20:13). 그다지 먼 거리(약 50㎞)는 아니었지만, 이를 통해 바울에 관한 중요한 통찰을 얻을 수 있다. 그는 신체적으로 건강했고 혼자 지내는 것을 선호했다. 배 안에서는 사생활이 거의 없었기에 이것은 그가 예루살렘에 도착하기 전에 마지막으로 혼자 지낼 기회였다. 그에게는 생각하고 기도하고 자유를 즐길 공간이 필요했다.

앗소의 항구 도시.
여기에서 바울은 곶을 가로질러 걸어간 후
동료들과 다시 합류했다(행 20:13).

항구도시 바다라(Patara)의 유적지 부근.
'바다라'는 바울이 예루살렘으로 가는 도중에 방문한 항구 중 하나였다(행 21:1).

에베소와 두 명의 요한

바울은 주후 57년 봄에 밀레도에서 에베소의 장로들에게 작별 인사를 나누면서 자신이 떠난 후 교회에 무슨 일이 일어날지 걱정했다. 그렇다면 그 후에 에베소에서는 무슨 일이 일어났을까?

고무적이게도 교회는 계속 성장했던 것으로 보인다. 우리는 (주후 80년 후에 기록된 것이 거의 확실하며 늦으면 주후 90년대에 기록되었을지도 모르는) 계시록에서 이 교회에 관한 소식을 접할 수 있다. 우리에게 선견자 요한으로 알려진 이 책의 저자는 소아시아에 있는 일곱 교회에 그리스도의 말씀을 전하는데, 그중 첫 교회가 에베소 교회다(계 2:1~7). 이 편지에서 그리스도는 이 교회를 향해 고난 속에서도 '인내'하고 니골라 당으로 알려진 (우리로서는 정체를 알 수 없는) 무리의 관행에 저항하라고 권면하신다. 하지만 그분은 신자들이 "처음 사랑을 버렸다"고 책망하신다. 바울이 떠난 후 에베소 교회는 여러 면에서 어려운 시간을 보냈지만 믿음을 지켜왔고 이제는 바울이 목회하던 초기에 그들이 지니고 있던 것을 되찾을 필요가 있었다. "처음 행위를 가지라"(5절).

요한계시록 2~3장에 언급된 다른 교회들(서머나, 버가모, 두아디라, 사데, 빌라델비아, 라오디게아)은 에베소부터 시계 방향으로 원을 이루고 있으며, 이는 소아시아에서 편지를 배달하는 사람들이 사용했던 경로를 반영하고 있을 수도 있다. 바울은 (골로새서 4장 16절

라오디게아 근처에 남아 있는 수도
관은 왜 물이 1마일 이상 흘렀을 때
미지근한 상태였는지를 설명한다
(요한계시록 3:16 참조).

세 개의 아치가 있는 입구는 고대 히에라폴리스(오늘날의
파묵칼레 인근)의 유적으로 들어가는 서쪽 입구이다.

에서 라오디게아를 언급하지만) 이 도시들을 방문한 적이 없다. 하지만 이 지역에 교회가 존재하게 된 것은 바울이 에베소에서 했던 개척 사역의 결실일지도 모른다. 신자들이 그리스도의 메시지를 들고 고향으로 돌아갔을 것이기 때문이다.

그러나 에베소 교회의 역사는 전통적으로 '사도 요한'이라고 불린 두 번째 요한과 연관이 있다고 보았다. 예수의 중요한 사도였던 그는 에베소로 이주했다 — 아마도 예루살렘이 파괴된 주후 70년경이었을 것이다. 그가 예수의 어머니를 보살피겠다고 약속했다는 사실에 비추어(요 19:27) 마리아와 함께 이곳으로 왔을 것으로 추측하는 사람들도 있지만, 이를 뒷받침할 만한 확실한 증거는 없다.

요한이 에베소로 이주했다는 증거는 에우세비우스의 《교회사》와 주후 190년경 갈리아(Gaul)에 있는 리옹(Lyons)의 주교 이레나이우스의 글에 등장한다. 이레나이우스는 자신이 '젊었을' 때 폴리카르포스(폴리갑, 주후 156년에 순교한 서머나의 주교)를 만났고, 폴리카르포스(폴리갑)는 어렸을 때 에베소에서 노년의 사도 요한을 만났다고 주장한다(이레나이우스, 《이단 논박》 3.3.4). 세 세대에 걸친 연결고리가 존재했다.

따라서 에베소는 요한복음이 처음으로 기록된 장소였을 수도 있다. 많은 이들이 예수가 사랑하시는 제자(요 13:23)의 성찰을 담고 있는 책이라고 보는 이 복음서는, 사도 요한이 죽었을 무렵 그의 제자들에 의해 처음으로 발표되었을 것이다.

우리는 요한의 짧은 세 편지(요한 일이삼서)로 에베소의 초기 교회에 관한 정보를 얻을 수 있다. 특히 그는 지금은 '가현설'(docetism) — 예수가 너무나도 전적으로 신적이셔서 단지 인간으로 보였을 뿐이라고 주장하는 기독교 신앙의 변이형 — 이라고 알려진 운동에 대해 경고한다. 에베소 사람 중 일부가 이 신념을 지지했다는 사실은 이전에 예수의 신성을 강조하는 강력한 가르침이 분명히 존재했음을 확증해준다.

요한은 케린토스(Cerinthus)라는 사람이 이끄는 분파에 대해서도 반대했다. 한번은 노년의 사도가 에베소의 목욕탕에 들어갔는데 그곳에 케린토스가 있는 것을 보고 경악했다.

> 그는 목욕도 하지 않고 목욕탕에서 뛰쳐나오면서 이렇게 말했다.
> "목욕탕이 무너질지도 모르니 어서 도망가자. 진리의 적인 케린토스가 그 안에 있기 때문이다."
>
> — 이레나이우스, 《이단 논박》 3.3.4

전통적으로 요한이 묻혔다고 알려진 곳은 에베소 근처 셀주크에 있는 교회 안이다. 정확한 진위는 확인할 수 없지만, 이 예배당의 후진에 모여 요한복음의 구절을 읽고 그의 말이 처음으로 기록된 곳 가까이에서 그 말의 힘을 다시 들어보는 것은 좋은 경험이될 것이다.

11

¹⁰아가보라 하는 한 선지자가 유대로부터 내려와 ¹¹우리에게 와서 바울의 띠를 가져다가 자기 수족을 잡아 매고 말하기를, "성령이 말씀하시되, '예루살렘에서 유대인들이 이같이 이 띠 임자를 결박하여 이방인의 손에 넘겨 주리라'" 하거늘, ¹²우리가 그 말을 듣고 그 곳 사람들과 더불어 바울에게 예루살렘으로 올라가지 말라 권하니 ¹³바울이 대답하되, "여러분이 어찌하여 울어 내 마음을 상하게 하느냐? 나는 주 예수의 이름을 위하여 결박 당할 뿐 아니라 예루살렘에서 죽을 것도 각오하였노라" 하니 … ¹⁷예루살렘에 이르니 형제들이 우리를 기꺼이 영접하거늘 ¹⁸그 이튿날 바울이 우리와 함께 야고보에게로 들어가니 장로들도 다 있더라.

— 사도행전 21장 10~13, 17~18절

주의 발자취를 따라

바울은 주후 57년 오순절(5월 25일)에 맞춰 예루살렘에 도착했다. 바울은 이 도시를 잘 알고 있었다. 그는 어렸을 때 예루살렘에서 자랐고, 회심 후에도 적어도 세 번은 이곳을 방문했다(77~78쪽, "짧은 예루살렘 방문", 110~111쪽, "바울과 바나바: 예루살렘 방문", 115~116쪽, "바울의 대응"을 보라). 하지만 이번 방문은 다를 것을 그는 알고 있었다. 그는 이방 선교지에서 모은 연보를 가지고 왔다. 예수가 고난을 당하신 이 도시에서 필요하다면 기꺼이 예수를 위해 고난당하겠다는 마음으로 왔다. 또한 이번이 마지막 방문이 될 것을 알고 왔을 것이다. 살아서 이 도시를 빠져나갈 수 있다면 그는 서쪽에 가서 선교 사역을 하겠다고 마음을 먹고 있었고, 거기에서 다시 예루살렘으로 돌아오는 것은 점점 더 어려워지거나 아예 불필요할 것이다.

바울의 연보에 대한 신자들의 반응

바울은 정말로 살아서 이곳을 떠났다 ― 하지만 그뿐이었다. 로마서 15장에 기록된 바울의 말을 통해 그가 곧 있을 예루살렘 방문에 관해 심히 걱정하고 있었음을 알 수 있으며, 실제로 일어난 사건을 통해 그의 두려움은 근거 없는 것이 아니었음이 드러났다. 그가 명백히 우려했던 바는, 예루살렘의 유대인 주민들의 적대감이었다. 하지만 신자들을 위한 그의 연보(그가 '섬기는 일'이라고 부르는 것)에 관해서도 걱정했다. 그들이 이 연보를 감사히 받아들일까? 아니면 거절할까?

> 그러나 이제는 내가 성도를 섬기는 일로 예루살렘에 가노니 …
> 나로 유대에 순종치 아니하는 자들에게서 구원을 받게 하고 또
> 예루살렘에 대한 나의 섬기는 일을 성도들이 받음직하게 하고 …
>
> — 로마서 15장 25, 31절

바울의 연보가 어떻게 받아들여졌는지 우리는 알 수 없다. 먼저 가정해볼 수 있는 것은, 후히 베푸는 이 행동이 따뜻하게 환영을 받았다는 것이다. 하지만 누가는 그들이 도착한 후 첫날 아침 열린 공식적인 환영 잔치를 묘사하면서 이 선물을 전달한 것에 관해서는 언급하지 않는다(행 21:17~25). 이는 일이 잘 진행되지 않았고 당혹스러운 실패로 끝났다는 징조일까?

사실 사도행전의 뒷부분에서 바울이 벨릭스 앞에서 연설하면서 자신이 "내 민족을 구제할 것"을 가지고 예루살렘에 왔다고 말할 때 이 연보를 간접적으로 언급한다(행 24:17). 따라서 누가가 이 문제에 관해 전적으로 침묵한 것은 아니다. 따라서 그가 이 문제에 관해 상대적으로 말을 아낀 것은 전혀 다른 이유 때문이었을지도 모른다 — 예를 들어, 바울이 이 연보 때문에 '성전 도둑질'로 고발당하게 되었다면(364쪽, "성공과 갈등"을 보라) 누가는 바울의 동기가 오해를 받거나 심지어 나중에 재판에서 그에게 불리하게 사용되기를 원하지 않았을지도 모른다.

반면에 예루살렘 교회의 지도자들은 '수만' 명의 교인들이 바울이 도착했다는 소식에 어떻게 반응할지 심각하게 우려했던 것으로 보인다(행 21:20). 만약 이것이 현장의 분위기였다면 (바울의 가져온 모든 선물이 그의 평판 때문에 정치적으로 오염될 수밖에 없다면) 이 지도자들은 이 연보를 곧바로 — 적어도 첫날에는 — 받아들일 수가 없었을 것이다. 사실 이는 그들이 즉시 바울에게 찾아와 성전에서 공개적으로 7일이나 걸리는 결례를 행하라는 다소 이상한 요구를 했던 이유에 대한 설명이 될 수도 있다(행 21:23~24). 이것은 교인들의 두려움을 가라앉히고자 하는 의도였다. 따라서 이것은 사실상 그들이 연보를 받아들이는 조건이 되었을 것이다. 바울이 이를 행한 **후에야 비로소** 그들은 이것을 받아들일 수 있었다. 하지만 이 경우에 바울이 **7일이 지나기 전에** 체포되었다는 사실은 바울 자신은 이 돈을 전할 수 없었음을 뜻할 것이다 — 바울이 무대에서 빠르게 퇴장한 **후에** 그의 동역자들이 연보를 전달해야 했을 것이다. 따라서 나중에 예루살렘 교회가 연보를 감사하게 받았다고 하더라도 후히 베푸는 이 선물에는 오히려 역효과를 불러일으킬 만한 요소가 존재했다.

바울의 연보 문제 이면에는 여러 해 동안 갈등을 빚었던 예루살렘 교회와의 관계와 관련된 문제가 있다(113~118쪽, "고향에서 발생한 문제"를 보라). 예루살렘 신자 중에는 우리가 지금 '유대주의자'나 '할례당' — 즉, 모든 이방인 회심자들이 할례를 받아야 한다고 믿었던 사람들 — 으로 지칭하는 사람들이 많았던 것으로 보인다. 이 유대주의자들은 바울이 선교 여행을 가는 곳마다 따라다니며 문제를 일으켰다. 주후 49년에 예루살렘 공의회에서 이들의 입장에 반하는 결정을 내리고, **다른 곳에서** 문제를 일으킬 만한 그들의 행동을 금지하려고 노력했음에도, 그들은 여전히 **예루살렘 안에서** 중요한 세력을 이루고 있었다. 그 결과 떠오르고 있던 예루살렘 신자들의 지도자였던 야고보는 이 엄격한 유대인 신자들의 우려 — 특히 예루살렘에서는 이 새로운 메시아 운동을 배신적인 반유대주의로 비판하는 데 혈안이 된 열성적인 유대인 민족주의자들에 의해 그들 모두가 면밀한 감시의 대상이었기에 — 를 수용하는 동시에 이방인 선교를 인정하는, 거의 불가능한 책무를 맡고 있었을 것이다. 예루살렘에서는 곧 박해가 일어날 것이라는 소문이 파다했다.

하지만 이 문제에는 (어쩌면 예루살렘 공의회에서 완전히 해소되지 않았던) 또 다른 층위가 존재했다. 유대인 회심자들에게 무엇을 기대해야 할까? 예루살렘에서 많은 이들은 (할례뿐만 아니라 음식에 관한 법처럼) 유대교 토라의 **다른** 요소들을 계속해서 지켰을 것이다. 하지만 이방인들 사이에서, 특히 유대인 신자들과 이방인 신자들이 같은 음식을 먹을 수 없을 때 이러한 율법 준수가 점점 더 심각한 문제가 되었다. 이에 대해 바울은 '식탁을 함께 하는' 문제를 신앙의 근본에 도전하는 중대한 문제로 보았다(114쪽을 보라). 그는 자신도 유대인 회심자였지만, 이제 모든 음식이 깨끗하다고 확신했다(롬 14:14). 하지만 융통성 있는 실용주의의 정신으로 그는 사람들에게 더 약한 양심을 지닌 사람들에 대해 인내하라고 권면했다(고전 8:1~3, 롬 14:1~4).

이제 바울이 오순절을 지키기 위해 예루살렘으로 오고 있다는 소식이 예루살렘 교회의 장로들에게 전해졌다. 수많은 질문이 그들의 머릿속에 떠올랐을 것이다. 어떻게 그들은 '율법에 대해 열성적인' 이 유대주의자들의 반응을 제어할 수 있을까? 설상가상으로 그들은 바울이 단지 이방인들 사이에서 선교할 뿐 아니라 디아스포라 **유대인들**에게도 "모세를 배반하고 아들들에게 할례를 행하지 말고 또 관습을 지키지 말도록" 부추기고 있다는 소식을 들었다(행 21:20~21). 바울이 예루살렘에 왔다는 소식을 들었을 때 이 유대인 신자들은 어떤 반응을 보일까?

바울의 방문에 대한 무대 감독

장로들은 3단계 계획을 세웠다.

- 첫째, 바울과 그의 이방인 동역자들은 나손의 집에 묵는다. 구브로 출신인 이 사람은 유대인 신자였지만 헬라 배경을 (즉, 그리스어를 사용하는) 지닌 사람이었다. 그는 토라에 대한 바울의 접근 방식을 가장 불편하게 여기는 (아람어를 사용하는) 히브리 신자가 아니었다(행 6:1).

- 다음으로, 그들은 첫날 아침에 다양한 예루살렘 회중의 장로들 **전원**과 사적인 만남을 갖는다. 예루살렘 교회의 몇몇 주요 분파가 다른 이들이 사적으로 바울과 합의한 내용을 너무 늦게 알게 되었던 주후 45년의 상황이 다시 반복되지 않게 해야 한다.

- 셋째, 바울에게는 이곳 신자들 네 명과 함께 성전과 관련된 나실인 서약을 이행할 것을 요청한다. 따라서 걱정하고 있는 히브리 신자들에게 바울이 도착했다는 소식이 전해질 때, 동시에 그들은 바울이 토라에 대한 순종을 보여주는 행동을 하고 있다는 것도 알게 될 것이다. 물론 바울이 그렇게 하기를 거부한다면 소문이 참이었다

는 것을 입증할 뿐일 것이다. 하지만 바울이 그들의 요청에 응하기를 바랐다.

감사하게도 바울은 망설임 없이 가장 중요한 세 번째 항목을 받아들였다. 이는 유대인 형제자매들과의 연대를 드러내는 상징적인 행동이었다. 게다가 고린도전서 1장에서 제시한 자신의 원칙과도 전적으로 부합했다. 그는 예루살렘에 가서는 예루살렘 사람들의 법을 따라야 한다고 말했을 것이다. 문제는, 엄격한 유대인 신자들이 바울의 성전 서약을 바울이 **언제나** 율법을 지킨다는 증거로 받아들일 수도 있다는 것이다. 그러나 바울의 원칙의 다른 면은 이를테면 '로마에 가면 로마의 법을 따르라'였다. 이 문제는 해소되지 않은 채로 남았다.

아마도 바울은 이 문제를 이렇게 남겨두는 것에 만족했을 것이다. 왜냐하면 성전과 예루살렘에 관해 경고하신 예수의 말씀이 참이라면(눅 21:20~24), 그다지 머지않은 미래에 이 논쟁 전체를 압도할 역사적 사건이 일어날 것이기 때문이다. 성전이 더 이상 존재하지 않을 때, 이방인 교회들이 충성을 바쳐야 할 예루살렘의 교회가 더 이상 남아있지 않을 때 성전과 토라에 관한 이 모든 까다로운 문제는 전혀 다르게 보일 것이다.

> 율법 아래 있는 자들에게는 내가 … 율법 아래 있는 자 같이 된 것은 … 율법 없는 자에게는 내가 … 율법 없는 자와 같이 된 것은 … 여러 사람에게 내가 여러 모양이 된 것은 …
>
> — 고린도전서 9장 20~22절

예루살렘 성전의 바울

　그래서 바울은 요청대로 이 네 사람의 정결 예식에 참여하고 그들의 비용을 지불했다. 하지만 상황이 모두가 바랐던 것처럼 진행되지는 않았다. 왜냐하면 바울이 그 주 후반에 성전에 들어갔을 때 이로 인해 폭동이 일어났기 때문이다.

　요청받은 대로 이 네 사람의 결례에 참여했고 그들의 비용을 지불했다. 하지만 상황이 모두가 바랐던 것처럼 진행되지는 않았다. 바울이 그 주에 성전에 들어갔을 때 이로 인해 폭동이 일어났다.

　바울이 성전에 들어간 것은 거의 확실한 것으로 보인다. 20여 년 전에 바로 이곳에서 그는 (나중에 사도행전 22장 17~18절에서 설명하듯이) 이방인들에게 가라고 말씀하시는 예수에 대한 환상을 받았다. 따라서 이후에 예루살렘을 향해 갔던 그의 **모든** 여정에서 꼭 성전으로 — 자신의 소명을 상기하고, 말하자면 자신의 사도직을 재천명하기 위해 — 돌아갔을 것이다.

> 너희가 예루살렘이 군대들에게 에워싸이는 것을 보거든 그 멸망이 가까운 줄을 알라. 그 때에 유대에 있는 자들은 산으로 도망갈 것이며 성내에 있는 자들은 나갈 것이며 촌에 있는 자들은 그리로 들어가지 말지어다. 이 날들은 기록된 모든 것을 이루는 징벌의 날이니라. … 이는 땅에 큰 환난과 이 백성에게 진노가 있겠음이로다. …
>
> — 누가복음 21장 20~24절에 기록된 예수의 예언적인 말씀

바울은 매우 복잡한 감정을 안고 성전에 들어갔을 것이다. 예수의 예언적 말씀에 의하면 성전의 미래는 위태로웠다. 그뿐 아니라 성전은 유대인과 이방인 사이의 엄격한 구별을 조장했다. 안쪽에 있는 이스라엘의 뜰을 둘러싼 낮은 울타리를 넘어오는 이방인은 누구든지 매를 맞았다. 하지만 바울은 유대인과 이방인 사이의 이런 구별이 예수의 죽음에 의해 제거되었고, 이제 모든 사람이 이스라엘의 하나님께 나아갈 수 있게 되었다고 믿었다. 따라서 성전은 복음이 그 기초부터 무너뜨리고 있는 낡은 체제의 일부일 뿐이었다. 그리고 바울은 성전 뜰을 거닐면서 자신의 백성이 이 성전 대신 그들의 메시아에게 초점을 맞추게 되기를 기도했을 것이다.

바울은 이 낮은 벽에 이르렀을 때 (소바더나 누가와 같은) 자신의 이방인 동료들을 바깥쪽 '이방인의 뜰'에 — 마지못해서 그렇게 했겠지만 — 남겨두었을 것이다. 그렇게 하지 않았다면 그들은 몇 분 내로 죽임을 당했을 것이다. 하지만 바울은 이제 바로 그런 혐의로 고발을 당했다. 오순절을 위해 외국에서 온 방문자 중에 바울을 알아보는 아시아 출신 유대인들이 있었다[그들 중에는 바울이 격렬한 반대자로 언급했던 알렉산더가 포함되어 있었을 가능성도 높다(366쪽, "극장에서 일어난 폭동"을 보라). 그들은 바울이 (그들이 에베소 출신이라고 알고 있는 이방인 회심자인) 드로비모와 함께 걷는 것을 보았다. 그래서 성전에서 바울을 보자마자 그가 드로비모를 성전 안쪽으로 데리고 들어갔다고 고발했다.

전혀 근거가 없는 고발이었지만, 그들은 이것이 즉시 군중을 도발하게 될 것을 알고 있었다. 바울은 금세 성전 밖으로 끌려나갔고(그가 나가자마자 문이 닫혔다), 그를 죽이려는 군중의 위협을 받았다. 다행히 안토니아 요새에서 성전 구역을 감시하던 로마 군인들이 달려와 개입했다. 그리고 글라우디오 루시아라는 로마의 천부장이 그를 쇠사슬로 결박하여 영내로 끌고 가라고 명했다.

증언할 기회

이런 소동의 와중에 로마인들은 무엇 때문에 이런 소요가 발생했는지 알아내지 못했다. 처음에 천부장은 바울이 몇 해 전 감람산에서 반란을 주도한 애굽 출신 유대인이라고 생각했다(행 21:37~39). 따라서 그는 바울이 헬라어를 유창하게 말하기 시작하자 깜짝 놀랐다. 그리고 그는 놀랍게도 바울이 군중을 향해 — 안전하게 요새의 층계에 서서, 아마도 병사들 사이에서 수갑을 찬 채로 — 말할 수 있도록 허락했다. 바울이 기다려왔던 순간, 즉 예루살렘 중심부에서 동료 유대인들에게 연설하고 "하나님의 은혜의 복음을 증언할" 평생에 단 한 번 찾아온 기회(행 20:24)였다. 그는 "주 예수의 이름을 위해 예루살렘에서 죽을" 각오가 되어 있다고 분명히 말했다(행 21:13) — 만약 죽음이 찾아온다면 예수가 그를 위해 죽으셨던 도시보다 더 나은 곳이 어디 있겠는가? 따라서 지금이 아니면 결코 다시 오지 않을 기회였다.

> 만일 복음을 전하지 아니하면 내게 화가 있을 것이로다!
> — 고린도전서 9장 16절

바울은 기껏해야 몇 분밖에 주어지지 않을 것을 알고 있었을 것이다. 그는 어떻게 즉각적으로 반발을 초래하지 않으면서 복음의 메시지를 전할 수 있을까? 그는 아람어로 말하고 그들이 공감할 것을 강조하면서 자신의 이야기 — 하나님을 향한 자신의 열심, 존경받는 가말리엘 문하에서 훈련받은 것, 처음에 이 '도'에 대해 품었던 증오 — 를 들려주기로 했다(행 21:40~22:21). 하지만 예수에 관한 메시지도 점점 더 분명하게 전해졌다. 바울이 거듭해서 '주'라고 부르는 '나사렛 예수'를 다메섹 도상에서 만난 사건과 바울이 세례를 받고 죄의 씻음을 받은 일을 이야기했다. 복음이 예루살렘에서 선포되고 있었다.

하지만 청중은 불안해하기 시작했다. 기회가 빨리 사라져가고 있었다. 그는 연설을 계속했지만, 예수가 '이방인'에게 복음을 전하라고 자신을 부르셨다고 말했을 때 그 한 단어는 군중을 다시 광란으로 몰아넣기에 충분했다. "이러한 자는 세상에서 없애 버리자. 살려 둘 자가 아니라"(행 22:22). 바울은 즉시 영내로 끌려갔고 이번에는 고문을 당하며 심문을 받았다. 이 위급한 순간에 바울은 자신이 날 때부터 로마 시민이라고 분명히 밝혔다(행 22:25). 약간 놀란 로마의 천부장은 이제 이 로마 시민이 정확히 어떤 혐의로 고발을 당했는지 급히 확인해보아야 했다. 따라서 유일한 선택지는 이튿날 (아마도 성전 뜰 남쪽에 있는 왕의 주랑에서) 산헤드린 공회를 소집해 그들이 (중무장한 경비병이 그곳으로 데려온) 바울을 기소하게 하는 것이었다.

심문과 음모, 야밤의 탈출

다음날 바울은 산헤드린 공회 앞에 끌려나왔다. 바울이 첫 문장을 끝내자마자 대제사장 아나니아가 누군가를 시켜 그의 입을 내리치게 했다. 재판은 갈피를 잃었고, 바울은 재빨리 오래된 정파적 입장에 따라 상황을 혼란스럽게 만드는 전략을 택했다. 산헤드린에서는 사두개파가 다수를 차지했지만, 바리새파는 성가신 소수파를 이루고 있었다. 후자는 하나님이 죽은 자를 다시 살리실 수 있다고 믿었지만, 전자는 그렇게 믿지 않았다. 바울은 그저 자신이 부활을 믿는 바리새인일 뿐이라고 말했다. 물론 바울은 암묵적으로 **예수**의 독특한 부활에 관해 이야기하고 있었지만, 그의 동료 바리새인들은 이 점에 관해 이토록 건전한 입장에 있는 사람이 철저한 악당일 리가 없다고 생각하며 그의 편을 들기 시작했다! 다시 한번 큰 소란이 일었고, 다시 한번 바울은 끌려나갔다. 불쌍한 천부장은 이 바울이란 사람이 무엇을 했기에 이런 적개심을 — 성전의 군중뿐만 아니라 산헤드린 공회로부터도 — 불러일으키는지 도무지 이해할 수 없었다.

한편 이 문제를 그대로 묻어두지 않겠다고 작정한 사람들이 있었다. 40명이 넘는 이들은 바울을 죽일 때까지 먹지도 마시지도 않겠다는 공동 서약을 했다. 만약 (아마도 이번에는 도시의 더 멀리 떨어진 곳에서) 추가적인 심문을 열도록 산헤드린을 설득할 수 있다면 매복해 있다가 돌아오는 길에 바울을 살해하겠다는 계획이었다(행 23:12~15).

예루살렘 구시가와 올리브산에 있는 유대인 묘지. 올리브산에서 기드론 계곡을
가로질러 고대 성전(지금은 중앙에 황금 돔이 있음)이 있는 예루살렘을 향해 바
라보는 전망이다.

흥미롭게도 이 시점에 바울의 조카가 등장한다(83쪽, "예루살렘을 향해 떠나는 로마 시민"을 보라). (아직 십대인) 이 청년이 이 음모에 관해 듣게 된다. 이것이 그저 우연이었을까? 아니면 그와 그의 가족이 공모자들과 같은 부류에 속해 있었기 때문일까(그렇다면 바울의 가족과 친척 역시 바울의 메시지에 강하게 반대하는 것으로 알려져 있었음을 암시할 것이다)? 어느 쪽이든 그는 자신의 삼촌이 폭도들에 의해 처형되기를 원하지 않았던 것 같다. 따라서 그는 바울에게, 그리고 천부장에게 이 소식을 전하겠다고 결심했다(행 23:16~22).

이제 클라우디오 루시아는 상황을 전혀 통제하지 못하고 있었다. 이 사건은 가이사랴에 있는 로마 총독이 판결해야 했고, 바울을 즉시 예루살렘 밖으로 옮겨야 했다. 따라서 바울은 이 도시에 도착한 지 일주일도 지나지 않아서 야음을 틈타 대규모 로마 병력에 의해 도시 밖으로 호송되었다. 무려 200명의 보병과 200명의 창병이 안디바드리까지 60㎞를 행군하여 그를 호송하라는 명령을 받았다. 거기서부터는 안전하다고 판단해 가이사랴까지 43㎞ 구간은 70명의 기병으로 바울을 보호하게 했다.

바울의 예루살렘 방문은 이렇게 극적으로 끝났다. 바울은 (광주리에 숨어 성벽 너머로 내려왔던 다메섹을 시작으로) 수많은 도시를 도망쳐 나왔지만, 이번과 견줄 만한 경우는 없었다. 이방인의 사도였던 이 유대인은 추격을 피해 자신의 어머니 도시에서 도망쳐서 무려 470명의 로마 군인들과 함께 로마를 향한 긴 여정을 시작했다! 하지만 다른 쪽 끝에는 그를 맞이할 팡파르가 없을 것이다. 그리고 바울에게는 정말로 예루살렘과의 마지막 작별이었다. 이후로는 그 누구도 — 심지어 바울 자신조차도 — 그가 이 도시로 돌아오는 것을 용인할 수 없을 것이다. 바울은 예루살렘에서 '너무 뜨거워 다룰 수 없는' 인물이었고, 그를 가능한 한 이곳에서 멀리 떨어진 곳에 두는 것이 최선이었다.

오늘날의 예루살렘

오늘날 예루살렘을 방문하는 사람들은 매우 다양한 것을 염두에 두고 있다. 바울이 알고 있던 예루살렘을 찾는 데 분명한 관심을 두는 사람은 소수에 불과하다. 바울은 젊었을 때 예루살렘에 살았고 여러 차례 이곳을 방문했다. 하지만 바울이 분명히 방문했다고 알려진 유일한 장소는 성전이었다 — (사도행전 22장 17~21절과 21장 27절에서 설명하듯이) 주후 35년과 주후 57년에 예루살렘을 방문했을 때였다. 따라서 여기서 우리는 성전에 초점을 맞출 것이다.

성전과 안토니아 요새

바울 시대의 성전은 예수가 보셨던 성전 — 비록 몇몇 부분은 여전히 공사 중이었지만 — 과 사실상 동일했을 것이다. 성전은 사도행전에서 바울이나 다른 신자들과 연관해 여러 차례 언급된다.

어떤 이들은 오순절 사건이 성전과 연관되어야 하는지 의아해한다 — 분명히 이곳은 군중이 모이기 쉬운 장소이며, 입구의 의례적 목욕탕은 세례에도 유용했을 것이다(행 2:41). 그러나 더 자연스러운 환경은 "집"(행 2:2)이며, 이 집은 아마도 윗 도시 어딘가에 있었을 것이고 붐비는 거리를 향해 개방되어 있었을 것이다.

그 후로 첫 신자들은 성전에서 모여 기도했다. 바울이 걷지 못

예루살렘 성전의 모형으로, 서쪽으로 4개의 큰 촛대가 있는 여인들의 뜰이 있고, 그 뒤로는 지성소를 둘러싸고 있는 이스라엘의 뜰이 있다(정문 왼쪽에 희생제단이 있다).

알 아크사 사원의 남쪽에 있는 계단에서 바라보면 현재는 벽돌로 되어 있는
훌다문(Huldah Gates)이 보인다. 훌다문은 성전으로 올라가는 정문이다.

하는 사람을 치유한 사건은 "미문이라는 성전 문" 가까이에서 일
어났다(행 3:2). 첫 제자들은 성전의 동쪽을 따라 세워진 "솔로몬의
행각"에서 모였다(행 5:12). 이것이 얼마나 오래 지속되었는지는
불분명하다. 그들은 곧 성전 당국자들의 비판을 받게 되었다. 예
수도 성전에 대해 단호하게 반대하는 말씀을 하셨으며 시간이 지
나면 파괴될 것이라고 예언하셨다. 따라서 신자들은 성전에 관해
뒤섞인 느낌이 있었을 것이다.

반면에 야고보와 다른 이들은 계속해서 성전 의례에 참여했다. 야고보가 바울에게도 그렇게 할 것을 요구했을 때 바울은 — 이방인이 성전 안쪽으로 침범해 들어가는 것을 금지하는 경고 표지판을 무시했다는 혐의로 거짓 고발을 당해 — 체포되고 말았다(행 21:23~28).

오늘날 예루살렘의 성전 산은 이슬람에서 통제하고 있다. 따라서 이 유적지에 접근하는 것이 항상 가능하지는 않다. 실제로 정확한 장소에 직접 가보는 것보다 예술가들의 시각적 표현을 통해 더 많은 통찰을 얻을 수 있다. 하지만 일단 성전 산에 가보면 방문자들은 이 지역이 얼마나 거대한지 바로 알 수 있다. 또한 이 유적지의 북쪽으로 가면 로마의 안토니아 요새가 얼마나 가까운지 알 수 있다. 병사들이 이곳으로부터 나와서 바울의 고발자들이 초래한 소요 사태를 해결했다.

이 요새의 유적지는 잘 정리되어 있으며 성전 뜰의 북쪽과 서쪽 방향에 있다. 이 요새의 석조물 일부는 성전 터가 내려다보이는 **우마리야 학교**(Umariya Elementary School)의 벽 안에 보존되어 있다. 또한 병사들이 성전 구역까지 신속히 진입하기 위해 사용했던 안전한 통로가 존재했다는 증거도 있다. 안토니아는 예수가 재판을 받으신 장소였을 가능성이 희박하지만, 바울이 군중 앞에서 자신을 변론했던 곳이었을 것이다(행 22장). 따라서 (연대가 주후 2세기로 추정되기는 하지만) 근처에 있는 **에케 호모 수도원**(Ecce Homo Convent) 아래에 있는 발굴 유적을 새로운 관점에서 바라볼 수 있다 — 이 유적지를 주후 30년 예수가 재판을 받으신 곳이 아니라 주후 57년 여름에 바울이 체포된 곳으로 볼 수 있다. 따라서 에케 호모 수도원의 옥상 정원에 서서 사도행전 22장에 기록된 바울의 연설을 읽는 사람들은 바울이 서 있던 곳에서 불과 몇 미터밖에 떨어져 있지 않다고 확신할 수 있다.

도시 안의 다른 곳

바울이 예루살렘에서 방문했던 다른 곳들은 추측에 의지할 수밖에 없다. 바울은 가말리엘의 문하에서 공부하러 이곳에 왔지만, 우리는 가말리엘의 '학교' 위치를 알지 못한다. 바울은 회심 이후 회당에서 헬레파 유대인들과 논쟁했지만(행 9:29), 우리는 이 회당들이 어디에 있었는지 알지 못한다. 바울은 적어도 세 차례에 걸쳐 사도들을 방문했지만, 그런 모임이 어디에서 이뤄졌는지 우리는 알 수 없다. 사도행전에 언급된 신자들의 모임 장소는 요한 마가의 집이다(행 12:12). 초대 교회 당시 이 집의 위치에 관한 전승이 남아있지 않지만, 아마도 부유한 윗 도시에 있던 저택 중 하나였을 것이다. 확실한 전승은 없지만, 시리아 교회의 **성 마가 성당**은 당시 이 집이 있던 곳에서 가까울 것이다.

지금 남아있는 초기의 전승에 따르면, 첫 그리스도인들은 첫 세대 동안 훨씬 남쪽에서 — **현재 다락방**(Cenacle)**이 있는 자리에서** — 모였을지도 모른다. 적어도 이곳은 주후 4세기에 그리스도인이 첫 오순절 사건을 기념했던 장소다. 주후 135년에 예루살렘이 파괴되면서 이 자리는 버려졌고, 북쪽으로 재건된 마을이 자리를 잡았다. 하지만 첫 그리스도인들이 이 지역에서 만났다는 것은 여전히 통계적으로 가능하다. 이 경우 다락방은, 최후의 만찬을 행했던 다락방을 십자군 시대에 복원한 것만 남아있지만, 이 장소의 일차적 의미는 첫 기독교 교회가 있던 곳이었을지도 모른다. 그랬다면 이곳이 바울이 사도들을 방문했던 곳이 아닐까? 사도들이 사도적 공의회를 위해 모인 곳이 아니었을까(행 15장)?

십자가를 찾아간 바울

바울은 **골고다** 유적을 방문했을까? 바울은 예루살렘에서 멀리 떨어진 곳에서 설교하면서 청중에게 예수의 죽음을 묘사하려고 노력하곤 했다(갈 3:1). 따라서 바울은 가끔 그곳을 찾아가 예수가 이 독특한 장소에서 자신을 위해 행하신 일을 곰곰이 생각해 보았을 수도 있다. 하지만 도시가 북서쪽으로 확장하고, 가까운 곳에 주택이 건설됨에 따라 이 자리는 주후 40년대 초에 알아볼 수 없을 정도로 변형되었을지도 모른다. 현재 골고다와 연관이 있다고 알려져 있고 성분묘교회 안에서 볼 수 있는 채석되지 않은 바위 지형은 건드리지 않은 채로 남겨져 있고, 근처의 무덤은 의례적으로 정화되어 있다. 하지만 이 장소의 전반적인 외관은 상당히 바뀌었다.

> 내가 그리스도와 함께 십자가에 못 박혔나니 그런즉 이제는 내가 사는 것이 아니요 오직 내 안에 그리스도께서 사시는 것이라. 이제 내가 육체 가운데 사는 것은 나를 사랑하사 나를 위하여 자기 자신을 버리신 하나님의 아들을 믿는 믿음 안에서 사는 것이라.
>
> — 갈라디아서 2장 20절

바울이 골고다 근처를 찾아왔다고 상상하는 것은 흥미로운 일이다. 그는 주후 35년에 회심한 후 처음 방문했을 때 이곳을 찾아왔을까? 나중에 방문할 때 이곳으로 돌아와 이 장소가 크게 바뀐 것을 발견했을까? 그리고 예수가 자신을 위해 죽으신 바로 그곳에 서서 작은 목소리로 기도하지는 않았을까? 어쩌면 그는 이 메시지를 신실하게 선포하겠다고 새롭게 다짐하거나 자신의 유명한 경구를 조용히 되뇌었을지도 모른다.

"내게는 우리 주 예수 그리스도의 십자가 외에 결코 자랑할 것이 없으니"(갈 6:14).

예루살렘을 위한 연보

바울의 선교 여행은 **예루살렘으로부터의 여행이자 예루살렘을 향한 여행**으로 볼 수 있다. 그의 첫 번째 선교 여행에서 그를 파송한 교회는 안디옥이었지만(행 13:3), 바울은 지중해 동부에 올 때마다 예루살렘을 방문하려고 노력한 것으로 보인다(논란이 있지만, 사도행전 18장 22절에서 그가 방문한 교회는 안디옥이 아니라 **예루살렘**에 있는 교회를 가리킬 것이다). 어떤 의미에서 예루살렘은 그의 선교 여행을 위한 출발점 역할을 했을 것이다 — 말하자면 그는 예루살렘을 방문할 때마다 복음의 대의를 위해 더 멀리 나아가라는 용기를 얻었다(혹은 명령을 받았다).

이를 통해 바울이 가능하면 원래의 '어머니' 교회와 관계를 유지하는 것이 중요하다고 여겼음을 알 수 있다. 동시에 바울은 예루살렘에 대해 무비판적인 태도를 취하지도 않았다. 갈라디아서 4장 25절에 기록된 그의 신랄한 비판("지금 있는 예루살렘과 같은 곳이니 그가 그 자녀들과 더불어 종노릇 하고")을 통해 그가 신학적으로는 이 도시에 대한 헌신을 포기했음을 분명히 알 수 있다. 또한 오랫동안 그는 예루살렘을 본거지로 삼은 유대주의자 그리스도인들이 일으킨 문제 때문에 큰 어려움을 겪었다(115쪽, "바울의 대응", 218~219쪽, "갈라디아를 다시 방문하는 바울"을 보라). 그렇다면 왜 바울은 예루살렘에 있는 그리스도인들을 위한 '연보'를 모으는 일에 그토록 큰 노력을 기울인 것일까? 이는 그의 너그러운 마음과 자신의 사역을 방해했던 이들에게 복수하지 않겠다는 태도를 보여 준다.

그는 이 일을 여러 해 동안 염두에 두고 있었던 것으로 보인다. 바울은 주후 53/54년에 갈라디아와 고린도의 교회들에 이에 관해 이야기했으며(고전 16:1~4), 조금 지나서는 마게도냐의 교회에도 이야기했다(고후 8~9장). 그러나 고린도 내부의 논쟁 때문에 그들이 이 약속을 어길지도 모른다고 생각했으며, 디도가 여러 차례 방문했음에도 바울은 직접 고린도를 방문해 문제가 없는지를 확인해야겠다고 결심했을 것이다 — 이 때문에 아마도 일정을 열두 달 더 뒤로 미뤘을 것이다. 주후 57년에 고린도에서 편지를 쓰면서 바울은 기쁜 마음으로 '마게도냐와 아가야' 모두가 이 기획에 전적으로 참여하고 있다고 알리면서 이 기획을 '섬기는 일', '예루살렘 성도 중 가난한 자들을 위한' 연보로 묘사한다(롬 15:25~26).

바울은 가난한 이들을 위한 마음을 지니고 있었으며 전에도 기근을 위한 구제를 제공하기 위해 예루살렘에 들른 적이 있었다(갈 2:10, 행 11:28~30). 하지만 그는 이 연보를 단지 재정적인 관점에서만 바라보지 않았다. 그는 더 높은 수준의 재정적 "균등함"을 원했지만(고후 8:14), 동시에 자신의 (다수가) **이방인**으로 이뤄진 회중이 **유대인** 신자들을 돕는 것이 특별히 중요하다고 보았다. "이방인들이 [유대인들의] 영적인 것을 나눠 가졌으면 육적인 것으로 그들을 섬기는 것이 마땅하니라"(롬 15:27). 따라서 이 연보는 그의 이방인 회심자들과 예루살렘의 어머니 교회 사이에 존재하는 본질적인 연대를 표현하는 한 방법이었다. 이방인 민족들이 이스라엘로 모여들고 시온으로 선물을 가지고 올 것이라는 구약 본문의 영향도 받았을 것이다. 정말로 주의 말씀은 "예루살렘에서부터 나왔지만"(사 2:3), 이제는 이를 입증할 열매가 존재했다.

물론 이는 바울의 사역이 맺은 결실에 대한 암묵적인 증거이기도 했다. 이 연보를 받은 이들은 이를 인정해야만 할 것이다. 그 결과 그들이 이제 그를 비판하기를 그치고, 그가 하고 있는 좋은 일을 인정하게 되길 바랐을 것이다. 그래서 바울은 모든 것이 순조롭게 진행되고, 고린도의 상황도 충분히 해결되기를 원했다. 이 중요한 교회로부터 연보를 전혀 모으지 못한 채, 혹은 모든 사람이 고린도 내부의 문제에 관해 알고 있는 상황에서 1년 먼저 예루살렘으로 올라가는 것은 무의미한 일이었을 것이다. 예루살렘에 있는 그의 비판자들은 이것을 그를 비판하는 강력한 증거로 삼았을 것이다.

그래서 바울은 고린도를 방문할 때까지 기다렸다. 또한 (마게도냐 여러 곳 출신인) 누가와 소바더, 아리스다고, 세군도, (원래는 갈라디아 출신인) 가이오와 디모데, (아시아 출신인) 두기고와 드로비모로 이뤄진 강력한 동역자 팀을 꾸렸다. 이 여덟 사람은 주후 57년 4월에 고린도를 떠났다. (이상하게도 사도행전에서는 전혀 언급되지 않는) 디도는 일부러 배제된 것이 거의 확실하다 — 이 핵심 인물들이 없는 동안 누군가는 에게해 지역에 남아서 이곳을 지켜야 했다. 디도는 이미 예루살렘에 다녀온 적이 있었다. 그는 바울에게 (디모데보다 더) 가장 믿을 만한 '문제 해결자'였으며, 그들이 없는 동안 상황을 안정적으로 관리할 믿을 만한 사람이었다.

우리는 그들이 얼마나 많은 돈을 전달했는지 알 수 없지만, 여러 회중이 상당한 기간 매주 헌금을 모았다면 적지 않은 금액이었을 것이다(고전 16:2). 바울이 여덟 명의 동역자를 데리고 갔다는 사실 자체가 그들이 큰 액수의 돈을 가지고 있었음을 강하게 암시한다. (그들이 출항하기 전 발각된 바울의 목숨을 노리는 음모가 암시하듯이, 행 20:3) 배로 하는 여행은 특히나 위험했다. 하지만 그들이 합당한 시간 안에 예루살렘에 도착하고자 한다면 바닷길로 여정의 대부분을 소화해야만 했다.

그렇게 그들은 걱정을 안고 예루살렘에 도착했다. 사람들은 이 이방인 무리에 대해 어떻게 반응할까? 이곳의 신자들이 그들의 선물을 받아들일까? 아니면 거절할까?

주요 연대: 예루살렘

주전 1000년경	다윗이 예루살렘을 수도로 삼는다.
주전 970년경	솔로몬이 다윗성 북쪽에 성전을 건축한다.
주전 587/6년	바벨론 사람들에 의해 성전이 파괴된다.
주전 515년	더 작은 규모로 성전이 재건된다.
주전 63년	예루살렘이 로마의 통치를 받게 된다.
주전 15년경	헤롯 대왕이 성전을 확장하고 개조한다.
주후 30년	예수가 십자가에 달려 죽으셨다고 추정되는 시점(4월 7일). 사도들이 예루살렘과 성전 뜰에서 처음으로 기독교의 메시지를 선포한다.
주후 31년경	스데반이 예루살렘 성벽 바깥에서 돌에 맞아 죽고, 바울이 이를 목격한다(행 7:59~8:1).
주전 35년경	바울이 아라비아와 다메섹에서 돌아와 예루살렘에서 14일을 보내며 바나바와 베드로, 다른 그리스도인들을 만난다(행 9:26~30).
주후 41~44년	헤롯 아그립바의 통치기에 예루살렘이 ('3차' 성벽 건설로) 북쪽으로 확장되고, 이때 예수가 십자가에 달려 죽으시고 장사되신 곳도 포함되었을 가능성이 있다.
주후 42년	바울이 예루살렘의 감옥에서 탈출해 팔레스타인을 떠나 선교 활동을 위해 다른 곳으로 간다(행 12:17).

주후 45년경   바울과 바나바가 기근을 위한 구제를 위해 예루살렘을 방문하고, 베드로와 요한, 야고보를 만난다(행 11:29~30, 갈 2:1~10).

주후 49년경   예루살렘에서 '사도적' 공의회가 열림(행 15:1~33). 로마인들과의 충돌로 성전 뜰에서 거의 1만 명이 학살된다 (요세푸스, 《유대 전쟁사》 2:12).

주후 54년경   애굽 출신의 한 유대인이 감람산에서 군대를 모으고 예루살렘 성벽의 붕괴와 로마의 패배를 예언한다. 하지만 그는 벨릭스 총독의 공격을 받고 사라진다(요세푸스, 《유대 전쟁사》 2.261).

주후 57년   바울과 누가가 그들의 일행과 함께 이방인의 연보를 들고 예루살렘을 방문한다(5월 말). 바울은 성전에서 체포되고, (요세푸스가 《유대 고대사》 20.205~207에서 "폭식가"이자 "횡령범"으로 묘사했던) 대제사장 아나니아 앞에 출두한 후 결국 도시 밖으로 호송된다(행 21:17~23:31).

주후 62년   야고보(예수의 형제)가 로마 총독 교체기에 산헤드린 회원들에 의해 성전 꼭대기에서 아래로 던져져 순교를 당한다(에우세비우스, 《교회사》 2:23).

주후 70년경   티투스가 이끄는 로마인들이 성전을 파괴한다(8월). 예루살렘 성이 초토화된다(9월).

주후 135년경   하드리아누스 황제가 이 도시를 재건하고 '아일리아 카피톨리나'(Aelia Capitolina)로 명명한다. 위쪽 도시의 상당 부분은 하드리아누스 '진영'의 벽 외부에 남아있게 된다.

주후 324년	콘스탄티누스가 동방에서 권력을 장악하고, 이 도시 안과 주위에 여러 개의 교회당을 건설하도록 명령한다.
주후 340년경	'시온산'에 '사도들의 윗 교회'가 건설된다.
주후 638년	이슬람의 도착.
1099~1185년	십자군이 이 도시를 장악한다.
1335년경	프란체스코 수도회에서 시온을 수도원으로 개조한다 (다락방, Cenacle).
1517년경	술레이만 대제가 '옛 성'의 벽을 건설한다.
1948년	이스라엘 국가 선포(동예루살렘은 요르단의 지배를 받게 된다).
1967년	6일 전쟁의 결과로 예루살렘을 이스라엘이 지배하게 된다.

²³밤 제 삼 시에 가이사랴까지 갈 보병 이백 명과 기병 칠십 명과 창병 이백 명을 준비하라.

³¹보병이 [천부장의] 명을 받은 대로 밤에 바울을 데리고 안디바드리에 이르러 ⋯ [기병들이] ³³가이사랴에 들어가서 편지를 총독에게 드리고 ⋯ ³⁴총독이 읽고 ⋯ ³⁵헤롯 궁에 [바울을] 지키라 명하니라.

　　　　　　　　　　— 사도행전 23장 23, 31〜35절,

¹닷새 후에 대제사장 아나니아가 어떤 장로들과 한 변호사 더둘로와 함께 내려와서 총독 앞에서 바울을 고발하니라. ⋯ ²²벨릭스가 이 도에 관한 것을 더 자세히 아는 고로 연기하여 ⋯ ²³백부장에게 명하여 바울을 지키되 자유를 주고 그의 친구들이 그를 돌보아 주는 것을 금하지 말라 하니라. ⋯ ²⁷이태가 지난 후 보르기오 베스도가 벨릭스의 소임을 이어받으니 벨릭스가 유대인의 마음을 얻고자 하여 바울을

구류하여 두니라.

— 사도행전 24장 1, 22~27절

[6]베스도가 … 재판 자리에 앉고 바울을 데려오라 명하니, [7]그가 나오매 예루살렘에서 내려온 유대인들이 둘러서서 여러 가지 중대한 사건으로 고발하되 능히 증거를 대지 못한지라. …

[9]베스도가 … 바울더러 묻되, "네가 예루살렘에 올라가서 이 사건에 대하여 내 앞에서 심문을 받으려느냐?" [10]바울이 이르되, "내가 가이사의 재판 자리 앞에 섰으니 마땅히 거기서 심문을 받을 것이라. 당신도 잘 아시는 바와 같이 내가 유대인들에게 불의를 행한 일이 없나이다. … [11]내가 가이사께 상소하노라!" 한대 …

— 사도행전 25장 6~7, 9~11절

기다림의 장소

바울은 체포된 상태로 다시 가이사랴에 도착해서 헤롯 왕의 궁전이었고 지금은 로마 행정부의 새로운 본부로 사용되는 곳에 수감되었다. 이때는 주후 57년 6월 초였다. 바울은 당시에 그가 이제 가이사랴에서 2년 더 — 주후 59년 초가을까지 — 지내게 될 것이라는 사실을 알지 못했다. 바울의 지중해 여정은 이제 견디기 힘든 휴지기에 들어간다.

두 도시 이야기: 구시가(舊市街)와 신시가(新市街)

'가이사랴'(Caesarea Maritima)는 예루살렘과 분위기가 전혀 달랐다. 하나는 오래된 도시였고, 다른 하나는 완전히 새로웠다. 한 곳은 언덕 위에 있으며 사람들의 왕래가 많은 길에서 다소 떨어져 있었고, 다른 한 곳은 평평한 해안 평야에 있으며 교통의 요충지로 애굽에서 다메섹까지 이르는 큰길과 제국과 연결된 바다가 잘 연결되어 있었다. 한 곳은 성스러우며 종교적인 도시로서 성전을 중심으로 삼고 유대인의 삶을 중시했다. 다른 한 곳은 이교적이며 상업적인 도시로서 항구와 정부 건물을 중심으로 삼았다. 따라서 한 도시의 부상은 거의 필연적으로 다른 도시의 소멸을 뜻할 것이다. 왜냐하면 어떤 의미에서 가이사랴는 예루살렘이 가장 싫어하는 모든 것 — 이교 제국, 상업 교역, 너무나도 '새로운' 세계 — 을 상징했으며, '팔레스티나' 속주 수도로 빨리 자리 잡게 되었기 때문이다.

헤롯 대왕에게는 대안적인 정치적 수도가 필요했다. 하지만 동시에 팔레스타인에는 좋은 항구가 절실하게 필요했다. 나일강 삼각주에서 떠내려오는 침적토가 쌓여있는 팔레스타인의 해안은 (북쪽에는 현대의 하이파에, 남쪽에는 욥바에 있는 만을 제외하면) 거의 전부가 부드러웠다. 이곳 가이사랴에는 스트라토의 탑이라는 작은 항구가 있었지만, 헤롯은 사실상 백지상태에서 항구를 새로 건설했다.

그의 건축자들은 놀라운 일을 해냈다. 그들은 최근에 발명된 유착제 — 콘크리트 — 로 깎아서 다듬은 거대한 돌을 결합하여 바다 멀리까지 뻗어 있는 두 개의 거대한 항구 벽을 건설했다. 그들은 항구에 침적토가 쌓이는 것을 막기 위해 둑을 세웠다. 또한 조류를 이용해 도시의 쓰레기를 하루에 두 차례 흘려보내는 배수 체계를 고안해냈다. 그리고 갈멜산 아래 샘으로부터 신선한 식수가 터널과 수로를 통해 도시까지 도달할 수 있게 했다. 성벽으로 둘러싸여 있으며 격자로 구획된 도시 전체는 면적이 약 3,200ha에 이르렀으며 극장과 원형 극장, 아우구스투스 신전과 같은 인상적인 건물들을 포함하고 있었다. 시간이 지남에 따라 소수의 유대인과 사마리아인이 이 이국적인 환경에 정착하기는 했지만, 최초의 주민은 거의 전적으로 이방인 — 로마 군대, 제국의 관리, 상인 — 이었다.

사도행전에서 누가는 바로 이런 관점에서 가이사랴를 — 해상 교역과 속주 행정이 중심이 되는 이방인의 공간으로 — 묘사한다. 이 책의 앞부분에서 그는 베드로가 가이사랴에 있는 로마의 백부장인 고넬료와 만나는 이야기에 거의 두 장을 할애한다(행 10~11:18). 또한 그는 헤롯의 손자인 아그립바 1세가 청중으로부터 "이것은 신의 소리요 사람의 소리가 아니라"라는 아부의 함성을 듣다가 갑자기 — "벌레에게 먹혀" — 죽었던 사건을 묘사한다(행 12:9~24). 그의 이야기 전체에서 우리는 이방인과 유대인 사이에 존재했던 긴장이 여러 차례 가이사랴에서 표면적으로 드러났다는 점에 주목할 수 있다. 그리고 가이사랴와 예루살렘이 전혀 다른 두 세계를 상징함을 알 수 있다(행 11:1~18, 21:10~16).

이방인의 사도였던 바울은 이 두 세계 양쪽에 걸터앉는 법을 배웠다. 그는 예루살렘에서 훈련을 받았지만, 가이사랴와 다르지 않은 해안의 상업 도시에서 태어났으며, 선교 여행을 통해 이런 세속적인 이방인의 도시의 삶에 점점 익숙해졌다. 다른 상황이었다면 바울이 가이사랴에서 지내는 것을 매우 편안하게 느꼈을지도 모르지만, 지금 그는 체포된 채 이곳에 도착했다.

피고인 바울

그가 도착한 직후 예루살렘에서 로마의 총독 마르쿠스 안토니우 펠릭스(벨릭스) 앞에서 바울을 고발하기 위해 (대제사장 아나니아가 포함된) 파견단이 예루살렘에서 내려왔다. 벨릭스는 **시카리**(sicarii)로 알려진 신흥 해방 운동에 대한 단호한 대응으로 이미 유명해진 상태였다. 이제 그는 바울에 관한 판결을 내려야 했다. 그 역시 일종의 정치적 반란자였을까?

산헤드린이 파견한 대표들은 벨릭스에게 적당히 아첨한 후 바울을 '전염병 같은 자', '천하에 흩어진 유대인을 다 소요하게 하는 자', 성전을 더럽히려 하는 '나사렛 이단의 우두머리'로 묘사한다(행 24:5~6). 그들은 앞서 성전에서도 무리를 향해 비슷하게 외쳤다. "이 사람은 각처에서 우리 백성과 율법과 이 곳(성전)을 비방하여 모든 사람을 가르치는 그 자"라(행 21:28). 디아스포라 유대인 사이에 퍼진 바울의 평판이 예루살렘에도 전해졌다. 그의 가르침이 종종 폭동을 초래했다는 점은 부인할 수 없다. 덜 명확한 점은, 정확히 어떤 의미에서 그의 가르침이 유대교 신앙의 세 가지 위대한 보루 — 이스라엘이라는 선민, 토라, 성전 — 에 대해 비판적이라고 여겨졌느냐다.

> 벨릭스는 노예의 정신으로 왕의 권력을 행사했다.
>
> — 타키투스, 《역사》 5.9

당연히 이런 신학적인 논점에 대해 벨릭스는 관심을 보이지 않았다 — 따라서 산헤드린에서는 바울이 반역자이며 선동가라는 주장에 초점을 맞췄다. 빌라도 앞에서도 예수에 대해 똑같은 혐의를 씌웠다(눅 23:5). 또한 예수에 대한 재판에서와 마찬가지로 여기서도 (성전을 위협한다는) 처음에 제기된 고발은 그의 고발자들이 입증할 수 없는 주장이었다. 바울이 곧바로 지적했듯이 이방인들을 성전 안뜰로 데리고 들어갔다는 고발에 대해 직접적으로 증언할 수 있는 증인을 데려오지 못했다.

이 시점에서 벨릭스는 바울의 손을 들어 사건을 종결할 수도 있었다. 하지만 그대신 그는 예루살렘에서 바울을 자신에게 보낸 천부장 글라우디오 루시아가 도착할 때까지 심리를 중단했다. 결국 이때부터 재판은 길게 지연되었다. 벨릭스는 자신의 젊은 유대인

1961년 가이사랴에서 발견된 비문에는 '필라투스'(PILATUS, 빌라도)가 언급되어 있다. 예루살렘에서 예수를 재판하던 총독 본디오 빌라도에 대한 최초의 고고학적 증거이다.

아내(드루실라는 스무 살이 채 안 되었다)와 함께 바울이 자신의 기독교 신앙에 대해 말하는 것을 들었지만, 바울의 설교가 너무 개인적인 내용을 다룰 때는 설교를 중단시켰다. 누가는 벨릭스가 이후에도 '자주' 바울을 만났지만 아마도 뇌물을 받을 것이라는 기대 때문이었을 것이라고 설명한다. 이런 상황은 꼬박 2년 동안 계속되었다(행 24:22~26).

그들은 내가 성전에서 누구와 변론하는 것이나 회당 또는 시중에서 무리를 소동하게 하는 것을 보지 못하였으니 이제 나를 고발하는 모든 일에 대하여 그들이 능히 당신 앞에 내세울 것이 없나이다. … 내가 결례를 행하였고 모임도 없고 소동도 없이 성전에 있는 것을 그들이 보았나이다. 그러나 아시아로부터 온 어떤 유대인들이 있었으니 그들이 만일 나를 반대할 사건이 있으면 마땅히 당신 앞에 와서 고발하였을 것이요. …

— 사도행전 24장 12~13, 18~19절

이 기간 동안 바울은 감시를 받았지만, 어느 정도 "자유"를 누렸고 "그의 친구들"이 "그를 돌보아 주는 것"도 허용되었다(행 24:23). 이는 아리스다고와 누가를 가리킬 것이다(두 사람 다 사도행전 27장 2절에 언급됨). 바울의 다른 이방인 동료들은 각자 맡은 일을 하기 위해 돌아갔을 것이다(예를 들어, 에베소로 돌아간 디모데?). 누가는 팔레스타인을 여행하며 예수의 사역에 관한 조사를 벌이고자 했을 것이다. 그랬다면 그가 가이사랴로 돌아왔을 때 누가와 바울은 지금 우리가 누가복음과 사도행전으로 알고 있는 책의 초안을 쓰기 시작했을지도 모른다. 따라서 이 2년은 매우 힘든 시간이었겠지만, 동시에 꽤 생산적이었다고 할 수 있다. 그리고 벨릭스가 대체로 호의적인 태도를 보였음을 고려할 때 재판을 기다리는 동안 바울이 큰 불안을 느끼지는 않았을 것이다.

하지만 갑자기 벨릭스가 다시 로마로 — 아마도 그가 폭력적인 방식으로 (가이사랴 안에서 동등한 시민권을 요구하는 지역 유대인들이 일으킨) 폭동을 진압한 것에 대해 자신을 변론하도록 — 소환되면서 벨릭스 대신 포르시우스 페스투스(베스도)가 부임했다. 이제 바울에게는 상황이 훨씬 더 나빠졌다. 이 새로운 총독에게는 유대인 아내도 없었고 유대인과 관련된 문제를 다룬 경험도 없었다. 그래서 새로운 총독은 먼저 산헤드린과 좋은 관계를 세우려고 노력했다. 산헤드린은 즉시 이것을 바울 문제를 재점화할 기회로 이용했다. 가이사라로 내려온 그들은 바울을 다시 예루살렘으로 끌고 와 거기서 재판을 받게 해야 한다고 주장했다(행 25:1~3).

이제 바울은 극도로 위험한 상황에 놓이게 되었다. 예루살렘으로 다시 송환될 수도 있는 — 그 결과 사형을 당할 것이 거의 확실한 — 상황에서 바울은 대담하게 — 로마 시민으로서 자신이 지닌 권리에 따라 — 로마에 있는 황제 앞에서 재판을 받는 편을 선택했다. 이에 베스도는 아마도 어느 정도 안도감을 느끼며 이렇게 대답했다. "네가 가이사에게 상소하였으니 가이사에게 갈 것이라"(행 25:12).

이는 사도행전에서 결정적인 순간이었다. 오랫동안 로마를 방문하기를 고대했던 바울(행 19:21, 롬 1:13, 15:23을 보라)은 이제 그곳에 가는 최선의 방법은 로마의 죄수가 되는 것으로 판단했다. 하지만 누가가 아이러니하게 지적하듯이 바울은 베스도가 용기 있게 그에 대한 고발에 무죄를 선고해야만 자유롭게 다닐 수 있었을 것이다. 젊은 헤롯 아그립바 2세가 바울의 말을 듣고 베스도에게 말했듯이, "이 사람이 만일 가이사에게 상소하지 아니하였더라면 석방될 수 있을 뻔하였다"(행 26:32).

항소 이유

바울은 왜 이런 위험한 행동을 취했을까? 부분적으로는 예루살렘으로 가는 길에 매복 공격을 당하거나 그곳에 도착한 후 폭도들에게 공격을 받을 수도 있는 위협이 너무나도 컸기 때문일 것이다. 그와 비교하면 황제에게 재판을 받는 편이 더 안전한 선택지처럼 보였을지도 모른다 ─ 특히 황제의 자리에 오른 후 첫 5년 동안 젊은 네로에 관한 소문은 매우 긍정적이었다. 그뿐만 아니라 그는 이곳 가이사랴에서 벨릭스로부터, 그보다 8년 먼저 고린도에서 갈리오 총독으로부터 호의적인 판결을 받은 바 있다(행 18:14~16). 황제에 의해 이것이 영원히 확증될 수 있기를 그는 바랐을 것이다.

그러나 바울이 알지 못하는 사이에 네로는 예측 불가능한 황제가 되어가고 있었다(499~500쪽, "바울의 마지막날에 대한 재구성"을 보라). 게다가 급속하게 확장되고 있던 교회가 이방인 사이에서 눈에 띌 만한 현상이 됨에 따라 (단지 유대교 내부 문제에 관한 논쟁과 관련된) 이전의 판결들에 대해서도 이의가 제기될 수밖에 없었을 것이다. 어쩌면 바울도 이를 잘 알고 있었고, 일부러 자신을 궁극적인 '선례적 사건'으로 삼고자 했을 것이다. 그로 인해 순교하게 된다 하더라도 이 모든 것이 이방인의 사도가 되라는 부르심의 일부가 아니겠는가.

어쨌든 가이사랴에서 기다릴 때 바울은 이 국제적인 도시가 두 세계가 만나는 지점에 있다고 느꼈을 것이다. 바울이 자신의 수감실 창문을 통해 지중해를 내다보는 모습 ─ 자유로워지기를 고대하며

이스라엘의 고대 수로. 헤롯은 이 수로를 건설하여 갈멜산에서 가이사랴로 물을 가져왔다. 하드리아누스는 확장된 도시의 물 수요를 충족시키기 위해 주후 135년경 두 번째 수로를 건설해야 했다.

팔레스타인이라는 어수선한 땅에서 벗어나기를 고대하는 사도 — 을 상상해 볼 수 있다. 예수에 관한 이 복된 소식은 예루살렘에 뿌리를 내리고 있는 이야기이지만, 세계의 한 "구석"에 갇혀 있을 수 없는 이야기다(행 26:26). 이 메시지가 예루살렘에서 시작되고 있는 정치적 소요 사태 속에 잠겨서 사라지지 않게 해야만 했다. 예수의 예언이 옳다면 예루살렘의 멸망이 얼마 남지 않았고, 따라서 그곳의 돌이 무너져 내리기 전에 예수에 관한 메시지가 제국의 다른 곳에

든든히 뿌리를 내려야만 했다. 그래서 바울은 예루살렘을 등지고 로마로 가겠다고 — 죄수의 신분으로라도 — 결심했다.

예루살렘을 등지고 있었지만 바울이 자신의 유대교 유산에 대해 전적으로 충실한 태도를 유지했다고 누가는 주장한다. 바울은 "조상의 하나님을 섬기고 율법과 선지자들의 글에 기록된 것을 다 믿으며," 유대인의 율법이나 성전에 대해 절대로 죄를 범하지 않겠다고 다짐했다. 그리고 "우리의 조상들이 가지고 있던 같은 [부활의] 소망"을 자신을 대적하는 유대인과 공유한다고 주장했다(행 24:14~15, 25:8). 하지만 이것이 바로 중요한 점이다. "예수라 하는 이가 죽은 것을 살아 있다고 바울이 주장하는 그 일"이다(행 25:19). 메시아의 십자가 죽음과 부활이 정말로 일어났으며, 이 두 사건은 이스라엘과 세계를 향한 하나님의 목적에 있어서 결정적인 순간이었다. 온 세상이 하나님이 그들을 위해 행하신 일에 관해 들어야 할 때가 왔다고 바울은 주장했다.

그는 로마로 갈 것이다.

오늘날의 가이사랴

　　로마의 속주 팔레스티나의 수도였지만 이후로 오랫동안 버려졌던 가이사랴는 방문해볼 만한 멋진 곳이다. 현대의 건물이 거의 없고 내륙에 있는 유적지 대부분은 개발되거나 발굴되지 않은 원래 모습대로 사구에 덮여 있다. 군데군데 역사 유적이 으스스하게 모래 위로 튀어나와 있다. 예를 들어, 지금은 밭이 된 곳에서 비잔티움의 전차경기장이었던 곳의 윤곽을 볼 수 있다. 해안선을 따라 볼 만한 몇 가지 중요한 유적(특히 수로, 십자군이 세운 성벽, 극장)이 있다. 지난 40년간의 발굴 작업을 통해 모래 아래에서 비잔티움의 거리, 모자이크 바닥, 수많은 저장소, 그 밖의 건물 등 중요한 유적을 발굴했다.

　이 거대한 도시의 유적지는 꽤 넓게 퍼져 있다. 이곳을 찾는 많은 사람은 북쪽의 수로에서 시작해 세 곳을 들른다. 바닷가 가까이에 그림처럼 아름답게 자리 잡은 이 인상적인 구조물은 현재 비잔티움 성벽의 북쪽으로 약 100m 지점에서 중단되어 있다. 남아 있는 긴 부분은 사구 위로 우뚝 솟아올라 있으며 수로의 아치를 통해 지중해의 장관을 볼 수 있게 해준다. 더 가까이에서 살펴보면 나란히 결합된 두 개의 수로 유적이 남아있음을 알 수 있다. 원래의 수로는 헤롯 대왕이 건설한 것이고, 두 번째 수로는 하드리아누스 황제가 (주후 130년경에) 건설한 것이다. 이 두 수로를 구별하는 것은 어렵지 않다. (오른쪽에 있는) 헤롯의 수로의 뾰족하게 장

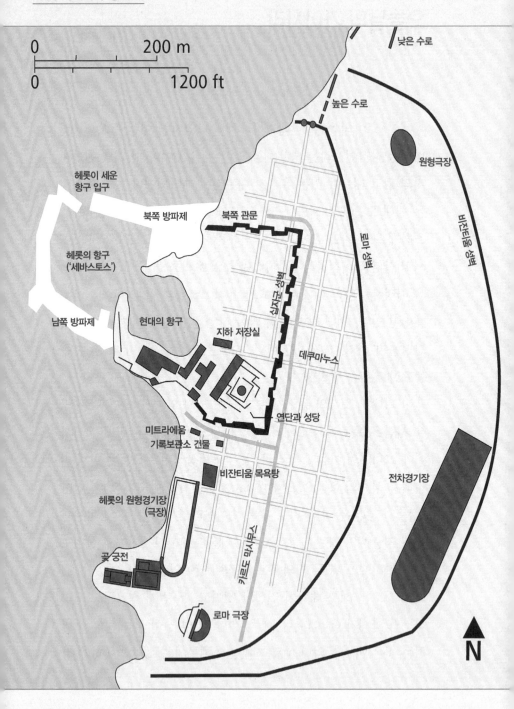

0   200 m

0   1200 ft

낮은 수로

높은 수로

원형극장

비잔티움 성벽

헤롯이 세운
항구 입구

북쪽 방파제

북쪽 관문

북쪽 성벽

헤롯의 항구
('세바스토스')

십자군 성벽

남쪽 방파제

현대의 항구

지하 저장실

데쿠마누스

연단과 성당

미트라에움
기록보관소 건물

전차경기장

비잔티움 목욕탕

헤롯의 원형경기장
(극장)

카르도 막시무스

곶 궁전

로마 극장

N

중세 해안 도시를 요새화하기 위해 1251년 프랑스의 루이 9세가
이스라엘의 가이사랴 마리티마에 건설한 십자군 성벽

식된 테두리가 (왼쪽에 있는) 하드리아누스의 수로 안에 들어가 있다. (10㎞ 떨어져 있는 갈멜산 아래의 수원으로부터) 두 수로를 통해 옮겨지는 물의 양은 엄청났을 것이다 — 이는 가이사랴가 비잔티움 시대까지 얼마나 크게 확장되었는지를 보여준다(인구가 최대 3만 명에 이르렀을 것으로 추정된다).

대다수 유적은 항구 가까이에 있다. 이곳에는 넓은 **비잔티움 거리**가 있는데, 이는 원래 1세기 도시 계획에서 남북을 잇는 거리 중 하나였다. 거대한 경사진 **십자군 성벽**이 너무나도 인상적이어서 평범한 방문자로서는 바울 시대에 이 도시가 훨씬 더 컸다는 것을 깨닫지 못할 수도 있다. 십자군이 세운 성 베드로 성당의 북쪽에 있는 관측 지점에 서면 현대의 항구를 한눈에 볼 수 있다. 이 성당의 유적은 한때 거대한 **아우구스투스 신전** — 넓이가 약 900제곱미터로 추정됨 — 이 서 있던 작은 언덕에 있다. 이 거대한 건물이 배에서 내린 사람들의 시야를 압도했을 것이다 — 이 지역에서 이교와 황제 숭배가 지배적이었음을 보여주는 분명한 증거이기도 했다. 비잔티움 시기에 이곳은 (순교한 프로코피우스가 묻힌 곳을 기념하는) 순교자 기념 성당으로 대체되었고, 더 나중에는 사원으로 대체되었다. 근처에서는 화물을 보관하기 위해 세워진 수많은 1세기의 **저장실**을 볼 수 있다. 주후 3세기에 이 저장실 중 하나가 **미트라에움**(미트라 신을 예배하는 장소)로 개조된 것으로 보인다.

방문자들로서는 ('세바스토스'로 알려진) 헤롯의 **항구**가 얼마나 컸는지를 가늠하기 어렵다. 수면 위로 드러난 것만 보아서는 그 크기를 짐작하기 어렵다. 항공사진을 보면 물속에 가라앉은 헤롯의 방파제가 확연히 드러난다. 또한 수중 고고학 발굴 작업을 통해 이 항구가 얼마나 정교하게 만들어졌는지 밝혀졌다. 남쪽 방파제 ─ 폭이 60m, 길이가 600m 이상인 ─ 의 끝에는 등대로 사용되었을 가능성이 높은 큰 탑이 있었다. 로마인들은 모래가 아니라 화산재를 사용하면 콘크리트가 물 아래서도 딱딱해질 수 있다는 것을 이제 막 발견한 상태였다. 따라서 육중한 목조 틀에 콘크리트를 부어서 만든 콘크리트 덩어리 위에 이 방파제가 세워졌다. 해안선을 따라 남쪽으로 더 내려가면 더 작은 항구가 있다. 선원들은 더 저렴한 이용료 때문에 이곳을 선호했다. 헤롯의 항구는 주후 2세기 초에 운영이 중단된 것으로 보인다.

십자군 성벽의 남쪽으로 가면 **모자이크 바닥**을 볼 수 있다. 두 방에는 국가에 대한 복종과 세금 납부를 권하는 바울의 로마서 본문이 기록되었다. 어떤 이들은 이곳이 오리게네스의 유명한 도서관 자리였을지도 모른다고 생각한다. 하지만 비잔티움 시기의 금고 건물이었을 가능성이 더 높다. 어느 쪽이든 자신의 말이 가이사랴의 바닥 장식에 인용되어 있다는 것을 바울이 알았다면 어떻게 느꼈을지 궁금해진다! 근처의 감옥에 갇혀 있던 사람은 이제 300년이 지나서 신원(伸寃)되었고, 그의 말은 도시 당국의 입장을 뒷받침하기 위해 사용되고 있었다.

여기서 남쪽으로 내려가면 방문자들은 최근 발굴 작업의 성과를 볼 수 있다. 이 작업을 통해 비잔티움의 사무실과 목욕탕, 헤롯의 거대한 **원형극장**이 발굴되었다. 나중에는 다른 용도로 사용되었지만, 이곳은 원래 1만5천 명의 관객이 경마와 마차 경주를 볼 수 있는 전차경기장이었다. 이곳은 누가의 기록에서 헤롯 아그립바 1세가 죽기 직전에 "단상에 앉아 백성에게 연설했던" 곳일지도 모른다(행 12:21).

　바다로 돌출된 곳에는 장식된 사각형 수영장을 갖춘 이른바 **'곶 궁전'**이 있다. 발견된 도자기들을 고려할 때 이곳은 헤롯 대왕의 궁전이었고, 나중에는 본디오 빌라도와 같은 로마의 총독들이 사용했을 수도 있다 — 따라서 (원래 극장에서 발견된) 빌라도가 언급된 **기둥**의 석고 틀은 이곳에 있던 것으로 추정된다. 동쪽으로는 정원과 저장 공간이 포함된 윗층 테라스도 있다. 누가는 "헤롯 궁에 [바울을] '지키라"라는 명령이 내려졌다고 분명히 말한다(행 23:35). 따라서 바울은 이 근처 어딘가에 수감된 것이 아니었을까? 또한 그가 벨릭스 총독과 베스도 총독 앞에서 다양한 변론을 했던 곳도 이곳이 아니었을까?

　마지막으로 이렇게 오랜 세월이 지난 후에도 그대로 남아있는 **극장**이 있다. 등받이가 곡선으로 된 이 극장의 좌석에 앉아서 지중해를 배경으로 삼았을 무대를 내려다보면 가이사랴가 예루살렘과 전혀 다르게 느껴지는 이유를 알 수 있다. 이곳은 거룩한 땅에서 시선을 돌려 더 넓은 세상을 바라보고 있다. 누가와 바울이 더 넓은 제국으로부터 이곳에 왔을 때 그들에게 이 도시는 다른 곳에서 보았던 도시들과 그다지 다르지 않게 느껴졌을 것이다. 바울이 감옥에서 파도를 바라보면서 로마로 여행하기를 고대했던 것도 당연하다.

가이사랴의 바닥 모자이크에 새겨진 로마서 13장 3절 말씀
"네가 권세를 두려워하지 아니하려느냐 선을 행하라 그리하면 그에게 칭찬을 받으리라"(롬 13:3).

주요 연대: 가이사랴

이 가이사랴는 헤롯의 아들 빌립이 가울라니티스의 수도로 개발한 도시인 가이사랴 빌립보와 구별하기 위해 해변의 가이사랴 (Caesarea Maritima)로 부르는 경우가 많았다.

주전 22년	헤롯 대왕이 스트라토의 탑 자리에 가이사랴를 세운다.
주전 10년	가이사랴가 카이사르 아우구스투스를 기려 헌정된다.
주후 6년	가이사랴가 공식적으로 로마의 팔레스티나 속주의 수도로 인정받는다.
주후 38년경	베드로는 욥바에 있는 동안 받았던 환상에 영향을 받아 가이사랴에서 로마의 백부장 고넬료의 집을 방문한다(행 10:9~48).
주후 44년	헤롯 아그립바 3세가 가이사랴에서 죽음(행 12:19~23).
주후 52~59년	마르쿠스 안토니우스 펠릭스(벨릭스)가 팔레스티나의 총독으로 봉직한다.
주후 57~59년	바울이 예루살렘에서 가아사랴로 압송되며, 가이사랴에서 2년 동안 수감 생활을 한다(행 23:23~25:12).

누가는 팔레스타인 전역에서 조사 작업을 행할 기회를 얻는다.

주후 59∼62년 포르시우스 페스투스(베스도)가 팔레스티나의 총독으로 봉직한다.

주후 66년 로마가 가이사랴에서 발생한 폭동에서 유대인들에 맞서 시리아인들을 지원한다. '제1차 유대 전쟁'이 가이사랴에서 팔레스타인 전역으로 확산된다.

주후 220년 오리게네스가 공부하고 설교하기 위해 알렉산드리아를 떠나 가이사랴에 도착한다. 그는 중요한 도서관을 세우고 주석을 저술하며 지역의 랍비들의 조언을 얻어 신뢰할 만한 구약 사본을 만들어낸다.

주후 251∼253년 데키우스 황제 치하에서 그리스도인에 대한 박해가 이뤄진다.

주후 313년 에우세비우스는 가이사랴의 주교와 팔레스티나의 대주교(Metropolitan)가 된다. (주후 290년경부터 주후 330년에 그가 죽을 때까지 썼던) 그의 책으로는 《교회사》, 《팔레스티나의 순교자들》, 《지명 색인》(Onomastikon), 《복음의 준비와 논증》, 《콘스탄티누스의 삶》 등이 있다.

주후 303∼310년 박해로 인해 가이사랴에서 여러 명이 순교하게 된다(에우세비우스, 《팔레스타니의 순교자들》을 보라). 가이사랴의 로마 총독인 피르밀리아누스가 재판 중에 '예루살렘'이라는 지명을 들어본 적이 없다고 말한다.

주후 324년   콘스탄티누스가 동로마의 황제가 되고, 이에 따라 성지에 대한 그리스도인의 관심이 다시 높아진다.

주후 325년   니케아 공의회에 참석하는 에우세비우스가 콘스탄티누스에게 (가이사랴에 있는 도서관에서 만들어진) 성경책 50권을 가져오겠다고 약속한다.

주후 325~450년 새로운 성벽을 포함해 비잔티움 가이사랴가 크게 확장됨. 하지만 가이사랴의 주교들은 교회 안에서 예루살렘이 더 중요해짐에 따라 점차 영향력이 약화된다.

주후 637년   이슬람 군대가 가이사랴를 점령하고, 이 도시는 점점 쇠락해간다.

1101년   십자군이 도착하고 이후 이 도시의 주인이 바뀌게 된다.

1251년   프랑스의 루이 9세가 항구 지역에 거대한 십자군 성벽을 건설한다.

1265년   술탄 바이바르스가 가이사랴를 파괴한다.

1878년   보스니아의 이슬람교인들이 이곳으로 피신한다.

1953년   수중 고고학 유적 발굴이 시작되고 이어서 이탈리아, 미국, 이스라엘 연구진이 이 지역에 대한 발굴 조사를 한다.

1961년   '본디오 빌라도' 비문이 발견된다.

▶
▶

¹우리가 배를 타고 이달리야에 가기로 작정되매 바울과 다른 죄수 몇 사람을 아구스도대의 백부장 율리오란 사람에게 맡기니, ²아시아 해변 각처로 가려 하는 아드라뭇데노 배에 우리가 올라 항해할새 마게도냐의 데살로니가 사람 아리스다고도 함께 하니라. ³이튿날 시돈에 대니 … ⁴또 거기서 우리가 … 구브로 해안을 의지하고 항해하여 ⁵… 바다를 건너 루기아의 무라 시에 이르러, ⁶거기서 백부장이 이달리야로 가려 하는 알렉산드리아 배를 만나 우리를 오르게 하니 ⁷… 풍세가 더 허락하지 아니하므로 … 그레데 해안을 바람막이로 항해하여 ⁸간신히 그 연안을 지나 미항이라는 곳에 이르니 … ⁹여러 날이 걸려 금식하는 절기가 이미 지났으므로 항해하기가 위태한지라.

[하지만] ¹²그 항구가 겨울을 지내기에 불편하므로 거기서 떠나 아무쪼록 뵈닉스에 가서 겨울을 지내자 하는 자가 더 많으니 …

¹⁴얼마 안 되어 섬 가운데로부터 유라굴로라는 광풍이 크게
일어나니 ¹⁵배가 밀려 바람을 맞추어 갈 수 없어 가는 대로
두고 쫓겨가다가 …

— 사도행전 27장 1~9, 12, 14~15절

난파를 피해 찾아간 곳

가이사랴를 떠나면서 바울은 미래가 위험으로 가득하다는 것을 알고 있었다. 가이사 앞에서 재판을 받으러 가면서 그는 일이 순조롭게 잘 풀릴 것이라고 기대하지 않았다. 그는 가이사랴에서 보낸 2년의 수감 생활이 '폭풍 전의 고요'일 뿐일 수도 있다는 것을 알고 있었다. 그가 알지 못했던 것은, 이 폭풍이 너무나도 혹독하고 문자적인 방식으로 나타날 것이라는 사실이었다.

상대적으로 안전한 가이사랴를 떠난 지 몇 주 지나지 않아서 바울과 그의 일행이 탄 화물선은 지중해 한가운데서 표류하게 되었다 ― 어디에 있는지 전혀 알지 못한 채 어두운 하늘 아래서 두 주 동안이나 파도와 싸워야 했다. 바울의 운명이 위태로울 지경이었다. 그리고 누가는 바다에 빠져 죽을 수도 있었던 위험에 관해 서술한다.

누가의 강조점

사도행전에서는 한 장 전체를 할애해 이 끔찍한 경험을 묘사한다. 물론 이것은 누가에게도 매우 큰 트라우마로 남은 사건이었을 것이다. 다른 글(고후 11:25)을 통해서 알 수 있듯이 바울은 전에도 적어도 세 번 난파를 당한 적이 있었다 ― 심지어 한번은 바다에서 꼬박 24시간 동안 표류하기도 했다. 하지만 누가에게는 전에 경험했던 것과는 전혀 차원이 다른 경험이었을 것이다. 그는 겨우 살아서 이 이야기를 할 수 있었다.

그러나 누가가 이 사건을 이렇게 비중 있게 다루는 데에는 다른 이유가 있었을지도 모른다. 사도행전 전체에서 그는 바울이 그리스도를 위해 겪었던 고난을 강조하기 원했다. 하지만 동시에 이처럼 어려운 상황 속에서 하나님에 대한 신뢰 덕분에 가라앉지 않고 떠 있을 수 있던 바울이 어떻게 행동했는지 보면서 배울 것이 많다. 또한 하나님의 섭리에 관한 더 심층적인 신학적 가르침도 존재한다. 하나님의 목적을 훼방하려는 자연의 최악의 시도에도 그분은 그분의 종 바울과 그분이 (예루살렘에서, 또한 폭풍 속에서, 행 23:11, 27:23) 그에게 주신 약속, 즉 바울이 반드시 로마에 도착해 황제 앞에서 재판을 받게 될 것이라는 약속에 신실하셨다. 생의 폭풍에도 불구하고 하나님의 말씀은 신뢰할 만한 닻이었다.

심지어 어떤 이들은 누가가 의도적으로 예수가 하신 경험과의 유사성을 끌어내려고 한다고 주장하기도 한다. 예수가 부활의 빛으로 떠오르시기 전에 십자가의 골짜기를 통과하셨듯이, 그분의 종 바울도 멜리데에서 구조되고, 그런 다음 로마에 도착하기 전에 이 위험한 폭풍을 통과해야만 했다. 또한 이 사건 전체가 누가의 서사에 상당한 드라마와 긴장감을 더한다. 독자는 결국 모든 문제가 잘 해결될 것이라고 합리적인 확신을 한다 — 특히 살아남아서 이 이야기를 들려주는 저자가 1인칭 복수로 글을 쓰고 있다! 이야기에는 긴장감이 넘친다. 그 덕분에 바울이 마침내 로마에 도착한 순간이 훨씬 더 극적으로 느껴진다. 바울이 이 최종 목적지에 이르기 위해 겪어야 했던 모든 트라우마를 우리가 알고 있기 때문이다.

감시 하의 항해

이 이야기는 확실히 다시 거론할 만한 가치가 있다. 바울은 죄수로서 감시를 받으며 여행해야 한다. (예루살렘으로 연보를 들고 갔던, 행 20:4) 아리스다고 역시 그들과 함께 ─ 바울의 '종'으로서, 혹은 (알 수 없는 이유로) 역시 감시를 받으며(나중에 바울은 골로새서 4장 10절에서 그가 '동료 죄수'였다고 설명한다) ─ 여행하고 있다. 그들 외에도 몇 사람의 죄수가 있었다. 율리오라는 백부장이 그들의 호송을 맡았다. 그는 그들을 (에게해의 앗소 근처에 있는) 아드라뭇데노항으로 돌아가는 배에 태웠다.

율리오는 로마에 갈 때까지 그들과 함께 있을 것이다. 누가의 이야기를 통해서 우리는 바울과 이 백부장 사이에 상호 존중의 관계가 형성된 것을 감지할 수 있다. 가이사랴를 떠난 지 24시간도 지나지 않아서 율리오는 바울에게 해변으로 가 시돈에 있는 그의 그리스도인 친구를 만날 수 있도록 허락한다. 나중에 그는 어디에서 겨울을 날지 토론할 때 바울을 참여시킨다. 그리고 난파 직전에 선원들이 하나밖에 남지 않은 구명정으로 뛰어들려고 한다고 바울이 경고했을 때 그의 조언을 받아들이기도 한다. 일부 선원들이 모든 죄수를 죽이려는 계획을 세울 때(죄수들이 헤엄쳐서 도망치는 것을 막기 위해서 그들은 법적으로 그렇게 해야 했다)는 "백부장이 바울을 구원하려 하여 그들의 뜻을 막았다."(행 27:42~43). 율리오는 바울한테서 뭔가 깊은 인상을 받았다. 처음에는 그저 이 사람이 평범한 죄수가 아니라고 생각했을 것이다 ─ 그는 학식이 있는 사람이었으며 (스스로 의사이며 역사가라고 주장하는!) 역시 평범하지 않은 친구가 자발적으로 동행하고 있었다. 시간이 지남에 따라, 바울이 기도하는 모습과 그의 용기를 보면서 백부장은 훨씬 더 심오한 무언가를 깨닫기 시작했다.

율리오는 '아구사도대'(Imperial Regiment, 로마 황제의 근위대)에 속해 있었으며 곡물을 실은 배가 알렉산드리아에서 출발해 안전하게 로마까지 도착할 수 있도록 이를 감독하는 책무를 맡았던 **프루멘타리우스**(frumentarius)였을 것이다. 그들이 (이 곡물 운반로의 핵심 항구 중 하나인) 무라에 도착했을 때 율리오가 "이달리야로 가려 하는 알렉산드리아 배를" 찾은 것으로 보아 그럴 가능성이 높다(행 27:6). 하지만 무라에서부터는 이제 시간과의 싸움이다. 그들은 무라로 가는 길에 이미 바람(북서풍?)을 맞으면서 항해했고, 로도 섬을 지나 천천히 니도로 갈 때까지 소아시아 연안을 항해하는 데도 '여러 날'이 걸렸다. 이 시점에 그들은 배를 육지에 댈 수 없었고, 바람 때문에 그레데섬까지 떠내려갔다. (섬의 동쪽 끝에 있는) 살모네 곶을 돌아 그레데 남부의 더 평온한 바다로 진입하여 '미항'이라고 알려진 작은 항구에 정박할 수 있었다.

이때쯤이면 먼바다에서 항해할 수 있는 시간이 이미 지났을 것이다. 누가는 "금식하는 절기가 이미 지났다"라고 기록하고 있다 ─ 주후 59년에는 10월 5일에 해당했던 유대교의 속죄일을 가리킨다. 로마에 도착할 수 없음은 분명해졌고, 그레데섬 어딘가에서 겨울을 보내야 했다. 하지만 어디서 지낼 것인가? 바울은 그들에게 이곳 미항에서 머물러야 한다고 주장했다(아마도 그레데 섬의 새로운 신자들과 접촉할 수 있을지 알아보고 싶은 마음도 컸을 것이다). 그러나 다수는 섬을 돌아서 더 서쪽에 있는 큰 항구인 뵈닉스까지 가

보는 것이 좋다고 생각했다. 남풍이 순하게 불자 선원들은 닻을 올리고 출발했다. 하지만 마탈라 곶을 돌았을 때 산기슭을 타고 내려온 '광풍' — 지역민들에게 '유라굴로'라고 알려진 무시무시한 북동풍 — 을 만나고 만다.

바다의 폭풍

이제는 구레네 해안 근처에 있는 스르디스 모래톱까지 바람에 떠밀려 내려갈 수도 있는 심각한 위험에 처하게 되었다. 그래서 선원들은 (그레데 남쪽으로 37㎞ 떨어진 곳에 있는) 가우다라는 작은 섬을 바람막이로 삼아 항해하려고 했다. 그들은 (대개 선미 쪽에 두는) 구명정을 끌어당겨 밧줄로 선체를 묶고, 배 안의 도구와 화물 일부를 버리고, 우현 쪽이 바람을 맞게 하여 북서쪽으로 약 8도 정도 방향을 유지하는 방식으로 항해했다. 바람이 잦아들기만 한다면, 이렇게 지중해 북쪽 절반(당시 '아드리아'로 알려진 지역으로서 지금 우리가 '아드리아해'라고 부르는 바다의 남쪽)을 항해하여 그리스나 이달리야에 도달할 가능성이 있었다.

하지만 이 폭풍은 잦아들지 않는다. 14일 밤낮이 지난 후에도 그들은 여전히 바다에 있었다. 태양이나 별도 보지 못한 채 그들은 자신들이 어디 있는지 정확히 알 수 없었다. 자정 무렵 선원들은 육지가 가깝다는 것을 감지하고 이를 확인하기 위해 수심을 측정한 후 배가 어둠 속에서 암초에 걸리지 않게 하려고 닻을 내린다. 날이 밝기 직전에 바울은 모두에게 음식을 먹으라고 권하고, 꿈에 하나님이 자신에게 주신 약속에 관해 이야기하며 그들이 어

로마를 향한 바울의 마지막 여행 (주후 59~60년)

To Puteoli
보디올 방면

Rhegium
레기온

Sicily
시칠리아 섬

Syracuse
수라구사

Malta
몰타

뵈닉스
Phoenix
미항(fair havens)

Cauda
가우다

ACHAEA
아가야

Ae

C

Mediter

Syrtis
스르디스

CYRENAICA
키레나이카

▪ ▪ ▪ ➤ Paul's journey to Rome
로마까지 가는 바울의 여정

0 ———— 250 km

0 ———— 160 miles

▪ ▪ ▪ ▪ ▪ ▪ ➤

로마까지 가는 바울의 여정

예루살렘 – 안디바드리 – 가이사랴 – 시돈 – 무라 – 니도 – 라새아 –

미항 – 뵈닉스 – 몰타 – 수라구사 – 레기온

LYDIA
루디아

ASIA
아시아

CAPPADOCIA
갑바도기아

GALATIA
갈라디아

TAURUS MOUNTAIN
토로스산맥

CARIA
카리아

PISIDIA
비시디아

CILICIA
길리기아

Cnidus
니도

LYCIA
루기아

PAMPHYLIA
밤빌리아

Myra
무라

Rhodes
로도섬

Cyprus
구브로

n
에게해

Havens
asea
라새아

Cape Salmone
살로메 곶

그레데

anean Sea
지중해

Sidon
시돈

Caesarea
가이사랴

Antipatris
안디바드리

Jerusalem
예루살렘

떤 섬에 좌초하게 될 것이라고 했던 자신의 예언을 상기시킨다. 따라서 그는 (예루살렘에서 '폭풍'을 앞두고 예수가 그렇게 하셨듯이) 빵을 떼고 "모든 사람 앞에서" 하나님께 축사한다(행 27:35). 그런 다음 그들 모두는 서쪽의 지평선에 시선을 고정한 채 아침을 기다린다. 아침이 과연 올까? 그들은 무엇을 보게 될까? 살아남으려면 각자 무엇을 해야 할까?

눈앞에 보이는 육지

날이 밝았을 때 선원들은 '경사진 해안으로 된 항만'을 보았고 배를 대려고 했다. 하지만 해안으로 접근하는 동안 배가 모래톱에 좌초하고 말았다. 아직 폭풍이 불고 있었다. '큰 물결' 때문에 고물이 깨지기 시작했다. 배를 버려야 할 때였다. 백부장은 수영할 수 있는 모든 사람에게 물로 뛰어내리라고 명령한다. 그런 다음 수영할 줄 모르는 사람들에게도 물로 뛰어들어 가라앉는 배의 널빤지를 붙잡으라고 말한다. 무려 276명의 사람이 모두 파도를 헤치고 해변에 상륙한다. 긴장되며 기진맥진하게 하는 2주를 보낸 후였음에도 놀랍게도 모두가 안전하게 해변에 당도한다.

> 배들을 바다에 띄우며 큰 물에서 일을 하는 자는 여호와께서 행하신 일들과 그의 기이한 일들을 깊은 바다에서 보나니, 여호와께서 명령하신즉 광풍이 일어나 바다 물결을 일으키는도다. 그들이 하늘로 솟구쳤다가 깊은 곳으로 내려가나니 … 이에 그들이 그들의 고통 때문에 여호와께 부르짖으매 그가 그들의 고통에서

470

그들을 인도하여 내시고 광풍을 고요하게 하사 물결도 잔잔하게
하시는도다. 그들이 평온함으로 말미암아 기뻐하는 중에 여호와
께서 그들이 바라는 항구로 인도하시는도다.

— 시편 107편 22~30절

그들은 '멜리데라 하는' 섬 — 누가와 바울이 들어본 적도 없는 곳이었
을 확률이 높다 — 에 상륙했음을 알게 된다. 이곳 주민들은 헬라어
도, 라틴어도 할 줄 몰랐지만 — 따라서 누가는 이들을 '야만인'(개역개정
에서는 '원주민'으로 번역함 – 역주)이라고 부른다 — 그들을 환대한다. 모
두가 추위에 떨고 있었기에 주민들은 그들 모두를 위해 큰 불을
피운다. 비오는 11월의 아침에 그들 모두가 어떤 기분이었는지를
회상하자면, 누가가 지적하듯이 그것은 '특별한 동정'을 보여주는
행동이었다.

하지만 바울을 둘러싼 드라마는 끝나지 않았다. 그는 땔감으로
쓸 잔가지를 줍다가 자신의 팔을 물고 있던 뱀도 집어 든다. 바울
은 그것을 떼어내 불에 넣었다. 주민들은 그가 살인자여서 정의의
여신(Justice)이 그를 죽게 하려는 것이 — 난파로 죽이지 못했다면 독으
로 — 틀림없다고 상상한다. 하지만 놀랍게도 바울은 죽지 않는다.
대신 그는 다음 며칠 동안 치유의 매개자가 — 처음에는 이질로 고통
당하던 노인("섬에서 가장 높은 사람"으로서 그 배의 생존자들을 환대하여 사
흘이나 자신의 땅에서 머물게 했던 부블리오의 아버지)에게, 다음에는 "섬 가
운데 다른 병든 사람들"에게(행 28:1~9) — 된다.

멜리데의 누가와 바울

누가는 이 흥미진진한 이야기를 매우 자세히 서술한다. 비록 어떤 사람들은 (이상하게도) 누가의 이야기가 문학적 허구라고 생각하지만, 모든 것을 고려할 때 세부 사항은 누가 자신의 고통스러운 경험에서 나온 것임을 알 수 있다. 사실 이것이 누가에게 어떤 의미였을지 상상해보는 것은 전혀 억지스러운 일이 아니다 — 그는 언젠가 그의 복음서의 기초가 될 소중한 원고와 역사적 기록이 포함되어 있는, 얼마 안 되는 자신의 소지품을 물에 잠기지 않도록 안전하게 지켜내기 위해 애쓰고 있었다. 그의 생존, 그들의 생존, 바울의 생존 — **모든 것이 순전히 기적이었다.**

멜리데섬이 남북의 길이가 32㎞밖에 되지 않는다는 사실까지 함께 고려하면 배가 이 섬을 완전히 지나칠 가능성이 매우 컸음을 알 수 있다. (더 현대적인 형태의 여행에서 사용하는) 관용구를 사용하자면 이 섬은 '재진입 각도'가 극도로 협소했다. 어느 쪽이든 각도가 조금만 벗어났어도 바울과 그의 일행은 무력하게 현대의 튀니지 해안선 쪽으로 표류하다가 굶어 죽을 수밖에 없었을 것이다.

바울과 누가는 멜리데에서 보낸 시간 — 그들이 안전하게 도착하고 거기서 겨울을 났다는 사실 — 을 그들에 대한 하나님의 은혜로운 공급하심과 섭리의 증거로 보았을 것이다. 그 배의 생존자 중에서 누구도, 백부장인 율리오조차도 봄(대개 3월 10일 후)이 될 때까지는 다시 항해를 시작할 생각을 하지 않았다. 죄수를 로마까지 호송하는 일도 미뤄야만 했다. 그리고 도망갈 수 없는 섬에 있다는 점을 고려해 율리오는 바울에게 상당한 자유를 부여했을 것이다. 섬 전체가 일종의 '개방형 교도소'가 되었을 것이다. 바울은 그곳의 회당에서 그리스도에 관한 메시지를 전하도록 허락을 받았을까? 그의 치유 사역을 통해 (부블리오를 비롯해) 회심한 사람들이 생겨나고 그 섬에 작은 교회가 세워졌을까? 누가는 우리에게 말해주지 않는다. 그는 그저 그들이 멜리데에서 "석 달"을 지냈고 섬사람들이 "후한 예로 우리를 대접하고" 떠날 때 앞으로 여정에서 필요한 것을 제공해주었다고 말할 뿐이다(행 28:10~11).

바울과 누가, 아리스다고는 멜리데에서 보낸 시간을 통해 꼭 필요했던 신체적, 정신적 회복을 얻었을 것이다. 그리고 난파에서 살아남은 경험은 로마에서 그를 기다리고 있는 일에 관해 바울을 두렵게 하기는커녕 오히려 그가 하나님의 뜻 한가운데 있다는 확신과 끝까지 이 뜻을 이루겠다는 결심을 강화했을 것이다. 그는 폭풍 속에서 "두려워하지 말라. 네가 가이사 앞에 서야 하겠고"라고 하시는 하나님의 말씀을 들었다(행 27:24). 따라서 가이사 앞에서 받을 재판이 또 다른 폭풍이라고 하더라도 이제 그에게 닥치는 그 어떤 일도 그가 그의 목표에 도달하는 것을 결코 막지 못할 것이다.

오늘날의 멜리데

　　멜리데의 섬 세 곳(몰타, 고초, 작고 거의 버려진 코미노)은 총 면적이 약 316㎢에 인구가 약 20만 명으로서 유럽에서 가장 인구 밀도가 높은 곳 중 하나다. 시칠리아 남쪽에서 92㎞, 튀니지 동쪽으로 288㎞ 떨어진 곳에 있는 이 세 섬은 따뜻한 기후와 독특한 문화 — 전략적으로 중요한 곳에 있는 이 작고 외딴 섬들에 대해 관심을 가졌던 다양한 제국과 통치자에게 영향을 받은 — 를 지니고 있다. 수 세기에 걸쳐 베니게인, 카르타고인, 로마인, 비잔티움인, 아랍인, 노르만인, 에스파냐인, 더 최근에는 프랑스인, 이탈리아인, 영국인, 또한 200년 넘게는 독특한 성 요한 기사단 등이 이 제도에 영향을 미쳤다. 지역 언어인 몰타어는 아랍과 유럽의 영향을 받았던 이곳의 역사를 반영한다. 멜리데의 거의 모든 지명은 아랍어에서 기원한 것으로 멜리데가 이슬람의 통치를 받던 시기를 반영한다.

　　멜리데 사람들은 '위대한 역사를 지닌 작은 섬'에서 살고 있다고 말한다. 멜리데 안내서를 읽거나 [발레타(Valletta, 몰타 공화국의 수도 – 역주)에서 열리는] '몰타 경험'과 같은 설명회에 참석해보면 비록 짧지만 주후 59/60년에 바울이 이곳을 방문했던 것이 이 나라의 길고 다채로운 역사에서 가장 중요한 사건 중 하나라는 인상을 받게 될 것이다. 바울은 이곳을 방문할 의도가 없었지만 이곳 사람들은 그가 이 섬에 석 달 동안 머물렀다는 사실을 예민하게 기억하고 있다. 수많은 거리의 모퉁이에서 그의 조각상이나 그림을 볼 수 있다. 한 안내서에서는 어떤 방식으로든 바울과 연관이 되었다고 하는 이 섬의 교회 20여 곳을 소개하고 있다. 수 세기 동안 멜리데가 강력한 가톨릭 국가였음(최근의 인구 조사에 따르면 인구의 52%는 아직도 자신이 규칙적으로 교회에 출석하는 교인이라고 말한다)을 고려하면 이는 놀랍지 않을 것이다. 바울은 이 제도에 기독교 교회를 세운 인물로 묘사되며, (그가 치유했던 로마의 관리인) 부블리오는 성인으로, 멜리데의 첫 '주교'로 기억되고 있다. 교황 바오로 6세는 멜리데를 가리켜 '성 바울의 섬'이라고 말했다.

바울의 길을 따라 여행하는 방문자들이 들러야 할 유적지가 여러 곳 있다. 신약의 관점에서는 먼저 섬 북동쪽 지역을 보아야 한다. 전승에 의하면 바울의 배는 이곳 ─ 성 바울 만 지역 ─ 에 좌초했다. 누가의 서사는 그다지 구체적이지 않다. 선원들이 모래 해변처럼 보이는 "항만"을 보았지만 배가 먼저 모래톱에 걸쳐져 해변으로 배를 올릴 수 없었다고만 설명한다. 사실 멜리데의 동쪽 해안에는 모래 해변이 거의 없다 ─ 대부분은 얕은 석회암 절벽으로 이뤄져 있다. 따라서 섬의 북쪽 끝에 있는 만으로 상륙했다는 전통적인 견해가 타당해 보인다. 이 만 사이의 돌출부는 낮은 절벽이 있지만 그래도 모래 해변 ─ 압도적으로 노란 사암으로 형성된 ─ 이라고 부를 만한 곳이 있다.

다양한 이유로 이 세 만 중 가운데의 것이 수 세기에 걸쳐 더 정확한 상륙 지점으로 여겨졌다 ─ 그래서 '성 바울 만'이라는 이름이 붙었다. 그런데 살리나만 동쪽에서 1세기 로마 닻이 발굴되면서 이 만을 상륙 지점으로 보는 편이 더 타당해졌다. 두 만 모두 수중 암초와 바다로 튀어나온 모래톱이 있다. 물이 낮거나 날씨가

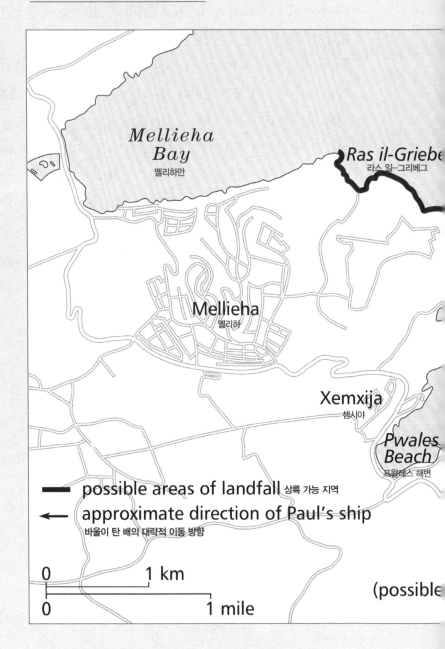

성 바울의 만(멜리데 북동부) 평면도

Mellieha Bay
멜리하만

Ras il-Griebe
라스 알−그리베그

Mellieha
멜리하

Xemxija
셈시야

Pwales Beach
프왈레즈 해변

— possible areas of landfall 상륙 가능 지역

← approximate direction of Paul's ship
바울이 탄 배의 대략적 이동 방향

0   1 km

0   1 mile

(possible

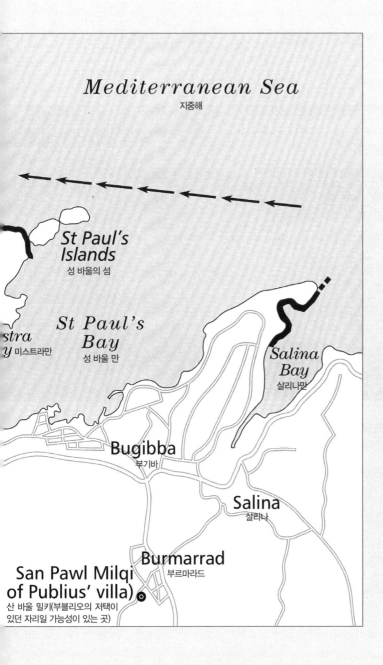

Mediterranean Sea
지중해

St Paul's
Islands
성 바울의 섬

stra
y 미스트라만

*St Paul's
Bay*
성 바울 만

*Salina
Bay*
살리나만

Bugibba
부기바

Salina
살라나

Burmarrad
부르마라드

San Pawl Milqi
of Publius' villa)
산 바울 밀키(부블리오의 저택이
있던 자리일 가능성이 있는 곳)

겨울날 석양이 질 무렵의 세인트폴 제도(Saint Paul Islands, 성 바울의 섬).
바울이 상륙한 지점은 이 작은 만이었을 것이다.

굿을 때는 파도 때문에 바다가 둘로 나뉜 것 같은 인상을 받을 수
도 있다 — 그래서 누가는 이곳을 디탈라소스, 즉 "두 물이 합하여
흐르는 곳"으로 묘사했을 것이다(행 27:41). 이런 암초나 모래톱은
바울이 탄 배를 위험에 빠뜨리고 좌초하게 만들 수도 있었다. 그
11월 아침에 이 두 만 중 한 곳에(아마도 살리나 만일 가능성이 더 높을
것이다?) 바울과 누가가 흠뻑 젖어 기진맥진한 채로 상륙했다.

　이곳은 성경에 언급된 곳 중에서 수 세기에 걸쳐 변하지 않은 채로 남아있는 몇 안 되는 장소 중 하나다. 따라서 그 오래전 아침에 일어났던 사건을 상상해보기에 아주 좋은 장소다. 거의 300명의 사람이 물속에서 살아남으려고 애쓰고 있었다. 어떤 사람들은 수영하고, 어떤 사람들은 부서진 배의 널빤지를 움켜쥐고 있었다. 결국 모두가 육지에 도달했고 그들의 오랜 악몽이 끝났다.

(발레타에서 북쪽으로) 해안 도로를 따라 달린 후 부기바의 해안 구역으로 우회전을 하면 두 만을 잘 볼 수 있다. 성 바울 만의 북쪽에는 '성 바울 섬'이라고 불리는 두 개의 작은 바위섬이 버려져 있다. 육지에서 27m밖에 떨어져 있지 않은 더 큰 바위섬에는 (1845년에 세운) 성 바울 조각상이 있다. 이 조각상은 바다를 내다보듯 — 마치 배를 타고 만으로 들어오는 사람들은 환영하는 (혹은 그들에 게 경고하는?) 것처럼 — 등을 돌리고 있다.

성 바울 섬을 더 자세히 보려면 1번 도로를 타고 셈시아까지 달린 후 왼쪽 차선으로 빠져 큰길 아래를 통해 매력적이고 작은 '미스트라만'을 지나 북동쪽으로 해안선을 따라 달려보라. 이 도로는 '핀토보루'(Pinto Redoubt)에서 끝나며, 거기서 (거칠기는 하지만 걸어갈 만한 길) 20분을 걸어가면 성 바울 조각상의 반대편에 이르게 된다.

주후 1세기에는 이 지역 전체가 외딴곳 — 여기저기에 어부의 집이 몇 채 있을 뿐인 — 이었을 것이다. 그래서 난파 소식이 전해지는 데 한참 걸렸을 것이다. 그리고 많은 승객이 표류했음을 고려할 때 그들이 곧 부블리오의 땅에 묵게 되었다는 것은 놀라운 일이 아니다. 아마도 그의 땅은 내륙에, 근처의 언덕 중 한 곳에 있었을 것이다. 남쪽으로 2, 3㎞ 떨어진 곳에 그의 땅일 가능성이 있는 부지가 있으며, 이곳에는 17세기에 세워진 **산 바울 밀키 교회**('환영

받은 성 바울')가 있다. 예배당 주변으로 거대한 로마의 저택과 농장 — 계단식 언덕과 해안 사이의 이상적인 위치에 있는 — 이 있었음을 보여주는 발굴 유적지가 있다. 이곳에서 바울이 부블리오의 아버지를 치료했을까? 그와 누가는 몇 주 동안 계속 이곳에서 머물렀을까?

이 지역의 다른 전통적인 장소는 후대의 추측을 반영할 뿐이다. **사도의 샘**(가즌 라술, 성 바울 만 입구 근처)은 바울이 첫 번째 회심자들에게 세례를 베푼 곳이라고 알려져 있다. 17세기에 세워진 **성 바울의 모닥불 교회**(이 자리에 노르만족이 세운 교회가 있었다는 증거가 있지만 이전에 만들어진 교회의 터 위에 세운 것일 가능성도 있다)가 있다. 두 곳 모두 이 지역에서 바울을 기리는 축제와 관련이 있다. 2월 10일에는 그의 난파와 연관된 축제가 있고, 베드로와 바울의 축제일인 6월 29일에는 사람들이 배를 타고 나가 성 바울 섬에서 집전되는 미사에 참석한다. 난파를 기념하는 축제가 2월에 열리지만, 누가의 이야기를 통해서 이 사건은 훨씬 더 이른 겨울에, 아마도 11월에 일어났다고 합리적으로 추론할 수 있다.

다른 유적지들은 확장의 방식으로 바울과 연관이 있다고 간주된다. 예를 들어, 로마 시대 멜리데의 삶을 이해할 수 있게 해주는 몇몇 고고학 유적지가 있다. (바울이 방문한 바로 그 시기로 연대가 추정되는 모자이크와 클라우디우스와 그의 가족을 묘사한 조각상이 있는) 라바트에 있는 **로마 저택**과 서쪽으로 황금만 연안에 있는 **로마 목욕탕**, 바울이 조난한 시기로 연대가 추정되는 닻들이 전시된 비토리오사의 **해양 박물관**이 그것이다.

고대에 이 섬의 (로마 시대에는 멜리타로 알려진) 수도였던 곳에 해당하는 므디나와 라바트에도 흥미로운 유적지가 있다. 전승에 따르면 므디나의 **성 바울 성당**은 바울이 부블리오를 기독교 신앙으로 회심하도록 이끈 장소를 기념하기 위해 4세기에 세워진 작은 예배당 위에 건설되었다. 또한 이 자리에는 바울을 기리기 위해 노르만족의 교회도 세워졌다. 현재의 교회는 마티아 프레티(Mattia Preti)의 〈성 바울의 회심〉을 비롯해 바울의 삶을 묘사한 인상적인 그림들이 걸려 있다.

라바트에 있는 (성 바울 교구 교회 아래) **성 바울의 동굴**에는 전통에 따르면 바울이 이곳에 머무는 동안 거주하고 설교했던 장소였던 두 개의 동굴이 있다. 이 전통이 언제 시작되었는지는 알 수 없으며, 바울이 이 섬의 수도에 정말 머물렀는지도 (그럴 가능성이 전혀 없는 것은 아니지만) 확실히 알 수 없다. 그러나 성지에서 더 자주 볼 수 있는 것과 비슷한 풍경을 볼 수 있다. (신약 시대에도 실제로 **존재했던** 고정된 자연 현상인) 신약 시대에도 이 동굴들이 **사용되었다는** 전승이 생겨났다. 바울이 동굴을 자신의 거처나 신자들이 모이는 곳으로 사용할 이유는 없었지만, 움직일 수 없는 이 동굴은 확실히 그가 방문한 시대와 우리를 이어주는 연결고리가 된다.

근처(좁은 거리를 따라 약 137m 떨어진 곳)에는 **성 바울의 카타콤**(또한 성 아가타의 카타콤)이 있다. 이 이름은 훨씬 후대에 붙여진 것이지만, 이 인상적인 무덤은 로마 후기(주후 3세기부터 5세기까지)의 매장 풍습을 엿볼 수 있게 해준다. 이곳은 이 섬의 수도의 주요한 매장지였다. 이곳에 묻힌 이들 중에는 그리스도인이 아닌 사람도 많았다[예를 들어, 기독교의 '카이-로' 상징(헬라어에서 그리스도를 뜻하는 단어의 첫 두 글자 - 역주)이 새겨진 무덤과 함께 유대교의 일곱 가지 촛대가 새겨진 무덤도 있다]. 이곳은 고대인들이 사후 세계에 대한 다양한 소망을 품은 채 죽음을 대했음을 알 수 있게 해준다.

마지막으로 발레타의 **성 바울의 난파 성당**도 방문해볼 만하다. 원래 근처의 성 세례 요한 대성당을 설계한 제로라모 카사르(Gerolamo Cassar)가 설계한 이 성당은 '숨은 보석'이라고 할 만하다. 발레타의 좁은 거리 중 한 곳을 면하고 있다. 더 좁은 또 다른 거리에 있는 측면 출입구를 통해 입장할 수 있는 이곳은 정말로 숨어 있어서 놓치기가 쉽다.

내부에는 바울이 멜리데에 머무는 기간을 묘사하는 [12세기 초 팔롬비(Palombi)가 그린] 연작 회화가 있다. 1659년에 화려하게 채색하여 만든 바울의 금박 목조상[라틴어로 '진리의 설교자'(Praedicator Veritatis)라는 호칭이 새겨진]도 있다. 해마다 2월 10일에는 이 조각상을 들고 도시 곳곳을 행진한다.

남쪽 익랑(翼廊, transept. 십자형 교회의 팔에 해당하는 부분으로, 신랑에 직각으로 위치하며 보통 성단소(聖壇所)와 애프스와 구분된다. - 편집자 주)에는 (1823년에 이 교회에 기증된) 바울의 오른쪽 손목뼈가 담겼다고 추정되는 성유물함과 전통적으로 바울이 처형당했다고 믿는 기둥의 일부가 보관되어 있다. 후자는 1818년에 교황 비오 7세가 로마에 있는 '성 밖의 성 바울 성당'(Church of St Paul Outside the Walls)에 보관되어 있는 기둥의 잔해에서 잘라내 이 교회에 기증한 것이다. 그 윗부분이 바울의 잘린 머리를 표현한 은 조각상으로 덮여 있는데, 이는 예수가 세우신 이 이방인의 사도가 — 피난처인 멜리데를 떠나 마침내 제국의 수도 로마에 당도했을 때 — 어떤 최후를 맞았는지를 상기시켜준다.

고대의 바다 여행

성경 주석가 브루스(F. F. Bruce)가 지적하듯이, 사도행전 27장에 기록된 바울의 항해와 난파에 관한 누가의 설명은 "고대의 항해술 지식에 관해 가장 시사하는 바가 큰 문서 중 하나"다.

고대 히브리인들은 항해 민족이 아니었고, 바다를 매우 적대적으로 바라보는 경향이 있었다. 바다를 언급하는 구약의 몇 안 되는 본문은 바다의 위험성을 강조한다. 그와 대조적으로 그들의 이웃인 페니키아(베니게)는 항해로 유명했고, 북아프리카 해안을 따라, 멜리데와 시칠리아에 식민지를 건설했다.

해적 행위는 주전 2세기부터 2세기까지 큰 문제였지만(81, 97쪽을 보라), **로마의 평화**(Pax Romana) 덕분에 지중해를 통해 여행하기가 쉬워졌다. 지중해는 '로마의 호수' 같았다 — 로마인들은 지중해를 '**우리 바다**'(mare nostrum)라고 불렀다. 가장 핵심적인 교역로는 로마와 알렉산드리아를 잇는 해로였다. 이를 통해 로마의 도시 거주민들에게 곡물을 공급했다. 이 교역에 수천 척의 배가 동원되었다. 이런 배는 호위를 위해 대선단을 이루어 항해하는 경우가 많았다. 지중해에 주로 부는 바람은 북서풍이어서 남쪽으로 가는 여행은 채 15일도 걸리지 않았다. 하지만 알렉산드리아에서 돌아오는 여정은 지중해 동부 해안을 따라 길게 우회해야 했고 계속해서 바람을 피하는 과정을 반복해야만 했다.

신약의 세계는 사람들이 여행을 많이 하는 세계였다. 많은 디아스포라 유대인들은 예루살렘을 자주 방문하려고 노력했고, 오순절에 모인 사람 중에는 본도와 아시아, 애굽, 구레네, 로마 등 먼 곳에서 온 사람들도 포함되어 있었다(행 2:9~11). 그들 대부분은 어떤 식으로든 바다 여행을 해야만 했을 것이다. 그후 모든 사도는 저마다 다른 길로 갔다. 브리스길라와 아굴라 같은 사람들은 여행을 자주 했다 — 그들은 로마에서 고린도로, 에베소로, 다시 로마로 여행하기도 했다. 사도행전 27장에 기록된 누가의 이야기에서 놀라운 점 중 하나는 가라앉고 있던 이 배에 탄 사람의 수가 무려 276명이었다는 점이다. 지금과 마찬가지로 고대 세계에서 여행은 거대한 산업이었다.

바다 여행은 위험했다 — 폭풍 때문이라기보다는 구름 때문에 배가 어디에 있는지를 정확히 알 수 없을 때가 많았다. 유럽의 해안 가까운 곳에서 난파된 로마의 배가 600척 넘게 발견되었다. 심지어는 정박한 배조차 안전하지 않았다. 타키투스(《연대기》 15.18)는 (바울이 로마에 도착하고 나서 불과 2년 후였던) 주후 62년에 약 200척의 옥수수 배가 오스티아(로마의 지중해 항구)에 정박한 사이에 지독한 폭풍 속에 가라앉았다고 기록한다.

당시에는 5월 27일부터 9월 14일까지를 '안전한' 항해 시기로 여겼다. 11월 11일부터 3월 10일까지는 항해가 불가능한 시기였다. 다른 시기(초봄과 늦가을)에는 여행이 가능하기는 하지만 위험하다고 보았다. 이것은 우리가 사도행전에서 확인할 수 있는 몇 가지 사실에 대한 이유를 설명해준다. 바울은 주후 52년 초봄에 2차 '선교 여행'을 시작할 때 (해로가 아니라) 육로로 여행한다. 그는 (주후 56/57년에) 니고볼리와 고린도에서 겨울을 나고, 그런 다음 3월 중순(주후 57년)에 일행들과 만나 예루살렘을 향해 떠난다. 예루살렘에서 열리는 유대인의 3대 절기 중에서 외국에서 온 방문자들이 가장 많이 참석하는 절기는 오순절이었다(행 2:1~11).

그들이 그레데에 있을 때 (주후 59년에는 10월 5일에 해당했던) 속죄일이 이미 지났다는 누가의 진술을 근거로 판단해볼 때, 우리는 로마를 향한 바울의 모든 여행이, 심지어 가이사랴에서 출발하는 여행까지도 위험한 시기에 이뤄졌다고 추정할 수 있다. 무라에서 시작된 항해는 특히나 위험했다. 에게해 남부에서 먼바다를 건너야만 했고, 이때는 이미 9월말이었다.

클라우디우스 황제가 (로마에서 비참한 곡물 부족 사태가 반복되는 것을 막으려고) 큰 화물선 선주들에게 장려금을 주었다. 항해기가 아닐 때에도 위험을 무릅쓰고 더 많이 항해하도록 부추겼다는 증거도 있다. 누가는 바울이 무라에서 탔던 배를 '알렉산드리아 배'라고 부른다. 따라서 이 범주에 들어가는 배였을지도 모른다. 어떤 이들은 돛대가 두 개이고 무게가 254t에 달하는 배였을 것으로 추정한다. 이런 배는 대체로 닻이 넷 이상이었지만(행 27:29), 많은 선원이 필요하지는 않았다. 난파를 막기 위해 먼저 배 밖으로 던져버렸던 다른 화물도 싣고 있었을 것이다(행 27:18). 가장 값비싼 화물(곡물)은 마지막 순간에 가서야 바다로 던졌다(행 27:38).

마지막으로 항해와 관련된 계산을 통해 난파에 관해 누가의 기록이 얼마나 정확한지 알 수 있다. 배는 보통 한 시간에 2.5㎞를 무동력으로 이동한다. 이는 가우다에서 멜리데까지(468~469쪽, "로마를 향한 바울의 마지막 여행" 지도를 보라) 가는 데 14일 넘게 걸렸다는 기록과도 들어맞는다. 둘째, 배가 북동풍을 통해 얻을 수 있는 각도를 계산하면 북서쪽으로 8도가 된다. 이 역시 가우다부터 멜리데에 이르는 각도와 정확하게 일치한다.

주요 연대: 멜리데

주전 3600~2500년경	청동기 시대였던 이때 세계에서 가장 오래된 독립 구조물인 거석 신전이 건설된다.
주전 800~450년경	이 섬이 에트루리아인과 헬라인, 특히 베니게 상인들의 영향을 받는다.
주전 450~250년경	북아프리카에 있는 베니게의 주요 식민지인 카르타고의 영향을 받는다.
주전 218년	제2차 포에니 전쟁(주전 218~201년) 중 로마인들이 이 제도를 지배한다. 가장 큰 섬이 그 수도 — (후대의) 므디나 지역에 있는 — 와 마찬가지로 '멜리타'(라틴어로 '꿀'이라는 뜻)로 명명된다.
주후 59년	바울이 로마로 가는 길에 아마도 주도(主島)의 북동쪽 끝에 좌초한다(11월/12월).
주후 60년	바울이 로마를 향해 배를 타고 떠난다(아마도 3월 말).
주후 395~900년대	멜리데가 멀리 떨어진 콘스탄티노폴리스로부터 지배를 받는다.
주후 870년	멜리데가 아랍인들에게 함락된다.
1090년	노르만 백작인 로베르 기스카르(Robert Guiscard)가 아랍인들을 격퇴한다. 이후 독일

	과 에스파냐에 의해 식민화됨.
1249년	이슬람 주민들이 마지막으로 떠난다.
1530년	예루살렘의 성 요한 수도회의 구호 기사단이 1522~1523년에 로도 섬을 튀르크인들에게 빼앗긴 후 신성로마제국의 황제 카를 5세가 멜리데를 이 기사단에 하사한다. 그들은 대항구(Grand Harbour) 남쪽에 있는 비르구(현재는 비토리오사)에 정착한다.
1565년	술래이만 대제가 '대대적 포위 공격'을 명령하지만 장 드 라 발레트(Jean de la Vallette)가 이끄는 기사단에 의해 격퇴를 당한다. 이후 발레타에 거대한 흉벽과 수로, 두 곳의 성당, 즉 성 요한 대성당과 성 바울의 난파 성당을 건설한다.
1798년	나폴레옹 보나파르트가 6일 동안 멜리데를 점령하고 프랑스에 의한 통치를 강요하여 결국 반란이 일어남.
1800년	(나일 강에서 돌아오던) 넬슨이 이 제도를 해방하며, 1814년에 멜리데는 영국의 '왕령 식민지'가 된다.
1818년	교황 비오 7세가 전통적으로 바울이 로마에서 참수당했다고 알려진 기둥을 성 바울의 난파 성당에 기부한다.

1921년	내치를 맡을 몰타 의회가 설립된다.
1940~1942년	추축국에 의한 제2차 '대대적 포위 공격'이 일어난다. 영국 왕 조지 6세가 멜리데의 용맹한 저항을 기리며 조지 십자장(George Cross)을 수여한다.
1964년	영국으로부터 완전히 독립한다.
1974년	몰타 공화국 수립.

로
마

14

¹¹석 달 후에 우리가 그 섬에서 겨울을 난 알렉산드리아 배를 타고 떠나니 그 배의 머리 장식은 디오스구로라. ¹²수라구사에 대고 사흘을 있다가 ¹³거기서 둘러가서 레기온에 이르러 ⋯ 이튿날 보디올에 이르러, ¹⁴거기서 형제들을 만나 그들의 청함을 받아 이레를 함께 머무니라. 그래서 우리는 이와 같이 로마로 가니라. ¹⁵그 곳 형제들이 우리 소식을 듣고 압비오 광장과 트레이스 타베르네까지 맞으러 오니 바울이 그들을 보고 하나님께 감사하고 담대한 마음을 얻으니라. ¹⁶우리가 로마에 들어가니 바울에게는 자기를 지키는 한 군인과 함께 따로 있게 허락하더라. ¹⁷사흘 후에 바울이 유대인 중 높은 사람들을 청하여 ⋯
²³그가 유숙하는 집에 많이 오니 ⋯

— 사도행전 28장 11~17, 23절

로
마

14

11석 달 후에 우리가 그 섬에서 겨울을 난 알렉산드리아 배를 타고 떠나니 그 배의 머리 장식은 디오스구로라. 12수라구사에 대고 사흘을 있다가 13거기서 둘러가서 레기온에 이르러 ⋯ 이튿날 보디올에 이르러, 14거기서 형제들을 만나 그들의 청함을 받아 이레를 함께 머무니라. 그래서 우리는 이와 같이 로마로 가니라. 15그 곳 형제들이 우리 소식을 듣고 압비오 광장과 트레이스 타베르네까지 맞으러 오니 바울이 그들을 보고 하나님께 감사하고 담대한 마음을 얻으니라. 16우리가 로마에 들어가니 바울에게는 자기를 지키는 한 군인과 함께 따로 있게 허락하더라. 17사흘 후에 바울이 유대인 중 높은 사람들을 청하여 ⋯
23그가 유숙하는 집에 많이 오니 ⋯

— 사도행전 28장 11~17, 23절

중심에 자리 잡은 목표

날마다 봄이 가까워짐에 따라 바울은 떠날 시간이 가까워지고 있음을 알았다. 백부장인 율리오는 3월 중순이 넘도록 지체할 수 없었다. 멜리데에서 겨울을 난 또 다른 알렉산드리아 배가 승객과 곡물을 싣고 항해 시기가 시작되기를 기다리고 있었다. 떠나야 할 날이 왔다.

멜리데에서 로마까지

경로는 이미 정해져 있었다. 시라구사(고대 그리스의 식민지, 시칠리아의 주요 도시)까지 북쪽으로 약 146㎞를 간 다음, 거기서 조심스럽게 (시칠리아와 이탈리아의 '발가락' 사이에 있는) 메시나 해협을 지나 레기온에 이른 후 나폴리만에 있는 보디올(현대의 포추올리)로 가게 된다. 여기서 (배가 너무 커서 로마의 더 얕은 항구인 오스티아에 정박할 수 없어서) 배에 있는 곡물을 더 작은 배로 옮겨 실어야 한다. 이를 위해 시간이 좀 걸리기에 율리오는 남은 여정은 육로로 이동하기로 한다. 바울은 누가, 아리스다고와 함께 7일 동안 이곳에 들르는 것을 허락 받았고, 이곳 보디올에도 소수의 기독교 신자들이 있다는 것을 알게 되었다.

이 신자들은 로마의 신자들에게 바로 메시지를 보냈다. "바울이 도착했고 이곳으로 오는 중이다!" 바울이 마지막으로 살아있는 채로 목격된 것은 지난 9월(무라에서 배를 탈 때)이었다. 그래서 제국 안에서 그가 어디 있는지를 아는 그리스도인이 한 사람도 없었다. 이제 여기에 그가 건강하게 살아서 도착했다!

아피아 가도를 따라 그를 만나러 오는 로마 그리스도인들의 모습에서 이런 안도감과 흥분감을 감지할 수 있다. 로마 방문을 그토록 고대하며 노력했던 바울에게는 이 도시에 가까이 다가가고 있으며 ─ 비록 걸어서, 감시를 받으면서 가고 있기는 하지만 ─ 이제 곧 그를 환영하러 나온 사람들을 만나게 될 것이라는 사실이 너무나도 감격스러웠을 것이다. 누가는 감정을 억누르면서 "바울이 그들을 보고 하나님께 감사하고 담대한 마음을 얻으니라"라고 이 모습을 묘사한다(행 28:15). 사도행전 19장 21절에 따르면 바울은 주후 50년대 초에 로마를 방문하고 싶다는 바람을 처음으로 밝혔다. 하지만 이제 10년이 지나서 ─ 마침내 ─ 누가와 바울은 제국의 수도로 들어가는 관문을 통과하고 있다. "그래서 우리는 이와 같이 **로마**로 가니라!"

도착하자마자

도착하자마자 바울은 그 지역 회당의 지도자들을 초대해 모임을 열었다(28:17~27). 복음은 먼저 유대인을 위한 것이었기 때문이다(롬 1:16). 일단 그들은 개방적으로 반응했다. 이로써 바울은 그들이 예루살렘에서 시작된, 자신에 관한 부정적인 소문을 접하지는 않았다고 안심할 수 있었다. 이는 바울에게 기쁜 소식이었다. 예루살렘의 지도자들이 로마의 회당에 (아마도 그를 박해하는 데에 도움을 요청하면서) 그에 관해 경고했을지도 모른다고 두려워했다면, 아직은 그런 경고가 전달되지 않은 셈이다. 바울은 부정적인 소문보다 먼저 로마에 도착한 것이다.

그런데 로마의 회당 지도자들은 이미 예수를 메시아로 선포하는 이 새로운 운동에 관해 들어서 알고 있었다. "이 파에 대하여는 어디서든지 반대를 받는 줄 알기 때문이라"(행 28:22). 그들이 클라우디우스 황제 치하에 로마에서 일시적으로 추방된 사건은, 회당에서 사람들이 예수의 메시아직의 본질에 관해 논쟁하다가 발생한 폭동 때문이었을 수도 있다. 그랬다면 이 회당 지도자들은 이 새로운 가르침이 폭발적인 문제라는 것을 너무나도 잘 알고 있었을 것이다. 다행히 그들은 바울의 말을 들어보기로 했다 — 이 사람은 분명히 이 새로운 운동 안에서 중요한 위치를 차지하는 인물이었다. 하지만 예상할 수 있듯이 그 결과로 회당 지도자들 사이에 의견이 엇갈렸다. 어떤 이들은 믿었지만 다른 이들은 믿지 않았고, 결국 이들 사이에 첨예한 의견의 불일치가 발생했다.

바울은 너무나도 익숙한 이런 광경을 바라보면서 하나님의 백성이 "듣기는 들어도 도무지 깨닫지 못한다"라는 이사야의 말씀을 인용했다(행 28:26에 인용된 사 6:9 말씀). "하나님의 이 구원이 이방인에게로 보내어진 줄 알라. 그들은 그것을 들으리라!"(행 28:28), 누가는 이 일화가 바울의 사역 전반의 경향을 잘 보여준다고 보았다. 자신의 백성에게 자주 거부를 당하는 유대인 교사가 이제 이방인에게 복음을 전하는 사도가 되었다. 따라서 누가는 자신의 서사를 이렇게 마무리한다.

바울이 온 이태를 자기 셋집에 머물면서 자기에게 오는 사람을 다 영접하고, 하나님의 나라를 전파하며 주 예수 그리스도에 관한 모든 것을 담대하게 거침없이 가르치더라.

—사도행전 28장 30~31절

이것이 누가가 기록한 마지막 말이다. 두 권의 책을 마무리하면서 그는 바울이 사람들을 만나고 그리스도에 관해 이야기하는 긍정적인 모습 — 어두운 감옥에 홀로 버려져 있는 모습이 아니라 — 을 묘사한다. 하지만 누가의 말은 우리에게 일련의 질문을 남긴다. 왜 바울의 재판은 2년이 지난 후에도 열리지 않았을까? 그는 정말로 가이사 앞에서 재판을 받았을까? 그는 일종의 가석방 상태로라도 로마에서 풀려났을까? 바울의 삶은 어떻게 끝났을까? 누가에 관한 질문도 남긴다. 왜 그는 이 시점에서 자신의 이야기를 마무리했을까? 그가 (또한 그의 독자들이) 그다음에 무슨 일이 일어났는지 너무 잘 알고 있었던 것일까? 그랬다면 왜 (후기로라도) 이에 관해 언급하지 않았을까? 절정을 향해 이야기가 고조되었지만, (바울이 가이사 앞에 서는) 절정도 도달하지 않는다.

다음에서는 바울이 로마에서 쓴 편지와 그의 죽음에 관한 후대의 기록(510쪽, "양 떼를 이끄는 바울과 베드로", 524쪽, "아피아 가도"를 보라)에 나타난 증거에 기초해 일어났을 것으로 추정되는 사건을 순서대로 제시할 것이다. 여기에 재구성된 서사 중 일부는 여전히 추측에 불과하지만, 상상력을 동원해 실제로 무슨 일이 있었을지 생각해보는 데 도움을 줄 수 있을 것이다.

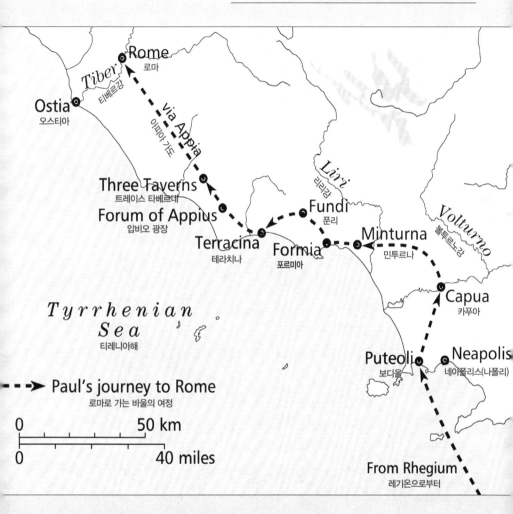

Rome
로마

Ostia
오스티아

Tiber
티베르강

via Appia
아피아 가도

Three Taverns
트레이스 타베르네

Forum of Appius
압비오 광장

Terracina
테라치나

Formia
포르미아

Fundi
푼리

Liri
리리강

Minturna
민투르나

Volturno
볼투르노강

Capua
카푸아

Tyrrhenian Sea
티레니아해

Puteoli
보디올

Neapolis
네아폴리스(나폴리)

➡ Paul's journey to Rome
로마로 가는 바울의 여정

0   50 km

0   40 miles

From Rhegium
레기온으로부터

⇢

로마로 가는 바울의 여정

레기온으로부터 – 보디올 – 카푸아 – 민투르나 – 포르미아 – 푼리 –

테라치나 – 압비오 광장 – 트레이스 타베르네 – 로마

콘스탄틴 시대(주후 325년)의 로마 모형

바울의 마지막날에 대한 재구성: 가능한 시나리오

바울은 기진맥진한 상태로 로마에 도착했을 것이다. 그와 그가 사랑하는 의사 누가(골 4:14) 두 사람 모두 이제는 전처럼 젊지 않다. 그래서 바울이 **가택 연금**(libera custodia) ─ 실제로 감옥에 갇히지 않고 집에 구금된 상태 ─ 에 처해진 것은 크게 안도할 만한 일이었다. 당국에서는 이 죄수가 재판을 받겠다고 결심한 상태이므로 도주하지 않을 것이라 판단했다. 그는 여전히 사슬에 묶여 있고 로마 군인들이 교대로 그를 감시하지만, 바울은 거처를 빌려서 방문자들을 만날 수 있었다.

> 관습에 따라 사형 선고를 받은 사람의 처형을 위한 허가서에 서명해달라는 요청을 받을 때 그[네로]는 "내가 글자를 쓰는 법을 배우지 않았다면 좋았을 텐데!"라고 말했다.
>
> ─ 네로 통치기 초기의 긍정적인 모습을 묘사하는
> 수에토니우스, 《네로의 생애》 10:15

여기까지는 좋았다. 하지만 이내 바울은 앞으로 상당한 시간을 기다려야 할 것을 깨닫는다. 그는 예비 심문(아마도 단지 이름과 고발 내용을 등록하는 절차)을 받지만, 검사가 예루살렘에서 와서 기소하는 것이 지체된다면 아무것도 이뤄질 수 없었다. 제도상 상당한 보류 기간이 있을 것이다. 네로는 취임 초기에 직접 사건을 심리함으로써 재판 속도를 높이겠다고 약속했다. 하지만 5년이 지난 지금 네로는 훨씬 덜 예측 가능해졌고, 자신의 변덕에 따라 심리를 심리할 뿐이다. 따라서 이미 최악을 각오하고 있는 바울은 '보류 상태'에 처하게 된다. 그리고 기다림이 실제 일어날 일보다 더 고통스럽게 — 가장 강한 투사의 신경까지도 쇠약하게 만들 정도로 — 느껴지곤 한다.

게다가 네로의 성격이 바뀌었다는 소식은 특히나 걱정스럽게 느껴졌다. 팔레스타인에서 처음 가이사에게 항소할 때 바울은 이 젊은 황제를 격찬하는 평가를 전해 듣고 있었다. 하지만 지금 네로가 정신적으로 불안하다는 소문이 파다했다. 만약 네로가 서류상 보류된 사건을 정리하기 위해 그에게 입을 열 기회도 주지 않고 사형 선고를 내리는 것은 아닐까? (그로 인해 죽음에 이르게 되더라도) 담대하기 그리스도를 증언하겠다는 바울의 꿈은 전혀 실현되지 못할 것처럼 보였다.

바울은 여러 해 동안 '사형 집행을 기다리며' 지내야 한다는 사실을 받아들여야 했다. 설상가상으로 결국 이 모든 것이 무의미한 일이 될지도 몰랐다. 이제 그는 거대한 제국 로마가 얼마나 복잡한지 이해하고, 어쩌면 황제의 마음속에 있는 어두움을 감지했을 수도 있다. 이 모든 것이 그를 무기력하게 했고, 자신이 얼마나 보잘것없는지를 예리하게 의식하게 했다.

지역 그리스도인들의 반응

하지만 더 나쁜 일이 일어났을지도 모른다. 지역의 그리스도인들이 그를 따뜻하게 맞이하지 않는 것은 아닐까? 그런 시나리오를 상상해볼 수 있다. 물론 소수의 신자가 아피아 가도로 나와 그를 맞이했다. 하지만 길에서 그들이 이야기할 때, 어쩌면 로마 교회에 문제가 전혀 없는 것이 아니라는 사실이 명확해졌을지도 모른다.

특히 (주후 54년에 유대인 전체가 귀환함에 따라) 유대인 신자들이 돌아온 후 그들과 이방인 신자들 사이에 긴장감이 흘렀다. 일부 이방인들은 교만하게 유대인 신자들을 무시했고, 일부 유대인들은 이방인들과 교제하는 것을 난처하게 생각했다. 바울이 쓴 로마서는 (함께 하나님을 찬양하는 유대인과 이방인에 관한 균형 잡힌 가르침으로) 이런 상황을 해소하기 위한 노력의 일환이었다. 하지만 로마에 있는 일부 신자들은 바울의 전망을 이해하지 못하거나 실현할 수 없다고 여겼을 수도 있다. 유대인인 이 "이방인의 사도"가 도착함으로써 불에 기름을 붓는 것처럼 상황이 악화할지도 모른다고 생각하고 그는 어느 '편'을 들지 걱정하지는 않았을까?

그뿐만 아니라 두 집단 모두 반드시 가이사를 대면하겠다는 바울의 다짐이 사실상 로마 당국과 미묘한 관계를 맺고 있던 그들의 정체를 '폭로하는' 결과를 낳을지도 모른다고 두려워했다. 지금까지 사람들은 신생 기독교 운동이 유대교 회당과 연관된 것이라고 생각했고, 덕분에 큰 어려움을 겪지 않고 활동하는 것이 가능했음을 기억하라. 로마는 유대교를 **허용된 종교**(religio licita)로 인정했고, 유대인들은 신들이나 황제에게 제사하는 의무를 면제받았다. 하지만 이 기독교 운동이 이제 압도적으로 이방인의 운동이며 점점 더 주류 유대교와 무관한 운동으로 바뀌고 있다는 것을 로마 당국이 알아차린다면 무슨 일이 일어날까? 로마의 상황 자체가 특히나 미묘했다. 회당은 (추방 기간이 끝난 후) 추진력을 되찾기 시작했으며, 이제 곧 자신들이 이 이상한 '메시아주의자들'과 무관하다고 당국을 설득할 수도 있다.

이런 긴장된 상황 속에 이방인 신자들을 대변할 각오가 되어 있으며 궁극적인 대가를 치를 준비가 되어 있는 바울이 등장했다. 하지만 그가 와서 '그들을 가려주던 덮개'가 날아가버리는 것은 아닐까? 솔직히 로마의 많은 신자가 바울이 가이사 앞에 서지 **않았으면** 하고 바랐을 것이다. 그리고 어떤 이들은 그가 나타나지 않기를 속으로 바랐다.

바울에게는 이것만으로도 실망스러운 일이었다. 설령 그가 가이사 앞에 설 기회를 얻는다고 해도 자신이 일하는 목적이 되는 바로 그 사람 중 일부가 전혀 고마워하지 않는 셈이 될 것이다. 순교자가 되는 것만으로도 충분히 힘든 일이지만 자신이 무엇을 했는지, 혹은 왜 그 일을 했는지 사람들이 전혀 이해하지 못한다면 그것은 두 배로 힘들 것이다.

바울의 반응

바울은 다양한 방식으로 반응한다. 그는 편지를 통해 자신이 그곳에 가서 신자들 사이에 분열이 발생했다고 솔직히 인정하기도 한다. 하지만 그는 이를 긍정적인 관점에서 바라보면서 이를 통해 다른 신자들이 새로운 확신을 얻기도 하고, 어떤 식으로든 "전파되는 것은 그리스도"라고 지적한다(빌 1:18). 다른 편지에서는 자신의 이방인 독자들이 로마에서 멀리 떨어져 있기는 하지만 그가 지금 겪고 있는 일은 그들을 위한 것이라고 분명히 말한다. 따라서 로마에는 고마워하지 않는 신자들이 일부 있다고 해도 적어도 다른 곳에는 그의 노력을 귀하게 여기는 이방인들이 존재할 것이다.

(여기서 자세히 다룰 수는 없는) 바울의 세 번째 반응은 다른 누군가에게 로마의 유대인 신자들을 향한, 우리가 '히브리서'로 알고 있는 편지를 쓰도록 당부한 것이다. 이 편지에서는 유대교와 분리된 것으로 보일까 두려워하는 유대인 신자들을 향해 회당으로 다시 물러나지 말고 십자가에 달려 죽으신 예수를 따르는 치욕에 동참하라고 권면한다(히 13:13). 로마의 신자들을 잘 알고 있지만 현재 '이달리야' 밖에서 여행하고 있는 누군가가 로마의 교회를 위해 이 편지를 썼을 가능성이 매우 높다(히 13:24). 바울 자신은 이 편지와 무관할지도 모른다. 하지만, 로마의 유대인 신자들이 자신의 말은 듣지 않아도 이 공동체의 일원이었던 사람이자 공동체의 신뢰를 받은 사람의 말에는 귀를 기울일 것으로 판단하여 이 편지를 보내라고 당부했을 가능성은 여전히 남아있다.

마지막으로 그가 디모데에게 보낸 편지(디모데후서)를 통해 그의 솔직한 반응을 확인할 수 있다. 아마도 바울이 로마에 도착한 직후 썼을 이 친밀한 편지를 보면(31쪽, "바울서신: 연대와 장소"를 보라) 바울은 외로움을 느끼고 있으며 지역의 신자들 때문에 실망한 상태다. 또한 그는 "아시아에 있는 모든 사람"에게 버림받았다고 느낄 만한 소식을 전해 들었다(딤후 1:15). 그래서 그는 두 번이나 디모데에게 빨리 오라고 당부한다 ― 가능하면 겨울이 오기 전에(딤후 4:9, 21). 그리고 디모데가 올 수 없다면(디모데 역시 옥에 갇혀 있었을까?) 바울은 디모데가 로마의 일부 교인들처럼 그를 부끄러워해서는 안 된다고 말한다. 바울이 이때 대단히 의기소침한 상태였음을 알 수 있다. 그가 편지에서 말하는 모든 힘에도 불구하고 바울에게는 로마에서의 삶이 힘겨웠음을 분명히 알 수 있다. 고립감과 일부 지역 신자들에게 버림받았다는 느낌 때문에 그는 매우 고통스러워했다.

> 주를 위하여 갇힌 자 된 나를 부끄러워하지 말고 ⋯ 누가만 나와 함께 있느니라. ⋯ 다 나를 버렸으나 ⋯
>
> — 디모데후서 1장 8절, 4장 11, 16절

슬픔 중의 기쁨

기쁜 소식은 디모데가 긍정적으로 답했고 몇 달 후 로마에 도착했다는 것이다. 바울의 다음 편지인 골로새서와 빌레몬서에 디모데가 공동 저자로 기록되어 있다. 그의 가장 가까운 동역자인 디모데가 도착했을 때 바울은 그에게 꼭 필요했던 격려를 얻었을 것이다. 이내 이 젊은 친구에게 영감을 받아 그의 생각이 다시 한번 독수리의 날개를 타고 솟아오르기 시작한다. 영감이 넘치는 그의 에베소서도 이 시기에 기록되었을 것이다. 디모데로부터 아시아의 상황을 전해 듣고 사도 바울은 그의 가르침에서 이탈한 사람들에게 신자가 그리스도 안에서 받은 수많은 복에 관해 긍정적이고 강력한 전망을 제시한다(엡 1:3~14).

이 시기 바울은 다른 방문자들에게 격려를 받는다(골 1:7, 몬 13). 동방에 있는 사람들은 바울이 안전하다는 것뿐 아니라, 그가 당분간 로마에 머물며 방문자들을 맞을 수 있다는 것도 알고 있었다.

그러나 한동안 바울은 빌립보 교회로부터 소식을 전해 듣지 못했고 이 때문에 우려했다. 하지만 기쁘게도 에바브로디도가 도착한다. 그는 답장(아마도 바울의 마지막 편지였을 빌립보서)에서 죽어서 "그리스도와 함께 있기" 원한다고 말한다(빌 1:23). 또한 어떤 상황에서든 "자족"하는 법을 배웠고 그리스도께서 주시는 힘으로 자신에게 요구된 모든 일을 할 수 있다고 말한다(빌 4:13). 마지막에서 다시 한번 반복하는 그의 주된 명령은 "주 안에서 기뻐하라"(빌 3:1, 4:4)는 것이다. 참으로 바울은 다시 기뻐할 수 있게 되었다.

그런데 빌립보서 안에 우리의 역사적 수수께끼를 해결해줄 작은 구절이 있다. 그는 에바브로디도의 병이 그의 죽음으로 이어지지 않았다고 안도한다. 이로써 하나님이 바울을 "근심 위에 근심"에서 벗어나게 하셨다(빌 2:27). 이는 바울이 최근에 이미 "근심"을 경험했고, 여기에 두 번째 "근심"이 더해졌다면 이는 거의 견딜 수 없을 정도였음을 암시한다. 바울은 자신의 여행 동료이며 사랑하는 의사 누가의 죽음을 가리켜서 이렇게 말하는 것 아닐까?

그렇다면 누가가 약간은 만족스럽지 못한 방식으로 사도행전을 마무리한 것도 충분히 이해된다. 누가는 **바울보다 먼저 죽었기** 때문에 (바울의 순교는 말할 것도 없이) 바울의 재판을 자세히 서술할 수 없었다. 누가의 글은 그 자신이 쓴 것이며, 그 누구도 교회를 위해 남긴 그의 독특한 유산인 이 탁월한 책에 무언가를 더하지 않았다.

바울의 말년

따라서 누가복음-사도행전은 결국 마지막에 바울에게 무슨 일

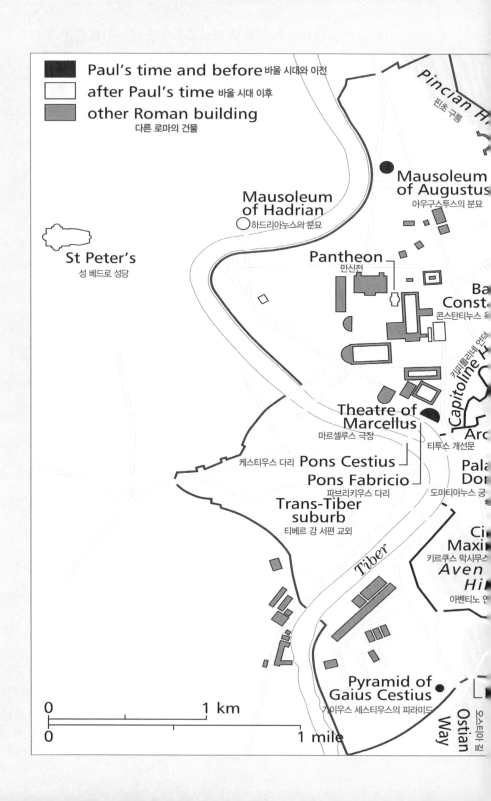

Paul's time and before 바울 시대와 이전
after Paul's time 바울 시대 이후
other Roman building
다른 로마의 건물

St Peter's
성 베드로 성당

Mausoleum
of Augustus
아우구스투스의 분묘

Mausoleum
of Hadrian
하드리아누스의 분묘

Pantheon
만신전

Ba
Const
콘스탄티누스 욕

Theatre of
Marcellus
마르셀루스 극장

Arc
티투스 개선문

Pons Cestius
케스티우스 다리

Pons Fabricio
파브리키우스 다리

Pal
Do
도미티아누스 궁

Trans-Tiber
suburb
티베르 강 서편 교외

Ci
Maxi
키르쿠스 막시무스

Aven
Hi
아벤티노 언

Pyramid of
Gaius Cestius
가이우스 세스티우스의 피라미드

0   1 km
0   1 mile

Pincian H
핀초 구릉

Capitoline
카피톨리너 언덕

Tiber

Ostian
Way
오스티아 길

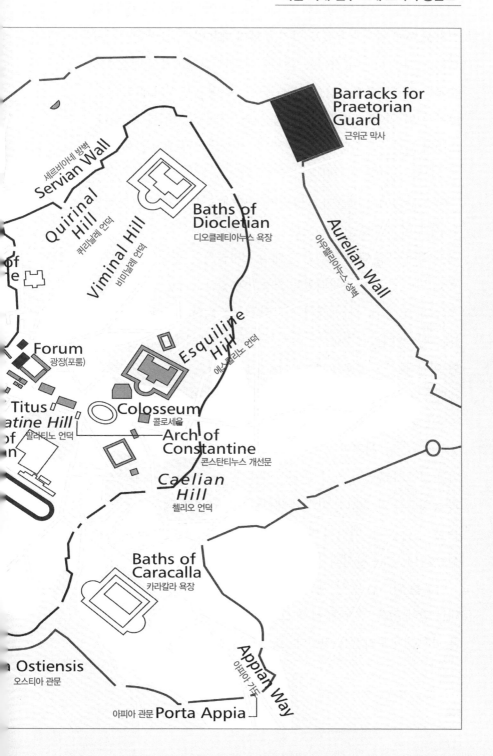

Barracks for
Praetorian
Guard
근위군 막사

세르비아네 방벽
Servian Wall

Quirinal
Hill
쿠리날레 언덕

Viminal Hill
비미날레 언덕

Baths of
Diocletian
디오클레티아누스 욕장

Aurelian Wall
아우렐리아누스 성벽

of
e

Esquiline
Hill
에스퀼리노 언덕

Forum
광장(포룸)

Titus
atine Hill
팔라티노 언덕
of
n

Colosseum
콜로세움

Arch of
Constantine
콘스탄티누스 개선문

Caelian
Hill
첼리오 언덕

Baths of
Caracalla
카라칼라 욕장

a Ostiensis
오스티아 관문

Appian Way
아피아 가도

아피아 관문 Porta Appia

이 일어났는지 알 수 있도록 도움을 줄 수 없다. **이 책을 쓸 당시 저자도 이에 관해 아무것도 알지 못했기 때문이다.** 그럼에도 사도행전 안에는 바울이 가이사 앞에서 재판을 받겠다고 결심했으며 순교를 각오하고 있었음을 알게 해주는 분명한 단서가 존재한다. 따라서 이 일이 실제로 일어났음을 역사적으로 가정할 수 있다. 그렇지 않았다면 수많은 초기 증인과 전승이 이 문제에 관해 분명한 기록을 남겼을 것이다.

이런 관점에서 바울이 석방되어 로마에서 멀리 떨어진 곳에서 한 차례 더 사역했을지도 모른다고 암시하는 고대의 자료는 설득력이 떨어진다. 이런 관점은 현대의 저자들처럼 목회서신서가 주후 60년대 중반에 기록되었을 가능성이 있다고 보는 에우세비우스 같은 고대 저자들에게서 시작되었을 것이다(그런 가능성을 배제하는 대안적인 관점에 관해서는 30쪽, "바울서신: 연대와 장소"를 보라). 또한 이런 관점은 (주후 96년경에 기록되었으며, 본문 511쪽에 인용된) 클레멘스의 말에 대한 오독에서 기인했다. 어떤 이들은 여기서 (흔히 '끝'으로 번역되는) **'테르마'**(terma)라는 단어가 서바나를 가리킨다고 본다(롬 15:24). 하지만 클레멘스의 말은 이 테르마가 바울이 "통치자들 앞에서 증언하고 이 세상을 떠난" 곳 — 이곳은 명백히 로마다 — 과 동일함을 암시한다. 따라서 테르마는 바울의 '목적지'로 번역하는 편이 더 낫다. 따라서 바울은 결코 로마를 떠나지 않았을 가능성이 높다. 그는 자신의 '목적지'에 이미 이르렀다.

바울은 약 3년 동안 재판을 기다린 후 주후 63년이나 64년에 네로 앞에 섰을 것이다. 직접 고발하겠다고 결심한 예루살렘에서 온 파견단이 도착했을 것이다. 요세푸스(《유대 고대사》 20.9)는 예루살렘의 유대교 지도자들이 주후 62년 베스도가 죽고 총독직이 공석인 틈을 이용해 예수의 형제 야고보를 살해했다고 서술한다. 마찬가지로 바울까지 제거하려는 시도가 있었을 것이다. 그들은 이때가 적기라고 판단했다.

바울이 네로 앞에 섰을 때 무슨 일이 일어났을까? 우리는 알 수 없다. 법정에는 기독교에 대해 동정적인 태도를 가진 사람이 없었을 것이다. 거의 확실히 네로는 바울이 그리스도께서 세상의 참된 주라고 선언하는 것을 들었을 것이다 ― 이는 바울이 빌립보인들에게 보낸 마지막 편지에서 너무나도 분명히 강조했던 바(빌 2:10~11)였다. 그리고 망상에 사로잡힌 이 황제가 어떻게 반응했을지 상상하기 어렵지 않다. 잠시 후 네로는 더 들어볼 것도 없다고 판단했을 것이다. 거의 확실히 그 재판은 ― 예수의 재판처럼 ― 흉내만 낸 엉터리였을 것이다. 그리고 바울은 ― 다시 한번 자신보다 먼저 그 일을 겪으셨던 자신의 주님처럼 ― 사형 선고를 받고 성문 밖으로 끌려나갔다. 유일한 차이점은, 바울은 로마 시민이었기에 치욕적인 십자가형을 피할 수 있었다는 것이다.

도시 밖 남서쪽 어딘가에서(오스티아 길에서, 혹은 근처에서 ─ 524쪽 인용글 〈베드로와 바울의 행전〉, 526~527쪽, "성 밖의 성 바울"을 보라) 당직인 병사들이 명령을 이행했다. 그들은 자신들이 하는 일의 의미를 알지 못한 채 이 이상한 유대인 남자를 참수했다. 약 30년 전 너무나도 이상하게 다메섹 성문 밖에서 시작된 이 여정은 이제 로마의 성문 밖에서 너무나도 담대하게 마무리되었다.

결론: 양 떼를 이끄는 바울과 베드로

네로는 그들의 악덕으로 인해 혐오를 받으며 군중이 '그리스도인들'이라고 부르는 일군의 사람들을 용의자로 지목했다. 크리스투스는 본디오 빌라도 총독에 의해 처형된 사람이었으며 … 짧은 기간 동안 이 파괴적인 미신이 통제되었지만, 이 전염병의 본거지인 유대 지역뿐 아니라 세상의 온갖 끔찍하고 수치스러운 일의 본거지인 로마에서도 다시 퍼져나가기 시작했다. … 수많은 사람이 방화가 아니라 인류에 대한 증오라는 혐의로 유죄 판결을 받았다. 그들의 처형은 오락 행위로 이뤄졌다. 어떤 이들은 그들의 몸에 들짐승의 가죽을 꿰맨 후 개들에게 공격을 받아 죽게 했다. 다른 이들은 십자가에 달아 산 채로 불태웠다. …

— 타키투스, 《연대기》 15.44:3~8

바울이 로마를 방문한 사건을 돌아볼 때 우리는 불쾌한 역사적 가능성을 인정할 수밖에 없다. 즉, 네로가 바울을 (그리고 아마도 이 무렵 로마에서 순교한 베드로를) 만난 것이 그가 나중에 주후 64년 7월의 로마 대화재를 그리스도인들의 탓으로 돌리는 데 영향을 미쳤을 수도 있다.

수에토니우스와 타키투스 모두 로마의 그리스도인들이 화재 이후 네로의 명령으로 혹독한 박해를 당했다고 분명히 말한다. 또한 클레멘스의 증언도 있다. 그는 '시기' 때문에 박해를 당한 그리스도인 영웅들의 예를 열거하면서 베드로와 바울을 언급한다.

이제 우리 시대와 가장 가까운 때에 살았던 영웅들을 살펴보자. 시기와 질투 때문에 교회의 가장 위대하며 가장 의로운 기둥들이 박해를 받았다. … 베드로는 … 영광의 자리를 차지했다. 질투와 적대감 때문에 바울은 인내의 상을 받는 방법을 보여주었다. 그는 일곱 차례나 차꼬를 차고, 추방을 당하고, 돌에 맞고, 동방과 서방에서 복음을 전했다. … 서방의 경계[테르마]에 이르렀을 때 그는 통치자들 앞에서 증언하고, 세상을 떠나 거룩한 곳으로 들어갔다 ─ 인내의 가장 위대한 본보기였다. 거룩한 삶을 살았던 이들과 더불어 시기 때문에 수많은 수치와 고난을 당하면서도 인내함으로써 우리에게 고귀한 본보기를 보여준, 하나님이 택하신 수많은 사람이 있다.

─ 클레멘스 1세, 5:1~7, 6:1

여기서 마지막 문장은 네로의 박해로 인한 '수치'를 순화해 신중하게 표현하는 방법으로 보인다. 따라서 클레멘스가 이를 설명하는 순서 자체가 베드로와 바울이 이 중대한 박해의 전조를 알렸음을 ─ 최초의 그리스도인들 일부가 네로의 분노를 자극했음을 ─ 암시한다는 것에 주목하라. 그들이 먼저 박해를 당했고, 비극적으로 다른 이들이 뒤따라 박해를 당해야 했다. 물론 네로는 다른 자료를 통해서도 이 새로운 분파에 관해 알게 되었을 것이다. 하지만 베드로나 바울과 같은 지도자들이 누구보다도 그의 관심을 끌었을 것이다. 따라서 어떤 의미에서 바울의 도착에 대해 두려워했던 로마 그리스도인들의 반응은 분명히 근거가 있는 반응이었다고 볼 수 있다. 그는 그들에게 폭풍이 닥치게 하는 데에 일정한 역할을 했다.

새롭고 유해한 미신에 중독된 집단인 그리스도인들에게 처벌이
가해졌다.

— 수에토니우스, 《네로의 생애》 16,2

    하지만 다른 관점에서 바라볼 때 베드로와 바울의 행동을 정말
로 용맹스러운 행동으로 볼 수도 있다. 왜냐하면 주후 60년대 초
에 로마에 있는 모든 사람에게 그리스도인에 대한 박해가 임박했
다는 것이 점점 더 명백해졌기 때문이다. 불분명한 것은 '언제',
'어떻게' 뿐이었다. 늑대가 양 떼 주위로 몰려드는 이런 상황에서
이 양 떼의 위대한 두 목자가 양 떼보다 앞서가서 먼저 그들을 위
해 자기 목숨을 내놓겠다고 한 것은 적절한 행동이었다.

    두 사람 모두 언젠가는 그런 죽음을 맞게 될 것을 오래전부터
느끼고 있었다. 그리고 두 사람은 그런 죽음이 교회의 장기적인
생명력을 위해 상징적으로 중요한 의미가 있는 장소에서 이루어
져야 한다면, 그곳은 로마라고 생각했던 것 같다. 조만간 왕이신
예수에 관한 복음과 로마 제국의 우상 숭배 사이의 근본적 충돌이
분명히 드러날 수밖에 없었다. 하지만 그런 날이 왔을 때 이 문제
가 불거질 곳은 한 곳밖에 없었다 — 그래서 그들은 로마로 왔다.
이곳은 폭풍 구름이 모여드는 곳이었다. 그들의 여정의 종착지는
예루살렘이 아니라 로마가 될 수밖에 없었다.

오늘날의 로마

　　가장 좋은 것을 마지막까지 아껴두듯이 우리가 다룰 마지막 바울 유적지는 로마다. 바울이 살던 세계의 수도였던 이곳은 지금도 현대 국가의 수도이며 기독교 교회 안의 주요 분파의 중심지이기도 하다. 현대의 로마는 활기가 넘치며 역사로 가득 차 있는 위대한 도시다. (예를 들면, 성 베드로 대성당의 지붕이나 자니콜로 언덕 위 거리에서) 도시를 내려다보면 고대부터 바뀌지 않은 물길을 따라 S자 형태로 굽이쳐 흐르는 티베르강을 볼 수 있다. 또한 곳곳에 — 열 개가 넘는 높은 돔을 지닌 예배당을 비롯해 — 인상적인 건물과 기념물이 있는 지평선을 볼 수 있다. 그리고 이 도시의 유명한 '일곱 언덕'(특히 카피톨리네, 팔라티노, 아벤티노)의 독특한 특징도 볼 수 있다. 이곳은 그야말로 역사가 온통 당신을 감싸는 공간이다.

　　그러나 이 큰 도시에서 바울을 찾기는 더 어렵다. 로마를 방문한 수많은 사람 중 한 사람일 뿐인 그를 찾기 위해서는 노력이 필요하다. (현대의 무솔리니이든, 바로크 시대의 베르니니이든, 르네상스 시대의 미켈란젤로든, 중세 세계의 교황들이든) 역사의 수많은 층위를 — 주후 60년대 초 불과 3, 4년 동안 이곳에 머문 한 사람을 찾기 위해 — 벗겨내야 한다. 그뿐만 아니라 우리가 아는 한 그는 여기서 '가택 연금' 상태로 지냈다. 따라서 그는 로마의 주요 유적지 중 일부를 한 번도 보지 못했을 것이다. 또한 이 시기에 그가 어디에서 지냈는지도 알 수 없다. 어떤 학자들은 (사도행전 28장 16절에 대한 대안적 해석에 근거

로마의 역사적인 중심부에 위치한 미란다교회, 콜로세움 및 성스러운 길
(Via Sacra)에 있는 안토니누스 사원과 파우스티나 산 로렌조(Foustina
San Lorenzo)가 있는 로마 광장의 모습.

해) 바울이 첼리오 언덕 위의 진영에 주둔하고 있던 관리에게 넘겨졌다고 생각하고, 다른 학자들은 비미날레 언덕에 주둔하고 있던 관리에게 넘겨졌다고 생각한다. 어느 쪽이든 바울이 머물던 집은 다른 곳에 — 이들 진영 바깥에 — 있었던 것으로 보인다. 그가 묻힌 곳에 관한 초기의 증거가 존재하지만, 그가 어디로 재판을 받으러 갔는지도 확실히 알 수 없다(526~528쪽, "성 밖의 성 바울"을 보라). 그래서 여기서는 다소 광범위한 질문을 던질 필요가 있다. 우리가 (오늘날 로마 안에 있는 수많은 다른 볼거리가 아니라) 바울에게 초점을 맞추고 있지만, 주후 60년에 바울이 방문했을 당시 로마의 흔적을 찾아내는 것이 가능할까?

주후 60년의 로마: 광장

1세기 로마에 관해 알아보기 위해서는 반드시 **고대의 광장**으로 가보아야 한다. 1600년대 이후로 약 15m의 폐기물을 제거해 바울 시대 지상 높이의 광장이 드러나 있다. 원래는 인근의 언덕들 사이에 있는 늪지대였던 이 지역은 6세기에 물이 말라붙어 도시의 상업적, 공민적 중심이 되었다. 이 비좁은 공간 안에 로마의 금융 시장과 세무서, 행정기관, 법원, 수많은 신전이 있었다.

> 친구들이여, 로마인들이며, 동포들이여, 내 말을 들어보시오. 나는 카이사르를 찬양하기 위해서가 아니라 그를 묻기 위해 왔습니다. …
>
> ─셰익스피어, 《율리우스 카이사르》 3막 3장

광장 한가운데로 '**성스러운 길**'(Via Sacra)이 나 있다. 개선하는 로마의 군대는 이 길을 따라 행진해 카피톨리네 언덕을 향해 행진했다. 군인들은 (도시의 중앙은행인 바실리카 아이밀리아를 비롯해) 북쪽의 여러 핵심 건물을 지난 다음 **쿠리아**(즉, 원로원 건물)를 지났을 것이다. 로마의 공화국 시대에 이곳은 정부가 있는 공간으로서 키케로와 다른 이들이 연설했던 곳이다. (1930년대에) 복원된 건물은 음향을 위해서 이 건물이 얼마나 높게 지어졌는지를 이해할 수 있게 해준다. 성스러운 길의 맞은편에는 (카이사르가 암살된 후 마르쿠스 안토니우스가 했던 연설을 비롯해) 군중을 향해 연설할 때 사용된 **연단**(rostrum)이 있다. 그 너머로 카피톨리네 언덕 바로 아래에 **사투르누스 신전**의 유적이 있다. 이곳에 있는 국가 금고에는 로마로부터 제국의 수많은 도시까지의 거리를 기록해둔 황금 이정표가 설치되어 있었다.

광장의 남쪽으로 돌아가면 세 개의 기둥이 직선으로 남아있다. 이 세 기둥은 바울 시대에 가장 인상적인 건물이었을 신전의 일부로 지금까지 남아있는 유적이다. 이 신전은 주후 6년 티베리우스에 의해 재건되어 로마의 쌍둥이 수호신 **카스토르와 폴룩스**에게 바쳐졌다. 이 두 신은 바울이 멜리데에서 승선했던 배의 뱃머리 장식에도 새겨져 있었다(행 28:11, 개정개역에서는 '제우스의 아들들'을 뜻하는 '디오스구로'로 음역함 – 역주). 근처에 또 다른 세 기둥이 있는데, 이는 작고 둥근 화로의 여신인 **베스타 신전**의 일부다. 이것은 (바로 옆에 있는 3층짜리 큰 건물로 된 '수녀원'에 살고 있던) 베스타의 처녀 사제들이 이 도시의 '영원한 불꽃'을 조심스럽게 지켰던 건물이었다.

티투스 개선문 아래 새겨진 부조에는 로마 병사들이 일곱 가지 촛대(메노라, menorah)를 비롯해 예루살렘 성전으로부터 약탈한 물건을 옮기는 모습이 묘사되어 있다.

　바울 시대에 이르러 거대한 제국의 중심이었던 이 고대의 광장은 점점 더 번화했고 거의 폐소공포증을 유발할 지경이었다. 갓 완공된 건축물로는 거대한 **율리아누스 바실리카**와 (지금도 그를 기리는 화관이 놓여 있는) **율리우스 카이사르 기념 신전**이 있었다. (율리우스 카이사르 이후) 로마의 통치자들은 북쪽으로 수많은 건물과 **광장**(fora)을 세우기 시작했다. 그중 일부는 지금도 볼 수 있지만, 많은 부분은 현재 무솔리니가 건설한, 인기가 없지만 그래도 적절하게 명명된 현대의 도로인 **제국 광장의 길**(Via dei Fori Imperiali) 아래에 묻혀있다.

　그래서 원래의 광장에서 볼 수 있는 많은 건물, 특히 거대한 **셉티미우스 세베루스 개선문**(주후 193~211년경)과 (티투스가 유대에서 거둔 승리를 기념하기 위해 주후 81년에 세워진) 더 작은 **티투스 개선문**은 바울 시대 이후에 세워진 것들이다. 이 개선문 아래 새겨진 부조에는 로마 병사들이 (일곱 가지 촛대를 비롯해) 예루살렘 성전으로부터 약탈한 물건을 옮기는 모습이 묘사되어 있다. 바울이 이곳에 서서 개선문의 장식을 올려다볼 수 있었다면 어떻게 느꼈을지 궁금해진다. 왜냐하면 이곳에는 독립을 고대했던 그의 유대인 동족들이 품고 있던 모든 꿈이 어떤 슬픈 결말을 맺게 되었는지 돌에 새겨져 있기 때문이다. 또한 이 개선문은 예수가 로마 군대가 무슨 일을 할지 자기 민족에게 경고하셨고 하나님이 그분의 약속을 성취하시는 방식 — 전혀 다른 왕국을 시작하심으로써 — 을 바르게 아셨던 참 예언자이셨음을 확증해주었다. 바울로서는 여기서 이방인의 사도로서 자신이 평생을 바쳤던 일이 가치 있는 일이었음을 입증하는 더 개인적인 증거를 보았을 것이다. 즉, 그는 하나님의 섭리로 예루살렘의 비참한 몰락이라는 충격파를 견딜 수 있는 무언가를 세울 수 있었다. 이것이 400년이 지나서 로마 자체의 몰락이라는 충격파도 견뎌낼 수 있을 것이라는 사실까지는 그가 알 수 없었을 것이다. 그는 모래가 아니라 반석 위에 지었다.

주후 60년의 로마: 다른 장소들

다른 장소들도 바울 시대의 로마 모습을 그려볼 수 있게 해준다. 하지만 많은 유적지는 그의 죽음 직후로 연대가 추정된다는 점을 기억하라. (아마도 예루살렘에서 가져온 노략물로 자금을 확보하여 주후 72년에 베스파시아누스의 명령으로 건설된) 거대한 **콜로세움** 역시 마찬가지다. 이 지역은 주후 64년 대화재 이후 건설이 시작된 네로의 거대한 황금 궁전 정원 안에 있는 인공 호수였다. 그러나 네로의 로마는 베스파시아누스를 비롯해 사람들이 곧 잊어버리기 원하는 시대였다. 퇴폐와 잔인함으로 점철된 10년이었으며, 바울은 그 시기가 시작될 때 로마에 도착했다.

상쾌한 바람과 멋진 전망을 즐길 수 있는 가파른 **팔라티노 언덕**에 올라가면 로마의 귀족들이 '궁전 같은'(palatial) 삶을 즐겼음을 알 수 있다. **아우구스투스 황제의 저택** 유적이 일부 남아있지만, 작은 경기장들을 갖춘 이곳의 주요 유적지는 거대한 **도미티아누스 궁전**(주후 85년경)이다. 역시 바울 시대 이후에 건설된 것이지만, 신약 시대에 황제가 얼마나 막강한 권력 — 바울이 로마에서 도전했던 바로 그 권력 — 을 누렸는지 알 수 있다.

> 우리에게 구름 같이 둘러싼 허다한 증인들이 있으니 모든 무거운 것과 얽매이기 쉬운 죄를 벗어 버리고 인내로써 우리 앞에 당한 경주를 하며, 믿음의 주요 또 온전하게 하시는 이인 예수를 바라보자. …
>
> — 히브리서 12장 1~2절

마지막으로 도미티아누스 궁전의 발코니에 서면 **키르쿠스 막시무스**를 내려다볼 수 있다. 오늘날 그곳을 걸으면 최대 30만 명에 이르는 엄청난 수의 관객에 둘러싸여 경주하는 것이 어떤 기분이었을지 상상할 수 있을 것이다. 이미 이런 경주 트랙에서 영감을 얻어 바울은 그리스도인의 삶을 경주에 비유한 바 있다(349쪽,

"오늘날의 고린도"를 보라). 그가 "달려갈 길을 마쳤다"라고 말할 때는 이 키르쿠스 막시무스를 염두에 두었을 것이다(딤후 4:7). 이 경기장은 두려움에 사로잡힌 로마의 그리스도인들에게 한 동료가 보냈던 편지인 히브리서 12장의 유명한 말에도 영감을 불어넣었을 것이다.

지금도 볼 수 있는 바울 시대 로마의 유적은 다음과 같이 간략히 열거할 수 있다. 티베르강을 건너 티베르섬으로 갈 수 있게 해주는 다리인 **폰테 파브리치오**, **포룸 보아리움**의 두 신전, **유피테르 신전**의 기초(카피톨리네 언덕의 주요 사원), 산 클레멘테 성당 아래의 **미트라에움**(주전 1세기), (원래 주전 27년에 건설되었지만 주후 120년 심한 벼락을 맞은 후 재건된) **만신전**의 거대한 돔.

오스티아: 사람들이 찾지 않는 보석

그러나 바울 시대의 로마를 상상해볼 수 있는 가장 좋은 방법은 그가 한 번도 방문한 적이 없었을 장소 — 남서쪽으로 약 25km 떨어져 있는 로마의 고대 항구인 오스티아의 유적 — 에 가보는 것이다. 로마 도시의 선명한 윤곽을 이곳만큼 잘 보여주는 곳도 드물다. 1세기의 해안선 바로 가까이에 예루살렘 방향으로 세워졌던 회당의 유적이 존재한다 — 아마도 이곳은 유대인 상인들이 동방에서 돌아왔을 때 예수에 관한 소식이 이탈리아 해안에 처음으로 전해진 곳이었을 것이다(행 2:10).

하지만 바울이 정말 오스티아를 방문했을까? 흥미롭게도 바울이 멜리데를 떠날 때 탔던 배가 더 작은 배였다면 그 답은 '그렇

아피아 가도의 회색 현무암 석판은 2천 년 동안 살아남았다. 바울은 주후 60년 봄에 이 돌길을 걸으면서 자신을 맞이하기 위해 나온 로마 그리스도인들과 이야기를 나누었다. "그래서 우리는 이와 같이 로마로 가니라"(행 28:14).

다'이다. 왜냐하면 이곳에서 곡물을 실은 배가 거룻배에 짐을 옮겨 실었기 때문이다. 하지만 큰 배들은 이곳이 아니라 (화물을 더 작은 배에 옮겨 실을 수 있는) 보디올에 배를 대야 했다. 바울이 탔던 큰

"알렉산드라 배"도 그렇게 했다(행 28:11~13). 보디올에 배를 댔고, 바울은 해로(오스티아를 통해서)가 아니라 육로로 로마에 도착했다.

하지만 우리는 바울이 언젠가 오스티아를 통해서 다른 곳으로 가고 **싶어 했을** 것을 알고 있다. 그가 살아남아서 계획했던 대로 서바나로 떠났다면 그는 바로 이 항구를 이용했을 것이다(롬 15:24). 어떤 이들은 이 꿈이 실현되었다고 생각하지만, 많은 학자는 그렇지 못했다고 생각한다. 따라서 바울 시대의 삶을 상상하는 데 도움이 됨에도 불구하고 오스티아는 바울이 가보고 싶어 했지만, 결코 가보지 못했던 곳으로 보아야 한다.

아피아 가도

바울은 아피아 가도를 따라 육로로 로마에 도착했다 — 일주일 정도 걸리는 여정이었다(보디올에서 로마까지의 거리는 약 190㎞다). 아직 70㎞ 이상 더 남았을 때 그들은 '압비오 광장' 근처에서 로마의 그리스도인들을 만났다. 또 다른 신자들이 로마 쪽으로 16㎞ 더 가까운 역참인 '트레이스 타베르네'(세 여관)에서 그들을 만났다(두 곳 모두 키케로의 편지에 언급되어 있다. 《아티쿠스에게 보낸 편지》 2:10). 두 곳 모두 현재는 남아있지 않지만, 이 오래된 로마의 도로는 지금도 걸어볼 수 있다.

오른쪽으로 알바니 언덕을 지날 때 종착지가 눈에 들어오는 것을 알 수 있다(네댓 시간만 더 걸어가면 된다). 여기서부터는 길이 약간 굽는 지점에서 약간 경사진 곳을 제외하면 끝까지 내리막길로 로마의 성벽까지 곧게 뻗어있다. 3월 말에는 만개할 때가 다 된

야생화 냄새가 대기에 진동한다. 해를 등지고 걸어가지만 북쪽에서 불어오는 얼음처럼 차가운 바람이 얼굴을 때릴 것이다. 곳곳에 선명한 로마 시대의 바퀴 자국이 새겨진 회색 현무암 돌판이 남아 있다. 성문까지 90분을 더 가야 하는 지점에는 오른쪽으로 로마의 수로 유적이 보이며 도로 가까이에는 무덤이 드문드문 남아있다. 바울은 주후 60년 봄 아침에 이 무덤들을 지나쳐 걸어갔을 것이다 — 그중에는 오른쪽에 큰 북처럼 생긴 **세실리아 메텔라의 무덤**도 있었을 것이다. 따라서 여정의 마지막에는 약간 오싹한 느낌이 든다. 삶으로 가득 차 있는 도시에 다가가고 있지만 그 삶의 첫 증거는 무덤이다. 바울도 그렇게 느꼈을까? 그는 살아서 이 도시를 빠져나가지 못할 수 있다고 생각했을까? 그리고 그렇게 된다면 그를 위해 누가 이런 무덤을 세우려고 할까?

> 그런 다음 베드로와 바울 모두 네로 앞에서 밖으로 끌려나갔다. 그리고 바울은 오스티아 길에서 참수를 당했다. … 그리고 몇몇 경건한 사람이 성인들의 유해를 수습하기 원했고, 즉시 도시에 큰 지진이 일어났다. … 하지만 로마인들은 그들을 도시 밖 5km 떨어진 곳에 두었고, 시신을 두기 위한 장소를 건설할 때까지 1년 7개월 동안 시신을 지켰다. … 그리고 거룩하며 영광스러운 사도 베드로와 바울이 순교한 날은 6월 29일이었다.
>
> —《베드로와 바울의 행전》

그런 다음 (지금은 **산 칼리스토, 산 세바스티아노, 도미틸라**의 이름을 따서 명명된) '카타콤' 지역을 지나게 된다. 이 중 한 곳은 수 세기가

'성 밖의 성 바울 성당' 뜰에 있는 성 바울 동상 (사진 ⓒ 2023 맹호성)

지나서 한동안 바울의 유골을 안치하는 곳으로 사용되었을 수도 있다. 그 옆에는 (베드로가 박해를 피해 도망가려 했던 것을 기념하는) **도 미네 쿠오 바디스 성당**이 있다. 마침내 (훨씬 후대에) 아우렐리우스 황제가 건설한 성벽에 이르게 되고, 바울의 로마 도착을 따라해 보려는 시도는 공해를 일으키는 로마의 차량이 내는 소음 속에서 중단되고 만다. 하지만 이렇게 아피아 가도를 따라 걸어서 로마로 들어가는 경험은 오랫동안 깊은 인상을 남길 것이다. 예수가 예루 살렘에 입성하실 때 제자들이 예수의 운명에 관해 감지했듯이, 바 울이 그토록 오랫동안 방문하기 원했던 이 도시에 입성할 때 걸었 던 그 길을 따라 걸으면서 바울의 운명을 느낄 수 있을 것이다. 이 곳은 **그의** '예루살렘,' 그의 도착지, '돌아갈 수 없는 곳'이었다.

성 밖의 성 바울

예수처럼 바울도 성 밖으로 끌려가 로마 병사들에게 죽임을 당 할 때가 찾아왔다. 바울은 로마에서 한동안 가택 연금을 당한 후 주후 63년이나 64년에 처형을 당했다는 주장이 있다(508~509쪽, "바울의 말년"을 보라). 하지만 바울이 로마에서 탈출했다고 가정하면 서 그가 더 나중에(주후 65~67년경) 죽었다고 주장하는 사람들도 있 다. 어느 쪽이든 그가 죽은 장소가 도시의 남서쪽 어딘가 **오스티 아 길** 혹은 그 근처였을 것이라는 데는 합의하는 것으로 보인다.

이를 뒷받침하는 증거는 이중적이다. 첫째, (일반적으로 주후 4세 기에 쓰였을 것으로 추정하는) 《베드로와 바울의 행전》에서는 바울이 오스티아 길의 '세 번째 이정표' 근처에서 처형을 당했다고 말한다. 이 이야기에는 분명히 외경적인 요소가 들어있지만, 그리스도인들의 정확한 기억을 반영할 수도 있다. 지금은 흔히 그곳이 **트레 폰타네**였을 것으로 생각하며, 5세기에 이 자리에 성당이 세워졌다. 현재 남아있는 (베네딕투스 수도회에서 관리하는) **성 바울 성당**은 16세기에 세워졌으며 바울이 처형될 때 묶여있었다고 추정하는 기둥을 보관하고 있다. 오랫동안 이 지역은 (지금은 유칼립투스 나무를 심어서 물이 말랐지만) 말라리아에 걸리기 쉬운 늪지였다. 따라서 은밀한 처형 장소로 사용되었을 가능성이 없지는 않다. 하지만 병사들이 굳이 이렇게 먼 시골까지 와서 처형했을지 의문이 들기도 한다.

더 믿을 만한 전승에 따르면 바울이 **매장**된 곳은 도시에 1.6km 더 가까운 곳이다. 현재 이 자리에는 거대한 **성 밖의 성 바울 성당**이 세워져 있다. 이곳은 티베르 강에서 가까우며 고대 오스티아 길 위에 자리 잡고 있다. 2세기 말 가이우스라는 로마의 감독은 베드로와 바울에 관해 이야기하면서 이렇게 확신에 차서 주장했다.

> 나는 두 사도의 기념물을 지적할 수 있다. 바티칸 언덕이나 오스티아 길로 가면 이 교회를 세운 두 사람의 기념물을 볼 수 있다.
>
> — 가이우스가 프로클루스에게 보낸 편지
> (에우세베우스, 《교회사》 2.25:7)

이 무렵에 베드로(바티칸 언덕)와 바울(오스티아 길가)의 무덤에 일종의 기념비가 세워져 있던 것으로 보인다 ─ 두 무덤 모두 평범한 이교도의 묘지 안에 있었다. 하지만 나중에 콘스탄티누스가 권좌에 올랐을 때 그는 이 자리에 두 개의 성당을 세우도록 명령했다. 베드로의 무덤 위에 세워진 성당은 15세기까지(현재의 성 베드로 대성당에 의해 대체될 때까지) 남아있었다. 바울의 무덤 위에 세워진 교회는 얼마 지나지 않아 테오도시우스 황제의 명령으로 건설되어 주후 390년에 봉헌된 거대한 성당에 의해 대체되었다. 이곳의 신랑 안에는 네 줄로 정렬된 스무 개의 기둥으로 이뤄진 다섯 개의 측랑이 있었다. 이후 천 년 동안 (성 베드로 대성당이 건설될 때까지) 이 성당은 기독교 세계 안에서 가장 큰 예배당이었다. 이 건물은 1823년 7월 15일 밤에 부주의한 작업자들이 지붕을 수리하다가 불을 내는 바람에 파괴될 때까지 그 자리에 서 있었다. 벽에 새겨진 조각이 일부 남아있지만, 거의 **천오백 년** 동안 서 있던 이 예배당 안을 걷는 것이 어떤 느낌이었을지 이제 상상하기가 어렵다.

(원래도 동일한 크기로 복원되었지만) 현재의 예배당 안으로 들어가도 고대라는 느낌을 불러일으키지는 않는다. 중앙 아치(5세기)와 후진(13세기)의 **모자이크**는 화재로 일부 파괴되었으나 복원되었다. 그리고 서쪽 문 중 하나는 연대가 11세기로 추정되는 은과 청동 조각 장식을 포함하고 있다. 하지만 대부분은 어쩔 수 없이 19세기의 것이다. 그렇지만 교회 한가운데 **바울의 무덤**이 있다. 19세기에 예배당을 복원하던 사람들은 "PAULO APOSTOLO MART"(사도이자 순교자인 바울에게)라는 문구(비문의 연대는 콘스탄티누스 통치기로 추정됨)가 새겨진 돌판 두 개를 발견했다. 따라서 이곳이 바울의 몸이 마침내 안식하게 된 곳으로 추정할 수 있다.

나는 선한 싸움을 싸우고 나의 달려갈 길을 마치고 믿음을 지켰으니 이제 후로는 나를 위하여 의의 면류관이 예비되었으므로 주 곧 의로우신 재판장이 그 날에 내게 주실 것이며 내게만이 아니라 주의 나타나심을 사모하는 모든 자에게도니라.

— 디모데후서 4장 7~8절

따라서 이곳은 멈추어 서서 — 무덤 앞 난간에 멈춰 서서, 혹은 남쪽 익랑(翼廊, transept. 십자형 교회의 팔에 해당하는 부분으로, 신랑에 직각으로 위치하며 보통 성단소(聖壇所)와 애프스와 구분된다. – 편집자주) 가까이에 있는 아름다운 중세의 회랑으로 들어가서— 묵상하면서 바울의 죽음에 관해 생각해보고, 특히 그가 그의 삶을 통해 무엇을 이뤘는지 평가해보기에 좋은 곳이다.

바울: 로마와 그 너머까지 미친 그의 영향력

로마는 성 바울의 발자취를 따르는 우리의 여정을 마무리하기에도 좋은 곳이다. 로마에 남아있는 바울의 흔적을 돌아보면 물론 이 사람은 앞에서 설명한 것보다 훨씬 더 많은 영향을 이 도시에 남겼음을 알 수 있다. 우리는 1세기 로마의 거리에서 그를 가리키는 흔적을 찾았다. 하지만 바울은 아무런 물리적인 흔적도 남기지 않았고, **개인적인** 영향력이라는 더 중요한 범주에서도 **그 당시에** 바울이 이 도시에 미친 영향력은 그다지 크지 않았을 것이다.

그러나 이어지는 시대에 그의 영향력은 훨씬 더 광범위하게 확장되었다. 그가 세우려고 노력했던 기독교 교회는 결국 제국 전역에서 중요한 위치를 차지하게 되었다. 그리고 예수라는 또 다른 왕의 메시지로 로마 자체를 공략하겠다는 그의 전략이 효과를 발휘하여 결국 로마의 통치자들도 회심하기에 이른다. 그 후 로마에 수많은 예배당이 세워지고 (주일마다) 신약에 포함된 바울의 말이 정기적으로 낭독됨에 따라 이 도시에 미친 바울의 영향력은 기하급수적으로 증가했다.

게다가 아이러니하게도 종교개혁 시대에 그가 로마에 있는 교회에 보낸 편지(그의 '로마서')는 로마의 지도력으로부터 떨어져 나온 여러 교회가 생겨나는 데 결정적인 역할을 한다. 그러나 이를 통해 바울의 영향력은 훨씬 더 멀리까지 — 바울이 알았던 로마 제국 경계를 훌쩍 넘어서 — 확장되었다.

> 우리는 우리를 전파하는 것이 아니라 오직 그리스도 예수의 주 되신 것과 또 예수를 위하여 우리가 너희의 종 된 것을 전파함이라.
>
> — 고린도후서 4장 5절

사람들은 바울이 전한 복음 안에서 인간의 조건에 관한 가장 심오하며 선명한 통찰을 발견했다. 바울은, 자신의 아들 예수 안에서 급진적으로 가까이 — 자신을 계시하기 위해, 깨어지고 타락한 세상을 구원하기 위해, 사람들에게 하나님의 은총과 자비, 사랑에 대한 확신을 심어주기 위해 — 찾아오신 크고 신실하신 하나님에 관해 이야기했다. 바울은 하나님의 성령의 도우심으로 가능해진 새로운 삶에 관해 이야기했다. 바울은 어둠의 세력과 씨름했다. 또한 예수의 죽음과 부활이라는 메시지를 통해 모든 피조물의 갱신에 대한 소망을 제시했다. 바울의 신학은 인간의 심층적인 필요를 깊이 파고드는 동시에 하늘의 소망까지 높이 올라가는 신학이었다.

이 메시지를 듣는 사람들이 바울의 심적 세계로 — 하나님이 악으로부터 선을 이루기 위해 끊임없이 일하시는 공간으로 — 들어갔다. 그리고 이 새로운 세계 안으로 이끌려 들어가면서 그들은 바울이 알았던 그 예수를 마주하게 되었다. 그분의 병약한 종의 말을 통해 주인의 목소리가 들렸고, 사람들은 거듭났다.

이렇게 바울은 자신의 시대부터 지금까지 헤아릴 수 없을 정도로 많은 사람에게 영향을 미쳤다. 우리는 지금까지 '성 바울의 발자취를 따라' 걸었지만, 이상한 의미에서 (이 종과 그의 주인 사이의 관계가 너무나도 가깝기 때문에) 우리가 알지 못하는 사이에 '예수의 발자취를' 따라 걸어왔음을 깨닫게 된다.

바울로서는 다른 선택이 없었다. 그리고 이 책을 읽고 나서 당신이 더 바울을 존경하게 되었거나 그를 따라 걷겠다는 마음을 갖게 되었다면 누구보다도 먼저 바울이 이렇게 말할 것이다. "나 바울을 따르는 사람이 되지 말고 그리스도를 따르라"(고전 1:12~13). 그렇다. 바울의 발자취를 따르라. 무엇보다도 예수의 발자취를 따르라.

주요 연대: 로마

주전 753년	전통적으로 로물루스 왕 아래 로마가 설립되었다고 알려진 해.
주전 27~주후 14년	아우구스투스가 가이사로 재위함.
주후 49년	클라우디우스 황제가 '크레스투스의 선동' — 메시아 ('크리스토스') 예수를 가리키는 호칭에 대한 혼동일 수 있음 — 에 의해 야기된 폭동 때문에 로마에서 모든 유대인을 추방한다(수에토니우스, 《클라우디우스의 생애》 25.4).
주후 54년	네로의 통치가 시작됨. (아굴라와 브리스길라를 포함해?) 유대인들이 로마로 돌아옴.
주후 60년	바울이 아피아 가도를 걸어 로마에 도착한다(3월 말). 그는 적어도 2년 동안 '가택 연금' 상태에서 지내며(행 28:30) '옥중서신'을 쓴다.
주후 63년 혹은 64년	바울(오스티아 길에서 참수당함)과 베드로(거꾸로 십자가형을 당하고 바티칸 언덕에 네로가 새로 지은 원형 극장 근처에 매장됨)의 죽음. 혹은 주후 67년에 처형당했을 가능성도 있다.
주후 64년	로마에 큰 화재가 발생하며(7월 18일), 네로는 이를 지역 그리스도인들의 탓으로 돌린다.

주후 72년	베스파시아누스가 네로의 황금 궁전을 대신해 콜로세움을 건설하도록 명령한다(주후 80년에 완공).
주후 96년	로마의 주교 클레멘스가 고린도 교회에 편지를 쓴다 (클레멘스 1서).
주후 108년경	안디옥의 이그나티우스가 로마로 압송되어 순교를 당한다.
주후 120년	하드리아누스가 만신전을 개축한다.
주후 150~160년	순교자 유스티누스가 안토니누스 피우스 황제에게 기독교 신앙을 변증하기 위해 두 권의 《호교론》을 쓰지만 결국 로마에서 순교를 당한다.
주후 210년	로마의 주교 히폴리투스가 로마에서 사용했던 성만찬 예전에 관해 설명한다.
주후 257~258년?	그리스도인에 대한 혹독한 박해. 베드로와 바울의 유골이 (나중에 산 세바스티아노로 알려진) 카타콤에 임시로 보관된다.
주후 270년	아우렐리아누스 성벽이 건설됨.
주후 312년	콘스탄티누스가 밀비아 다리 전투에서 승리하고 로마로 들어와 그리스도의 기호를 사용한 덕분에 승리했다고 주장한다. 콘스탄티누스 개선문이 세워짐.
주후 324년	콘스탄티누스가 베드로와 바울의 무덤 위에 두 개의 새 성당을 건설하도록 명령한다(20여 년 후에 완공됨).
주후 390년	테오도시우스의 명령으로 건설된 거대한 새 성당이

	바울의 무덤 위에 봉헌된다.
주후 400년대	(바울의 처형 장소일 가능성이 있는) 트레 폰타네에 성당이 건설됨.
주후 410년	알라리크와 고트족에 의해 로마가 처음으로 약탈을 당함.
주후 422년	일리리아의 페트루스가 산타 사비나 성당을 세움.
주후 440–61년	교황 레오 1세가 칼케돈공의회(주후 451년)의 가르침에 동의함.
주후 475년	서로마 제국의 몰락. 권력이 비잔티움으로 이동함.
1506년	교황 율리우스 2세가 새로운 성 베드로 대성당의 기초를 놓는다.
1626년	새로운 성 베드로 대성당이 봉헌됨.
1823년	'성 밖의 성 바울 성당'이 화재로 파괴된다(7월 15일).
1870년	이탈리아의 통일.
1929년	라테란 협정으로 독립된 바티칸 시국이 세워진다.
1962년	제2차 바티칸공의회가 시작된다.

로마 교회의 발전

신약 이후 수 세기 동안 로마에서 교회가 어떻게 발전되었는가는 흥미진진한 이야기다. 콘스탄티누스 시대에 이르면, 로마 교회는 제국의 서반부 안에서 가장 중요한 교회가 되었다. 3세기 말부터 7세기까지, 그리고 그 이후까지도 수많은 교회당이 로마에 세워졌다.

같은 기간 동안 '교황직'도 빠른 속도로 발전되었다. 이는 베드로가 가장 중요한 사도이자 로마의 초대 '주교'로서 확고히 자리를 잡게 되는 것과 연관이 있다. 그러나 가장 초기의 전승에서 베드로는 특별한 방식으로 바울과 구별되지 않았다. 두 사도는 (예를 들면, 이그나티우스와 이레나이우스처럼) 한데 묶어서 생각하는 경우가 많았다. 두 사람 모두를 사실상 로마 교회의 공동 설립자로 보았다. 그들은 최초로 로마에 복음을 전한 사람들이 아니었지만, 순교에 이를 때까지 교회를 이끌었다.

그래서 그들의 죽음을 같이 이야기하는 경우가 많다(그들이 정확히 같은 때 죽음을 당했을 가능성도 있다). 이는 회화와 조각에도 반영되어 있다. 카타콤 벽화에서는 베드로와 바울[페트레 에트 파울레(Petre et Paule)]을 함께 명시적으로 언급한다. 초기 석관(주후 4세기 말)에는 그리스도의 양쪽 옆에 두 사도가 묘사된 경우가 많다. 그러므로 콘스탄티누스가 두 사람의 무덤 위에 예배당을 세우도록 명령한 것은 전적으로 합당한 일이었다.

베드로와의 연결고리를 더 중시하게 된 데는 (특히 마태복음 16장에서 예수가 베드로에게 하신 말씀과 연관된) 명백한 교회 제도적인 이유가 존재했다. 이는 바티칸 언덕 위 베드로의 무덤 위에 세워진 거대하고 화려한 성 베드로 대성당을 통해서 강력히 표현되었다.

중세 말에 이르면 콘스탄티누스의 성당은 심하게 파괴된 상태에 이르게 된다. 교황 율리우스 2세는 이를 대신할 건물의 기초를 놓았고, (1세기 이상이 지나서) 그가 예상했던 것보다 훨씬 더 큰 건물이 세워졌다. 오늘날 성 베드로 대성당은 유럽에서 가장 큰 예배당이며 전 세계 로마 가톨릭 교인들의 가시적인 중심이 되었다.

4세기 초부터 줄곧 로마의 주교들이 다른 교회당(라테란 언덕에 있는 성 요한 성당)을 자신들의 '주교좌 성당'으로 사용했다는 사실은 흥미롭다 — 비교적 최근까지 지속된 관행이었다. 그리고 바울의 대의를 열성적으로 지지하는 이들은 성 베드로 대성당의 정면 양쪽에 두 사도의 거대한 조각상을 세워둔 것이 적절한 일이라고 생각한다. 두 고대의 인물을 분리하고 심지어는 두 사람을 경쟁자이자 적으로 보려고 하는 사람들도 있지만 예수 그리스도의 복음에 초점을 맞추는 놀라운 목적의 일치가 — 두 사람의 삶과 죽음 모두에 있어서 — 존재했다.

오늘날 로마 방문하기

로마에는 볼 것이 너무나도 많다. 방문자들은 이 도시 역사의 수많은 다른 층위와 동시에 상호작용하게 될 것이다. 일부 안내서에서는 내용을 연대기순으로(예를 들어, 고대 도시, 기독교 시대의 로마, 르네상스와 바로크 시대, 근현대사) 나누지만, 다른 안내에서는 도시를 지리적으로(예를 들어, 카피톨리네, 트라스테베레) 구분한다.

아래 일정표에서는 긴 주말에 방문한다고 가정했을 때 모든 방문자가 가보고 싶어 할만한 주요 유적지를 소개하고 있다.

목요일 | 로마 도착 오후 늦게 자니콜로 거리에서 전망하기, 트라스테베레 교외 지역에서 저녁 식사한 후 티베르섬 쪽으로 산책하기

금요일 | 도보 여행 산 클레멘테, 콜로세움, 광장(과 팔라티노?), 카피톨리니 박물관 혹은 제국 광장, 만신전과 나보나 광장(쇼핑하기)

토요일 | 바티칸 박물관과 (돔과 지하실을 포함해) 성 베드로 대성당, 성 밖의 성 바울 성당, 트레비 분수에서의 저녁

주일 | 지역 교회에서 아침 예배, 오후는 자유 탐방(예를 들어, 보르게세 공원, 박물관, 산타 마리아 마조레 성당 혹은 더 작은 예배당, 스페

인 계단에서의 저녁)

월요일 | 성 요한 라테란, 성당 카타콤, 티볼리 정원과 빌라 데스테
(Villa D'Este) 방문하기, 혹은 (남쪽으로 치암피노 공항 근처) 아피아 가
도를 따라 산책하기, 혹은 (서쪽으로 피우미치노 공항 근처) 고대 오스
티아 방문하기

해마다 셀 수 없이 많은 방문자가 찾아오는 로마의 큰 성당들이
있다. 성 베드로, 성 바울, (수 세기 동안 교황의 '주교좌' 성당이었던) 성
요한 라테란, 산타 마리아 마조레, 성 십자가 예루살렘 성당(Santa
Croce in Gerusalemme), (카타콤 안에 있는) 산 세바티아노가 대표적이
다. 초기 기독교 미술과 건축에 관심이 있는 사람들은 아래의 성
당도 방문하고 싶을 것이다 ─ (3세기 중엽으로 연대가 추정되는 로마에
서 아마도 가장 오래된 공식 성당이었을 테지만 지금은 후진과 서쪽 전면부
위에 정교한 모자이크로 장식된 건물로 12세기에 재건된) 산타 마리아 인
트라스테베레 성당, 산타 푸덴치아나 성당(5세기 모자이크), 산타
사비나(문에 십자가에 달린 예수를 묘사한 가장 오래된 이미지가 새겨져 있
는 5세기에 세워진 넓은 성당), 산타 마리아 인 코스메딘 성당(로마네스
크 양식이 가미된 6세기 건축물), 성 밖의 성 아그네스(7세기 후진 모자이
크), 성 프락세데스 성당(9세기 모자이크), 산 피에트로 인 빈콜리 성
당(베드로가 감옥에서 찼다고 하는 사슬과 미켈란젤로의 모세상이 있음).
다음 성당에는 (박물관에서 볼 수 있는 작품 외에) 바울을 묘사한 중

요한 예술 작품이 소장되어 있다. 산타 마리아 델 포폴로 성당(카라바지오의 《회심》), 산 피에트로 인 몬토리오 성당(바사리의 《회심》), 성 코스마스와 다미아누스 성당(6세기 모자이크), 거룩한 계단(Scala Santa, 13세기 프레스코화). 바울을 묘사한 성 프락세데스 성당의 모자이크는 특히나 정교하다.

교황 알현은 수요일 아침마다 실시된다(좌석은 성 베드로 대성당 옆의 '청동문'에서 사전 예약할 수 있다). 일부 박물관과 성당은 월요일마다 문을 닫는다.

에필로그

누가: 예수의 발자취를 따라, 성 바울의 발자취를 따라

우리의 여정은 끝났다. 우리는 바울과 함께 다메섹에서 로마까지, 혹은 누가의 말처럼 예루살렘에서 '땅 끝'까지 여행했다. 그러나 이 여정을 마무리하면서 **예루살렘으로부터** 시작된 바울의 여행이 그보다 먼저 예수가 하신 예루살렘을 향한 여행과 어떻게 연결되는지 생각해볼 필요가 있다. 프롤로그에서 지적했듯이(22~23쪽, "누가의 예수 이야기, 바울 이야기"를 보라) 누가는 의도적으로 두 여정을 나란히 배치했다. 누가복음에서 누가는 예수가 길 위를 여행하며 갈릴리에서 예루살렘까지 올라가신다는 주제를 특별히 강조했다(눅 9~18장). 그다음으로 후속편인 사도행전에서 그의 서사 구조는 의도적으로 우리를 정반대 방향의 여정으로 — 예루살렘으로부터 유대와 사마리아를 거쳐 "땅 끝"까지 — 이끈다(행 1:8). 이 두 책을 나란히 놓고 볼 때 누가는 독자들이 **예루살렘까지** 여행하고, 그런 다음 **세상으로** 여행하기를 원했다는 것을 알 수 있다.

2부로 이뤄진 이 위대한 서사를 구축하면서 누가는 예수의 삶과 사도들의 삶 사이의 흥미로운 유사성을 발견했다. 그들은 모두 위험한 여정에 올라 복음을 선포했다. 그들은 모두 반대에 직면했지만, 하나님에 의해 신원되었다. 그들은 모두 하나님의 성령에 의해 능력을 얻었다. 몇 가지 구체적인 예는 흥미롭다. 위에서 지적했듯이(464쪽, "누가의 강조점"을 보라) 누가는 바울이 로마로 가는 길에 만난 맹렬한 폭풍이 예수가 부활로 가는 길에 견뎌내셔야 했던 십자가 죽음과 비슷하다고 여겼을 수도 있다. 또 다른 감동적인 예는 이 두 이야기의 첫 부분과 마지막 부분에서 발견할 수 있다. 누가는 예수가 이사야의 말씀을 읽으신 후 이 말씀에 기초해 하나님의 나라를 선포하심으로써 나사렛에서 공적 사역을 **시작하셨다고** 이야기한다(눅 4:16~21). 그런 다음 30년이 지나서 바울이 로마에서 똑같이 했다고 — 이사야 본문을 기초로 회당의 지도자들에게 설교하고 하나님의 나라를 선포했다고 — 서술하면서 자신의 이야기를 **마무리한다**(행 28:17~31). 주인이 하셨던 일을 이제 그분의 종이 하고 있다.

그보다 더 흥미로운 점은, 누가가 **자신의 경험 때문에** 두 여행(예루살렘으로의 여행과 예루살렘으로부터의 여행)이라는 이 제재를 염두에 두었을지도 모른다는 것이다. 말 그대로 그 자신도 이 두 여행을 했다. 일부 학자들의 의심에도 불구하고 누가도 분명히 주후 57년 봄에 바울과 함께 여행하여 예루살렘으로 올라갔다 — **우리가** "예루살렘으로 올라갈새"(행 21:15). 또한 그는 2년이 지나 주후 59년 가을에 바울과 함께 팔레스타인을 떠나 로마로 향했다(행 27장). 팔레스타인까지 가고 거기서 다시 출발했던 이 여행의 경험이 그에게 영감을 불어넣었으며, 두 권으로 구성된 이 구조를 제공했을 가능성이 높다. 그랬다면 팔레스타인에서 머물렀던 2년의 기간 동안 그는 첫 번째 책을 위한 자료를 수집했음이 분명하다. 한편 그는 로마에 도착한 후 거기서 '이태'를 더 머물면서(행 28:30) 자신의 두 번째 책을 위한 자료를 모았을 것이다.

누가의 여행은 값비싼 희생을 요구하는 어려운 여행이었다. 예루살렘까지 가는 여정은 위험으로 가득 차 있었다. 첫째로는 그들이 승선할 예정이었던 배에서 바울을 살해하려는 음모가 있었고(행 20:3), 다음으로 가이사랴에서는 예루살렘에서 바울에게 큰 역경이 기다리고 있음을 확인해주는 경고를 받기도 했다(행 21:11). 누가는 살아남을 수 있을까? 그의 이방인 일행들이 예루살렘에서 쫓겨나지 않을까? 예루살렘으로 올라가는 것은 (예수께도 그랬듯이 이제는 누가에게도) 위험한 일이었다. 그리고 예루살렘을 떠나 로마로 가는 여정은 훨씬 더 위험했다. 맹렬한 폭풍 속에서 15일이나 지중해 위에서 표류했다. 이처럼 그 자신의 삶과 얽혀 있는 하나의 경향이 존재하며, 이제 그는 그것을 자신의 글쓰기의 정교한 태피스트리 안에 엮어낸다. 이 저자는 자신의 글과 멀리 떨어져 있기보다 자신의 서사의 논점이나 장소를 생생하게 다루면서 이야기를 풀어갔다.

앞에서 주장했듯이 누가는 주후 62/63년 무렵에 사도행전을 탈고한 직후 죽었을 수도 있다. 이는 추측일 뿐이다. 많은 사람들은 누가복음의 기록 연대를 주후 70년대, 심지어는 80년대로 추정한다. 그리고 누가가 (일부에서 주장하듯이 누가복음 21장 20~24절에 반영된 것처럼) 그때까지 살아서 주후 70년 예루살렘의 멸망 후에 이 복음서의 최종판을 냈을 가능성이 전혀 없는 것도 아니다. 하지만 더 자세히 살펴본다면 누가복음 안에는 이렇게 기록 연대가 늦었다고 보아야 할 만한 근거가 거의 없다. 누가가 주후 62년에 자신의 이야기를 완성했고 그후로 업데이트할 수가 없었다면 (바울이 오랫동안 기다려왔던 가이사 앞에서의 재판에 관해서는 이야기하지 않는) 알쏭달쏭한 사도행전의 결말 역시 더 쉽게 설명할 수 있다. 누가와 바울 모두 이때 나이가 적지 않았고(아마도 50대말, 60대초?) 멜리데 근처에서 난파를 당했던 충격적인 경험이 미치는 신체적, 정서적 영향도 과소평가해서는 안 된다. 누가의 여행은 아마도 바울의 여행이 끝나기도 전에 로마에서 끝난 것으로 보인다.

그러나 그는 놀라운 유산을 남겼다. 이 책과 나의 이전 책(《예수의 발자취를 따라서》)에서는 예수와 바울 — 누가의 이야기의 두 '주인공' — 에 초점을 맞췄다. 하지만 이 책을 마무리하면서 우리는 그들의 전기 작가였던 사람의 공도 마땅히 인정해야만 한다. 사도행전이 없었다면 초기 교회에 관해 우리가 무엇을 알 수 있었겠는가? 누가복음과 사도행전이 없다면 신약에는 커다란 구멍이 나 있다고 말할 수밖에 없었을 것이다. 많은 사람들은 누가가 그린 예수의 모습이 가장 인간적이며, 감동적이고, 공감하기 쉽다고 말한다. 누가가 (선한 사마리아인의 비유나 탕자의 비유처럼) 예수의 비유를 기록하지 않았다면 우리는 지금 어디에 있을까? 누가는 주후 60년대 초에 로마에서 죽었지만, 훨씬 더 풍성한 공간을 세상에 남겼다.

누가의 두 책은 탁월한 업적이며 값을 매길 수 없을 정도로 소중한 유품이다. 2천 년 동안 이 두 책은 수많은 사람에게 영감을 주었으며, 지금도 전 세계 어딘가에서 누군가에 의해 날마다 읽히고 있다. 참으로 그의 메시지는 "땅 끝"까지 이르렀다. 세계 곳곳에서 사람들은 누가의 본보기를 따르며 그의 부름, 즉 예수와 함께 예루살렘으로, 그런 다음 그분의 성령과 함께 세상으로 — 예수의 발자취를 따라, 또한 그분의 사도 성 바울의 발자취를 따라 — 여행하라는 부름을 듣고 있다.

더 읽어볼 만한 책

이 책에서 인용하거나 다룬 1차 문헌

발췌문 다수의 출처로는 Stephenson, J. (ed.), *A New Eusebius* (London: SPCK, 1957)을
보라.

바울(과 테클라의) 행전

James, M. R., *The Apocryphal New Testament* (Oxford: Clarendon Press, 1924),
272~281을 보라.

로마의 클레멘스

Roberts, A., Donaldson, J., *Ante-Nicene Fathers*, Vol. 1 (original, 1866; reprinted by
Eerdmans in 1981), 5~121을 보라.

가이사랴의 에우세비우스

Williamson, G. A., *The Ecclesiastical History* (Harmondsworth: Penguin, 1965)을 보라.
《교회사》 (은성).

이레나이우스

Roberts, A., Donaldson, J., *Ante-Nicene Fathers*, Vol. 1 (original, 1866; reprinted by
Eerdmans in 1981), 309~577을 보라.

고고학적, 역사적 논점

Akurgal, E., *Ancient Civilizations and Ruins of Turkey* (Istanbul: Haset Kitabevi, 4th edn,
1978).

Bauckham, R. J., (ed.), *The Book of Acts in its First Century Setting*, Vol. 4: Palestinian Setting (Carlisle/Grand Rapids: Paternoster/Eerdmans, 1995).

Fant, C. E., Reddish, M.G., *A Guide to Biblical Sites in Greece and Turkey* (Oxford: OUP, 2003).

Gill, D. W. J., Gempf, C. (eds), *The Book of Acts in its First Century Setting*, Vol. 2: Graeco-Roman Setting (Carlisle/Grand Rapids: Paternoster/Eerdmans, 1994).

Levinskaya, I. (ed.), *The Book of Acts in its First Century Setting*, Vol. 5: Diaspora Setting (Carlisle/Grand Rapids: Paternoster/ Eerdmans, 1996).

McRay, J., *Archaeology and the New Testament* (Grand Rapids: Baker, 1991).

Murphy O' Connor, J., *St. Paul' s Corinth* (Collegeville: The Liturgical Press, 1983 and 2002).

Ramsay, W. M., *St Paul the Traveller and the Roman Citizen* (London: Hodder & Stoughton, 1898). 《사도 바울》 (생명의말씀사).

Ramsay, W. M., *Luke the Physician* (London: Hodder & Stoughton, 1908).

Ramsay, W. M., *Pauline and Other Studies* (London: Hodder & Stoughton, 1908).

바울 신학과 신약의 논점

Barrett, C. K., *Paul: an introduction to his thought* (Louisville: Westminster John Knox, 1994).

Bruce, F. F., *Paul: Apostle of the Free Spirit* (Exeter: Paternoster Press, 5th edn, 1988). 《바울》 (크리스찬 다이제스트).

Green, G. L., *The Letters to the Thessalonians, Pillar New Testament Commentary* (Grand Rapids/Leicester: Eerdmans/IVP, 2002).

Ladd, G. E., *A Theology of the New Testament* (Grand Rapids: Eerdmans, revised edn, 1993). 《신약 신학》 (대한기독교서회).

Longenecker, R. N., *Galatians*, Word Biblical Commentary 41 (Dallas: Word Books, 1990). 《갈라디아서》 (솔로몬).

Wenham, D., *Paul: Follower of Jesus or Founder of Christianity?* (Grand Rapids & Cambridge: Eerdmans, 1995). 《바울: 예수의 추종자인가 기독교의 창시자인가?》 (크리스찬 다이제스트).

Wenham, D., Walton, S., *Exploring the New Testament*, 2 vols (London: SPCK, 2001/2002).

Witherington, B., *The Paul Quest: the Renewed Search for the Jew of Tarsus* (Leicester and Downers Grove: IVP, 1998).

Wright, N. T., *What Saint Paul Really Said* (Oxford: Lion Hudson, 1997). 《톰 라이트 바울의 복음을 말하다》 (에클레시아북스).

여행 안내서와 여행기

Brownrigg, R., *Pauline Places* (Sevenoaks: Hodder & Stoughton, 1978).

Cimak, F., *Journeys of Paul: from Tarsus 'to the ends of the earth'* (Istanbul: A Turizm Yayinlan, 2004).

Dalrymple, W., *From the Holy Mountain: a journey among the Christians of the Middle East* (London: HarperCollins, 1997).

Morton. H. V., *In the Steps of St Paul* (London: Rich & Cowan, 1936; reprinted by Methuen in 2002).

Richards, H., *Pilgrim to Rome: a practical guide* (Great Wakering: McCrimmon Publishing, 1994).

성경 색인

일반 색인

(가나다순)

본문 사진 및 그림 출처

본문의 모든 지도와 도표 등은 Richard Watts에 의해 제작된 것으로 원서의 그림을 인용하였으며, 사진은 저자 Peter Walker와 이미지 사이트 shutterstock에서 인용하였습니다.

p. 32 Peter Walker, 로마 석관에 있는 바울의 순교 / P. 56 Ali A Suliman, 다메섹(다마스쿠스)의 밥 투마문 / P. 57 mohammad alzain, 움마이야 사원 / P. 58 Anton_Ivanov, 크락 데 쉬발리에(Crak des Chevaliers) 십자군 요새 / p. 71 Peter Walker, 깔라아트 싸마안(Qalaat Samaan) 유적 / P. 72 seb001, 고대 도시 팔미라 유적들 / P. 74 DunkelbuntStudios, 시리아 다마스커스의 기독교 마을 마알룰라 / P. 80 zaferkizilkaya, 길리기아 페디아의 풍경 / p. 94 Peter Walker, '성 바울의 문' / P. 95 bumihills, 성 바울의 우물 / P. 100 victorin, 고대 갑바도기아 풍경 / p. 120 Peter Walker, 현대의 안타키야(안디옥) / p. 122 Peter Walker, 하타이 고고학 박물관 전시실의 모자이크 / P. 123 Yusuf Ucuz, 위: 성 베드로 교회, 아래: 성 베드로 상 / p. 140 trabantos, 고대 살라미의 체육관 유적 / p. 155 위: Peter Walker, 성 바울 기둥 근처의 작은 교회 / p. 155 아래: photoshooter2015, 성 바울의 기둥 / p. 156 Sytilin Pavel, 히폴리투스와 파이드라의 유명한 모자이크 / p. 161 Lizzy Komen, 페트라 투 로미우(아프로디테 탄생 바위) / p. 167 trabantos, 성 바나바의 무덤 근처에 있는 작은 교회 / p. 169 Pavel_Klimenko, 키코(Kykko) 수도원 입구와 모자이크 / p. 176 BearFotos, 고대 밤빌리아의 아고라 기둥과 버가의 그리스 관문 / p. 177 BearFotos, 튀르키예 안탈리야 버가에 있는 기둥들 / p. 187 Greg Johnston, 시데(Side)에 있는 고대 원형극장 / p. 192 prosIgn, 안탈리야만의 항구 / p. 200 Murat Tegmen, 아스펜도스의 원형극장 / p. 201 Peter Walker, 위: 카스의 조용한 항구, 아래: 타우루스 산맥에서 아스펜도스까지 물을 끌어온 수로 / p. 208 Peter Walker, 위: 비시디아 안디옥(위)과 비시디아 안디옥에서 발견된 라틴어 비문(아래) / p. 226 NORTHERN IMAGERY, 안디옥 수로 / p. 229 mehmetkocaman, 메블라나 박물관 / p. 244 meirion matthias, 고대 빌립보의 유적 / p. 251 koffboy, 고대 데살로니가의 로마 광장 / p. 264 fritz16, 빌립보의 바실리카 B 유적 / p. 267 vlas2000, 에그나티아 대로 / p. 271 TheBiblePeople, 암비볼리의 사자 / p. 291 니

사단법인 기독교세계관학술동역회
사역 소개

기독교 세계관이란? 하나님이 세상을 창조하시고 지금도 살아 계셔서 역사를 주관하시며, 범죄한 인간을 예수 그리스도의 대속으로 용서하시고, 우리 삶을 성령께서 인도하신다는 성경의 가르침에 입각하여 인간, 자연, 역사를 보고, 성경적 관점으로 일관성 있게 살아가는 것입니다.

— 이사장 신국원(총신대 명예교수)

기독교세계관학술동역회는 기독교 세계관 안에서 신앙과 학문, 그리고 삶이 하나되는 비전을 추구하고 있습니다. 기독교 세계관에 비추어 학문을 연구하고, 우리 사회의 주요 문제에 대해 기독교적 해결방안을 제시하며, 삶과 학문의 모든 영역에서 하나님의 진리와 주권을 드러내고자 노력하고 있습니다.

— 실행위원장 박동열(서울대 교수)

〈기독교세계관학술동역회 주요 사역 소개〉

1. 기독교학문연구회(KACS: Korea Association for Christian Scholarship)

기독교적 학문 연구를 위한 학회로 각 학문분야별 신학과 학제 간의 연구를 진행하여 신앙과 학문의 통합을 추구합니다. 연 2회 학술대회(춘계, 추계)를 개최하고, 한국연구재단 등재학술지인 〈신앙과 학문〉을 연 4회 발행합니다.

2. 기독교세계관학술동역회 기관지 〈신앙과 삶〉 발행

〈신앙과 삶〉은 "복음주의 기독교 & 동역회 소식지"라는 정체성으로 발간하는 기독교세계관학술동역회 기관지입니다. 〈월드뷰〉와 분리 후, 2019년 7월 창간호(7~8월호, 통권 216호)를 시작으로 격월간지로 발행하고 있습니다.

3. 대학원생 세계관 연구회(정기모임)

서울대, 카이스트, 성균관대 등에서 대학원생 모임을 진행하고 있으며, 신촌지역, 경북대 등에서도 기독교 세계관 스터디 모임을 준비 중입니다.

4. 세계관 교육과 유튜브 세계관 콘텐츠 기획 및 자료 제공

지역 교회와 협력하여 세계관학교를 개최하고 특강 강사를 지원하며, 북콘서트, 세미나, 소그룹 모임, 유튜브 세계관 콘텐츠 제공 등 다양한 활동을 통해 기독교 세계관의 활성화를 모색하고 있습니다.

- 더 자세한 사역 소개나 강의를 원하시는 교회나 단체는 기독교세계관학술동역회 사무국으로 연락해 주시면 친절히 안내해 드립니다.

  문의: (사)기독교세계관학술동역회 02)754-8004

  www.worldview.or.kr | E-mail_ info@worldview.or.kr

5. 기독교세계관학술동역회 협력/산하 기관

- ### VIEW 밴쿠버기독교세계관대학원 (원장: 전성민)

  1998년 11월, 밴쿠버기독교세계관대학원(VIEW)은 캐나다 최고의 기독교대학인 Trinity Western University 대학의 신학대학원인 ACTS와 공동으로 기독교세계관 문학석사과정(MACS-Worldview Studies)을 개설했습니다. 현재 캐나다 밴쿠버에 기독교세계관 문학석사 과정, 디플로마(Diploma) 과정을 운영하고 있으며, 2020년 9월부터 세계관 및 목회학 석사과정(MDiv-WPS)을 개설, 운영하고 있습니다.

  www.view.edu | 문의: 한국사무실 김성경 실장 010-5154-4088

- ### CTC 기독교세계관교육센터 (대표: 유경상)

  CTC(Christian Thinking Center)는 가정과 교회와 학교에 기독교 세계관 교육 콘텐츠를 제공함으로서 다음 세대 그리스도인들이 기독교 세계관으로 생각하고 살아가도록 돕는 것을 사명으로 하는 세계관 교육기관입니다.

  cafe.naver.com/ctc21 | 문의: 안성희 팀장 010-2792-5691

- ### 도서출판 CUP

  바른 성경적 가치관 위에 실천적 삶을 살아가는 그리스도의 제자들을 세우며, 지성과 감성과 영성이 전인적으로 조화된 균형잡힌 도서를 출간하여 그리스도인다운 삶과 생각과 문화를 확장시키는 나눔터의 출판을 꿈꾸고 있습니다.

  www.cupbooks.com | cupmanse@gmail.com | 02-745-7231